MUSÉE LITTÉRAIRE DU SIÈCLE, A 20 CENTIMES LA LIVRAISON

ALEXANDRE DUMAS

LE

CHEVALIER D'HARMENTAL

Prix : 1 fr. 30 c.

Aucune autre édition du *Chevalier d'Harmental*, publiée dans ce format, ne pourra être livrée au public à moins de 8 francs.

PRIX DE CETTE ÉDITION : 1 FR. 30 CENT.

PARIS

MICHEL LÉVY FRÈRES, LIBRAIRES-ÉDITEURS

RUE VIVIENNE, 2 BIS

BUREAUX DU JOURNAL LE SIÈCLE, RUE DU CROISSANT, 16

1854

LE CHEVALIER
D'HARMENTAL

PAR

ALEXANDRE DUMAS

I.

LE CAPITAINE ROQUEFINETTE.

Le 22 mars de l'an de grâce 1718, jour de la mi-carême, un jeune seigneur de haute mine, âgé de vingt-six à vingt-huit ans, monté sur un beau cheval d'Espagne, se tenait, vers les huit heures du matin, à l'extrémité du pont Neuf qui aboutit au quai de l'École. Il était si droit et si ferme en selle, qu'on eût dit qu'il avait été placé là en sentinelle par le lieutenant général de la police du royaume, messire Voyer d'Argenson.

Après une demi-heure d'attente à peu près, pendant laquelle on le vit plus d'une fois interroger des yeux avec impatience l'horloge de la Samaritaine, son regard, errant jusque-là, parut s'arrêter avec satisfaction sur un individu qui, débouchant de la place Dauphine, fit demi-tour à droite et s'achemina de son côté.

Celui qui avait eu l'honneur d'attirer ainsi l'attention du jeune cavalier était un grand gaillard de cinq pieds huit pouces, taillé en pleine chair, portant au lieu de perruque une forêt de cheveux noirs parsemée de quelques poils gris, vêtu d'un habit moitié bourgeois, moitié militaire, orné d'un nœud d'épaule qui primitivement avait été ponceau, et qui, à force d'être exposé à la pluie et au soleil, était devenu jaune-orange. Il était, en outre, armé d'une longue épée passée en verrouil, et qui lui battait formidablement le gras des jambes; enfin, il était coiffé d'un chapeau autrefois garni d'une plume et d'un galon, et qu'en souvenir sans doute de sa splendeur passée, son maître portait tellement incliné sur l'oreille gauche, qu'il semblait ne pouvoir rester dans cette position que par un miracle d'équilibre. Il y avait en outre dans la figure, dans la démarche, dans le port, dans tout l'ensemble enfin de cet homme,

OEUV. COMPL. — XI.

qui paraissait âgé de quarante-cinq à quarante-six ans, et qui s'avançait tenant le haut du pavé, se dandinant sur la hanche, frisant d'une main sa moustache et faisant de l'autre signe aux voitures de passer au large, un tel caractère d'insolente insouciance, que celui qui le suivait des yeux ne put s'empêcher de sourire et de murmurer entre ses dents:

— Je crois que voilà mon affaire!

En conséquence de cette probabilité, le jeune seigneur marcha droit au nouvel arrivant, avec l'intention visible de lui parler. Celui-ci, quoiqu'il ne connût aucunement le cavalier, voyant que c'était à lui qu'il paraissait avoir affaire, s'arrêta en face de la Samaritaine, avança son pied droit à la troisième position, et attendit, une main à son épée et l'autre à sa moustache, ce qu'avait à lui dire le personnage qui venait ainsi à sa rencontre.

En effet, comme l'avait prévu l'homme aux rubans orangés, le jeune seigneur arrêta son cheval en face de lui, et, portant la main à son chapeau: «—Monsieur, lui dit-il, j'ai cru reconnaître à votre air et à votre tournure que vous étiez gentilhomme. Me serais-je trompé?

— Non, palsambleu! monsieur, répondit celui à qui était adressée cette étrange question en portant à son tour la main à son feutre. Je suis vraiment fort aise que mon air et ma tournure parlent si hautement pour moi, car pour peu que vous croyiez devoir me donner le titre qui m'est dû, vous m'appellerez capitaine.

— Enchanté que vous soyez homme d'épée, monsieur, reprit le cavalier en s'inclinant de nouveau. Ce m'est une certitude de plus que vous êtes incapable de laisser un galant homme dans l'embarras.

— Soyez le bienvenu, pourvu que ce ne soit pas cependant ma bourse que ce galant homme ait recours, car je vous avouerai en toute franchise que je viens de laisser mon dernier écu dans un cabaret du port de la Tournelle.

— Il ne s'agit aucunement de votre bourse, capitaine,

12

et c'est la mienne au contraire, je vous prie de le croire, qui est à votre disposition.

— A qui ai-je l'honneur de parler, demanda le capitaine, visiblement touché de cette réponse, et que puis-je faire qui vous soit agréable?

— Je me nomme le baron René de Valef, répondit le cavalier.

— Pardon, monsieur le baron, interrompit le capitaine, mais je crois avoir, dans les guerres de Flandre, connu une famille de ce nom.

— C'est la mienne, monsieur, attendu que je suis Liégeois d'origine.

Les deux interlocuteurs se saluèrent de nouveau.

— Vous saurez donc, continua le baron de Valef, que le chevalier Raoul d'Harmental, un de mes amis intimes, a ramassé cette nuit, de compagnie avec moi, une mauvaise querelle qui doit finir ce matin par une rencontre; nos adversaires étaient trois et nous n'étions que deux. Je me suis donc rendu ce matin chez le marquis de Gacé et chez le comte de Surgis, mais par malheur ni l'un ni l'autre n'avait passé la nuit dans son lit : si bien que, comme l'affaire ne pouvait pas se remettre, attendu que je pars dans deux heures pour l'Espagne, et qu'il nous fallait absolument un second ou plutôt un troisième, je suis venu m'installer sur le pont Neuf avec l'intention de m'adresser au premier gentilhomme qui passerait. Vous êtes passé, je me suis adressé à vous.

— Et vous avez, pardieu, bien fait! Touchez là, baron, je suis votre homme. Et pour quelle heure, s'il vous plaît, est la rencontre?

— Pour neuf heures et demie, ce matin.

— Où la chose doit-elle se passer?

— A la porte Maillot.

— Diable! il n'y a pas de temps à perdre! Mais vous êtes à cheval, et moi à pied : comment allons-nous arranger cela?

— Il y aurait un moyen, capitaine

— Lequel?

— C'est que vous me fissiez l'honneur de monter en croupe.

— Volontiers, monsieur le baron.

— Je vous préviens seulement, ajouta le jeune seigneur avec un léger sourire, que mon cheval est un peu vif.

— Oh! je le reconnais, dit le capitaine en se reculant d'un pas et jetant sur le bel animal un coup d'œil de connaisseur. Ou je me trompe fort, ou il est né entre les montagnes de Grenade et la Sierra-Morena. J'en montais un pareil à Almanza, et je l'ai plus d'une fois fait coucher comme un mouton quand il voulait m'emporter au galop, et cela rien qu'en le serrant avec mes genoux.

— Alors vous me rassurez. A cheval donc, capitaine, et à la porte Maillot!

— M'y voilà, monsieur le baron.

Et, sans se servir de l'étrier que lui laissait libre le jeune seigneur, d'un seul élan le capitaine se trouva en croupe.

Le baron avait dit vrai. Son cheval n'était point habitué à une si lourde charge. Aussi essaya-t-il d'abord de s'en débarrasser; mais le capitaine non plus n'avait point menti, et l'animal sentit bientôt qu'il avait affaire à plus forts que lui, de sorte qu'après deux ou trois écarts qui n'eurent d'autres résultats que de faire valoir aux yeux des passans l'adresse des deux cavaliers, il prit le parti de l'obéissance, et descendit au grand trot le quai de l'École, qui, à cette époque, n'était encore qu'un port, traversa, toujours du même train, le quai du Louvre et le quai des Tuileries, franchit la porte de la Conférence, et, laissant à gauche le chemin de Versailles, enfila la grande avenue des Champs-Elysées, qui conduit aujourd'hui à l'arc de triomphe de l'Etoile. Parvenu au pont d'Antin, le baron de Valef ralentit un peu l'allure de son cheval, car il vit qu'il avait tout le temps d'arriver à la porte Maillot vers l'heure convenue. Le capitaine profita de ce moment de répit.

— Maintenant, monsieur, sans indiscrétion, dit-il, puis-je vous demander pour quelle raison nous allons nous battre? J'ai besoin, vous comprenez, d'être instruit de cela pour régler ma conduite envers mon adversaire, et pour savoir si la chose vaut la peine que je le tue.

— C'est trop juste, capitaine, répondit le baron. Voici les faits tels qu'ils se sont passés. Nous soupions hier soir chez la Fillon. Il n'est pas que vous ne connaissiez la Fillon, capitaine?

— Pardieu! c'est moi qui l'ai lancée dans le monde, en 1705, avant mes campagnes d'Italie.

— Eh bien! répondit en riant le baron, vous pouvez vous vanter, capitaine, d'avoir formé là une élève qui vous fait honneur! Bref, nous soupions donc chez elle tête à tête avec d'Harmental.

— Sans aucune créature du beau sexe? demanda le capitaine.

— Oh! mon Dieu! oui. Il faut vous dire que d'Harmental est une espèce de trappiste, n'allant chez la Fillon que de peur de passer pour n'y point aller, n'aimant qu'une femme à la fois, et amoureux pour le quart d'heure de la petite d'Averne, la femme du lieutenant aux gardes.

— Très bien.

— Nous étions donc là parlant de nos affaires, lorsque nous entendîmes une joyeuse société qui entrait dans le cabinet à côté du nôtre. Comme ce que nous avions à nous dire ne regardait personne, nous fîmes silence, et ce fut nous qui sans le vouloir écoulâmes la conversation de nos voisins. Or, voyez ce que c'est que le hasard! nos voisins parlaient justement de la seule chose qu'il aurait fallu que nous n'entendissions pas.

— De la maîtresse du chevalier, peut-être?

— Vous l'avez dit. Aux premiers mots qui m'arrivèrent de leurs discours, je me levai pour emmener Raoul ; mais, au lieu de me suivre, il me mit la main sur l'épaule et me fit rasseoir.

— Ainsi donc, disait une voix, Philippe en tient pour la petite d'Averne?

— Depuis la fête de la maréchale d'Estrées, où, déguisée en Vénus, elle lui a donné un ceinturon d'épée accompagné de vers où elle le comparait à Mars.

— Mais il y a déjà huit jours, dit une troisième voix.

— Oui, répondit la première. Oh! elle a fait une espèce de défense, soit qu'elle tînt véritablement à faire le pauvre d'Harmental, soit qu'elle sût que le régent n'aime que ce qui lui résiste. Enfin, ce matin, en échange d'une corbeille pleine de fleurs et de pierreries, elle a bien voulu répondre qu'elle recevrait ce soir Son Altesse.

— Ah! ah! dit le capitaine, je commence à comprendre. Le chevalier s'est fâché?

— Justement ; au lieu d'en rire, comme nous aurions fait vous ou moi, du moins je l'espère, et de profiter de cette circonstance pour se faire rendre son brevet de colonel, qu'on lui a ôté sous le prétexte de faire des économies, d'Harmental devint si pâle que je crus qu'il allait s'évanouir. Puis, s'approchant de la cloison et frappant du poing pour qu'on fît silence :

— Messieurs, dit-il, je suis fâché de vous contredire, mais celui de vous qui a avancé que madame d'Averne avait accordé un rendez-vous au régent, ou à tout autre, en a menti.

— C'est moi, monsieur, qui ai dit la chose et qui la soutiens, répondit la première voix ; et s'il y a en elle quelque chose qui vous déplaise, je me nomme Lafare, capitaine aux gardes.

— Et moi, Fargy, dit la seconde voix.

— Et moi, Ravanne, dit la troisième voix.

— Très bien, messieurs, reprit d'Harmental. Demain, de neuf heures à neuf heures et demie, à la porte Maillot. Et il vint se rasseoir en face de moi. Ces messieurs parlèrent d'autre chose, et nous achevâmes notre souper. Voilà toute l'affaire, capitaine, et vous en savez maintenant autant que moi.

Le capitaine fit entendre une espèce d'exclamation qui voulait dire : Tout cela n'est pas bien grave ; mais malgré cette demi-désapprobation de la susceptibilité du chevalier, il n'en résolut pas moins de soutenir de son mieux la cause dont il était devenu si inopinément le champion, quelque défectueuse que cette cause lui parût dans son principe. D'ailleurs, en eût-il eu l'intention, il était trop tard pour reculer. On était arrivé à la porte Maillot, et un jeune cavalier, qui paraissait attendre, et qui avait aperçu de loin le baron et le capitaine, venait de mettre son cheval au galop, et s'approchait rapidement. C'était le chevalier d'Harmental.

— Mon cher chevalier, dit le baron de Valef en échangeant avec lui une poignée de main, permets qu'à défaut d'un ancien ami, je t'en présente un nouveau. Ni Surgis ni Gacé n'étaient à la maison ; j'ai fait rencontre de monsieur sur le pont Neuf, je lui ai exposé notre embarras, et il s'est offert à nous en tirer, avec une merveilleuse grâce.

— C'est donc une double reconnaissance que je te dois, mon cher Valef, répondit le chevalier en jetant sur le capitaine un regard dans lequel perçait une légère nuance d'étonnement, et-à-vous, monsieur, continua-t-il, des excuses de ce que je vous jette ainsi tout d'abord et pour faire connaissance dans une si méchante affaire; mais vous m'offrirez un jour ou l'autre l'occasion de prendre ma revanche, je l'espère, et je vous prie, le cas échéant, de disposer de moi comme j'ai disposé de vous.

— Bien dit, chevalier, répondit le capitaine en sautant à terre, et vous avez des manières avec lesquelles on me ferait aller au bout du monde. Le proverbe a raison, il n'y a que les montagnes qui ne se rencontrent pas.

— Quel est cet original? demanda tout bas d'Harmental à Valef, tandis que le capitaine marquait des appels du pied droit pour se remettre les jambes.

— Ma foi ! je l'ignore, dit Valef; mais ce que je sais, c'est que sans lui nous étions fort empêchés. Quelque pauvre officier de fortune, sans doute, que la paix a mis à l'écart comme tant d'autres. D'ailleurs, nous le jugerons tout à l'heure à la besogne.

— Eh bien! dit le capitaine, s'animant à l'exercice qu'il prenait, où sont nos muguets, chevalier? Je me sens en veine ce matin.

— Quand je suis venu au-devant de vous, répondit d'Harmental, ils n'étaient point encore arrivés; mais j'apercevais au bout de l'avenue une espèce de carrosse de louage qui leur servira d'excuse s'ils sont en retard. Au reste, ajouta le chevalier en tirant de son gousset une très belle montre garnie de brillans, il n'y a point de temps perdu, car à peine s'il est neuf heures et demie.

— Allons donc au-devant d'eux, dit Valef en descendant à son tour de cheval, et en jetant la bride aux mains du valet de d'Harmental; car, s'ils arrivaient au rendez-vous tandis que nous bavardons ici, c'est nous qui aurions l'air de nous faire attendre.

— Tu as raison, dit d'Harmental.

Et mettant pied à terre à son tour, il s'avança vers l'entrée du bois, suivi de ses deux compagnons.

— Ces messieurs ne commandent rien ? demanda le propriétaire du restaurant, qui se tenait sur la porte, attendant pratique.

— Si fait, maître Durand, répondit d'Harmental, qui ne voulait pas, de peur d'être dérangé, avoir l'air d'être venu pour autre chose que pour une promenade. Un déjeuner pour trois ! Nous allons faire un tour d'allée et nous revenons.

Et il laissa tomber trois louis dans la main de l'hôtelier.

Le capitaine vit reluire l'une après l'autre les trois pièces d'or, et calcula avec la rapidité d'un amateur consommé ce que l'on pouvait avoir au bois de Boulogne pour soixante-douze livres ; mais comme il connaissait celui à qui il avait affaire, il jugea qu'une recommandation de sa part ne serait point inutile; en conséquence, s'approchant à son tour du maître d'hôtel :

— Ah çà ! gargotier mon ami, lui dit-il, tu sais que je connais la valeur des choses, et que ce n'est point à moi qu'on peut en faire accroire sur le total d'une carte. Que

les vins soient fins et variés, et que le déjeuner soit copieux, ou je te casse les os ! Tu entends?

— Soyez tranquille, capitaine, répondit maître Durand ; ce n'est pas une pratique comme vous que je voudrais tromper.

— C'est bien. Il y a douze heures que je n'ai mangé : règle-toi là-dessus.

L'hôtelier s'inclina en homme qui savait ce que cela voulait dire, et reprit le chemin de sa cuisine, commençant à croire qu'il avait fait une moins bonne affaire qu'il n'avait d'abord espéré. Quant au capitaine, après lui avoir fait un dernier signe de recommandation, moitié amical, moitié menaçant, il doubla le pas et rejoignit le chevalier et le baron, qui s'étaient arrêtés pour l'attendre.

Le chevalier ne s'était pas trompé à l'endroit du carrosse de louage. Au détour de la première allée, il aperçut ses trois adversaires qui en descendaient : c'étaient, comme nous l'avons déjà dit, le marquis de Lafare, le comte de Fargy et le chevalier de Ravanne.

Que nos lecteurs nous permettent de leur donner quelques courts détails sur ces trois personnages, que nous verrons plusieurs fois reparaître dans le cours de cette histoire.

Lafare, le plus connu des trois, grâce aux poésies qu'il a laissées, et à la carrière militaire qu'il a parcourue, était un homme de trente-six à trente-huit ans, de figure ouverte et franche, d'une gaîté et d'une bonne humeur intarissables, toujours prêt à tenir tête à tout venant, soit au jeu et aux armes, sans rancune et sans fiel, fort couru du beau sexe et fort aimé du régent, qui l'avait nommé son capitaine des gardes, et qui, depuis dix ans qu'il l'admettait dans son intimité, l'avait trouvé son rival quelquefois, mais son fidèle serviteur toujours. Aussi le prince, qui avait l'habitude de donner des surnoms à tous ses roués et à toutes ses maîtresses, ne le désignait-il jamais que par celui de bon enfant. Cependant, depuis quelque temps, la popularité de Lafare, si bien établie qu'elle fût par de recommandables antécédens, baissait fort parmi les femmes de la cour et les filles de l'Opéra. Le bruit courait tout haut qu'il se donnait le ridicule de devenir un homme rangé. Il est vrai que quelques personnes, afin de lui conserver sa réputation, disaient tout bas que cette conversion apparente n'avait d'autre cause que la jalousie de mademoiselle de Conti, fille de madame la duchesse et petite-fille du grand Condé, laquelle, assurait-on, honorait le capitaine des gardes de monsieur le régent d'une affection toute particulière. Au reste, sa liaison avec le duc de Richelieu, qui passait de son côté pour être l'amant de mademoiselle de Charolais, donnait une nouvelle consistance à ce bruit.

Le comte de Fargy, que l'on appelait habituellement le beau Fargy, en substituant l'épithète qu'il avait reçue de la nature au titre que lui avaient légué ses pères, était cité, comme l'indique son nom, pour le plus beau garçon de son époque ; ce qui, dans ce temps de galanterie, imposait des obligations devant lesquelles il n'avait jamais reculé, et dont il s'était toujours tiré avec honneur. En effet, il était impossible d'être mieux pris dans sa taille que ne l'était Fargy. C'était à la fois une de ces natures élégantes et fortes, souples et vivaces, qui semblent douées des qualités les plus opposées des héros de roman de ces temps-là. Joignez à cela une tête charmante qui réunissait les beautés les plus opposées, c'est-à-dire des cheveux noirs et des yeux bleus, des traits fortement arrêtés et un teint de femme. Ajoutez à cet ensemble de l'esprit, de la loyauté, du courage autant qu'homme du monde, et vous aurez une idée de la haute considération dont devait jouir Fargy auprès de la société de cette folle époque, si bonne appréciatrice de ces différens genres de mérite.

Quant au chevalier de Ravanne, qui nous a laissé sur sa jeunesse des mémoires si étranges que, malgré leur authenticité, on est toujours tenté de les croire apocryphes, c'était alors un enfant à peine hors de page, riche et de grande maison, qui entrait dans la vie par sa porte dorée, et qui courait droit au plaisir qu'elle promet avec toute la fougue, l'imprudence et l'avidité de la jeunesse. Aussi ou-trait-il, comme on a l'habitude de le faire à dix-huit ans, tous les vices et toutes les qualités de son époque. On comprend donc facilement quel était son orgueil de servir de second à des hommes comme Lafare et Fargy, dans une rencontre qui devait avoir quelque retentissement dans les ruelles et dans les petits soupers.

II.

RENCONTRE.

Aussitôt que Lafare, Fargy et Ravanne virent déboucher leurs adversaires à l'angle de l'allée, ils marchèrent de leur côté au-devant d'eux. Arrivés à dix pas les uns des autres, tous mirent le chapeau à la main et se saluèrent avec cette élégante politesse qui était, en pareille circonstance, un des caractères de l'aristocratie du dix-huitième siècle, et firent quelques pas ainsi, tête nue et le sourire sur les lèvres, si bien qu'aux yeux d'un passant qui n'aurait point été informé de la cause de leur réunion, ils auraient eu l'air d'amis enchantés de se rencontrer.

— Messieurs, dit le chevalier d'Harmental, à qui la parole appartenait de droit, j'espère que ni vous ni moi n'avons été suivis; mais il commence à se faire un peu tard, et nous pourrions être dérangés ici ; je crois donc qu'il serait bon de gagner tout d'abord un endroit plus écarté où nous soyons plus à notre aise pour vider la petite affaire qui nous rassemble.

— Messieurs, dit Ravanne, j'ai ce qu'il vous faut : à cent pas d'ici à peine, une véritable chartreuse : vous vous croirez dans la Thébaïde.

— Alors, suivons l'enfant, dit le capitaine ; l'innocence mène au salut !

Ravanne se retourna et toisa des pieds à la tête notre ami au ruban orange.

— Si vous n'avez d'engagement avec personne, mon grand monsieur, dit le jeune page d'un ton goguenard, je réclamerai la préférence.

— Un instant, un instant, Ravanne, interrompit Lafare. J'ai quelques explications à donner à monsieur d'Harmental.

— Monsieur Lafare, répondit le chevalier, votre courage est si parfaitement connu que les explications que vous m'offrez sont une preuve de délicatesse dont, croyez-moi bien, je vous sais un gré parfait ; mais ces explications ne feraient que nous retarder inutilement, et nous n'avons, je crois, pas de temps à perdre.

— Bravo ! dit Ravanne, voilà ce qui s'appelle parler, chevalier ; une fois que nous nous serons coupé la gorge, j'espère que vous m'accorderez votre amitié. J'ai fort entendu parler de vous en bon lieu, et il y a longtemps que je désirais faire votre connaissance.

Les deux hommes se saluèrent de nouveau.

— Allons, allons, Ravanne, dit Fargy, puisque tu t'es chargé d'être notre guide, montre-nous le chemin.

Ravanne sauta aussitôt dans le bois comme un jeune faon. Ses cinq compagnons le suivirent. Les chevaux de main et le carrosse de louage restèrent sur la route.

Au bout de dix minutes de marche, pendant lesquelles les six adversaires avaient gardé le plus profond silence, soit de peur d'être entendus, soit par ce sentiment naturel qui fait qu'au moment de courir un danger l'homme se replie un instant sur lui-même, on se trouva au milieu d'une clairière entourée de tous côtés d'un rideau d'arbres.

— Eh bien ! messieurs, dit Ravanne en jetant un regard satisfait autour de lui, que dites-vous de la localité ?

— Je dis que si vous vous vantez de l'avoir découverte, dit le capitaine, vous me faites l'effet d'un drôle de Chris-tophe Colomb ! Vous n'aviez qu'à me dire que c'était ici que vous vouliez aller, et je vous y aurais conduit les yeux fermés, moi.

— Eh bien ! monsieur, répondit Ravanne, nous tâcherons que vous en sortiez comme vous y seriez venu.

— Vous savez que c'est à vous que j'ai affaire, monsieur de Lafare, dit d'Harmental en jetant son chapeau sur l'herbe.

— Oui, monsieur, répondit le capitaine des gardes en suivant l'exemple du chevalier ; et je sais aussi que rien ne pouvait me faire tout à la fois plus d'honneur et de peine qu'une rencontre avec vous, surtout pour un pareil motif.

D'Harmental sourit en homme pour qui cette fleur de politesse n'était point perdue, mais il n'y répondit qu'en mettant l'épée à la main.

— Il paraît, mon cher baron, dit Fargy s'adressant à Valef, que vous êtes sur le point de partir pour l'Espagne?

— Je devais partir cette nuit même, mon cher comte, répondit Valef, et il n'a fallu rien moins que le plaisir que je me promettais à vous voir ce matin pour me déterminer à rester jusqu'à cette heure, tant j'y vais pour choses importantes.

— Diable ! voilà qui me désole, reprit Fargy en tirant son épée, car si j'avais le malheur de vous retarder, vous êtes homme à m'en vouloir mal de mort.

— Non point. Je saurais que c'est par pure amitié, mon cher comte, répondit Valef. Ainsi, faites de votre mieux, et tout de bon, je vous prie, car je suis à vos ordres.

— Allons donc, allons donc, monsieur, dit Ravanne au capitaine, qui pliait proprement son habit et le posait près de son chapeau ; vous voyez bien que je vous attends.

— Ne nous impatientons pas, mon beau jeune homme, dit le vieux soldat en continuant ses préparatifs avec le flegme goguenard qui lui était naturel. Une des qualités les plus essentielles sous les armes, c'est le sang-froid. J'ai été comme vous à votre âge, mais au troisième ou quatrième coup d'épée que j'ai reçu, j'ai compris que je faisais fausse route, et je suis revenu dans le droit chemin. Là! ajouta-t-il en tirant enfin son épée, qui, nous l'avons dit, était de la plus belle longueur.

— Peste, monsieur ! dit Ravanne en jetant un coup d'œil sur l'arme de son adversaire, que vous avez là une charmante colichemarde ! Elle me rappelle la maîtresse-broche de la cuisine de ma mère, et je suis désolé de ne pas avoir dit au maître d'hôtel de me l'apporter pour faire votre partie.

— Votre mère est une digne femme, et sa cuisine une bonne cuisine ; j'ai entendu parler de toutes deux avec de grands éloges, aussi se répondit le capitaine avec un ton presque paternel. Aussi je serais désolé de vous enlever à l'une et à l'autre pour une misère comme celle qui me procure l'honneur de croiser le fer avec vous. Supposez donc tout bonnement que vous prenez une leçon avec votre maître d'armes, et tirez à fond.

La recommandation était inutile ; Ravanne était exaspéré de la tranquillité de son adversaire, à laquelle, malgré son courage, son sang jeune et ardent ne lui laissait pas l'espérance d'atteindre. Aussi se précipita-t-il sur le capitaine avec une telle furie que les épées se trouvèrent engagées jusqu'à la poignée. Le capitaine fit un pas en arrière.

— Ah! vous rompez, mon grand monsieur, s'écria Ravanne.

— Rompre n'est pas fuir, mon petit chevalier, répondit le capitaine ; c'est un axiome de l'art que je vous invite à méditer. D'ailleurs, je ne suis pas fâché d'étudier votre jeu. Ah! vous êtes élève de Berthelot, à ce qu'il me paraît. C'est un bon maître, mais il a un grand défaut : c'est de ne pas apprendre à parer. Tenez, voyez un peu, continua-t-il en ripostant par un coup de seconde à un coup droit, si je m'étais fendu, je vous enfilais comme une mauviette.

Ravanne était furieux, car effectivement il avait senti sur son flanc la pointe de l'épée de son adversaire, mais si légèrement posée qu'il eût pu la prendre pour le bouton d'un fleuret. Aussi sa colère redoubla de la conviction qu'il lui devait la vie, et ses attaques se multiplièrent, plus pressées encore qu'auparavant.

— Allons, allons, dit le capitaine, voilà que vous perdez la tête maintenant, et que vous cherchez à m'éborgner. Fi donc! jeune homme, fi donc! à la poitrine, morbleu! Ah! vous revenez à la figure? vous me forcerez de vous désarmer! Encore? Allez ramasser votre épée, jeune homme, et revenez à cloche-pied, cela vous calmera.

Et d'un violent coup de fouet, il fit sauter le fer de Ravanne à vingt pas de lui.

Cette fois, Ravanne profita de l'avis; il alla lentement ramasser son épée et revint lentement au capitaine, qui l'attendait la pointe de la sienne sur le soulier. Seulement le jeune homme était pâle comme sa veste de satin, sur laquelle apparaissait une légère goutte de sang.

— Vous avez raison, monsieur, lui dit-il, je suis encore un enfant; mais ma rencontre avec vous m'aidera, je l'espère, à faire de moi un homme. Encore quelques passes, s'il vous plaît, afin qu'il ne soit pas dit que vous ayez eu tous les honneurs. Et il se remit en garde.

Le capitaine avait raison, il ne manquait au chevalier que du calme pour que les armes un homme à craindre. Aussi, au premier coup de cette troisième reprise, vit-il qu'il lui fallait apporter à sa propre défense toute son attention; mais lui-même avait dans l'art de l'escrime une trop grande supériorité pour que son jeune adversaire pût reprendre avantage sur lui. Les choses se terminèrent comme il était facile de le prévoir: le capitaine fit sauter une seconde fois l'épée des mains de Ravanne; mais, cette fois, il alla la ramasser lui-même, et avec une politesse dont au premier abord on l'aurait cru incapable:

— Monsieur le chevalier, lui dit-il en la lui rendant, vous êtes un brave jeune homme; mais, croyez-en un vieux coureur d'académies et de tavernes, qui a fait, avant que vous ne fussiez né, les guerres de Flandre; quand vous étiez au berceau, celles d'Italie; et quand vous étiez aux pages, celles d'Espagne, changez de maître; laissez là Berthelot, qui vous a montré tout ce qu'il sait; prenez Bois-Robert, et je veux que le diable m'emporte si dans six mois vous ne m'en remontrez pas à moi-même!

— Merci de la leçon, monsieur, dit Ravanne en tendant la main au capitaine, tandis que deux larmes, qu'il n'était point le maître de retenir, coulaient le long de ses joues; elle me profitera, je l'espère. Et, recevant son épée des mains du capitaine, il fit ce que celui-ci avait déjà fait, et la remit au fourreau.

Tous deux reportèrent alors les yeux sur leurs compagnons pour voir où en étaient les choses. Le combat était fini. Lafare était assis sur l'herbe, le dos appuyé à un arbre: il avait reçu un coup d'épée qui devait lui traverser la poitrine; mais heureusement, la pointe du fer avait rencontré une côte et avait glissé le long de l'os, de sorte que la blessure paraissait au premier abord plus grave qu'elle ne l'était en effet; il n'en était pas moins évanoui, tant la commotion avait été violente. D'Harmental, à genoux devant lui, épongeait le sang avec son mouchoir.

Fargy et Valef avaient fait coup fourré: l'un avait la cuisse traversée, l'autre le bras à jour. Tous deux se faisaient des excuses et se promettaient de n'en être que meilleurs amis à l'avenir.

— Tenez, jeune homme, dit le capitaine à Ravanne en lui montrant les différens épisodes du champ de bataille, regardez cela et méditez; voilà le sang de trois braves gentilshommes qui coule probablement pour une drôlesse!

— Ma foi! répondit Ravanne tout à fait calmé, je crois que vous avez raison, capitaine, et vous pourriez bien être le seul de nous tous qui ayez le sens commun.

En ce moment, Lafare ouvrit les yeux et reconnut d'Harmental dans l'homme qui lui portait secours.

— Chevalier, lui dit-il, voulez-vous suivre un conseil d'ami? Envoyez-moi une espèce de chirurgien que vous trouverez dans la voiture, et que j'ai amené à tout hasard; puis, gagnez Paris au plus vite, montrez-vous ce soir au bal de l'Opéra, et si l'on vous demande de mes nouvelles, dites qu'il y a huit jours que vous ne m'avez vu. Quant à moi, vous pouvez être parfaitement tranquille, votre nom ne sortira point de ma bouche. Au reste, s'il vous arrivait quelque mauvaise discussion avec la connétablie, faites-le moi savoir au plus tôt, et nous nous arrangerions de manière à ce que la chose n'eût pas de suite.

— Merci, monsieur le marquis, répondit d'Harmental; je vous quitte parce que je sais vous laisser en meilleures mains que les miennes; autrement, croyez-moi, rien n'aurait pu me séparer de vous avant que je vous visse couché dans votre lit.

— Bon voyage, mon cher Valef! dit Fargy, car je ne pense pas que ce soit cette égratignure qui vous empêche de partir. À votre retour, n'oubliez pas que vous avez un ami, place Louis-le-Grand, n° 14.

— Et vous, mon cher Fargy, si vous avez quelque commission pour Madrid, vous n'avez qu'à dire, et vous pouvez compter qu'elle sera faite avec l'exactitude et le zèle d'un bon camarade.

Et les deux amis se donnèrent une poignée de main, comme s'il ne s'était absolument rien passé.

— Adieu, jeune homme, adieu, dit le capitaine à Ravanne. N'oubliez pas le conseil que je vous ai donné: laissez là Berthelot et prenez Bois-Robert; surtout soyez calme, rompez dans l'occasion, parez à temps, et vous serez une des plus fines lames du royaume de France. Ma colichemarde dit bien des choses agréables à la maîtresse-broche de madame votre mère.

Ravanne, quelle que fût sa présence d'esprit, ne trouva rien à répondre au capitaine; il se contenta de le saluer, et s'approcha de Lafare, qui lui parut le plus malade des deux blessés.

Quant à d'Harmental, à Valef et au capitaine, ils gagnèrent l'allée, où ils retrouvèrent le carrosse de louage, et dans le carrosse le chirurgien qui faisait un somme. D'Harmental le réveilla et lui annonça, en lui montrant le chemin qu'il devait suivre, que le marquis de Lafare et le comte de Fargy avaient besoin de ses services. Il ordonna en outre à son valet de descendre de cheval et de suivre le chirurgien, afin de lui servir d'aide; puis se retournant vers le capitaine:

— Capitaine, lui dit-il, je crois qu'il ne serait pas prudent d'aller manger le déjeuner que nous avions commandé; recevez donc tous mes remercîments pour le coup de main que vous m'avez donné, et, en souvenir de moi, comme vous êtes à pied, à ce qu'il me paraît, veuillez accepter un de mes deux chevaux. Vous pouvez prendre au hasard: ce sont de bonnes bêtes; la plus mauvaise des deux ne vous laissera pas dans l'embarras quand vous aurez besoin de lui faire faire huit à dix lieues en une heure.

— Ma foi! chevalier, répondit le capitaine en jetant de côté un regard sur le cheval qui lui était offert si généreusement, il ne fallait rien pour cela; entre gentilshommes, le sang et la bourse sont choses qu'on se prête tous les jours. Mais vous faites les choses de si bonne grâce que je ne saurais vous refuser. Si vous aviez jamais besoin de moi pour quelque chose que ce soit, souvenez-vous, en revanche, que je suis à votre service.

— Et le cas échéant, monsieur, où vous retrouverai-je demanda en souriant d'Harmental.

— Je n'ai pas de domicile bien arrêté, chevalier; mais vous aurez toujours de mes nouvelles en allant chez l Fillon, en demandant la Normande, et en vous informant à elle du capitaine Roquefinette.

Et comme les deux jeunes gens remontaient chacun sur son cheval, le capitaine en fit autant, non sans remarquer en lui-même que le chevalier d'Harmental lui avait laissé le plus beau des trois.

Alors, comme ils étaient près d'un carrefour, chacun prit sa route et s'éloigna au grand galop.

Le baron de Valef rentra par la barrière de Passy et se rendit droit à l'Arsenal, prit les commissions de la duchesse du Maine, de la maison de laquelle il était, et partit le même jour pour l'Espagne.

Le capitaine Roquefinette fit trois ou quatre tours au pas, au trot et au galop dans le bois de Boulogne, afin d'apprécier les différentes qualités de sa monture, et ayant reconnu que c'était, comme l'avait dit le chevalier, un animal de belle et bonne race, il revint fort satisfait chez maître Durand, où il mangea à lui seul le déjeuner qui était commandé pour trois.

Le même jour, il conduisit son cheval au marché aux chevaux, et le vendit soixante louis. C'était la moitié de ce qu'il valait ; mais il faut savoir faire des sacrifices quand on veut réaliser promptement.

Quant au chevalier d'Harmental, il prit l'allée de la Muette, regagna Paris par la grande avenue des Champs-Élysées, et trouva en rentrant chez lui, rue de Richelieu, deux lettres qui l'attendaient.

L'une de ces deux lettres était d'une écriture si bien connue à lui qu'il tressaillit de tout son corps en la regardant, et qu'après y avoir porté la main avec la même hésitation que s'il allait toucher un charbon ardent, il l'ouvrit avec un tremblement qui décelait l'importance qu'il y attachait ; elle contenait ce qui suit :

« Mon cher chevalier,

» On n'est pas maître de son cœur, vous le savez, et c'est une des misères de notre nature que de ne pouvoir longtemps aimer ni la même personne ni la même chose. Quant à moi, je veux au moins avoir sur les autres femmes le mérite de ne pas tromper celui qui a été mon amant. Ne venez donc pas à votre heure accoutumée, car on vous dirait que je n'y suis pas, et je suis si bonne que je ne voudrais pas risquer l'âme d'un valet ou d'une femme de chambre en leur faisant faire un si gros mensonge.

» Adieu, mon cher chevalier ; ne gardez point de moi un trop mauvais souvenir, et faites que je pense encore de vous dans dix ans ce que j'en pense à cette heure, c'est-à-dire que vous êtes un des plus galans gentilshommes de France.

» SOPHIE D'AVERNE. »

— Mordieu ! s'écria d'Harmental en frappant du poing sur une charmante table de Boule qu'il mit en morceaux, si j'avais tué ce pauvre Lafare, je ne m'en serais consolé de ma vie !

Après cette explosion, qui le soulagea quelque peu, le chevalier se mit à marcher de sa porte à sa fenêtre d'un air qui prouvait que le pauvre garçon avait encore besoin de quelques déceptions de ce genre pour être à la hauteur de la morale philosophique que lui prêchait la belle infidèle. Puis, après quelques tours, il aperçut à terre la seconde lettre, qu'il avait complétement oubliée. Deux ou ou trois fois encore il passa près d'elle en la regardant avec une superbe indifférence ; enfin, comme il pensa qu'elle ferait peut-être diversion à la première, il la ramassa dédaigneusement, l'ouvrit avec lenteur, regarda l'écriture, qui lui était inconnue, chercha la signature, qui était absente, et, ramené par cet air de mystère à quelque curiosité, il lut ce qui suit :

« Chevalier,

» Si vous avez dans l'esprit le quart du romanesque et dans le cœur la moitié du courage que vous amis prétendent y reconnaître, on est prêt à vous offrir une entreprise digne de vous, et dont le résultat sera à la fois de vous venger de l'homme que vous détestez le plus au monde et de vous conduire à un but si brillant que, dans vos plus beaux rêves, vous n'avez jamais rien espéré de pareil. Le bon génie qui doit vous mener par ce chemin enchanté, et auquel il faut vous fier entièrement, vous attendra ce soir, de minuit à deux heures, au bal de l'Opéra. Si vous y ve-

nez sans masque, il ira à vous ; si vous y venez masqué, vous le reconnaîtrez à un ruban violet qu'il portera sur l'épaule gauche. Le mot d'ordre est : *Sésame, ouvre-toi !* Prononcez-le hardiment, et vous verrez s'ouvrir une caverne bien autrement merveilleuse que celle d'Ali-Baba. »

— A la bonne heure ! dit d'Harmental ; et si le génie au ruban violet tient seulement la moitié de sa promesse, ma foi ! il a trouvé son homme !

III.

LE CHEVALIER D'HARMENTAL.

Le chevalier Raoul d'Harmental, avec qui, avant de passer outre, il est nécessaire que nos lecteurs fassent plus ample connaissance, était l'unique rejeton d'une des meilleures familles du Nivernais. Quoique cette famille n'eût jamais joué un rôle important dans l'histoire, elle ne manquait pas cependant d'une certaine illustration, qu'elle avait acquise, soit par elle-même, soit par ses alliances. Ainsi, le père du chevalier, le sire Gaston d'Harmental, étant venu en 1682 à Paris, et ayant eu la fantaisie de monter dans les carrosses du roi, avait fait, haut la main, ses preuves de 1399, opération héraldique qui, s'il faut en croire un mémoire du parlement, aurait fort embarrassé plus d'un duc et pair. D'un autre côté, son oncle maternel, monsieur de Torigny, ayant été nommé chevalier de l'ordre, à la promotion de 1694, avait avoué, en faisant reconnaître ses seize quartiers, que le plus beau de son visage, comme on le disait alors, était fait des d'Harmental, avec qui ses ancêtres étaient en alliance depuis trois cents ans. En voilà donc assez pour satisfaire aux exigences aristocratiques de l'époque sur laquelle nous écrivons.

Le chevalier n'était ni pauvre ni riche, c'est-à-dire que son père en mourant lui avait laissé une terre située dans les environs de Nevers, laquelle lui rapportait quelque chose comme vingt-cinq ou trente mille livres de rente. C'était de quoi vivre fort grandement dans sa province, mais le chevalier avait reçu une excellente éducation, et il se sentait une grande ambition dans le cœur ; il avait donc, à sa majorité, c'est-à-dire vers 1711, quitté sa province, et était accouru à Paris.

Sa première visite avait été pour le comte de Torigny, sur lequel il comptait fort pour le mettre en cour. Malheureusement, à cette époque, le comte de Torigny n'y était pas lui-même. Mais comme il se souvenait toujours avec grand plaisir, ainsi que nous l'avons dit, de la famille d'Harmental, il recommanda son neveu au chevalier de Villarceaux, et le chevalier de Villarceaux, qui n'avait rien à refuser à son ami le comte de Torigny, conduisit le jeune homme chez madame de Maintenon.

Madame de Maintenon avait une qualité : c'était d'être restée l'amie de ses anciens amans. Elle reçut parfaitement le chevalier d'Harmental, grâce aux vieux souvenirs qui le recommandaient auprès d'elle, et quelques jours après, le maréchal de Villars étant venu lui faire sa cour, elle lui dit quelques mots si pressans en faveur de son jeune protégé, que le maréchal, enchanté de trouver une occasion d'être agréable à cette reine *in partibus*, répondit qu'à compter de cette heure il attachait le chevalier d'Harmental à sa maison militaire, et s'empresserait de lui offrir toutes les occasions de justifier la bonne opinion que son auguste protectrice voulait bien avoir de lui.

Ce fut une grande joie pour le chevalier que de se voir ouvrir une pareille porte. La campagne qui allait avoir lieu était définitive.

Louis XIV en était arrivé à la dernière période de son règne, à l'époque des revers. Tallard et Marsin avaient été battus à Hochstett, Villeroi à Ramillies, et Villars lui-même, le héros de Friedlingen, venait de perdre la fameuse bataille de Malplaquet contre Marlborough et Eugène. L'Europe, un instant étouffée sous la main de Colbert et de Louvois, réagissait tout entière contre la France. La situation des affaires était extrême; le roi, comme un malade désespéré qui change à chaque heure de médecin, changeait chaque jour de ministres. Mais chaque essai nouveau révélait une impuissance nouvelle. La France ne pouvait plus soutenir la guerre et ne pouvait pas parvenir à faire la paix. Vainement elle offrait d'abandonner l'Espagne et de restreindre ses frontières : ce n'était point assez d'humiliation. On exigeait que le roi donnât passage aux armées ennemies à travers la France, pour aller chasser son petit-fils du trône de Charles II, et qu'il livrât comme places de sûreté Cambrai, Metz, La Rochelle et Bayonne, à moins qu'il n'aimât mieux, dans un an pour tout délai, le détrôner lui-même à force ouverte. Voilà à quelles conditions une trêve était accordée au vainqueur des Dunes, de Senef, de Fleurus, de Steinkerque et de la Marsaille; à celui qui, jusque là, avait tenu dans le pan de son manteau royal la paix et la guerre; à celui qui s'intitulait le distributeur des couronnes, le châtieur des nations, le grand, l'immortel ; à celui enfin pour lequel, depuis un demi-siècle, on taillait le marbre, on fondait le bronze, on mesurait l'alexandrin, on épuisait l'encens.

Louis XIV avait pleuré en plein conseil.

Ces larmes avaient produit une armée, et cette armée avait été donnée à Villars.

Villars marcha droit à l'ennemi, dont le camp était à Denain, et qui, les yeux fixés sur l'agonie de la France, s'endormait dans sa sécurité. Jamais responsabilité plus grande n'avait chargé une tête. Sur un coup de dé, Villars allait jouer le salut de la France.

Les alliés avaient établi, entre Denain et Marchiennes, une ligne de fortifications que, dans leur orgueil anticipé, Albemarle et Eugène appelaient la grande route de Paris. Villars résolut d'enlever Denain par surprise, et, Albemarle battu, de battre Eugène.

Il fallait, pour réussir dans une si audacieuse entreprise, tromper non-seulement l'armée ennemie, mais l'armée française, le succès de ce coup de main étant dans son impossibilité même.

Villars proclama bien haut son intention de forcer les lignes de Landrecies. Une nuit, à une heure convenue, toute son armée s'ébranle et marche dans la direction de cette ville. Tout à coup l'ordre est donné d'obliquer à gauche ; le génie jette trois ponts sur l'Escaut; Villars franchit le fleuve sans obstacle, se jette dans les marais que l'on croyait impraticables, et où le soldat s'avance ayant de l'eau jusqu'à la ceinture ; il marche droit aux premières redoutes, les emporte presque sans coup férir, s'empare successivement d'une lieue de fortifications, atteint Denain, franchit le fossé qui l'entoure, pénètre dans la ville, et, en arrivant sur la place, trouve son jeune protégé, le chevalier d'Harmental, qui lui présente l'épée d'Albemarle, qu'il venait de faire prisonnier.

En ce moment, on annonce l'arrivée d'Eugène. Villars se retourne, atteint avant lui le pont sur lequel ce dernier doit passer, s'en empare et attend. Là, le véritable combat s'engage, car la prise de Denain n'a été qu'une escarmouche. Eugène pousse attaque sur attaque, revient sept fois à la tête de ce pont briser ses meilleures troupes contre l'artillerie qui le protège et contre les baïonnettes qui le défendent ; enfin, ayant ses habits criblés de balles, tout sanglant de deux blessures, monte sur son troisième cheval, et le vainqueur de Hochstett et de Malplaquet se retire en pleurant de rage et en mordant ses gants de colère. En six heures tout a changé de face : la France est sauvée, et Louis XIV est toujours le grand roi.

D'Harmental s'était conduit en homme qui d'un seul coup veut gagner ses éperons. Villars, en le voyant tout couvert de sang et de poussière, se rappela par qui il lui avait été recommandé, et le fit approcher de lui, pendant qu'au milieu du champ de bataille même il écrivait sur un tambour le résultat de la journée. En voyant d'Harmental, Villars interrompit sa lettre.

— Etes-vous blessé ? lui demanda-t-il.

— Oui, monsieur le maréchal, mais si légèrement que cela ne vaut pas la peine d'en parler.

— Vous sentez-vous la force de faire soixante lieues à cheval à franc étrier sans vous reposer une heure, une minute, une seconde ?

— Je me sens capable de tout, monsieur le maréchal, pour le service du roi et le vôtre.

— Alors partez à l'instant même, descendez chez madame de Maintenon, dites-lui de ma part ce que vous venez de voir, et annoncez-lui le courrier qui en apportera la relation officielle. Si elle veut vous conduire chez le roi, laissez-vous faire.

D'Harmental comprit l'importance de la mission dont on le chargeait, et, tout poudreux, tout sanglant, sans débotter, il sauta sur un cheval frais et gagna la première poste ; douze heures après il était à Versailles.

Villars avait prévu ce qui devait arriver. Aux premiers mots qui sortirent de la bouche du chevalier, madame de Maintenon le prit par la main et le conduisit chez le roi. Le roi travaillait avec Voisin dans sa chambre, contre l'habitude, car il était un peu malade. Madame de Maintenon ouvrit la porte, poussa le chevalier d'Harmental aux pieds du roi, et levant les deux mains au ciel :

— Sire, dit-elle, remerciez Dieu; car, Votre Majesté le sait, nous ne sommes rien par nous-mêmes, et c'est de Dieu que nous vient toute grâce.

— Qu'y a-t-il, monsieur? parlez! dit vivement Louis XIV, étonné de voir à ses pieds ce jeune homme qu'il ne connaissait pas.

— Sire, répondit le chevalier, le camp de Denain est pris. Le comte d'Albemarle est prisonnier, le prince Eugène est en fuite, le maréchal de Villars met sa victoire aux pieds de Votre Majesté.

Malgré la puissance qu'il avait sur lui-même, Louis XIV pâlit; il sentit que les jambes lui manquaient, et il s'appuya à la table pour ne pas tomber sur son fauteuil.

— Qu'avez-vous, sire? s'écria madame de Maintenon en allant à lui.

— J'ai, madame, que je vous dois tout, dit Louis XIV : vous sauvez le roi, et vos amis sauvent le royaume.

Madame de Maintenon s'inclina et baisa respectueusement la main du roi.

Alors Louis XIV, encore tout pâle et tout ému, passa derrière le grand rideau qui fermait le salon où était son lit, et l'on entendit la prière d'actions de grâces qu'il adressait à demi-voix au Seigneur ; puis, au bout d'un instant, il reparut calme et grave, comme si rien n'était arrivé.

— Et maintenant, monsieur, racontez-moi la chose dans tous ses détails.

Alors d'Harmental fit le récit de cette merveilleuse bataille, qui venait, comme par miracle, de sauver la monarchie. Puis, lorsqu'il eut fini :

— Et de vous, monsieur, dit Louis XIV, vous ne m'en dites rien? Cependant, si j'en juge par le sang et la boue qui couvrent encore vos habits, vous n'êtes point resté en arrière.

— Sire, j'ai fait de mon mieux, dit d'Harmental en s'inclinant; mais s'il y a réellement quelque chose à dire de moi, je laisse, avec la permission de Votre Majesté, ce soin à monsieur le maréchal de Villars.

— C'est bien, jeune homme, et s'il vous oublie, par hasard, nous nous souviendrons, nous. Vous devez être fatigué, allez vous reposer ; je suis content de vous.

D'Harmental se retira tout joyeux. Madame de Maintenon le reconduisit jusqu'à la porte. D'Harmental lui baisa la main encore une fois, et se hâta de profiter de la permission royale qui lui était donnée : il y avait vingt-quatre heures qu'il n'avait ni bu, ni mangé, ni dormi.

A son réveil, on lui remit un paquet que l'on avait apporté pour lui du ministère de la guerre. C'était son brevet de colonel.

Deux mois après, la paix fut faite. L'Espagne y laissa la moitié de sa monarchie, mais la France resta intacte.

Trois ans après, Louis XIV mourut.

Deux partis bien distincts, bien irréconciliables surtout, étaient en présence au moment de cette mort : celui des bâtards, incarné dans monsieur le duc du Maine, et celui des princes légitimes, représenté par monsieur le duc d'Orléans.

Si monsieur le duc du Maine avait eu la persistance, la volonté, le courage de sa femme, Louise-Bénédicte de Condé, peut-être, appuyé comme il l'était par le testament royal, eût-il triomphé ; mais il eût fallu se défendre au grand jour, comme on était attaqué, et le duc du Maine, faible de cœur et d'esprit, dangereux à force d'être lâche, n'était bon qu'aux choses qui se passaient par-dessous terre. Il fut menacé de face, et dès lors ses artifices sans nombre, ses faussetés exquises, ses marches ténébreuses et profondes lui devinrent inutiles. En un jour, et presque sans combat, il fut précipité de ce faîte où l'avait porté l'aveugle amour du vieux roi. La chute fut lourde et surtout honteuse ; il se retira mutilé, abandonnant la régence à son rival, et ne conservant de toutes les faveurs accumulées sur lui que la surintendance de l'éducation royale, la maîtrise de l'artillerie et le pas sur les ducs et pairs.

L'arrêt que venait de rendre le parlement frappait la vieille cour et tout ce qui lui était attaché. Le père Letellier alla au-devant de son exil, madame de Maintenon se réfugia à Saint-Cyr, et monsieur le duc du Maine s'enferma dans la belle villa de Sceaux, pour continuer sa traduction de Lucrèce.

Le chevalier d'Harmental avait assisté en spectateur intéressé, il est vrai, mais en spectateur passif, à toutes ces intrigues, attendant toujours qu'elles revêtissent un caractère qui lui permît d'y prendre part : s'il y avait eu lutte franche et armée, il se fût rangé du côté où la reconnaissance l'appelait. Trop jeune et trop chaste encore, si on peut le dire en matière politique, pour tourner avec le vent de la fortune, il resta respectueux à la mémoire de l'ancien roi et aux ruines de la vieille cour. Son alliance du Palais-Royal, autour duquel gravitait à cette heure tout ce qui voulait reprendre une place dans le ciel politique, fut interprétée à opposition, et, un matin, comme il avait reçu le brevet qui lui accordait un régiment, il reçut l'arrêté qui le lui enlevait.

D'Harmental avait l'ambition de son âge : la seule carrière ouverte à un gentilhomme de cette époque était la carrière des armes ; son début y avait été brillant, et le coup qui brisait à vingt-cinq ans toutes ses espérances d'avenir lui fut profondément douloureux. Il courut chez monsieur de Villars, dans lequel il avait trouvé autrefois un protecteur si ardent. Le maréchal le reçut avec la froideur d'un homme qui ne serait pas fâché, non seulement d'oublier le passé, mais de voir le passé oublié. Aussi, d'Harmental comprit que le vieux courtisan était en train de changer de peau, et il se retira discrètement.

Quoique cet âge fût essentiellement celui de l'égoïsme, la première épreuve qu'on en faisait le chevalier lui fut amère ; mais il était dans cette heureuse période de la vie où il était rare que les douleurs de l'ambition trompée soient profondes et durables : l'ambition est la passion de ceux qui n'en ont pas d'autres, et le chevalier avait encore toutes celles que l'on a à vingt-cinq ans.

D'ailleurs, l'esprit du temps n'était point tourné encore à la mélancolie. C'est un sentiment tout moderne, né du bouleversement des fortunes et de l'impuissance des hommes. Au dix-huitième siècle, il était rare que l'on rêvât aux choses abstraites, et que l'on aspirât à l'inconnu ; on allait droit aux plaisirs, à la gloire ou à la fortune, et pourvu qu'on fût beau, brave ou intrigant, tout le monde pouvait arriver là. C'était encore l'époque où l'on n'était pas humilié de son bonheur. Aujourd'hui l'esprit domine de trop haut la matière pour que l'on ose avouer que l'on est heureux.

Au reste, il faut l'avouer, le vent soufflait à la joie, et la France semblait voguer, toutes voiles dehors, à la recherche de quelqu'une de ces îles enchantées comme on en trouve sur la carte dorée des Mille et une nuits. Après ce long et triste hiver de la vieillesse de Louis XIV, apparaissait tout à coup le printemps joyeux et brillant d'une jeune royauté : chacun s'épanouissait à ce nouveau soleil, radieux et bienfaisant, et s'en allait bourdonnant et insoucieux, comme font les papillons et les abeilles aux premiers jours de la belle saison. Le plaisir, absent et proscrit pendant plus de trente ans, était de retour ; on l'accueillait comme un ami qu'on n'espérait plus revoir ; on courait à lui de tous côtés, franchement, les bras et le cœur ouverts, et, de peur sans doute qu'il ne s'échappât de nouveau, on mettait à profit tous les instans. Le chevalier d'Harmental avait gardé sa tristesse huit jours ; puis il s'était mêlé à la foule, puis il avait été entraîné par le tourbillon, et ce tourbillon l'avait jeté aux pieds d'une jolie femme.

Trois mois il avait été l'homme le plus heureux du monde : pendant trois mois il avait oublié Saint-Cyr, les Tuileries, le Palais-Royal ; il ne savait plus s'il y avait une madame de Maintenon, un roi, un régent ; il savait qu'il fait bon vivre quand on est aimé, et il ne voyait pas pourquoi il ne vivrait pas et il n'aimerait pas toujours.

Il en était là de son rêve lorsque, ainsi que nous l'avons dit, soupant avec son ami le baron de Valef dans une honorable maison de la rue Saint-Honoré, il avait été tout à coup brutalement réveillé par Lafare. Les amoureux ont, en général, le réveil mauvais, et l'on a vu que, sous ce rapport, d'Harmental n'était pas plus endurant que les autres. C'était, au reste, d'autant plus pardonnable au chevalier qu'il croyait aimer véritablement, et que, dans sa bonne foi toute juvénile, il pensait que rien ne pourrait reprendre dans son cœur la place de cet amour ; c'était un reste de préjugé provincial qu'il avait apporté des environs de Nevers. Aussi, comme nous l'avons vu, la lettre si étrange, mais du moins si franche, de madame d'Averne, au lieu de lui inspirer l'admiration qu'elle méritait à cette folle époque, l'avait tout d'abord accablé. C'est le propre de chaque douleur qui nous arrive de réveiller toutes les douleurs passées, que l'on croyait disparues et qui n'étaient qu'endormies. L'âme a ses cicatrices comme le corps, et elles ne se ferment jamais si bien qu'une blessure nouvelle ne les puisse rouvrir. D'Harmental se retrouva ambitieux : la perte de sa maîtresse lui avait rappelé la perte de son régiment.

Aussi ne fallait-il rien moins que la seconde lettre, si inattendue et si mystérieuse, pour faire quelque diversion à la douleur du chevalier. Un amoureux de nos jours l'eût jetée avec dédain loin de lui, et se serait méprisé lui-même, s'il n'avait pas creusé sa douleur de manière à s'en faire, pour huit jours au moins, une pâle et poétique mélancolie ; mais un amoureux de la régence était bien autrement accommodant. Le suicide n'était pas encore découvert, et l'on ne se noyait alors, quand d'aventure on tombait à l'eau, que si l'on ne trouvait pas sous sa main la moindre petite paille où se retenir.

D'Harmental n'affecta donc pas la fatuité de la tristesse : il décida, en soupirant, il est vrai, qu'il irait au bal de l'Opéra ; et, pour un amant trahi d'une manière si imprévue et si cruelle, c'était déjà beaucoup.

Mais, il faut le dire à la honte de notre pauvre espèce, ce qui le porta surtout à cette philosophique détermination, c'est que la seconde lettre, celle où on lui promettait de si grandes merveilles, était d'une écriture de femme.

IV.

LA CHAUVE-SOURIS.

Les bals de l'Opéra étaient alors dans toute leur fureur. C'était une invention contemporaine du chevalier de Bouillon, à qui il n'avait fallu rien moins que le service qu'il venait de rendre ainsi à la société dissipée de ce temps-là pour se faire pardonner le titre de prince d'Auvergne, qu'il avait pris on ne savait trop pourquoi. C'était donc lui qui avait inventé ce double plancher qui met le parterre au niveau du théâtre, et le régent, juste appréciateur de toute belle invention, lui avait accordé, pour le récompenser de celle-là, une pension de six mille livres. C'était quatre fois ce que le grand roi donnait à Corneille.

Cette belle salle, à l'architecture riche et grave, que le cardinal de Richelieu avait inaugurée par sa Mirame, où Lulli et Quinault avaient fait représenter leurs pastorales, et où Molière avait joué lui-même ses principaux chefs-d'œuvre, était donc ce soir-là le rendez-vous de tout ce que la cour avait de noble, de riche et d'élégant. D'Harmental, par un sentiment de dépit bien naturel dans sa situation, avait donné un soin plus grand que d'habitude encore à sa toilette. Aussi arriva-t il comme la salle était déjà pleine. Il en résulta qu'un instant il eut la crainte que le masque au ruban violet ne pût le rejoindre, attendu que le génie inconnu avait eu la négligence de ne point lui assigner un lieu de rendez vous. Il se félicita alors d'être venu à visage découvert, résolution qui, pour le dire en passant, annonçait de sa part une grande sécurité dans la discrétion de ses adversaires, dont un mot l'eût envoyé devant le parlement ou tout au moins à la Bastille; mais telle était la confiance que les gentilshommes avaient réciproquement à cette époque dans leur loyauté, qu'après avoir passé le matin son épée à travers le corps de l'un des favoris du régent, le chevalier venait, sans hésitation aucune, chercher aventure au Palais-Royal.

La première personne qu'il aperçut fut le jeune duc de Richelieu, que son nom, ses aventures, son élégance, et peut-être ses indiscrétions, commençaient à mettre si fort à la mode. On assurait que deux princesses du sang se disputaient alors son amour, ce qui n'empêchait pas mesdames de Nesle et de Polignac de se battre au pistolet pour lui, et madame de Sabran, madame de Villars, madame de Mouchy et madame de Tencin de se partager son cœur.

Il venait de rejoindre le marquis de Canillac, un des roués du régent, qu'à cause de l'apparence rigide qu'il affectait, Son Altesse appelait son Mentor. Richelieu commençait à raconter à Canillac une histoire tout haut et avec de grands éclats. Le chevalier connaissait le duc, mais pas assez pour arriver au milieu d'une conversation entamée; ce n'était d'ailleurs pas lui qu'il cherchait : aussi allait-il passer outre, lorsque le duc l'arrêta par la basque de son habit.

— Pardieu! dit-il, mon cher chevalier, vous n'êtes pas de trop; je raconte à Canillac une bonne aventure qui peut lui servir, à lui, comme lieutenant nocturne de monsieur le régent, et à vous, comme exposé au même danger que j'ai couru. L'histoire date d'aujourd'hui : c'est un mérite de plus, car je n'ai encore eu le temps de la raconter qu'à vingt personnes, de sorte qu'elle est à peine connue. Répandez-la : vous me ferez plaisir et à monsieur le régent aussi.

D'Harmental fronça le sourcil, Richelieu prenait mal son temps; en ce moment le chevalier de Ravanne passa poursuivant un masque.

— Ravanne! cria Richelieu, Ravanne!

— Je n'ai pas le loisir, répondit le chevalier.

— Savez-vous où est Lafare?

— Il a la migraine.

— Et Fargy?

— Il s'est donné une entorse.

Et Ravanne se perdit dans la foule, après avoir échangé avec son adversaire du matin le salut le plus amical.

— Eh bien! et l'histoire? demanda Canillac.

— Nous y voici. Imaginez-vous qu'il y a six ou sept mois, à ma sortie de la Bastille, où m'avait envoyé mon duel avec Gacé, trois ou quatre jours peut-être après avoir reparu dans le monde, Rafé me remet un charmant petit billet de madame de Parabère, par lequel je suis invité à passer le soir même chez elle. Vous comprenez, chevalier, ce n'est pas au moment où l'on sort de la Bastille que l'on méprise un rendez-vous donné par la maîtresse de celui qui en tient les clés. Aussi ne faut-il pas demander si je fus exact. A l'heure dite, j'arrive. Devinez qui je trouve assis à côté d'elle sur un sofa? Je vous le donne en cent!

— Son mari? dit Canillac.

— Non, point; Son Altesse Royale elle-même. Je fus d'autant plus étonné qu'on m'avait fait entrer comme si la dame était seule. Néanmoins, comme je le comprenez bien, chevalier, je ne me laissai point étourdir; je pris un air composé, naïf et modeste, un air comme le tien, Canillac, et je saluai la marquise avec une apparence de si profond respect, que le régent éclata de rire. Comme je ne m'attendais pas à cette explosion, je fus, je l'avoue, un peu déconcerté. Je pris une chaise pour m'asseoir, mais le régent me fit signe de prendre place sur le sofa, de l'autre côté de la marquise : j'obéis.

— Mon cher duc, me dit-il, nous vous avons écrit pour une affaire fort sérieuse. Voilà cette pauvre marquise qui, toute séparée qu'elle est depuis deux ans de son mari, se trouve enceinte.

La marquise fit ce qu'elle put pour rougir; mais sentant qu'elle ne pouvait en venir à bout, elle se couvrit la figure avec son éventail.

— Au premier mot qu'elle m'a dit de sa position, continua le régent, j'ai fait venir d'Argenson, et je lui demandai de qui l'enfant pouvait être.

— Oh! monsieur, épargnez-moi, dit la marquise.

— Allons, mon petit corbeau, reprit le régent, cela va être fini. Un peu de patience. Savez-vous ce que d'Argenson me répondit, mon cher duc?

— Non, dis-je, assez embarrassé de ma personne.

— Il me répondit que c'était de moi ou de vous.

— C'est une atroce calomnie! m'écriai-je.

— Ne vous enferrez pas, duc, la marquise a tout avoué.

— Alors, repris-je, si la marquise a tout avoué, je ne vois pas ce qui me reste à vous dire.

— Aussi, continua le régent, je ne vous demande pas pour que vous me donniez des renseignemens plus détaillés, mais afin que, comme complices du même crime, nous nous tirions d'affaire l'un par l'autre.

— Et qu'avez-vous à craindre, monseigneur? demandai-je. Quant à moi, je sais que, protégé par le nom de Votre Altesse, je puis tout braver.

— Ce que nous avons à craindre, mon cher? les criailleries de Parabère, qui voudra que je le fasse duc.

— Eh bien! mais si nous le faisions père? répondis-je.

— Justement, s'écria le régent, voilà notre affaire, et vous avez eu la même idée que la marquise.

— Pardieu, madame, répondis-je, c'est bien de l'honneur pour moi.

— Mais la difficulté, objecta madame de Parabère, c'est qu'il y a plus de deux ans que je n'ai même parlé au marquis, et que, comme il se pique de jalousie, de sévérité, que sais-je! il a fait serment que si jamais je me trouvais dans la position où je me trouve, un bon procès le vengerait de moi.

— Vous comprenez, Richelieu, cela devient inquiétant, ajouta le régent.

— Peste! je crois bien, monseigneur!

— J'ai bien quelques moyens coërcitifs entre les mains,

13

mais ces moyens ne vont pas jusqu'à forcer un mari de recevoir sa femme chez lui.

— Eh bien! repris-je, si on le faisait venir chez sa femme?

— Voilà la difficulté.

— Attendez donc, madame la marquise, sans indiscrétion, est-ce que monsieur de Parabère a toujours un faible pour le vin de Chambertin et de Romanée?

— J'en ai peur, dit la marquise.

— Alors, monseigneur, nous sommes sauvés! J'invite monsieur le marquis à souper dans ma petite maison, avec une douzaine de mauvais sujets et de femmes charmantes! vous y envoyez Dubois......

— Comment! Dubois? demanda le régent.

— Sans doute; il faut bien quelqu'un qui nous conserve sa tête. Comme Dubois ne peut pas boire, et pour cause, il se chargera de faire boire le marquis; et quand tout le monde sera sous la table, il le démêlera au milieu de nous tous, il en fera ce qu'il voudra. Le reste regarde la marquise.

— Quand je vous le disais, marquise, reprit le régent en frappant dans ses mains, que Richelieu était de bon conseil! Tenez, duc, continua-t-il, vous devriez renoncer à rôder autour de certains palais, laisser la vieille tranquillement mourir à Saint-Cyr, le boiteux rimer ses vers à Sceaux, et vous rallier franchement à nous. Je vous donnerais dans mon cabinet la place de cette vieille caboche de d'Uxelles, et les choses n'en iraient peut-être pas plus mal...

— Oui-dà! répondis-je, je le crois bien, mais la chose est impossible: j'ai d'autres visées.

— Mauvaise tête! murmura le régent.

— Et monsieur de Parabère? demanda le chevalier d'Harmental, curieux de connaître la fin de l'histoire.

— Monsieur de Parabère! eh bien! mais tout se passa comme la chose avait été arrêtée. Il s'endormit chez moi et se réveilla chez sa femme. Vous comprenez qu'il a fait grand bruit, mais il n'y avait plus moyen de crier au scandale et d'intenter un procès: sa voiture avait passé la nuit à la porte, et tous les domestiques l'avaient vu entrer et sortir, de sorte que nous attendîmes tranquillement, quoique avec une certaine impatience de savoir à qui l'enfant ressemblerait, de monsieur de Parabère, du régent ou de moi. Enfin, la marquise est accouchée aujourd'hui à midi.

— Et à qui l'enfant ressemble-t-il? demanda Canillac.

— A Nocé! répondit Richelieu en éclatant de rire. Est-ce que l'histoire n'est pas bonne, marquis? Hein! quel malheur que ce pauvre marquis de Parabère ait eu la sottise de mourir avant le dénoûment! Comme il eût été vengé du tour que nous lui avons joué!

— Chevalier, dit en ce moment à l'oreille de d'Harmental une voix douce et flûtée, tandis qu'une petite main se posait sur son bras, quand vous aurez fini avec monsieur de Richelieu, je réclame mon tour.

— Excusez, monsieur le duc, dit le chevalier, mais vous voyez qu'on m'enlève.

— Je vous laisse aller, mais à une condition.

— Laquelle?

— C'est que vous raconterez mon histoire à cette charmante chauve-souris, en la chargeant de la redire à tous les oiseaux de nuit de sa connaissance.

— J'ai bien peur, répondit d'Harmental, de n'en avoir pas le temps.

— Oh! alors, tant mieux pour vous, reprit le duc en lâchant le chevalier, qu'il avait retenu jusque-là par son habit, car vous aurez en ce cas quelque chose de mieux à dire.

Et il tourna sur ses talons pour prendre lui-même le bras d'un domino qui, en passant, venait de lui faire compliment sur son aventure.

Le chevalier d'Harmental jeta un coup d'œil rapide sur le masque qui venait de l'accoster, afin de s'assurer si c'était bien celui qui lui avait donné rendez-vous, et il reconnut sur son épaule gauche le ruban violet qui devait lui servir de signe de ralliement. Il s'empressa donc de s'é-

loigner de Canillac et de Richelieu, afin de n'être point interrompu dans sa conversation qui, selon toute probabilité, devait être pour lui de quelque intérêt.

L'inconnue, qui au son de sa voix avait trahi son sexe, était de moyenne stature, et, autant qu'on en pouvait juger à l'élasticité et à la souplesse de ses mouvemens, paraissait être une jeune femme. Quant à sa taille, à sa tournure, à tout ce que l'œil de l'observateur a tant d'intérêt à découvrir en pareil cas, il était inutile de s'en occuper, vu le peu de résultat que promettait cette étude. En effet, comme l'avait déjà indiqué monsieur de Richelieu, elle avait adopté de tous les costumes celui qui était le plus propre à dissimuler ou les grâces ou les défauts: elle était vêtue en chauve-souris, costume fort en usage à cette époque, et d'autant plus commode qu'il était d'une simplicité parfaite, se composant simplement de la réunion de deux jupons noirs. La manière de les employer était à la portée de tout le monde: on serrait l'un, comme d'habitude, autour de sa ceinture; on passait sa tête masquée par la fente de la poche de l'autre; on rabattait le devant, dont on faisait deux ailes; on relevait le derrière, dont on faisait deux cornes, et l'on avait la presque certitude de damner son interlocuteur, qui ne vous reconnaissait, empaqueté ainsi, que lorsqu'on y mettait une extrême bonne volonté.

Le chevalier fit toutes ces remarques en moins de temps qu'il ne nous en a fallu pour décrire un tel costume; mais n'ayant aucune idée de la personne à laquelle il avait affaire, et croyant qu'il s'agissait tout bonnement de quelque intrigue amoureuse, il hésitait à lui adresser la parole, lorsque, tournant la tête de son côté:

— Chevalier, lui dit le masque sans prendre la peine de déguiser sa voix, dans la certitude sans doute que sa voix lui était inconnue, savez-vous bien que je vous ai une double reconnaissance d'être venu, surtout dans la situation d'esprit où vous êtes? Il est malheureux que je ne puisse en conscience attribuer une pareille exactitude qu'à la curiosité.

— Beau masque, reprit d'Harmental, ne m'avez-vous pas dit dans votre lettre que vous étiez un bon génie? Or, si réellement vous participez d'une nature supérieure, le passé, le présent et l'avenir doivent vous être connus; vous saviez donc que je viendrais, et, puisque vous le saviez, ma venue ne doit pas vous étonner.

— Hélas! répondit l'inconnue, que l'on voit bien que vous êtes un faible mortel, et que vous avez le bonheur de ne vous être jamais élevé au-dessus de votre sphère! autrement vous sauriez que si nous connaissons, comme vous le dites, le passé, le présent et l'avenir, cette science est muette en ce qui nous regarde, et ce sont les choses que nous désirons le plus qui restent plongées pour nous dans la plus grande obscurité.

— Diable! répondit d'Harmental, savez-vous, monsieur le génie, que vous allez me rendre bien fat si vous continuez de ce ton-là? Car, prenez-y garde, vous m'avez dit, ou à peu près, que vous aviez grand désir que je vinsse à votre rendez-vous.

— Je croyais ne rien vous apprendre de nouveau, chevalier, et il me semblait que ma lettre, sous le rapport du désir que j'avais de vous voir, ne devait vous laisser aucun doute.

— Ce désir, que je n'admets au reste que parce que vous l'avouez et que je suis trop galant pour vous donner un démenti, ne vous a-t-il pas fait promettre dans cette lettre plus qu'il n'est en votre pouvoir de tenir?

— Faites l'épreuve de ma science, elle vous donnera la mesure de mon pouvoir.

— O mon Dieu! je me bornerai à la chose la plus simple: vous savez, dites-vous, le passé, le présent et l'avenir, dites-moi ma bonne aventure.

— Rien de plus facile: donnez-moi votre main.

D'Harmental fit ce qu'on lui demandait.

— Sire chevalier, dit l'inconnue après un instant d'examen, je vois fort lisiblement écrits, par la direction de l'adducteur et par la disposition des fibres longitudinales de l'aponévrose palmaire, cinq mots dans lesquels est renfermée toute l'histoire de votre vie ; ces mots sont : *Courage, ambition, désappointement, amour et trahison.*

— Peste ! interrompit le chevalier, je ne savais pas que les génies étudiassent si à fond l'anatomie et fussent obligés de prendre leurs licences comme un bachelier de Salamanque !

— Les génies savent tout ce que les hommes savent, et bien d'autres choses encore, chevalier.

— Eh bien ! que veulent dire ces mots à la fois si sonores et si opposés, et que vous apprennent-ils de moi dans le passé, mon très savant génie ?

— Ils m'apprennent que c'est par votre *courage* seul que vous avez acquis le grade de colonel que vous occupiez dans l'armée de Flandre ; que ce grade avait éveillé votre *ambition;* que cette *ambition* a été suivie d'un *désappointement,* et que vous avez cru vous consoler de ce *désappointement* par *l'amour;* mais que *l'amour,* comme la fortune, étant sujet à la *trahison,* vous avez été trahi.

— Pas mal, dit le chevalier, et la sibylle de Cumes ne s'en serait pas mieux tirée. Un peu de vague, comme dans tous les horoscopes ; mais du reste, un grand fond de vérité. Passons au présent, beau masque.

— Le présent ! chevalier ! Parlons-en tout bas, car il sent terriblement la Bastille !

Le chevalier tressaillit malgré lui, car il croyait que nul, excepté les acteurs qui y avaient joué un rôle, ne pouvait connaître son aventure du matin.

— Il y a à cette heure, continua l'inconnue, deux braves gentilshommes couchés fort tristement dans leur lit, tandis que nous bavardons gaîment au bal ; et cela, parce que certain chevalier d'Harmental, grand écouteur aux portes, ne s'est pas souvenu d'un hémistiche de Virgile.

— Et quel est cet hémistiche ? demanda le chevalier de plus en plus étonné.

— *Facilis descensus Averni,* dit en riant la chauve-souris.

— Mon cher génie ! s'écria le chevalier en plongeant ses regards à travers les ouvertures du masque de l'inconnue, voici, permettez-moi de vous le dire, une citation tant soit peu masculine.

— Ne savez-vous pas que les génies sont des deux sexes ?

— Oui, mais je n'avais pas entendu dire qu'ils citassent si couramment l'*Énéide.*

— La citation n'est-elle pas juste ? Vous me parlez de la sibylle de Cumes, je vous réponds dans sa langue; vous me demandez du positif, je vous en donne ; mais, vous autres mortels, vous n'êtes jamais satisfaits.

— Non, car j'avoue que cette science du passé et du présent m'inspire une terrible envie de connaître l'avenir.

— Il y a toujours deux avenirs, dit le masque; il y a l'avenir des cœurs faibles, et l'avenir des cœurs forts. Dieu a donné à l'homme le libre arbitre, afin qu'il pût choisir. Votre avenir dépend de vous.

— Encore faut-il les connaître, ces deux avenirs, pour choisir le meilleur.

— Eh bien ! il y en a un qui vous attend quelque part, aux environs de Nevers, le fond d'une province, entre les lapins de votre garenne et les poules de votre basse-cour. Celui-là vous conduira droit au banc de marguilier de la paroisse. C'est d'une ambition facile, et il n'y a qu'à vous laisser faire pour l'atteindre : vous êtes sur la route.

— Et l'autre ? répliqua le chevalier, visiblement piqué que l'on pût supposer qu'en aucun cas un pareil avenir serait jamais le sien.

— L'autre, dit l'inconnue en appuyant son bras sur le bras du jeune gentilhomme, et en fixant sur lui ses yeux à travers son masque; l'autre vous rejettera dans le bruit et dans la lumière; l'autre fera de vous un des acteurs de la scène qui se joue dans le monde ; l'autre, vous pouvez perdiez ou que vous gagniez, vous laissera du moins le renom d'un grand joueur.

— Si je perds, que perdrai je ? demanda le chevalier.

— La vie probablement.

Le chevalier fit un geste de mépris.

— Et si je gagne ? ajouta-t-il.

— Que dites-vous du grade de mestre de camp, du titre de grand d'Espagne, et du cordon du Saint-Esprit ? Tout cela sans compter le bâton de maréchal en perspective.

— Je dis que le gain vaut l'enjeu, beau masque, et que si tu me donnes la preuve que tu peux tenir ce que tu promets, je suis homme à faire ta partie.

— Cette preuve, répondit le masque, ne peut vous être donnée que par une autre que moi, chevalier, et si vous voulez l'acquérir, il faut me suivre.

— Oh! oh! dit d'Harmental, me serais-je trompé, et ne serais-tu qu'un génie de second ordre, un esprit subalterne, une puissance intermédiaire? Diable ! voilà qui m'ôterait un peu de ma considération pour toi.

— Qu'importe, si je suis soumis à quelque grande enchanteresse, et si c'est elle qui m'envoie ?

— Je te préviens que je ne traite rien par ambassadeur.

— Aussi ai-je mission de vous conduire près d'elle.

— Alors je la verrai ?

— Face à face, comme Moïse vit le Seigneur.

— Partons, en ce cas !

— Chevalier, vous allez vite en besogne ! Oubliez-vous qu'avant toute initiation il y a certaines cérémonies indispensables pour s'assurer de la discrétion des initiés.

— Que faut-il faire ?

— Il faut vous laisser bander les yeux, vous laisser conduire où l'on voudra vous mener; puis, arrivé à la porte du temple, faire le serment solennel que vous ne révélerez rien à qui que ce soit des choses qu'on vous aura dites ou des personnes que vous aurez vues.

— Je suis prêt à jurer par le Styx, dit en riant d'Harmental.

— Non, chevalier, répondit le masque d'une voix grave; jurez tout bonnement par l'honneur, on vous connaît, et cela suffira.

— Et ce serment fait, demanda le chevalier après un instant de silence et de réflexion, me sera-t-il permis de me retirer si les choses que l'on me proposera ne sont pas de celles que puisse accomplir un gentilhomme ?

— Vous n'aurez que votre conscience pour arbitre, et on ne vous demandera que votre parole pour gage.

— Je suis prêt, dit le chevalier.

— Allons donc, dit le masque.

Le chevalier s'apprêta à traverser la foule en ligne droite pour gagner la porte de la salle ; mais ayant aperçu Brancas, Broglie et Simiane qui se trouvaient sur sa route et qui l'eussent arrêté sans doute au passage, il fit un détour et prit une ligne courbe, laquelle cependant devait le conduire au même but.

— Que faites-vous ? demanda le masque.

— J'évite la rencontre de quelqu'un qui pourrait nous retarder.

— Tant mieux ! je commençais à craindre.

— Que craigniez-vous ? demanda d'Harmental.

— Je craignais, répondit en riant le masque, que votre empressement ne fût diminué de la différence de la diagonale aux deux côtés du carré.

— Pardieu ! dit d'Harmental, voilà la première fois, je crois, qu'on donne rendez-vous à un gentilhomme, au bal de l'Opéra, pour lui parler anatomie, littérature ancienne, et mathématiques ! Je suis fâché de vous le dire, beau masque, mais vous êtes bien le génie le plus pédant que j'aie connu de ma vie.

La chauve-souris éclata de rire, mais ne répondit rien à cette boutade, dans laquelle éclatait le dépit du chevalier de ne pouvoir reconnaître une personne qui paraissait cependant si bien au fait de ses propres aventures; mais comme ce dépit ne faisait qu'ajouter à sa curiosité, au bout d'un instant, tous deux, étant descendus d'une hâte pareille, se trouvèrent dans le vestibule.

— Quel chemin prenons-nous? dit le chevalier ; nous en allons-nous par dessous terre ou dans un char attelé de deux griffons ?

— Si vous le permettez, chevalier, nous nous en irons

tout bonnement dans une voiture. Au fond, et quoique vous ayez paru en douter plus d'une fois, je suis femme, et j'ai peur des ténèbres.

— Permettez-moi, en ce cas, de faire avancer mon carrosse, dit le chevalier.

— Non pas, j'ai le mien, s'il vous plaît, répondit le masque.

— Appelez-le donc alors.

— Avec votre permission, chevalier, nous ne serons pas plus fiers que Mahomet à l'endroit de la montagne ; et comme mon carrosse ne peut pas venir à nous, nous irons à mon carrosse.

A ces mots, la chauve-souris entraîna le chevalier dans la rue Saint-Honoré. Une voiture sans armoiries, attelée de deux chevaux de couleur sombre, attendait au coin de la petite rue Pierre-Lescot. Le cocher était sur son siège, enveloppé d'une grande houppelande qui lui cachait tout le bas de la figure, tandis qu'un large chapeau à trois cornes couvrait son front et ses yeux. Un valet de pied tenait d'une main la portière ouverte, et de l'autre se masquait le visage avec son mouchoir.

— Montez, dit le masque au chevalier.

— D'Harmental hésita un instant : ces deux domestiques inconnus sans livrée, qui paraissaient aussi désireux que leur maîtresse de conserver leur incognito ; cette voiture sans aucun chiffre, sans aucun blason, l'endroit obscur où elle était retirée, l'heure avancée de la nuit, tout inspirait au chevalier un sentiment de défiance très naturel ; mais bientôt, réfléchissant qu'il donnait le bras à une femme et qu'il avait une épée au côté, il monta hardiment dans le carrosse. La chauve-souris s'assit près de lui, et le valet de pied referma la portière avec un ressort qui tourna deux fois à la manière d'une clef.

— Eh bien ! ne partons-nous pas ? demanda le chevalier en voyant que la voiture restait immobile.

— Il nous reste une petite précaution à prendre, répondit le masque en tirant un mouchoir de soie de sa poche.

— Ah ! oui, c'est vrai, dit d'Harmental, je l'avais oublié ; je me livre à vous en toute confiance ; faites.

Et il avança sa tête.

L'inconnue lui banda les yeux , puis, l'opération terminée :

— Chevalier, dit-elle, vous me donnez votre parole de ne point écarter ce bandeau avant que vous ayez reçu la permission de l'enlever tout à fait ?

— Je vous la donne.

— C'est bien.

Alors, soulevant la glace de devant :

— Où vous savez, monsieur le comte, dit l'inconnue en s'adressant au cocher.

Et la voiture partit au galop.

V.

L'ARSENAL.

Autant la conversation avait été animée au bal, autant le silence fut absolu pendant la route. Cette aventure, qui s'était présentée d'abord sous les apparences d'une aventure amoureuse, avait bientôt revêtu une allure plus grave et tournait visiblement à la machination politique. Si ce nouvel aspect n'effrayait pas le chevalier, il lui donnait du moins matière à réfléchir ; ses réflexions étaient d'autant plus profondes que plus d'une fois il avait rêvé à ce qu'il aurait à faire s'il se trouvait dans une situation pareille à celle où probablement il allait se trouver.

Il y a dans la vie de tout homme un instant qui décide de tout son avenir. Ce moment, si important qu'il soit, est rarement préparé par le calcul et dirigé par la volonté ; c'est presque toujours le hasard qui prend l'homme, comme le vent fait d'une feuille, et qui le jette dans quelque voie nouvelle et inconnue, où , une fois entré , il est contraint d'obéir à une force supérieure, et où, tout en croyant suivre son libre arbitre, il est l'esclave des circonstances ou le jouet des événemens.

Il en avait été ainsi du chevalier ; nous avons vu par quelle porte il était entré à Versailles, et comment, à défaut de la sympathie , l'intérêt et même la reconnaissance avaient dû l'attacher au parti de la vieille cour. D'Harmental, en conséquence, n'avait pas calculé le bien ou le mal qu'avait fait à la France madame de Maintenon ; il n'avait pas discuté le droit ou le pouvoir qu'avait Louis XIV de légitimer ses bâtards ; il n'avait pas pesé dans la balance de la généalogie monsieur le duc du Maine et monsieur le duc d'Orléans ; il avait compris d'instinct qu'il devait dévouer sa vie à ceux qui l'avaient faite d'obscure glorieuse ; et lorsqu'était mort ce vieux roi, lorsqu'il avait su que ses dernières volontés étaient ses dernières volontés du duc du Maine eût la régence, lorsqu'il avait vu ses dernières volontés brisées par le parlement, il avait regardé comme usurpation l'avénement au pouvoir de monsieur le duc d'Orléans, et dans la certitude d'une réaction armée contre ce pouvoir, il avait cherché des yeux par toute la France où se déployait le drapeau sous lequel sa conscience lui disait qu'il devait se ranger. Mais, à son grand étonnement, rien n'était arrivé de ce qu'il attendait ; l'Espagne, si intéressée à voir à la tête du gouvernement de la France une volonté amie, n'avait pas même protesté ; monsieur du Maine, fatigué d'une lutte qui cependant n'avait duré qu'un jour, était rentré dans l'ombre d'où il semblait n'être sorti que malgré lui ; monsieur de Toulouse, doux, bon, paisible, et presque honteux des faveurs dont lui en frère avaient été accablés, ne laissait pas même soupçonner qu'il pût jamais se faire chef de parti ; le maréchal de Villeroy faisait une opposition pauvre et taquine, dans laquelle il n'y avait ni plan ni calcul ; Villars n'alliait à personne, mais attendait évidemment que l'on vint à lui ; d'Uxelles était rallié et avait accepté la présidence des affaires étrangères ; les ducs et pairs prenaient patience et caressaient le régent dans l'espoir qu'il finirait, comme il l'avait promis, par ôter aux ducs du Maine et de Toulouse le pas que Louis XIV leur avait donné sur eux ; enfin, il y avait malaise, mécontentement, opposition même au gouvernement du duc d'Orléans, mais tout cela était impalpable, invisible, disséminé. Nulle part un noyau où s'agglomérer, nulle part une volonté à qui inféoder la sienne ; partout du bruit, de la gaîté partout, du faîte aux profondeurs de la société, le plaisir tenant lieu du bonheur : voilà ce qu'avait vu d'Harmental, voilà ce qui avait fait rentrer au fourreau son épée à moitié tirée. Il avait cru qu'il était seul à avoir vu une autre issue aux choses, et il était resté convaincu que cette issue n'avait jamais existé que dans son imagination, puisque les plus intéressés au résultat qu'il avait rêvé paraissaient regarder ce résultat comme tellement impossible, qu'ils ne tentaient rien pour y arriver.

Mais du moment où il s'était trompé, du moment où, sur cette surface riante, se préparait quelque chose de sombre, du moment où cette insouciance n'était qu'un voile pour cacher les ambitions en travail, c'était autre chose, et ses espérances, qu'il avait crues mortes et qui n'étaient qu'assoupies, murmuraient en se réveillant des promesses plus séduisantes que jamais. Ces offres qu'on lui venait de faire, tout exagérées qu'elles étaient, cet avenir qu'on venait de lui promettre, si improbable qu'il fût, avaient exalté son imagination. Or, à vingt-six ans, l'imagination est une étrange enchanteresse ; c'est l'architecte des palais aériens, c'est la fée aux rêves d'or, c'est la reine du royaume sans bornes, et pour peu qu'elle appuie les calculs les plus gigantesques sur le plus frêle roseau, elle les voit déjà réalisés comme s'ils avaient pour base l'axe inébranlable de la terre.

Aussi, quoique la voiture roulât déjà depuis près d'une demi-heure, le chevalier n'avait-il point pensé à trouver le temps long; il était même si profondément plongé dans ses réflexions qu'on aurait pu ne pas lui bander les yeux, et qu'il n'en aurait pas moins ignoré par quelles rues on le faisait passer. Enfin, il sentit gronder les roues, comme lorsqu'une voiture passe sous une voûte : il entendit grincer une grille qui s'ouvrait pour lui donner entrée et qui se refermait derrière lui, et presque aussitôt le carrosse, ayant décrit un cercle, s'arrêta.

— Chevalier, lui dit son guide, si vous craignez de vous engager plus avant, il est encore temps, et vous pouvez retourner en arrière; si, au contraire, vous n'avez point changé de résolution, venez.

Pour toute réponse, d'Harmental tendit la main. Le valet de pied ouvrit la portière; l'inconnue descendit d'abord, puis aida le chevalier à descendre; bientôt ses pieds rencontrèrent des marches, il monta les six degrés d'un perron, et, toujours les yeux bandés, toujours conduit par la dame masquée, il traversa un vestibule, suivit un corridor, entra dans une chambre. Alors il entendit la voiture qui partait de nouveau.

— Nous voici arrivés, dit l'inconnue; vous vous rappelez bien nos conditions, chevalier? Vous êtes libre d'accepter ou de ne point accepter un rôle dans la pièce qui va se jouer à cette heure; mais, en cas de refus de votre part, vous promettez sur l'honneur de ne dire à qui que ce soit un seul mot des personnes que vous allez voir et des choses que vous allez entendre?

— Je le jure sur l'honneur! répondit le chevalier.

— Alors, asseyez-vous, attendez dans cette chambre, et n'ôtez votre bandeau que lorsque vous entendrez sonner deux heures. Soyez tranquille, vous n'avez plus longtemps à attendre.

A ces mots, la conductrice du chevalier s'éloigna de lui; une porte s'ouvrit et se referma. Presque aussitôt deux heures sonnèrent, et le chevalier arracha son bandeau.

Il était seul dans le plus merveilleux boudoir qu'il fût possible d'imaginer; c'était une petite pièce octogone, toute tendue d'un lampas lilas et argent, avec des meubles et des portières de tapisserie; les tables et les étagères étaient du plus délicieux travail de Boule, et toutes chargées de magnifiques chinoiseries; le plancher était couvert d'un tapis de Perse, et le plafond peint par Watteau, qui commençait à être le peintre à la mode. A cette vue, le chevalier eut peine à croire qu'on l'avait appelé pour une chose grave, et il en revint presque à ses premières idées.

En ce moment une porte perdue dans la tapisserie s'ouvrit, et d'Harmental vit paraître une femme, que dans la préoccupation fantastique de son esprit, il aurait pu prendre pour une fée, tant sa taille était mince, svelte et petite; elle était vêtue d'une charmante robe de pékin gris-perle, toute parsemée de bouquets, si délicieusement brodés qu'à trois pas de distance on les aurait pris pour des fleurs naturelles; les volants, les engageantes et les fontanges étaient en point d'Angleterre; les nœuds étaient en perles, avec des agrafes en diamans.

Quant au visage, il était couvert d'un demi-masque de velours noir, duquel pendait une barbe de dentelle de la même couleur.

D'Harmental s'inclina, car il y avait quelque chose de royal dans la marche et dans la tournure de cette femme, dont il comprit alors que la première n'était que l'envoyée.

— Madame, lui dit-il, ai-je réellement, comme je commence à le croire, quitté la terre des hommes pour le monde des génies, et êtes-vous la puissante fée à laquelle appartient ce beau palais?

— Hélas! chevalier, répondit la dame masquée d'une voix douce, mais cependant arrêtée et positive, je suis non point une fée puissante, mais bien au contraire une pauvre princesse persécutée par un méchant enchanteur qui m'a enlevé ma couronne et qui opprime cruellement mon royaume. Aussi, comme vous le voyez, je vais cherchant partout un brave chevalier qui me délivre, et le bruit de votre renommée a fait que je me suis adressée à vous.

— S'il ne faut que ma vie pour vous rendre votre puissance passée, madame, reprit d'Harmental, dites un mot, et je suis prêt à la risquer avec joie. Quel est cet enchanteur qu'il faut combattre? Quel est ce géant qu'il faut pourfendre? Puisque vous m'avez choisi entre tous, je serai digne de l'honneur que vous m'avez fait. De ce moment, je vous engage ma parole, cet engagement dût-il me perdre.

— Dans tous les cas, chevalier, vous vous perdrez en bonne compagnie, dit la dame inconnue en dénouant les cordons de son masque et en se découvrant le visage; car vous vous perdrez avec le fils de Louis XIV et la petite-fille du grand Condé.

— Madame la duchesse du Maine! s'écria d'Harmental en mettant un genou en terre. Que Votre Altesse me pardonne si, ne la connaissant pas, j'ai pu dire quelque chose qui ne soit pas en harmonie avec le profond respect que j'ai pour elle.

— Vous n'avez dit que des choses dont je doive être fière et reconnaissante, chevalier; mais peut-être vous repentez-vous de les avoir dites. En ce cas, vous êtes le maître et pouvez reprendre votre parole.

— Dieu me garde! madame, qu'ayant eu le bonheur d'engager ma vie au service d'une si grande et noble princesse que vous êtes, je ne la connaisse pas! J'ai au contraire, au con-traire, je vous en supplie, ce que je vous ai offert tout à l'heure en riant, c'est-à-dire mon bras, mon épée et ma vie.

— Allons, chevalier, dit la duchesse du Maine avec ce sourire qui la rendait si puissante sur tout ce qui l'entourait, je vois que le baron du Valef ne m'avait point trompée sur votre compte, et que vous êtes tel qu'il vous avait annoncé. Venez, que je vous présente à nos amis.

La duchesse du Maine marcha la première; d'Harmental la suivit, encore tout étourdi de ce qui venait de se passer, mais bien résolu, moitié par orgueil, moitié par conviction, de ne pas faire un pas en arrière.

La sortie donnait dans le même corridor par lequel sa première conductrice l'avait introduit. Madame du Maine et le chevalier y firent quelques pas ensemble, puis la duchesse ouvrit la porte d'un salon où les attendaient quatre nouveaux personnages : c'étaient le cardinal de Polignac, le marquis de Pompadour, monsieur de Malezieux et l'abbé Brigaud.

Le cardinal de Polignac passait pour être l'amant de madame du Maine. C'était un beau prélat de quarante à quarante-cinq ans, toujours mis avec une recherche parfaite, à la voix onctueuse par habitude, à la figure glacée, au cœur timide; dévoré d'ambition, éternellement combattu par la faiblesse de son caractère, qui le laissait en arrière chaque fois qu'il aurait fallu marcher en avant; au reste, de haute maison comme son nom l'indiquait, très savant pour un cardinal et très lettré pour un grand seigneur.

Monsieur de Pompadour était un homme de quarante-cinq à cinquante ans, qui avait été menin du grand-dauphin, fils de Louis XIV, et qui avait pris là un si grand amour et une si tendre vénération pour toute la famille du grand roi, que, ne pouvant voir sans une profonde douleur le régent sur le point de déclarer la guerre à Philippe V, il s'était jeté corps et âme dans le parti de monsieur le duc de Maine. Au surplus, fier et désintéressé, il avait donné un exemple de loyauté fort rare à cette époque, en renvoyant au régent le brevet de ses pensions et de celle de sa femme, et en refusant successivement pour lui et pour le marquis de Courcillon, son gendre, toutes les places qui leur avaient été offertes.

Monsieur de Malezieux était un homme de soixante à soixante-cinq ans. Chancelier de Dombes et seigneur de Châtenay, il devait ce double titre à la reconnaissance de monsieur le duc du Maine dont il avait soigné l'éducation. Poëte, musicien, auteur de petites comédies qu'il jouait ui-même avec infiniment d'esprit, né pour la vie paresseuse et intellectuelle, toujours préoccupé du plaisir de tous et du bonheur particulier de madame du Maine, pour laquelle son dévouement allait jusqu'à l'adoration, c'était le type du sybarite au dix-huitième siècle ; mais comme les sybarites aussi, qui, entraînés par l'aspect de la beauté, suivirent Cléopâtre à Actium et se firent tuer autour d'elle, il eût suivi sa chère Bénédicte à travers l'eau et le feu, et, sur un mot d'elle, sans hésitation, sans retard, et je dirai presque sans regret, se fût jeté du haut en bas des tours de Notre-Dame.

L'abbé Brigaud était fils d'un négociant de Lyon. Son père, qui avait de grands intérêts de commerce avec la cour d'Espagne, fut chargé de faire en l'air, et comme de son propre mouvement, des ouvertures à l'endroit du mariage du jeune Louis XV avec l'infante Marie-Thérèse d'Autriche. Si ces ouvertures eussent été mal reçues, les ministres de France les auraient désavouées, et tout était dit ; mais elles furent bien reçues, et les ministres de France y donnèrent leur assentiment. Le mariage eut lieu, et comme le petit Brigaud naquit vers le même temps que le grand dauphin, son père demanda pour récompense que le fils du roi fût le parrain de son fils, ce qui lui fut gracieusement accordé. De plus, le jeune Brigaud fut placé près du dauphin, où il connut le marquis de Pompadour, qui, comme nous l'avons dit, y était enfant d'honneur. En âge de prendre un parti, Brigaud se jeta dans les Pères de l'Oratoire et en sortit abbé. C'était un homme fin, adroit, ambitieux, auquel, comme cela arrive quelquefois aux plus grands génies, les occasions de faire fortune avaient manqué. Quelque temps avant l'époque où nous sommes arrivés, il avait rencontré le marquis de Pompadour, qui cherchait lui-même un homme d'esprit et d'intrigue qui pût être le secrétaire de madame du Maine. Il lui dit à quoi l'exposait cette charge en un pareil moment. Brigaud pesa un instant les chances bonnes et mauvaises, et comme les bonnes lui parurent l'emporter, il accepta.

De ces quatre hommes, d'Harmental ne connaissait personnellement que le marquis de Pompadour, qu'il avait rencontré souvent chez monsieur de Courcillon, son gendre, lequel était quelque peu parent ou allié des d'Harmental.

Monsieur de Polignac, monsieur de Pompadour et monsieur de Malezieux causaient debout à une cheminée ; l'abbé Brigaud était assis devant une table et y classait des papiers.

— Messieurs, dit la duchesse du Maine en entrant, voici le brave champion dont le baron de Valef nous avait parlé et que nous a amené votre chère Delaunay, monsieur de Malezieux. Si son nom et ses antécédens ne suffisent pas pour lui servir de parrain près de vous, je me fais personnellement sa répondante.

— Présenté ainsi par Votre Altesse, dit Malezieux, ce n'est plus seulement un compagnon que nous verrons en lui, mais un véritable chef que nous serons prêts à suivre partout où il voudra nous mener.

— Mon cher d'Harmental, dit le marquis de Pompadour en tendant la main au jeune homme, nous étions déjà presque parens ; maintenant nous voilà frères.

— Soyez le bien venu, monsieur, dit le cardinal de Polignac, de ce ton onctueux qui lui était habituel, et qui contrastait si singulièrement avec la froideur de son visage.

L'abbé Brigaud leva la tête, la tourna vers le chevalier avec un mouvement de cou qui ressemblait à celui d'un serpent, et fixa sur d'Harmental deux petits yeux brillans comme ceux d'un lynx.

— Messieurs, dit d'Harmental après avoir répondu d'un signe à chacun d'eux, je suis bien neuf et bien nouveau parmi vous, bien ignorant surtout de ce qui se passe, et de ce à quoi je puis vous être bon ; mais si ma parole est engagée depuis quelques minutes seulement, mon dévouement à la cause qui nous réunit date de plusieurs années ; je vous prie donc de m'accorder la confiance qu'a si généreusement réclamée pour moi Son Altesse Sérénissime.

Tout ce que je demande ensuite, c'est une prompte occasion de vous prouver que j'en suis digne.

— A la bonne heure ! s'écria la duchesse du Maine ; vivent les gens d'épée pour aller droit au but ! Non, monsieur d'Harmental, non, nous n'aurons pas de secrets pour vous, et l'occasion que vous demandez, et qui remettra chacun de nous à sa véritable place, ne se fera pas attendre, je l'espère.

— Pardon, madame la duchesse, interrompit le cardinal en chiffonnant avec inquiétude son rabat de dentelle ; mais, à la manière dont vous y allez, le chevalier pourrait croire qu'il s'agit d'une conspiration.

— Et de quoi s'agit-il donc, cardinal ? demanda la duchesse du Maine avec impatience.

— Il s'agit, dit le cardinal, d'un conseil occulte, il est vrai, mais qui n'a rien de répréhensible, dans lequel nous cherchons les moyens de remédier aux malheurs de l'Etat et d'éclairer la France sur ses véritables intérêts, en lui rappelant les dernières volontés du roi Louis XIV.

— Tenez, cardinal, dit la duchesse en frappant du pied, vous me ferez mourir d'impatience avec toutes vos circonlocutions ! Chevalier, continua-t-elle en se retournant vers d'Harmental, n'écoutez pas Son Eminence, qui, dans ce moment-ci sans doute pense à son *Anti-Lucrèce*. S'il se fût agi d'un simple conseil, comme l'excellente tête de Son Eminence nous nous serions tirés d'affaire, et nous n'aurions pas eu besoin de vous. Il s'agit d'une belle et bonne conspiration contre le régent ; conspiration dont est le roi d'Espagne, dont est le cardinal Alberoni, dont est monsieur le duc du Maine, dont je suis, dont est le marquis de Pompadour, dont est monsieur de Malezieux, dont est l'abbé Brigaud, dont est Valef, dont vous êtes, dont est monsieur le cardinal lui-même, dont est le premier président, dont sera la moitié du parlement, et dont seront les trois quarts de la France ! Voilà ce dont il s'agit, chevalier. Etes-vous content, cardinal ? Est-ce clair, messieurs ?

— Madame ! murmura Malezieux en joignant les mains devant elle avec plus de dévotion qu'il n'eût certes fait devant la Vierge.

— Non, tenez, Malezieux, c'est qu'il me damne, continua la duchesse, avec ses températures hors de saison ! Mon Dieu ! mais est-ce donc la peine d'être homme pour tâtonner éternellement ainsi ! Moi, je ne vous demande pas une épée, je ne vous demande pas un poignard ; qu'on me donne un clou seulement, et moi femme, et presque naine, j'irai, comme une nouvelle Jahel, le planter dans la tempe de cet autre Sisara. Alors tout sera fini, et si j'échoue, il n'y aura que moi de compromise.

Monsieur de Polignac poussa un profond soupir, Pompadour éclata de rire, Malezieux essaya de calmer la duchesse, l'abbé Brigaud baissa la tête et se remit à écrire comme s'il n'eût rien entendu.

Quant à d'Harmental, il eût voulu baiser le bas de la robe de madame du Maine, tant celle-ci lui paraissait supérieure aux quatre hommes qui l'entouraient.

En ce moment, on entendit de nouveau le bruit d'une voiture qui entrait dans la cour et qui s'arrêtait devant le perron. Sans doute la personne attendue était une personne d'importance, car il se fit un grand silence, et la duchesse du Maine, dans son impatience, alla elle-même ouvrir la porte.

— Eh bien ? demanda-t-elle.

— Le voilà, dit dans le corridor une voix que d'Harmental crut reconnaître pour celle de la chauve-souris.

— Entrez, entrez, prince, dit la duchesse ; entrez, nous vous attendons.

VI.

LE PRINCE DE CELLAMARE.

Sur cette invitation, un homme grand, mince, grave et digne, au teint hâlé par le soleil, entra enveloppé dans son manteau, et d'un seul coup d'œil embrassa tout ce qu'il y avait dans cette chambre, hommes et choses. Le chevalier reconnut l'ambassadeur de Leurs Majestés Catholiques, le prince de Cellamare.

— Eh bien ! Prince, demanda la duchesse, que dites-vous de nouveau ?

— Je dis, madame, répondit le prince en lui baisant respectueusement la main et en jetant son manteau sur un fauteuil, je dis que Votre Altesse Sérénissime devrait bien changer de cocher. Je lui prédis malheur si elle garde à son service le drôle qui m'a conduit ici ; il m'a tout l'air d'être payé par le régent pour rompre le cou à Votre Altesse et à ses amis.

Chacun éclata de rire et particulièrement le cocher lui-même, qui sans façon, était entré derrière le prince, et qui, jetant sa houppelande et son chapeau sur une chaise voisine du fauteuil où le prince de Cellamare avait déposé son manteau, montra un homme de haute mine, âgé de trente-cinq à quarante ans à peu près, ayant tout le bas de la figure caché par une mentonnière de taffetas noir.

— Entendez-vous, mon cher Laval, ce que le prince dit de vous ? demanda la duchesse.

— Oui, oui, dit Laval ; on lui en donnera des Montmorency pour qu'il les traite de cette façon-là ! Ah ! monsieur le prince, les premiers barons chrétiens ne sont pas dignes de vous servir de cochers ? Peste ! vous êtes bien difficile. En avez-vous beaucoup, à Naples, de cochers qui datent de Robert le Fort ?

— Comment ! c'était vous, mon cher comte, dit le prince en lui tendant la main.

— Moi-même, prince. Madame la duchesse a envoyé son cocher faire la mi-carême dans sa famille, et m'a pris à son service pour cette nuit ; elle a pensé que c'était plus sûr.

— Et madame la duchesse a bien fait, dit le cardinal de Polignac ; on ne peut prendre trop de précautions.

— Oui-da ! Votre Eminence, dit Laval. Je voudrais bien savoir si vous seriez du même avis, après avoir passé la moitié de la nuit sur le siége d'une voiture, d'abord pour aller chercher monsieur d'Harmental au bal de l'Opéra, et ensuite pour aller prendre le prince à l'hôtel Colbert ?

— Comment ! dit d'Harmental, c'est vous, monsieur le comte, qui avez eu la bonté… ?

— Oui, c'est moi, jeune homme, répondit Laval, et j'aurais été au bout du monde pour vous ramener ici, car je vous connais, vous êtes un brave : c'est vous qui êtes entré un des premiers à Denain et qui avez pris d'Albemarle. Vous avez eu le bonheur de ne pas y laisser la moitié de votre mâchoire, comme j'ai laissé la moitié de la mienne en Italie, et vous avez eu raison, car c'eût été un motif de plus de vous ôter votre régiment, comme ils l'ont fait du reste.

— Nous vous rendrons tout cela, chevalier, soyez tranquille, et au centuple, dit la duchesse ; mais pour le moment parlons de l'Espagne. Prince, vous avez reçu des nouvelles d'Alberoni ? m'a dit Pompadour.

— Oui, Votre Altesse.

— Quelles sont-elles ?

— Bonnes et mauvaises à la fois. Sa Majesté Philippe V est dans un de ses momons de mélancolie, et on ne peut le déterminer à rien. Il ne peut croire au traité de la quadruple alliance.

— Il n'y peut croire ! s'écria la duchesse, et ce traité doit être signé à cette heure ! et dans huit jours Dubois l'aura apporté ici !

— Je le sais, Votre Altesse, reprit froidement Cellamare ; mais Sa Majesté Catholique ne le sait pas.

— Ainsi, il nous abandonne à nous-mêmes !

— Mais… à peu près.

— Mais alors que fait donc la reine, et à quoi aboutissent toutes ses belles promesses et ce prétendu empire qu'elle a sur son mari ?

— Cet empire, madame, elle promet de vous en donner des preuves, lorsque quelque chose sera fait.

— Oui, le cardinal de Polignac ; et puis elle nous manquera de parole !

— Non, Votre Eminence : je me fais son garant.

— Ce que je vois de plus clair dans tout cela, dit Laval, c'est qu'il faut compromettre le roi ; une fois compromis, il marchera !

— Allons donc ! dit Cellamare, voilà que nous approchons.

— Mais comment le compromettre, demanda la duchesse du Maine, sans lettre de lui, sans message, même verbal, à cinq cents lieues de distance ?

— N'a-t-il pas son représentant à Paris, et ce représentant n'est-il pas chez vous à cette heure, madame ?

— Tenez, prince, dit la duchesse , vous avez des pouvoirs plus étendus que vous ne voulez l'avouer.

— Non ; mes pouvoirs se bornent à vous dire que la citadelle de Tolède et la forteresse de Sarragosse sont à votre service. Trouvez le moyen d'y faire entrer le régent, et Leurs Majestés Catholiques fermeront si bien la porte sur lui qu'il n'en sortira plus, je vous en réponds.

— C'est impossible, dit monsieur de Polignac.

— Impossible, et pourquoi ? s'écria d'Harmental. Rien de plus simple, au contraire, surtout avec la vie que mène monsieur le régent. Que faut-il pour cela ? Huit ou dix hommes de cœur, une voiture bien fermée, et des relais jusqu'à Bayonne.

— J'ai déjà offert de m'en charger, dit Laval.

— Et moi aussi, dit Pompadour.

— Vous ne pouvez, vous, dit la duchesse ; si la chose échouait, le régent, qui vous connaît, saurait à qui il a eu affaire, et vous seriez perdus.

— C'est fâcheux, dit froidement Cellamare, car, arrivé à Tolède ou à Sarragosse, il y a la grandesse pour celui qui a réussi.

— Et le cordon bleu, ajouta madame du Maine, à son retour à Paris.

— Oh ! silence, je vous en supplie, madame, dit d'Harmental, car si Votre Altesse dit de pareilles choses, le dévouement prendra un air d'ambition qui lui ôtera tout son mérite. J'allais m'offrir pour tenter l'entreprise, que le régent ne connaît pas, mais voilà que j'hésite maintenant. Et cependant, j'oserais dire que je me crois digne de la confiance de Votre Altesse, et capable de la justifier.

— Comment, chevalier, s'écria la duchesse, vous risqueriez ?

— Ma vie, c'est tout ce que je puis risquer. Je croyais que je l'avais déjà offerte à Votre Altesse , et que Votre Altesse l'avait acceptée. M'étais-je trompé ?

— Non, non, chevalier, dit vivement la duchesse, et vous êtes un brave et loyal gentilhomme. Il y a des pressentimens, je l'ai toujours cru, et du moment où Valef a prononcé votre nom en me disant que vous étiez tel que vous êtes, j'ai eu l'idée que tout nous viendrait de vous. Messieurs, vous entendez ce que dit le chevalier. En quoi pouvez-vous l'aider ? Voyons.

— En tout ce qu'il voudra, dirent Laval et Pompadour.

— Les coffres de Leurs Majestés Catholiques sont à sa disposition, dit le prince de Cellamare, et il peut puiser à pleines mains.

— Merci, messieurs, dit d'Harmental en se tournant vers le comte de Laval et vers le marquis de Pompadour ; vous ne feriez, connus comme vous l'êtes, que rendre l'entreprise plus difficile. Occupez-vous seulement de me procu rer un passeport pour l'Espagne , comme si j'étais chargé d'y conduire quelque prisonnier d'importance. Cela doit être facile.

— Je m'en charge, dit l'abbé Brigaud ; j'aurai chez monsieur d'Argenson une feuille toute préparée qu'il n'y aura plus qu'à remplir.

— Voyez ce cher Brigaud, dit Pompadour, il ne parle pas souvent, mais il parle bien.

— C'est lui qui devrait être cardinal, dit la duchesse, bien plutôt que certains grands seigneurs que je connais; mais une fois que nous disposerons du bleu et du rouge, soyez tranquilles, messieurs, nous n'en serons point avares. Maintenant, chevalier, vous avez entendu ce que vous a dit le prince : si vous avez besoin d'argent...

— Malheureusement, répondit d'Harmental, je ne suis point assez riche pour refuser l'offre de Son Excellence, et, lorsque je serai arrivé à la fin d'un millier de pistoles peut-être que j'ai chez moi, il faudra bien que j'aie recours à vous.

— A lui, à moi, à nous tous, chevalier, car chacun, en pareille circonstance, doit se taxer selon ses moyens. J'ai peu d'argent comptant, mais j'ai force diamans et perles; ainsi ne vous laissez manquer de rien, je vous prie. Tout le monde n'a pas votre désintéressement, et il y a des dévoûmens qui ne s'achètent qu'à prix d'or.

— Mais, enfin, monsieur, avez-vous bien songé dans quelle entreprise vous vous jetez? Si vous étiez pris!

— Que Votre Éminence se rassure, répondit dédaigneusement d'Harmental, j'ai assez à me plaindre de monsieur le régent pour que l'on croie, si je suis pris, que c'est une affaire entre lui et moi, et que ma vengeance est toute personnelle.

— Mais enfin, dit le comte de Laval, il faudrait une espèce de lieutenant dans cette entreprise, un homme sur lequel vous puissiez compter. Avez-vous quelqu'un?

— Je crois que oui, répondit d'Harmental. Seulement, il faudrait que je fusse prévenu chaque matin de ce que le régent fera chaque soir. Monsieur le prince de Cellamare, comme ambassadeur, doit avoir sa police secrète.

— Qui, dit le prince embarrassé; j'ai quelques personnes qui me rendent compte...

— C'est justement cela, dit d'Harmental.

— Mais où logez-vous? demanda le cardinal.

— Chez moi, monseigneur, répondit d'Harmental, rue Richelieu, nº 74.

— Et combien y a-t-il de temps que vous y demeurez?

— Trois ans.

— Alors vous y êtes trop connu, monsieur, il faut changer de quartier. On connaît les personnes que vous recevez, et lorsqu'on verrait des visages nouveaux, on s'inquiéterait.

— Cette fois Votre Éminence a raison, dit d'Harmental ; je chercherai un autre logement dans quelque quartier perdu et éloigné.

— Je m'en charge, dit Brigaud. Le costume que je porte n'inspire pas de soupçons, je retiendrai votre logement comme s'il était destiné à un jeune homme de province qui me serait recommandé et qui viendrait occuper quelque place dans un ministère.

— Vraiment, mon cher Brigaud, dit le marquis de Pompadour, vous êtes comme cette princesse des Mille et une Nuits, qui ne pouvait pas ouvrir la bouche qu'il n'en tombât des perles.

— Eh bien! c'est chose convenue, monsieur l'abbé, dit d'Harmental ; je m'en rapporte à vous, et dès aujourd'hui annonce chez moi que je quitte Paris pour un voyage de trois mois.

— Ainsi donc, tout est arrêté, dit avec joie la duchesse du Maine. Voilà la première fois que nous voyons clair dans nos affaires, chevalier, et c'est grâce à vous. Je ne l'oublierai point.

— Messieurs, dit Malezieux en tirant sa montre, je vous fera observer qu'il est quatre heures du matin, et que nous ferons mourir de fatigue notre chère duchesse.

— Vous vous trompez, sénéchal, répondit la duchesse; de pareilles nuits reposent; il y a longtemps que je n'en ai passé une aussi bonne.

— Prince, dit Laval en reprenant sa houppelande, il faut que vous vous contentiez du cocher que vous vouliez faire mettre à la porte, à moins que vous n'aimiez mieux vous reconduire vous-même ou vous en aller à pied.

— Non, ma foi! dit le prince, je me risque, je suis Napolitain et je crois aux présages. Si vous me versez, ce sera signe qu'il faut nous en tenir où nous en sommes ; si vous me conduisez à bon port, cela voudra dire que nous pouvons aller de l'avant.

— Pompadour, vous reconduirez monsieur d'Harmental? dit la duchesse.

— Volontiers, répondit le marquis ; il y a longtemps que nous ne nous étions vus, et nous avons mille choses à nous dire.

— Ne pourrai-je pas prendre congé de ma spirituelle chauve-souris? demanda d'Harmental ; car je n'oublie pas que c'est à elle que je dois le bonheur d'avoir offert mes services à Votre Altesse.

— Delaunay! dit la duchesse en reconduisant jusqu'à la porte le prince de Cellamare et le comte de Laval, Delaunay! voici monsieur le chevalier d'Harmental qui prétend que vous êtes la plus grande sorcière qu'il ait vue de sa vie.

— Eh bien! dit en entrant, le sourire sur les lèvres, celle qui a laissé depuis de si charmans mémoires sous le nom de madame de Staal, croyez-vous à mes prophéties maintenant, monsieur le chevalier?

— J'y crois, parce que j'espère, répondit le chevalier ; mais à cette heure que je connais la fée qui vous avait envoyée, ce n'est point ce que vous m'avez prédit pour l'avenir qui m'étonne le plus : comment avez-vous pu être si bien instruite du passé et surtout du présent?

— Allons, Delaunay, dit en riant la duchesse, sois bonne pour lui et ne le tourmente pas davantage ; autrement il croirait que nous sommes deux magiciennes, et il aurait peur de nous.

— N'y a-t-il pas quelqu'un de vos amis, chevalier, demanda mademoiselle Delaunay, qui vous ait quitté ce matin au bois de Boulogne pour nous venir dire adieu?

— Valef! Valef! s'écria d'Harmental. Je comprends maintenant.

— Allons donc! dit madame du Maine. A la place d'Œdipe, vous auriez été mangé dix fois par le sphinx.

— Mais les mathématiques? mais Virgile? mais l'anatomie? reprit d'Harmental.

— Ignorez-vous, chevalier, dit Malezieux se mêlant de la conversation, que nous ne l'appelons ici que notre savante? à l'exception de Chaulieu cependant, qui l'appelle sa coquette et sa friponne, mais le tout par licence et par manière poétique.

— Comment! mais, ajouta la duchesse, nous l'avons lâchée l'autre jour après Duvernoy, notre médecin, et elle l'a battu sur l'anatomie!

— Aussi, dit le marquis de Pompadour en prenant le bras de d'Harmental pour l'emmener, le brave homme, dans son désappointement, a-t-il prétendu que c'était la fille de France qui connaissait le mieux le corps humain.

— Voilà, dit l'abbé Brigaud en pliant ses papiers, le premier savant qui se soit permis de faire un bon mot: il est vrai que c'est sans s'en douter.

Et d'Harmental et Pompadour, ayant pris congé de la duchesse du Maine, se retirèrent en riant, suivis de l'abbé Brigaud, qui comptait sur eux pour ne pas s'en retourner à pied.

— Eh bien! dit madame du Maine en s'adressant au cardinal de Polignac, qui était resté le dernier avec Malezieux, Votre Eminence trouve-t-elle toujours que ce soit une chose si terrible que de conspirer?

— Madame, répondit le cardinal, qui ne comprenait pas que l'on pût rire quand on jouait sa tête, je vous retournerai la question quand nous serons tous à la Bastille.

Et il s'en alla à son tour avec le bon chancelier, déplorant sa mauvaise fortune, qui le poussait dans une si téméraire entreprise.

La duchesse du Maine le regarda s'éloigner avec une expression de mépris qu'elle ne pouvait prendre sur elle de dissimuler, puis, lorsqu'elle fut seule avec mademoiselle Delaunay :

— Ma chère Sophie, lui dit-elle toute joyeuse, éteignons notre lanterne, car je crois que nous avons enfin trouvé un homme !

VII.

ALBERONI.

Lorsque d'Harmental se réveilla, il crut avoir fait un songe. Les événements s'étaient, depuis trente-six heures, succédé avec une telle rapidité qu'il avait été emporté comme par un tourbillon sans savoir où il allait. Maintenant seulement, il se retrouvait en face de lui-même et pouvait réfléchir au passé et à l'avenir.

Nous sommes donc d'une époque où chacun a plus ou moins conspiré. Nous savons donc par nous-mêmes comment, en pareil cas, les choses se passent. Après un engagement pris dans un moment d'exaltation quelconque, le premier sentiment qu'on éprouve, en jetant un coup d'œil sur la position nouvelle qu'on a prise, est un sentiment de regret d'avoir été si avant ; puis, peu à peu on se familiarise avec l'idée des périls que l'on court ; l'imagination, toujours si complaisante, les écarte de la vue pour présenter à leur place les ambitions qui peuvent se réaliser. Bientôt l'orgueil s'en mêle ; on comprend qu'on est devenu tout à coup une puissance occulte dans cet Etat où, la veille, on n'était rien encore ; on passe dédaigneusement près de ceux qui vivent de la vie commune ; on marche la tête plus haute, l'œil plus fier ; on se berce dans ses espérances, on s'endort dans les nuages, et l'on s'éveille un matin vainqueur ou vaincu, porté sur les pavois du peuple, ou brisé par les rouages de cette machine qu'on appelle le gouvernement.

Il en fut ainsi de d'Harmental. L'âge dans lequel il vivait avait encore pour horizon la Ligue et touchait presque à la Fronde ; une génération d'hommes s'était écoulée à peine depuis que le canon de la Bastille avait soutenu la rébellion du grand Condé. Pendant cette génération, Louis XIV avait rempli la scène, il est vrai, de son omnipotente volonté ; mais Louis XIV n'était plus, et les petits-fils croyaient qu'avec le même théâtre et les mêmes machines, ils pouvaient jouer le même jeu qu'avaient joué leurs pères.

En effet, comme nous l'avons dit, après quelques instans de réflexion, d'Harmental revit les choses sous le même aspect qu'il les avait vues la veille, et se félicita d'avoir pris, comme il l'avait fait du premier coup, une première place au milieu d'aussi hauts personnages que l'étaient les Montmorency et les Polignac. Sa famille, par cela même qu'elle avait toujours vécu en province, lui avait transmis beaucoup de cette aventureuse chevalerie si à la mode sous Louis XIII, que Richelieu n'avait pu détruire entièrement sur les échafauds, ni Louis XIV éteindre dans les antichambres. Il y avait quelque chose de romanesque à se ranger, jeune homme, sous les bannières d'une femme, surtout lorsque cette femme était la petite-fille du grand Condé. Et puis, on tient si peu à la vie à vingt-six ans, qu'on sait à risquer à chaque instant pour des choses bien autrement futiles qu'une entreprise du genre de celle dont d'Harmental était devenu le principal chef.

Aussi résolut-il de ne point perdre de temps à se mettre en mesure de tenir les promesses qu'il avait faites. Il ne se dissimulait pas qu'à compter de cette heure, il ne s'appartenait plus à lui-même, et que les yeux de tous les conjurés, depuis ceux de Philippe V jusqu'à ceux de l'abbé Brigaud, étaient fixés sur lui. Des intérêts suprêmes venaient se rattacher à sa volonté, et de son plus ou moins de courage, de son plus ou moins de prudence, allaient dépendre les destins de deux royaumes et la politique du monde.

En effet, à cette heure, le régent était la clef de voûte de l'édifice européen, et la France, qui n'avait point encore de contrepoids dans le Nord, commençait à prendre, sinon par les armes, du moins par la diplomatie, cette influence qu'elle n'a malheureusement pas toujours conservée depuis. Placée, comme elle l'était, au centre du triangle formé par les trois grandes puissances, les yeux fixés sur l'Allemagne, un bras étendu vers l'Angleterre et l'autre vers l'Espagne, prête à se tourner en amie ou en ennemie vers celui de ces trois Etats qui ne la traiterait pas selon sa dignité, elle avait pris, depuis dix-huit mois que le duc d'Orléans était arrivé aux affaires, une attitude de force calme qu'elle n'avait jamais eue, même sous Louis XIV. Cela tenait à la division d'intérêts qu'avaient amenée l'usurpation de Guillaume d'Orange et l'avénement de Philippe V au trône. Fidèle à sa vieille haine contre le stathouder de Hollande, qui avait refusé sa fille, Louis XIV avait constamment appuyé les prétentions de Jacques II, celles du chevalier de Saint-Georges. Fidèle à son pacte de famille avec Philippe V, il avait constamment soutenu, de secours d'hommes et d'argent, son petit-fils contre l'empereur, et, sans cesse affaibli par cette double guerre qui lui lui avait coûté tant d'or et de sang, il en avait été réduit à cette fameuse paix d'Utrecht qui lui apporta tant de honte.

Mais à la mort du vieux roi tout avait changé, et le régent avait adopté une marche non-seulement nouvelle, mais opposée. Le traité d'Utrecht n'était qu'une trève, laquelle était rompue du moment où la politique de l'Angleterre et de la Hollande ne poursuivait pas des intérêts communs avec la politique française. En conséquence, le régent avait tout d'abord tendu la main à Georges Ier, et le traité de la triple alliance avait été signé à La Haye, le 4 février 1717, par l'abbé Dubois au nom de la France, par le général Cadogan au nom de l'Angleterre, et par le pensionnaire Heinsius pour la Hollande. C'était un grand pas de fait dans la pacification de l'Europe, mais ce n'était pas un pas définitif. Les intérêts de l'Autriche et de l'Espagne demeuraient toujours en suspens. Charles VI ne reconnaissait pas encore Philippe V comme roi d'Espagne, et Philippe V, de son côté, n'avait pas voulu renoncer à ses droits sur les provinces de la monarchie espagnole que le traité d'Utrecht, en dédommagement du trône de Philippe II, avait cédées à l'empereur.

Dès lors, le régent n'avait plus qu'une seule pensée : celle d'amener, par des négociations amicales, Charles VI à reconnaître Philippe V comme roi d'Espagne, et à contraindre, par la force s'il le fallait, Philippe V à abandonner ses prétentions sur les provinces transférées à l'empereur.

C'était dans ce but qu'au moment même où nous avons commencé ce récit, Dubois était à Londres, poursuivant le traité de la quadruple alliance avec plus d'ardeur encore qu'il ne l'avait fait pour celui de La Haye.

Or, le traité de la quadruple alliance, en réunissant en un seul faisceau les intérêts de la France et de l'Angleterre, de la Hollande et de l'Empire, neutralisait toute prétention de quelque autre Etat que ce fût qui ne serait pas approuvée par les quatre puissances. Aussi était-ce là tout ce que craignait au monde Philippe V, ou plutôt le cardinal Alberoni ; car, pour Philippe V, pourvu qu'il eût une femme et un prie-Dieu, il ne s'occupait guère de ce qui se passait hors de sa chambre et de sa chapelle.

Mais il n'en était point ainsi d'Alberoni. C'était une de ces fortunes étranges comme les peuples en voient, de tout temps, avec un étonnement toujours nouveau, pousser autour des trônes ; c'était un de ces caprices du destin que le hasard élève et brise, comme ces trombes gigantesques que l'on voit s'avancer sur l'Océan, menaçant de tout anéantir, et qu'un caillou lancé par la main du dernier matelot fait retomber en vapeur ; c'était une de ces avalanches qui menacent d'engloutir les villes et de combler les vallées, parce qu'un oiseau, en prenant son vol, a détaché un flocon de neige du sommet des montagnes.

Ce serait une curieuse histoire à faire que celle des grands effets produits par une petite cause depuis les Grecs jusqu'à nous.

L'amour d'Hélène amena la guerre de Troie, et changea la face de la Grèce. Le viol de Lucrèce chassa les Tarquins de Rome. Un mari insulté conduisit Brennus au Capitole. La Cava introduisit les Maures en Espagne. Une mauvaise plaisanterie écrite par un jeune fat sur la chaire d'un vieux doge, faillit bouleverser Venise. L'évasion de Dearbhorgil avec Mac-Murchad produisit l'esclavage de l'Irlande. L'ordre donné à Cromwell de descendre du vaisseau sur lequel il était déjà embarqué pour se rendre en Amérique eut pour résultat l'exécution de Charles Ier et la chute des Stuarts. Une discussion entre Louis XIV et Louvois, sur une fenêtre de Trianon, causa la guerre de Hollande. Un verre d'eau répandu sur la robe de mistress Marsham priva le duc de Malborough de son commandement et sauva la France par la paix d'Utrecht. Enfin l'Europe faillit être mise à feu et à sang parce que M. de Vendôme avait reçu l'évêque de Parme assis sur sa chaise percée.

Ce fut la source de la fortune d'Alberoni.

Alberoni était né sous la hutte d'un jardinier. Enfant, il se fit sonneur de cloches ; jeune homme, il troqua son sarrau de toile pour un petit collet. Il était d'humeur gaie et bouffonne. M. le duc de Parme l'entendit rire un matin de si bon cœur, que le pauvre duc, qui ne riait pas tous les jours, voulut savoir ce qui l'égayait ainsi, et le fit appeler. Alberoni lui raconta je ne sais quelle aventure grotesque ; le rire gagna Son Altesse, et Son Altesse, s'apercevant qu'il était bon de rire quelquefois, l'attacha à sa personne. Peu à peu, et tout en s'amusant de ses contes, le duc trouva que son bouffon avait de l'esprit, et comprit que cet esprit pourrait ne pas être incapable d'affaires. Ce fut sur ces entrefaites que revint, très mortifié de l'accueil qu'il avait reçu du généralissime de l'armée française, le pauvre évêque de Parme, dont, en effet, on sait l'étrange réception. La susceptibilité de cet envoyé pouvait compromettre les graves intérêts que Son Altesse avait à débattre avec la France ; Son Altesse jugea qu'Alberoni était justement l'homme qu'il lui fallait pour n'être humilié de rien, et envoya l'abbé achever la négociation que l'évêque avait laissée interrompue.

Monsieur de Vendôme, qui ne s'était point gêné pour un évêque, ne se gêna point pour un abbé, et il reçut le second ambassadeur de Son Altesse comme il avait reçu le premier ; mais, au lieu de suivre l'exemple de son prédécesseur, Alberoni tira de la situation même où il se trouvait monsieur de Vendôme de si bouffonnes plaisanteries et de si singulières louanges, que, séance tenante, l'affaire fut terminée, et qu'il revint auprès du duc avec toutes choses arrangées à son souhait.

Ce fut une raison pour que le duc l'employât à une seconde affaire. Cette fois, monsieur de Vendôme allait se mettre à table. Alberoni, au lieu de lui parler d'affaires, lui demanda la permission de lui faire goûter deux plats de sa façon, descendit à la cuisine et remonta une soupe au fromage d'une main et un macaroni de l'autre. Monsieur de Vendôme trouva la soupe si bonne qu'il voulut qu'Alberoni en mangeât avec lui, à sa table. Au dessert, Alberoni entama son affaire, et, profitant de la disposition où le dîner avait mis monsieur de Vendôme, il l'enleva à la pointe de sa fourchette. Son Altesse était émerveillée ; les plus grands génies qu'elle avait eus auprès d'elle n'en avaient jamais fait autant.

Alberoni s'était bien gardé de donner sa recette au cuisinier. Aussi, cette fois, ce fut monsieur de Vendôme qui fit demander au duc de Parme s'il n'avait rien à traiter avec lui. Son Altesse n'eut pas de peine à trouver un troisième motif d'ambassade, et envoya de nouveau Alberoni. Celui-ci

trouva moyen de persuader à son souverain que l'endroit où il lui serait le plus utile était près de monsieur de Vendôme, et à monsieur de Vendôme, qu'il n'y avait pas moyen de vivre sans soupe au fromage et sans macaroni. En conséquence, monsieur de Vendôme l'attacha à son service, lui laissa mettre la main à ses affaires les plus secrètes, et finit par en faire son premier secrétaire.

Ce fut alors que monsieur de Vendôme passa en Espagne. Alberoni se mit en relations avec madame des Ursins ; et quand monsieur de Vendôme mourut, en 1712, à Tignaros, elle lui rendit auprès d'elle la position qu'il avait eue auprès du défunt : c'était monter toujours. Au reste, depuis son départ, Alberoni ne s'était point arrêté.

La princesse des Ursins commençait à se faire vieille, crime irrémissible aux yeux de Philippe V. Elle résolut de chercher, pour remplacer Marie de Savoie, une jeune femme, par l'intermédiaire de qui elle pût continuer de régner sur le roi. Alberoni lui proposa la fille de son ancien maître, la lui représenta comme une enfant sans caractère et sans volonté, qui ne réclamerait jamais de la royauté autre chose que le nom. La princesse des Ursins se laissa prendre à cette promesse, le mariage fut arrêté, et la jeune princesse quitta l'Italie pour l'Espagne.

Son premier acte d'autorité fut de faire arrêter la princesse des Ursins, qui était venue au devant d'elle en habit de cour, et de la faire reconduire comme elle était, sans manteau, la poitrine découverte, par un froid de dix degrés, dans une voiture dont un des gardes avait cassé la glace avec son couteau, à Burgos d'abord, puis en France, où elle arriva, après avoir été forcée d'emprunter cinquante pistoles à ses domestiques. Son cocher eut le bras gelé, et on le lui coupa.

Après sa première entrevue avec Elisabeth Farnèse, le roi d'Espagne annonça à Alberoni qu'il était premier ministre.

De ce jour, grâce à la jeune reine, qui lui devait tout, l'ex-sonneur de cloches avait exercé un empire sans bornes sur Philippe V.

Or, voici ce que rêvait Alberoni, qui, ainsi que nous l'avons dit, avait toujours empêché Philippe V de reconnaître la paix d'Utrecht. Si la conjuration réussissait, si d'Harmental parvenait à enlever le duc d'Orléans et à le conduire dans la citadelle de Tolède ou dans la forteresse de Saragosse, Alberoni faisait reconnaître monsieur du Maine pour régent, enlevait la France à la quadruple alliance, jetait le chevalier de Saint-Georges avec une flotte sur les côtes d'Angleterre, mettait la Prusse, la Suède et la Russie, avec lesquelles il avait un traité d'alliance, aux prises avec la Hollande. L'Empire profitait de leur lutte pour reprendre Naples et la Sicile, et assurait le grand-duché de Toscane, prêt à rester sans maître par l'extinction des Médicis, au second fils du roi d'Espagne ; réunissait les Pays-Bas catholiques à la France, donnait la Sardaigne aux ducs de Savoie, Commachio au pape, Mantoue aux Vénitiens ; se faisait l'âme de la grande ligue du Midi contre le Nord, et si Louis XV venait à mourir, couronnait Philippe V roi de la moitié du monde.

Ce n'était pas mal calculé, on en conviendra, pour un faiseur de macaroni.

VIII.

UN PACHA DE NOTRE CONNAISSANCE.

Toutes ces choses étaient entre les mains d'un jeune homme de vingt-six ans ; il n'était donc point étonnant qu'il se fût quelque peu effrayé d'abord de la responsabilité qui pesait sur lui. Comme il était au plus fort de ses réflexions, l'abbé Brigaud entra. Il s'était déjà occupé du futur logement du chevalier, et lui avait trouvé, n° 5, rue du Temps-Perdu, entre la rue du Gros-Chenet et la rue Montmartre, une petite chambre garnie, telle qu'il convenait à un pauvre jeune homme de province qui venait chercher fortune à Paris. Il lui apportait en outre deux mille pistoles de la part du prince de Cellamare. D'Harmental voulait les refuser, car il lui semblait que de ce moment il n'agirait plus selon sa conscience ou par dévoûment, et qu'il se mettrait aux gages d'un parti; mais l'abbé Brigaud lui fit comprendre que, dans une pareille entreprise, il y avait des susceptibilités à vaincre et des complices à payer, et que d'ailleurs, si l'affaire réussissait, il lui faudrait partir à l'instant même pour l'Espagne et s'ouvrir peut-être le chemin à force d'or.

Brigaud emporta un costume complet du chevalier pour lui acheter des habits à sa taille, et simples comme il convenait qu'en portât un jeune homme qui postulait une place de commis dans un ministère. C'était un homme précieux que l'abbé Brigaud.

D'Harmental passa le reste de la journée à faire les préparatifs de son prétendu voyage, ne laissa point, en cas d'événemens fâcheux, une seule lettre qui pût compromettre un ami; puis, lorsque la nuit fut venue, il s'achemina vers la rue Saint-Honoré, où, grâce à la Normande, il espérait avoir des nouvelles du capitaine Roquefinette.

En effet, du moment où on lui avait parlé d'un lieutenant pour son entreprise, il avait aussitôt pensé à cet homme que le hasard lui avait fait rencontrer, et qui lui avait donné, en lui servant de second, une preuve de son insoucieux courage. Il n'avait eu besoin que de jeter un coup d'œil sur lui pour reconnaître un de ces aventuriers, reste des condottieri du moyen-âge, toujours prêts à vendre leur sang à quiconque en offre un bon prix, que la paix pousse sur le pavé, et qui alors mettent leur épée, devenue inutile à l'État, au service des individus. Un tel homme devait avoir de ces relations sombres et mystérieuses avec quelques-uns de ces individus sans nom comme il s'en trouve toujours à la base des conspirations; machines que l'on fait agir sans qu'elles sachent elles-mêmes ni quel est le ressort qui les met en jeu, ni quel est le résultat qu'elles produisent; qui, soit que les choses échouent, soit qu'elles réussissent, se dispersent au bruit qu'elles font en éclatant au-dessus de leur tête, et qu'on est tout étonné de voir disparaître dans les bas-fonds de la populace, comme ces fantômes qui s'abîment, après la pièce, à travers les trappes d'un théâtre bien machiné.

Le capitaine Roquefinette était donc indispensable aux projets du chevalier, et comme on devient superstitieux en devenant conspirateur, d'Harmental commençait à croire que c'était Dieu lui-même qui le lui avait amené par la main.

Le chevalier, sans être une pratique, était une connaissance de la Fillon. C'était du bon ton, à cette époque, d'aller quelquefois au moins se griser chez cette femme quand on n'y allait pas pour autre chose. Aussi, d'Harmental n'était-il pour elle ni son fils, nom qu'elle donnait familièrement aux habitués, ni son compère, nom qu'elle réservait à l'abbé Dubois; c'était tout simplement monsieur le chevalier, marque de considération qui aurait fort humilié la plupart des jeunes gens de l'époque. La Fillon fut donc assez étonnée lorsque d'Harmental, après l'avoir fait appeler, lui demanda s'il ne pourrait point parler à celle de ses pensionnaires qui était connue sous le nom de la Normande.

— O mon Dieu! monsieur le chevalier, lui dit-elle, je suis vraiment désolée qu'une chose comme cela arrive à vous, que j'aurais voulu attacher à la maison, mais la Normande est justement retenue jusqu'à demain soir.

— Peste! dit le chevalier, quelle rage!

— Oh! ce n'est pas une rage, reprit la Fillon, c'est un caprice d'un vieil ami à qui je suis toute dévouée.

— Quand il a de l'argent, bien entendu.

— Eh bien! voilà ce qui vous trompe. Je lui fais crédit jusqu'à une certaine somme. Que voulez-vous? c'est une

faiblesse, mais il faut bien être reconnaissante : c'est lui qui m'a lancée dans le monde, car, telle que vous me voyez, monsieur le chevalier, moi qui ai eu ce qu'il y a de mieux à Paris, à commencer par monsieur le régent, je suis fille d'un pauvre porteur de chaise. Oh! je ne suis pas comme la plupart de vos belles duchesses qui renient leur origine, et comme les trois quarts de vos ducs et pairs qui se font fabriquer des généalogies. Non, ce que je suis, je le dois à mon mérite, et j'en suis fière.

— Alors, dit le chevalier, qui avait peu de curiosité, dans la situation d'esprit où il se trouvait, pour l'histoire de la Fillon, si intéressante qu'elle fût, vous dites que la Normande sera ici demain soir.

— Elle y est, monsieur le chevalier, elle y est; seulement, comme je vous le dis, elle est à faire des folies avec mon vieux reître de capitaine.

— Dites donc, ma chère présidente (c'était le nom qu'on donnait quelquefois à la Fillon, depuis certain quiproquo qu'elle avait eu avec une présidente qui avait l'avantage de porter le même nom qu'elle), est-ce que par hasard votre capitaine serait mon capitaine.

— Comment se nomme le vôtre?

— Le capitaine Roquefinette.

— C'est lui-même!

— Il est ici?

— En personne.

— Eh bien! c'est à lui justement que j'ai affaire, et je ne demandais la Normande que pour avoir l'adresse du capitaine.

— Alors, tout va bien, répondit la présidente.

— Ayez donc la bonté de le faire demander.

— Oh! il ne descendra pas, quand ce serait le régent lui-même qui aurait à lui parler. Si vous voulez le voir, il faut monter.

— Et où cela?

— A la chambre n° 2, celle où vous avez soupé l'autre soir avec le baron de Valef. Oh! quand il a de l'argent, rien n'est trop bon pour lui. C'est un homme qui n'est que capitaine, mais qui a un cœur de roi.

— De mieux en mieux! dit d'Harmental en montant l'escalier sans que le souvenir de la mésaventure qui lui était arrivée dans cette chambre eût le pouvoir de détourner sa pensée de la nouvelle direction qu'elle avait prise; un cœur de roi, ma chère présidente! c'est justement ce qu'il me faut.

Quand d'Harmental n'aurait pas connu la chambre en question, il n'aurait pas pu se tromper, car, arrivé sur le premier palier, il entendit la voix du brave capitaine qui lui eût servi de guide.

— Allons, mes petits amours, disait-il, le troisième et dernier couplet! et de l'ensemble à la reprise! Puis il entonna d'une magnifique voix de basse :

> Grand Saint-Roch, notre unique bien,
> Écoutez un peuple chrétien
> Accablé de malheurs, menacé de la peste;
> Nous ne craindrons rien de funeste.
> Venez nous secourir, soyez notre soutien.
> Détournez de sur nous la colère céleste.
> Mais n'amenez pas votre chien,
> Nous n'avons pas de pain de reste.

Quatre ou cinq voix de femmes reprirent en chœur :

> Mais n'amenez pas votre chien,
> Nous n'avons pas de pain de reste.

— C'est mieux, dit le capitaine, c'est mieux; passons maintenant à la bataille de Malplaquet.

— Oh! nenni, dit une voix. Votre bataille, j'en ai assez!

— Comment, tu as assez de ma bataille! une bataille où je me suis trouvé en personne, morbleu!

— Oh! ça m'est bien égal! j'aime mieux une romance que toutes vos méchantes chansons de guerre, pleines de jurons qui offensent le bon Dieu! Et elle se mit à chanter :

Linval aimait Arsène...
Il ne put l'oublier.

— Silence ! dit le capitaine. Est-ce que je ne suis plus le maître ici ? Tant que j'aurai de l'argent, je veux qu'on m'amuse à ma manière. Quand je n'aurai plus le sou, ce sera autre chose : vous me chanterez vos guenilles de complaintes, et je n'aurai plus rien à dire.

Il paraît que les convives du capitaine trouvèrent qu'il n'était pas de la dignité de leur sexe de souscrire aveuglément à une pareille prétention, car il se fit une telle rumeur que d'Harmental jugea qu'il était temps de mettre les holà ; en conséquence, il frappa à la porte.

— Tournez la bobinette, dit le capitaine, et la chevillette cherra.

En effet, contre toute probabilité, la clef était restée à la serrure : d'Harmental suivit donc de point en point l'instruction qui lui était donnée dans la langue du Petit Chaperon rouge , et ayant ouvert la porte, il se trouva en face du capitaine, couché sur le tapis, devant les restes d'un copieux dîner , appuyé sur des coussins , une camisole de femme sur les épaules, une grande pipe à la bouche, et une nappe roulée autour de sa tête en guise de turban. Trois ou quatre filles étaient autour de lui. Sur un fauteuil était déposé son habit, auquel on remarquait un ruban nouveau , son chapeau qui avait un galon neuf , et Colichemarde, cette fameuse épée qui avait inspiré à Ravanne sa facétieuse comparaison avec la maîtresse-broche de madame sa mère.

— Comment ! c'est vous, chevalier ! s'écria le capitaine. Vous me trouvez comme monsieur de Bonneval, dans mon sérail et au milieu de mes odalisques. Vous ne connaissez pas monsieur de Bonneval, mesdemoiselles ? c'est un pacha à trois queues de mes amis, qui, comme moi, ne pouvait pas souffrir les romances, mais qui entendait un peu bien le maniement de la vie. Dieu me garde une fin comme la sienne ! c'est tout ce que je lui demande.

— Oui, c'est moi, capitaine, dit d'Harmental, ne pouvant s'empêcher de rire du groupe grotesque qu'il avait sous les yeux. Je vois que vous ne m'aviez pas donné une fausse adresse, et je vous félicite de votre véracité.

— Soyez le bienvenu, chevalier, dit le capitaine. Mesdemoiselles, je vous prie de servir monsieur exactement comme vous me traitez en toutes choses, et de lui chanter les chansons qu'il voudra. Asseyez-vous donc, chevalier, et mangez et buvez, comme si vous étiez chez vous, attendu que c'est votre cheval que nous buvons et mangeons. Il y est déjà passé plus d'à-moitié, pauvre animal ! mais les restes en sont bons.

— Merci, capitaine. Je viens de dîner moi-même, et je n'ai qu'un mot à vous dire, si vous le permettez.

— Non, pardieu ! je ne le permets pas, dit le capitaine ; à moins que ce ne soit encore pour une rencontre. Oh ! cela passe avant tout ! Si c'est pour une rencontre, à la bonne heure ! La Normande, allonge-moi ma brette !

— Non, capitaine, c'est pour affaire.

— Si c'est pour affaire, votre serviteur de tout mon cœur, chevalier ! Je suis plus tyran que le tyran de Thèbes ou de Corinthe, Archias, Pélopidas, Léonidas, je ne sais plus quel Olibrius en qui renvoyait les affaires au lendemain. Moi, j'ai de l'argent jusqu'à demain soir. Donc, après-demain matin les affaires sérieuses.

— Mais, du moins, après-demain, capitaine, dit d'Harmental, je puis compter sur vous, n'est-ce pas ?

— A la vie, à la mort, chevalier !

— Je crois aussi que l'ajournement est plus prudent.

— Prudentissime, dit le capitaine. Athénaïs, rallume-moi ma pipe.

— A après-demain donc.

— A après-demain. Mais où vous retrouverai-je ?

— Promenez-vous de dix à onze heures du matin dans la rue du Temps-Perdu, regardez de temps en temps en l'air ; on vous appellera de quelque part.

— C'est dit, chevalier, de dix à onze heures du matin,

Pardon, si je ne vous reconduis pas, mais ce n'est pas l'habitude des Turcs.

Le chevalier lui fit signe de la main qu'il le dispensait de cette formalité, et, ayant fermé la porte derrière lui, commença de descendre l'escalier. Il n'en était pas à la quatrième marche, qu'il entendit le capitaine, fidèle à ses premières idées, entonner à tue-tête cette fameuse chanson des dragons de Malplaquet, qui fit peut-être couler autant de sang en duel qu'il y en avait eu de répandu sur le champ de bataille.

IX.

LA MANSARDE.

Le lendemain, l'abbé Brigaud arriva chez le chevalier à la même heure que la veille. C'était un homme d'une exactitude parfaite. Il apportait trois choses fort utiles au chevalier : des habits, un passeport, et le rapport de la police du prince de Cellamare sur ce que devait faire monsieur le régent dans la présente journée du 24 mars 1718.

Les habits étaient simples, comme il convient à un cadet de bonne bourgeoisie qui vient chercher fortune à Paris. Le chevalier les essaya, et, grâce à sa bonne mine, il se trouva que, tout simples qu'ils étaient, ils lui allaient à ravir. L'abbé Brigaud secoua la tête : il aurait mieux aimé que le chevalier eût moins belle tournure ; mais c'était un malheur irréparable, et il lui fallut s'en consoler.

Le passeport était au nom del señor Diego, intendant de la noble maison d'Oropesa, lequel avait mission de ramener en Espagne une espèce de maniaque, bâtard de la susdite maison, dont la folie était de se croire régent de France. Cette précaution allait, comme on le voit, au devant de toutes les réclamations que le duc d'Orléans aurait pu faire au fond de sa voiture. Et comme le passeport était fort en règle, du reste, signé du prince de Cellamare et visé par messire Voyer d'Argenson, il n'y avait aucun motif pour que le régent, une fois dans le carrosse, ne fît pas bonne route jusqu'à Pampelune, où tout serait dit. La signature surtout de messire Voyer d'Argenson était imitée avec une vérité qui faisait le plus grand honneur aux calligraphes du prince de Cellamare.

Quant au rapport, c'était un chef-d'œuvre de clarté et de ponctualisme. Nous le reproduisons textuellement, afin de donner à la fois une idée de la façon de vivre du prince et de la manière dont était faite la police de l'ambassadeur d'Espagne. Ce rapport était daté de deux heures de la nuit.

« Aujourd'hui, le régent se lèvera tard : il y a eu souper dans les petits appartemens. Madame d'Averne y assistait pour la première fois, en remplacement de madame de Parabère. Les autres femmes étaient la duchesse de Falaris et Saleri, dames d'honneur de Madame. Les hommes étaient le marquis de Broglie, le comte de Nocé, le marquis de Canillac, le duc de Brancas, et le chevalier de Simiane. Quant au marquis de Lafare et à monsieur de Fargy, ils étaient retenus dans leur lit par une indisposition dont on ignore la cause.

» A midi le conseil aura lieu. Le régent doit y communiquer au duc du Maine, au prince de Conti, au duc de Saint-Simon, au duc de Guiche, etc., le projet de traité de la quadruple alliance, que lui a envoyé l'abbé Dubois, en annonçant son retour pour dans trois ou quatre jours.

» Le reste de la journée est donné tout entier à la paternité. Avant-hier, monsieur le régent a marié une fille qu'il avait eue de la Desmarets, et qu'il avait été élevée chez les religieuses de Saint-Denis. Elle dîne avec son mari au Palais-Royal, et après le dîner, monsieur le régent la conduit à l'Opéra, dans la loge de madame Charlotte de Bavière. La Desmarets, qui n'a pas vu sa fille depuis six ans, est prévenue que, si elle veut la voir, elle peut venir au théâtre.

» Monsieur le régent, malgré son caprice pour madame d'Averne, fait toujours la cour à la marquise de Sabran. La marquise se pique encore de fidélité, non pas à son mari, mais au duc de Richelieu. Pour avancer ses affaires, monsieur le régent a nommé hier monsieur de Sabran son maître d'hôtel. »

— J'espère que voilà de la besogne bien faite, dit l'abbé Brigaud, lorsque le chevalier eut achevé ce rapport.

— Ma foi ! oui, mon cher abbé, répondit d'Harmental ; mais si le régent ne nous donne pas dans l'avenir de meilleures occasions d'exécuter notre entreprise, il ne me sera pas facile de le conduire en Espagne.

— Patience ! patience ! dit Brigaud ; il y a temps pour tout. Le régent nous offrirait une occasion aujourd'hui que vous ne seriez probablement pas en mesure d'en profiter.

— Non ; vous avez raison.

— Alors, vous voyez que ce que Dieu fait est bien fait : Dieu nous laisse la journée d'aujourd'hui ; profitons-en pour déménager.

Le déménagement n'était ni long ni difficile ; d'Harmental prit son trésor, quelques livres, le paquet qui contenait sa garde-robe, monta en voiture, se fit conduire chez l'abbé, renvoya sa voiture en disant qu'il allait le soir à la campagne, et serait absent dix ou douze jours, et qu'on n'eût pas à s'inquiéter de lui ; puis, ayant échangé ses habits élégans contre ceux qui convenaient au rôle qu'il allait jouer, il alla, conduit par l'abbé Brigaud, prendre possession de son nouveau logement.

C'était une chambre, ou plutôt une mansarde, avec un cabinet, située au quatrième, rue du Temps-Perdu, n° 5, laquelle est aujourd'hui la rue Saint-Joseph. La propriétaire de la maison était une connaissance de l'abbé Brigaud; aussi, grâce à sa recommandation, avait-on fait pour le jeune provincial quelques frais extraordinaires : il y trouva des rideaux d'une blancheur parfaite, du linge d'une finesse extrême, une apparence de bibliothèque toute garnie, de sorte qu'il vit du premier coup d'œil que, s'il n'était pas aussi bien que dans son appartement de la rue Richelieu, il serait au moins d'une façon tolérable.

Madame Denis, c'était le nom de l'amie de l'abbé Brigaud, attendait son futur locataire pour lui faire elle-même les honneurs de sa chambre ; elle lui en vanta tous les agrémens, lui assura que, n'était la dureté des temps, il ne l'aurait pas eue pour le double ; lui certifia que sa maison était une des mieux famées du quartier, lui promit que le bruit ne le dérangerait pas de son travail, attendu que la rue étant trop étroite pour que deux voitures y passassent de front, il était très rare que les cochers s'y hasardassent ; toutes choses auxquelles le chevalier répondit d'une façon si modeste, qu'en redescendant au premier étage, qu'elle habitait, madame Denis recommanda au concierge et à sa femme les plus grands égards pour son nouveau commensal.

Ce jeune homme, quoiqu'il pût certainement lutter de bonne mine avec les plus fiers seigneurs de la cour, lui paraissait bien loin d'avoir, surtout à l'égard des femmes, les manières lestes et hardies que les muguets de l'époque croyaient qu'il était de bon ton d'affecter. Il est vrai que l'abbé Brigaud, au nom de la famille de son pupille, avait payé un trimestre d'avance.

Un instant après, l'abbé descendit à son tour chez madame Denis, qu'il acheva d'édifier sur le compte de son jeune protégé, qui, dit-il, ne recevrait absolument personne autre que lui et un vieil ami de son père. Ce dernier, malgré des façons un peu brusques qu'il avait prises dans les camps, était un seigneur très recommandable. D'Harmental avait cru devoir user de cette précaution pour que l'apparition du capitaine n'effarouchât point trop la bonne madame Denis dans le cas où, par hasard, elle viendrait à le rencontrer.

Resté seul, le chevalier, qui avait déjà fait l'inventaire de sa chambre, résolut, pour se distraire, de faire celui du voisinage ; il ouvrit sa croisée et commença l'inspection de tous les objets que la rue pouvait embrasser.

Il put se convaincre tout d'abord de la vérité de l'observation que madame Denis lui avait faite relativement à la rue : à peine avait-elle dix à douze pieds de large, et, du point élevé d'où les regards du chevalier plongeaient, elle lui paraissait plus étroite encore ; ce peu de largeur, qui pour tout autre locataire eût sans doute été un défaut, lui parut au contraire une qualité, car il calcula aussitôt que dans le cas où il serait poursuivi, à l'aide d'une planche posée sur sa fenêtre et sur la fenêtre percée vis-à-vis, il pouvait passer de l'autre côté de la rue. Il était donc important d'établir, à tout événement, avec les locataires de la maison en face des relations de bon voisinage.

Malheureusement chez le voisin ou chez la voisine on paraissait peu disposé à la sociabilité ; non-seulement la fenêtre était hermétiquement fermée, comme le comportait l'époque de l'année dans laquelle on se trouvait, mais encore les rideaux de mousseline qui pendaient derrière les vitres étaient si exactement tirés qu'ils ne présentaient pas la plus petite ouverture par laquelle le regard pût pénétrer. Une seconde fenêtre, qui paraissait appartenir à la même chambre, était close avec une égale précision.

Plus favorisée que celle de madame Denis, la maison en face de la sienne avait un cinquième étage, ou plutôt une terrasse. Une dernière chambre mansardée, et qui était située juste au-dessus de la fenêtre si exactement fermée, donnait sur cette terrasse : c'était, selon toutes probabilités, la résidence d'un agronome distingué, car il était parvenu, à force de patience, de temps et de travail, à transformer cette terrasse en un jardin qui contenait, dans douze ou quinze pieds carrés, un jet d'eau, une grotte et un berceau. Il est vrai que le jet d'eau n'allait qu'à l'aide d'un réservoir supérieur, alimenté l'hiver par l'eau du ciel, et l'été par celle que le propriétaire y versait lui-même ; il est vrai également que la grotte, toute garnie de coquillages et surmontée d'une petite forteresse en bois, paraissait destinée, dans quelque cas que ce fût, à abriter, non pas un être humain, mais purement et simplement un individu de la race canine ; il est vrai enfin que le berceau, entièrement dépouillé, par l'âpreté de l'hiver, du feuillage qui en faisait le charme principal, ressemblait pour le moment à une immense cage à poulets.

D'Harmental admira l'active industrie du bourgeois de Paris, qui parvient à se créer une campagne sur le bord de sa fenêtre, sur le coin d'un toit, et jusque dans le sillon de sa gouttière. Il murmura le fameux vers de Virgile : *O fortunatos nimium !* et puis, la brise étant assez froide, comme il n'apercevait qu'une suite assez monotone de toits, de cheminées et de girouettes, il referma sa croisée, mit bas son habit, s'enveloppa d'une robe de chambre qui avait le défaut d'être un peu trop comfortable pour la situation présente de son maître, s'assit dans un assez bon fauteuil, allongea ses pieds sur des chenets, étendit la main vers un volume de l'abbé de Chaulieu, et se mit, pour se distraire, à lire les vers adressés à mademoiselle Delaunay, dont lui avait parlé le marquis de Pompadour, et qui acquéraient pour lui un nouvel intérêt depuis qu'il en connaissait l'histoire (1).

Le résultat de cette lecture fut que le chevalier, tout en souriant de l'amour octogénaire du bon abbé, s'aperçut que, plus malheureux que lui peut-être, il avait le cœur parfaitement vide. Sa jeunesse, son courage, son élégance, son esprit fier et aventureux, lui avaient valu force belles fortunes; mais dans tout cela il n'avait jamais rendu que ce qu'on lui offrait, c'est-à-dire des liaisons éphémères. Un instant il avait cru aimer madame d'Averne, et être aimé d'elle; mais de la part de la belle inconstante, cette grande passion n'avait pas tenu contre une corbeille de fleurs et

(1) Launay, qui souverainement
Possèdes le talent de plaire, etc.

de pierreries, et contre la vanité de plaire au régent. Avant que cette infidélité ne fût faite, le chevalier avait cru qu'il serait au désespoir de cette infidélité : elle avait eu lieu, il en avait eu la preuve; il s'était battu, parce qu'à cette époque on se battait à propos de tout, ce qui tenait probablement à ce que le duel était sévèrement défendu ; puis enfin il s'était aperçu du peu de place que tenait dans son cœur le grand amour auquel cependant il avait cru livrer son cœur tout entier. Il est vrai que les événemens advenus depuis trois ou quatre jours avaient nécessairement entraîné son esprit vers d'autres pensées, mais le chevalier ne se dissimulait pas qu'il n'en eût point été ainsi s'il avait été réellement amoureux. Un grand désespoir ne lui eût guère permis d'aller chercher une distraction au bal masqué, et s'il n'était point allé au bal masqué, aucun des événemens qui s'étaient succédé d'une manière si rapide et si inattendue n'aurait eu son développement n'ayant pas son point de départ. Le résultat de tout cela fut que le chevalier resta convaincu qu'il était parfaitement incapable d'une grande passion, et qu'il était seulement destiné à se rendre coupable envers les femmes d'une foule de ces charmantes scélératesses qui mettaient à cette époque un jeune seigneur à la mode. En conséquence, il se leva, fit dans sa chambre trois tours d'un air conquérant, poussa un profond soupir en pensant à quelle époque éloignée était probablement remis ces beaux projets, et revint à pas lents de sa glace à son fauteuil.

Pendant le trajet, il s'aperçut que la fenêtre en face de la sienne, une heure auparavant si hermétiquement fermée, était enfin toute grande ouverte. Il s'arrêta par un mouvement machinal, écarta son rideau, et plongea les yeux dans l'appartement où on livrait ainsi à son investigation.

C'était une chambre, selon toute apparence, occupée par une femme. Près de la croisée, sur laquelle une charmante petite levrette blanche et café au lait appuyait, en regardant curieusement dans la rue, ses deux pattes fines et élégantes, était un métier à broder. Au fond, en face de la fenêtre, un clavecin tout ouvert se reposait entre deux harmonies. Quelques pastels, encadrés dans des cadres de bois noir relevé d'un petit filet d'or, étaient appendus aux murs recouverts d'un papier perse, et des rideaux d'indienne du même dessin que le papier retombaient derrière ces autres rideaux de mousseline si scrupuleusement appliqués aux carreaux. Par la seconde fenêtre entrebâillée, on apercevait les rideaux d'une alcôve qui probablement renfermait un lit. Le reste du mobilier était parfaitement simple, mais d'une harmonie charmante, qui était due évidemment, non pas à la fortune, mais au goût de la modeste habitante de ce petit réduit.

Une vieille femme balayait, époussetait et rangeait, profitant de l'absence de la maîtresse du logis pour faire cette besogne de ménage; car on ne voyait qu'elle dans la chambre, et cependant il était clair que ce n'était pas elle qui l'habitait.

Tout à coup la physionomie de la levrette, dont les grands yeux avaient erré jusque-là de tous côtés avec l'insouciance aristocratique particulière à cet animal, parut s'animer; elle pencha la tête dans la rue, puis, avec une légèreté et une adresse miraculeuses, elle sauta sur le rebord de la fenêtre et s'assit en dressant les oreilles et en levant une de ses pattes de devant. Le chevalier comprit alors à ces signes que la locataire de la petite chambre s'approchait; il ouvrit aussitôt sa croisée. Malheureusement, il était déjà trop tard, la rue était solitaire. Au même moment la levrette sauta de la fenêtre dans l'appartement, et courut à la porte. D'Harmental en augura que la jeune dame montait l'escalier, et, pour la voir plus à son aise, il se rejeta en arrière et se cacha au moyen de son rideau; mais la vieille femme vint à la fenêtre et la referma. Le chevalier ne s'attendait pas à ce dénoûment, aussi en fut-il d'abord tout désappointé; il referma sa fenêtre à son tour, et revint étendre ses pieds sur ses chenets.

La chose n'était pas fort distrayante, et ce fut alors que le chevalier, si répandu et si occupé habituellement de toutes ces petites choses de société qui deviennent le fond de la vie pour un homme du monde, sentit dans quel isolement il allait se trouver pour peu que sa retraite se prolongeât. Il se souvint qu'autrefois aussi il avait joué du clavecin et dessiné, et il lui sembla que, s'il avait la moindre épinette et quelques pastels, il prendrait le temps en patience. Il sonna le concierge et lui demanda où l'on pourrait se procurer ces objets. Le concierge répondit que tout surcroît de meubles était naturellement au compte du locataire, et que s'il voulait un clavecin il lui faudrait le louer; que, quant aux pastels, on en trouvait chez le papetier dont la boutique faisait le coin de la rue de Cléry et de la rue du Gros-Chenet. D'Harmental donna un double louis au concierge, et lui signifia que dans une demi-heure il désirait avoir une épinette, et tout ce qu'il lui fallait pour dessiner. Le double louis était un argument dont il avait senti plus d'une fois l'efficacité. Cependant, se reprochant de l'avoir employé cette fois avec une légèreté qui donnait un démenti à sa position apparente, il rappela le concierge et lui dit qu'il entendait bien, pour son double louis, non-seulement papier et pastel, mais encore la location de son clavecin payée pour un mois. Le concierge répondit qu'à la rigueur, et parce qu'il marchanderait comme pour lui-même, la chose était possible, mais que bien certainement il lui faudrait payer le transport. D'Harmental y consentit. Une demi-heure après, il était en possession des objets demandés, tant Paris était déjà une ville merveilleuse pour tout enchanteur qui avait une baguette d'or.

Le concierge, en redescendant, dit à sa femme que si le jeune homme du quatrième ne regardait pas de plus près à son argent, il pourrait bien ruiner sa famille ; et il lui montra deux écus de six francs qu'il avait économisés sur le double louis de leur locataire. La femme prit les deux écus des mains de son mari, en l'appelant ivrogne, et elle les serra dans un sac de peau caché sous un amas de vieilles nippes, en déplorant le malheur des pères et mères qui se saignent pour de pareils garnemens.

Ce fut l'oraison funèbre du double louis du chevalier.

X.

UN BOURGEOIS DE LA RUE DU TEMPS-PERDU.

Pendant ce temps, d'Harmental s'était assis devant son épinette, et tapait dessus de son mieux ; le marchand y avait mis une sorte de conscience et lui avait envoyé un instrument à peu près d'accord, de sorte que le chevalier s'aperçut qu'il lui faisait merveille, et commença à croire qu'il était né avec le génie de la musique, et qu'il ne lui avait manqué jusqu'alors qu'une circonstance comme celle où il se trouvait pour que ce génie se développât. Sans doute il y avait quelque chose de vrai au fond de tout cela, car au milieu d'une trille des plus éblouissantes, il vit, de l'autre côté de la rue, cinq petits doigts qui soulevaient délicatement le rideau pour reconnaître d'où venait cette harmonie inaccoutumée. Malheureusement, à la vue de ces petits doigts, le chevalier oublia sa musique, et se retourna vivement sur son tabouret dans l'espérance d'apercevoir une figure derrière la main. Cette manœuvre mal calculée le perdit. La maîtresse de la petite chambre, surprise en flagrant délit de curiosité, laissa retomber le rideau. D'Harmental, blessé de cette pruderie, s'en alla fermer sa fenêtre, et pendant tout le reste de la journée il bouda sa voisine.

La soirée se passa à dessiner, à lire et à jouer du clavecin. Le chevalier n'aurait jamais cru qu'il y avait tant de minutes dans une heure, et tant d'heures dans un jour. A dix heures du soir, il sonna le concierge afin de lui donner ses ordres pour le lendemain. Mais le concierge ne répondit pas : il était couché depuis longtemps. Madame Denis avait dit vrai : sa maison était une maison tranquille. D'Harmental apprit alors qu'il y avait des gens qui se mettaient au lit au moment où il avait l'habitude de monter en voiture pour commencer ses visites. Cela lui donna fort à penser sur les mœurs étranges de cette classe infortunée de la société qui ne connaissait ni l'Opéra ni les petits soupers, et qui dormait la nuit et veillait le jour. Il pensa qu'il fallait venir dans la rue du Temps-Perdu pour voir de pareilles choses, et il se promit bien d'en égayer ses amis quand il pourrait leur raconter cette singularité.

Cependant une chose lui fit plaisir, c'est que sa voisine veillait comme lui : cela indiquait en elle un esprit supérieur à celui des vulgaires habitans de la rue du Temps-Perdu. D'Harmental croyait encore que l'on ne veillait que parce qu'on n'avait pas envie de dormir ou parce que l'on avait envie de s'amuser. Il oubliait ceux qui veillent parce qu'ils ne peuvent pas faire autrement.

A minuit, la lumière s'éteignit dans la chambre en face, et d'Harmental à son tour se décida à se coucher.

Le lendemain, à huit heures, l'abbé Brigaud était chez lui; il présenta à d'Harmental le second rapport de la police secrète du prince de Cellamare. Celui-ci était conçu en ces termes :

« Trois heures du matin.

» Vu la conduite régulière qu'il a menée hier, M. le régent a donné l'ordre qu'on le réveillât à neuf heures.

» Il recevra quelques personnes désignées à son lever.

» De dix heures à midi, il y aura audience publique.

» De midi à une heure, M. le régent travaillera à ses espionnages avec La Vrillière et Leblanc.

» De une heure à deux, il ouvrira les lettres avec Torcy.

» A deux heures et demie, il passera au conseil de régence et fera visite au roi.

» A trois heures, il se rendra au jeu de courte paume de la rue de Seine, pour soutenir avec Brancas et Canillac un défi contre le duc de Richelieu, le marquis de Broglie et le comte de Gacé.

» A six heures, il ira souper au Luxembourg chez madame la duchesse de Berry, et il y passera la soirée.

» De là, il reviendra, *sans gardes*, au Palais-Royal, à moins que la duchesse de Berry ne lui donne une escorte des siens. »

— Peste ! *sans gardes*, mon cher abbé. Que pensez-vous de cela? dit d'Harmental tout en se mettant à sa toilette. Est-ce que l'eau ne vous en vient pas à la bouche?

— Sans gardes, oui, répondit l'abbé ; mais avec des coureurs, mais avec des piqueurs, mais un cocher, tous gens qui se battent très peu, il est vrai, mais qui crient très haut. Oh ! patience, patience, mon jeune ami ! Vous êtes donc bien pressé d'être grand d'Espagne ?

— Non, mon cher abbé ; mais je suis pressé de ne pas vivre dans une mansarde où tout me manque et où je suis obligé de faire ma toilette tout seul, comme vous voyez. Vous croyez donc que ce n'est rien que de se coucher à dix heures le soir et de s'habiller sans valet de chambre le matin !

— Oui, mais vous avez de la musique, reprit l'abbé.

— Ah ! en effet, dit d'Harmental. L'abbé, ouvrez donc ma fenêtre, je vous prie, que l'on voie que je reçois bonne compagnie. Cela me fera honneur auprès de mes voisins.

— Tiens, tiens, tiens ! dit l'abbé en faisant ce dont le priait le chevalier ; mais ce n'est pas mal du tout, cela.

— Comment ! pas mal, reprit à son tour d'Harmental, mais c'est très bien au contraire : c'est de l'*Armide*, pardieu ! Le diable m'emporte si je croyais trouver cela au quatrième étage, et rue du Temps-Perdu !

— Chevalier, je vous prédis une chose, dit l'abbé : c'est que, depuis peu que la chanteuse soit jeune et jolie, nous aurons dans huit jours autant de peine à vous faire sortir d'ici que nous en avons maintenant à vous y faire rester.

— Mon cher abbé, répondit d'Harmental en secouant la

tête, si votre police était aussi bien faite que celle du prince de Cellamare, vous sauriez que je suis guéri de l'amour pour longtemps; et la preuve, la voici : ne croyez pas que je passe mes journées à soupirer ; je vous prierai donc, en descendant, de m'envoyer quelque chose comme un pâté et une douzaine de bouteilles d'excellens vins. Je m'en rapporte à vous : je sais que vous êtes connaisseur; d'ailleurs, envoyées par vous, elles témoigneront d'une attention de tuteur ; achetées par moi, elles témoigneraient d'une débauche de pupille, et j'ai ma réputation provinciale à garder à l'endroit de madame Denis.

— C'est juste ; je ne vous demande pas pourquoi faire; je m'en rapporte à vous.

— Et vous avez raison, mon cher abbé; c'est pour le bien de la cause.

— Dans une heure, le pâté et le vin seront ici.

— Quand vous reverrai-je?

— Demain probablement.

— Ainsi donc, à demain.

— Vous me renvoyez?

— J'attends quelqu'un.

— Toujours pour la bonne cause ?

— Je vous en réponds. Allez, et que Dieu vous garde !

— Restez, et que le diable ne vous tente pas ! Souvenez-vous que c'est la femme qui nous a fait chasser tous autant que nous sommes du paradis terrestre. Défiez-vous de la femme !

— Amen ! dit le chevalier en faisant de la main un dernier signe à l'abbé Brigaud.

En effet, comme l'avait remarqué le bon abbé, d'Harmental avait hâte qu'il fût parti. Son grand amour pour la musique, qu'il avait découvert de la veille seulement, avait fait de tels progrès qu'il était désireux de n'être distrait en rien de ce qu'il venait d'entendre. Autant que le permettait cette maudite fenêtre toujours fermée, ce qui parvenait au chevalier, tant de l'instrument que de la voix, révélait dans sa voisine une excellente musicienne : le doigté était savant, la voix était douce quoique étendue, et avait, dans les cordes hautes, de ces vibrations profondes qui répondent au cœur. Aussi, après un passage très difficile et parfaitement exécuté, d'Harmental ne put-il s'empêcher de battre des mains et de crier bravo. Par malheur encore, ce triomphe auquel, dans sa solitude, elle n'était point habituée, au lieu d'encourager la musicienne, l'intimida sans doute à tel point que, clavecin et voix, tout s'arrêta à l'instant même, et que le silence succéda immédiatement à la mélodie pour laquelle le chevalier avait si imprudemment manifesté son enthousiasme.

En échange, il vit s'ouvrir la porte de la chambre au-dessus, qui, comme nous l'avons dit, donnait sur la terrasse. Il en sortit d'abord une main étendue qui visiblement interrogeait le temps. La réponse du temps fut rassurante, selon toute vraisemblance, car presque aussitôt suivie d'une tête coiffée d'un petit bonnet d'indienne serré sur le front par un ruban de soie gorge de pigeon, et la tête à son tour ne précéda que de quelques instans un avant-corps couvert d'une espèce de robe de chambre en façon de camisole et de la même étoffe que le bonnet. Cela ne permettait point encore au chevalier de reconnaître bien précisément à quel sexe appartenait l'individu qui semblait avoir tant de peine à se hasarder à l'air du matin. Enfin une espèce de rayon de soleil ayant glissé entre deux nuages, encouragea, à ce qu'il paraît, le timide locataire de la terrasse, qui se détermina à sortir tout à fait. Ce fut d'Harmental reconnut alors, à sa culotte courte de velours noir et à ses bas chinés, que le personnage qui venait d'entrer en scène était du sexe masculin.

C'était l'horticulteur dont nous avons parlé.

Le mauvais temps des jours précédens l'avait sans doute privé de sa promenade matinale, et l'avait empêché de donner à son jardin ses soins accoutumés, car il commença à le parcourir avec une inquiétude visible d'y trouver quelque accident produit par le vent et par la pluie ; mais après une visite minutieuse du jet d'eau, de la grotte et du berceau, qui étaient les trois principaux ornemens, l'excellente figure de l'horticulteur s'éclaira d'un rayon de joie comme le temps venait de faire d'un rayon de soleil. Il s'était aperçu non seulement que toute chose était à sa place, mais encore que son réservoir était plein à déborder. Il crut donc pouvoir se donner le plaisir de faire jouer ses eaux, prodigalité qu'ordinairement, à l'instar du roi Louis XIV, il ne se permettait que le dimanche. Il tourna un robinet, et la gerbe hebdomadaire s'éleva majestueusement à la hauteur de quatre ou cinq pieds.

Le bonhomme en eut une joie si grande qu'il se mit à chanter le refrain d'une vieille chanson pastorale avec laquelle d'Harmental avait été bercé, et que tout en répétant ;

> Laissez-moi aller,
> Laissez-moi jouer,
> Laissez-moi aller jouer sous la coudrette,

il courut à sa fenêtre et appela deux fois à haute voix :
— Bathilde ! Bathilde !

Le chevalier comprit alors qu'il y avait une communication architecturale entre la chambre du cinquième et celle du quatrième, et une relation quelconque entre l'horticulteur et la musicienne. Or, comme il pensa que, vu la modestie dont elle venait de lui donner une preuve, la musicienne, s'il restait à sa fenêtre, pourrait bien ne pas monter sur la terrasse, il referma sa croisée d'un air d'insouciance parfaite, tout en ayant soin de se ménager derrière le rideau une petite ouverture par laquelle il pouvait tout voir sans être vu.

Ce qu'il avait prévu arriva. Au bout d'un instant, une charmante tête de jeune fille parut dans l'encadrement de la fenêtre; mais comme sans doute le terrain sur lequel s'était hasardé avec tant de courage celui qui l'avait appelée était trop humide, elle ne voulut point aller plus loin. La petite levrette, non moins craintive que sa maîtresse, resta près d'elle, ses pattes blanches posées sur le rebord de la fenêtre, et secouant la tête en signe de négation à toutes les instances qui lui furent faites pour l'attirer plus loin que sa maîtresse ne voulait aller.

Cependant il s'établit un dialogue de quelques minutes entre le bonhomme et la jeune fille. D'Harmental eut donc le loisir de l'examiner avec d'autant moins de distraction que sa fenêtre étant fermée lui permettait de voir sans entendre.

Elle paraissait arrivée à cet âge délicieux de la vie où la femme, passant de l'enfance à la jeunesse, sent tout fleurir dans son cœur et sur son visage, sentiment, grâce et beauté. Au premier coup d'œil, on voyait qu'elle n'avait pas moins de seize ans, mais pas plus de dix-huit. Il existait en elle un singulier mélange de deux races : elle avait les cheveux blonds, le teint mat et le col ondoyant d'une Anglaise, avec les yeux noirs, les lèvres de corail et les dents de perles d'une Espagnole. Comme elle ne mettait ni blanc ni rouge, et comme à cette époque la poudre commençait à peine à être de mode, et d'ailleurs était réservée aux têtes aristocratiques, son teint éclatait de sa propre fraîcheur, et rien ne ternissait la délicieuse nuance de sa chevelure. Le chevalier resta comme en extase. En effet, il n'avait vu dans sa vie que deux genres de femmes : les grosses et rondes paysannes du Nivernais, avec leurs gros pieds, leurs grosses mains, leurs jupons courts et leurs chapeaux en cor de chasse; et les femmes de l'aristocratie parisienne, belles sans doute, mais de cette beauté étiolée par les veilles, par le plaisir, par cette transposition de la vie qui les fait ce que seraient des fleurs qui ne verraient du soleil que quelques rares rayons, et à qui l'air vivifiant du matin et du soir n'arriverait qu'à travers les vitres d'une serre chaude. Il ne connaissait donc pas ce type bourgeois, ce type intermédiaire, si on peut le dire, entre la haute société et la population des campagnes, qui a toute l'élégance de l'une et toute la fraîche santé de l'autre. Aussi, comme nous l'avons dit, resta-t-il cloué à sa place, et longtemps

après que la jeune fille était rentrée, avait-il les yeux encore fixés sur la fenêtre où était apparue cette délicieuse vision.

Le bruit de sa porte qui s'ouvrait le tira de son extase : c'étaient le pâté et le vin de l'abbé Brigaud qui faisaient leur entrée solennelle dans la mansarde du chevalier. La vue de ces provisions lui rappela qu'il avait pour le moment autre chose à faire que de se livrer à la vie contemplative, et qu'il avait donné, pour affaire d'une bien grande importance, rendez-vous au capitaine Roquefinette. En conséquence il tira sa montre, et il s'aperçut qu'il était dix heures du matin. C'était, on s'en souvient, l'heure convenue. Il donna congé au porteur des comestibles aussitôt qu'il les eut déposés sur la table, se chargea lui-même du reste du service, afin de n'avoir pas besoin d'immiscer le concierge dans ses petites affaires, et, ouvrant de nouveau sa fenêtre, il se mit à guetter l'apparition du capitaine Roquefinette.

XI.

LE PACTE.

Il était à peine à son observatoire qu'il aperçut le digne capitaine qui débouchait par la rue du Gros-Chenet, le nez au vent, la main sur la hanche, et avec l'allure martiale et décidée d'un homme qui, comme le philosophe grec, sent qu'il porte tout avec soi. Son chapeau, thermomètre auquel ses familiers pouvaient reconnaître l'état secret des finances de son maître, et qui dans les jours de fortune était posé aussi carrément sur sa tête qu'une pyramide l'est sur sa base, son chapeau avait repris cette miraculeuse inclinaison qui avait tant frappé le baron de Valef, et grâce à laquelle une de ses trois cornes touchait presque l'épaule droite, tandis que la corne parallèle aurait pu donner à Franklin quarante ans plus tôt, si Franklin eût rencontré le capitaine, la première idée du paratonnerre. Arrivé au tiers de la rue, il leva la tête, ainsi que la chose était convenue, et juste au-dessus de lui il remarqua le chevalier. Celui qui attendait et celui qui était attendu échangèrent un signe, et le capitaine, ayant calculé ses distances avec un coup d'œil tout stratégique, et reconnu la porte qui devait correspondre à la fenêtre, franchit le seuil de la paisible maison de madame Denis avec le même air de familiarité que si c'était celui d'une taverne. Le chevalier, de son côté, referma sa croisée et tira devant elle les rideaux avec le plus grand soin. Etait-ce pour n'être point vu avec le capitaine par sa belle voisine? Etait-ce pour que le capitaine ne la vît pas elle-même?

Au bout d'un instant, d'Harmental entendit les pas du capitaine et le bruit de son épée, l'illustre Colichemarde, qui battait contre les barres de l'escalier. Arrivé au troisième, comme la lumière qui venait d'en bas n'était alimentée par aucun autre jour, le capitaine se trouva fort embarrassé, ne sachant pas s'il devait s'arrêter ou passer outre. Aussi, après avoir toussé de la façon la plus significative, voyant que cet appel était resté incompris de celui qu'il cherchait :

— Morbleu ! dit-il, chevalier, comme vous ne m'avez probablement pas fait venir pour que je me casse le cou, ouvrez votre porte ou chantez, que je sois guidé par la lumière du ciel ou par le son de votre voix. Autrement, je suis perdu, ni plus ni moins que Thésée dans le Labyrinthe.

Et le capitaine se mit à chanter lui-même à tue-tête :

> Belle Ariane, je vous prie.
> Prêtez-moi votre peloton,
> Tonton, tonton, tontaine, tonton

Le chevalier courut à la porte et l'ouvrit.

— A la bonne heure, dit le capitaine, qui commençait à apparaître dans la demi-teinte. C'est que l'échelle de votre pigeonnier est noire en diable. Mais enfin me voilà, fidèle à la consigne, solide au poste, exact au rendez-vous. Dix heures sonnaient à la Samaritaine juste au moment où je passais sur le pont Neuf.

— Oui, vous êtes homme de parole, je le vois, dit le chevalier en tendant la main au capitaine ; mais entrez vite : il est important que mes voisins ne fassent point attention à vous.

— En ce cas, je suis muet comme une tanche, répondit le capitaine. Au surplus, ajouta-t-il en montrant le pâté et les bouteilles qui couvraient la table, vous avez deviné le véritable moyen de me fermer la bouche.

Le chevalier poussa la porte derrière le capitaine et mit le verrou.

— Ah ! ah ! du mystère ? Tant mieux ! je suis pour les mystères, moi. Il y a presque toujours quelque chose à gagner avec les gens qui commencent par vous dire : chuuut ! En tout cas, vous ne pouviez pas mieux vous adresser qu'à votre serviteur, continua le capitaine en revenant à son langage mythologique : vous voyez en moi le petit-fils d'Harpocrate, dieu du silence. Ainsi ne vous gênez pas.

— C'est bien, capitaine, reprit d'Harmental, car je vous avoue que j'ai des choses assez importantes à vous dire pour réclamer d'avance votre discrétion.

— Elle vous est acquise, chevalier. Pendant que je donnais une leçon au petit Ravanne, je vous ai vu du coin de l'œil manier l'épée en amateur, et j'aime les gens braves. Et puis, en remercîment d'un petit service qui ne valait pas une chiquenaude, vous m'avez fait cadeau d'un cheval qui valait cent louis, et j'aime les gens généreux. Donc, puisque vous êtes deux fois mon homme, pourquoi ne serais-je pas une fois le vôtre ?

— Allons, dit le chevalier, je vois que nous pourrons nous entendre.

— Parlez et je vous écoute, répondit le capitaine en prenant son air le plus grave.

— Vous m'écouterez mieux assis, mon cher hôte ; mettons-nous à table et déjeunons.

— Vous prêchez comme saint Jean-Bouche-d'Or, chevalier, dit le capitaine en détachant son épée et la posant avec son chapeau sur le clavecin ; de sorte, continua-t-il en s'asseyant en face de d'Harmental, qu'il n'y a pas moyen d'être d'un autre avis que vous. Me voilà ; commandez la manœuvre, et je l'exécute.

— Goûtez ce vin pendant que j'attaque le pâté.

— C'est juste, dit le capitaine : divisons nos forces et battons l'ennemi séparément : puis nous nous réunirons pour exterminer ce qui en restera.

Et, joignant l'application à la théorie, le capitaine saisit au collet la première bouteille venue, fit sauter le bouchon, et, s'étant versé une pleine rasade, il l'avala avec une telle facilité qu'on eût pu croire que la nature l'avait doué d'un mode de déglutition tout particulier. Mais aussi, il faut lui rendre justice, à peine le vin fut-il bu qu'il s'aperçut que la liqueur qu'il venait d'entonner si cavalièrement méritait un degré d'attention fort supérieur à celui qu'il lui avait accordé.

— Oh ! oh ! dit-il en faisant claquer sa langue et en reposant avec une lenteur pleine de respect son verre sur la table, qu'est-ce que je fais donc là ? indigne que je suis ! j'avale du nectar comme si c'était de la piquette ! et cela au commencement d'un repas. Ah ! continua-t-il, se versant un second verre de la même bouteille en secouant la tête, Roquefinette, mon ami, tu commences à te faire vieux. Il y a dix ans, à la première goutte qui aurait touché ton palais, tu aurais su à qui tu avais affaire, tandis que maintenant il te faut plusieurs essais pour connaître la valeur des choses. A votre santé, chevalier !

Et cette fois le capitaine, plus circonspect, avala lentement son second verre, se reprenant à trois fois pour le

vider, et clignant des yeux en signe de satisfaction ; puis, quand il eut fini :

— C'est de l'ermitage de 1702, l'année de la bataille de Friedlinden ! Si votre fournisseur en a beaucoup comme celui-là, et s'il fait crédit, donnez-moi son adresse : je lui promets une fière pratique !

— Capitaine, répondit le chevalier en faisant glisser une énorme tranche de pâté sur l'assiette de son convive, non-seulement mon fournisseur fait crédit, mais encore à mes amis il le donne pour rien.

— Oh ! l'honnête homme ! s'écria le capitaine avec un ton pénétré. Et, après un instant de silence, pendant lequel un observateur superficiel aurait pu le croire absorbé par l'appréciation du pâté comme il l'avait été un instant auparavant par celle du vin, posant ses deux coudes sur la table, et regardant d'Harmental d'un air narquois entre son couteau et sa fourchette :

— Ainsi donc, mon cher chevalier, nous conspirons, et nous avons besoin pour réussir, à ce qu'il paraît, que ce pauvre capitaine Roquefinette nous donne un coup de main ?

— Et qui vous a dit cela, capitaine ? interrompit le chevalier, en tressaillant malgré lui.

— Qui m'a dit cela ? pardieu ! la belle charade à deviner ! Un homme qui donne des chevaux de cent louis, qui boit à son ordinaire du vin à une pistole la bouteille, et qui loge dans une mansarde de la rue du Temps-Perdu, que diable voulez-vous qu'il fasse s'il ne conspire pas ?

— Eh bien ! capitaine, dit en riant d'Harmental, je ne ferai pas le discret : vous pourriez bien avoir deviné juste. Est-ce qu'une conspiration vous effraie ? continua-t-il en versant à boire à son hôte.

— Moi, m'effrayer ! Qui est-ce qui a dit qu'il y avait quelque chose au monde qui effrayait le capitaine Roquefinette ?

— Ce n'est pas moi, capitaine, puisque sans vous connaître, à la première vue, aux premières paroles échangées, j'ai jeté les yeux sur vous pour vous offrir d'être mon second.

— Ah ! c'est-à-dire que si vous êtes pendu à une potence de vingt pieds, je serai pendu, moi, à une potence de dix ; voilà tout.

— Peste ! capitaine, dit d'Harmental en lui versant de nouveau à boire, si l'on commençait, comme vous le faites, par envisager les choses sous leur mauvais côté, on n'entreprendrait jamais rien.

— Parce que j'ai parlé de potence ? répondit le capitaine. Mais cela ne prouve rien. Qu'est-ce que la potence aux yeux du philosophe ? une des mille manières de sortir de la vie, et certainement une des moins désagréables. On voit bien que vous n'avez jamais regardé la chose en face, pour en faire le dégoûté. D'ailleurs, en faisant nos preuves, nous aurons le cou coupé, comme monsieur de Rohan. Avez-vous vu couper le cou à monsieur de Rohan ? reprit le capitaine en regardant en face d'Harmental. C'était un beau jeune homme comme vous, de votre âge à peu près. Il avait conspiré, vous voulez faire, même la chose manqua. Que voulez-vous ! tout le monde se trompe. On lui fit un bel échafaud noir ; on lui permit de se tourner du côté de la fenêtre où était sa maîtresse ; on lui coupa avec des ciseaux le col de sa chemise ; mais le bourreau était un maladroit, habitué à pendre et non pas à décapiter ; de sorte qu'il fut obligé ne s'y reprendre à trois fois pour lui trancher la tête ; et encore n'en vint-il à bout qu'à l'aide d'un couteau qu'il tira de sa ceinture, et avec lequel il lui chicota si bien le cou qu'il parvint enfin à le détacher... Allons, vous êtes un brave ! continua le capitaine en voyant que le chevalier avait écouté sans sourciller les détails de cette horrible exécution. Touchez là, je suis votre homme. Contre qui conspirons-nous ? Voyons, est-ce contre monsieur le duc du Maine ? Est-ce contre monsieur le duc d'Orléans ? Faut-il casser l'autre jambe au boiteux ? Faut-il crever l'autre œil au borgne ? Me voilà.

— Rien de tout cela, capitaine ; et, s'il plaît à Dieu, il n'y aura pas de sang répandu.

— De quoi s'agit-il donc alors ?

— Avez-vous jamais entendu parler de l'enlèvement du secrétaire du duc de Mantoue ?

— De Matthioli ?

— Oui.

— Pardieu ! je connais l'affaire mieux que personne ; je l'ai vu passer comme on le conduisait à Pignerol ; c'est le chevalier de Saint-Martin et monsieur de Villebois qui ont fait le coup ; à telles enseignes, qu'ils ont eu chacun trois mille livres, pour eux et pour leurs hommes.

— C'était assez médiocrement payé, dit avec dédain d'Harmental.

— Vous trouvez, chevalier ? Cependant trois mille livres, c'est un joli denier.

— Alors, pour trois mille livres, vous vous seriez chargé de la chose ?

— Je m'en serais chargé, répondit le capitaine.

— Mais si, au lieu d'enlever le secrétaire, on vous eût proposé d'enlever le duc ?

— Alors, c'eût été plus cher.

— Mais vous eussiez accepté de même ?

— Pourquoi pas ? J'aurais demandé le double, voilà tout.

— Et si, en vous donnant le double, un homme comme moi vous eût dit : Capitaine, ce n'est point un danger obscur où je vous jette enfant perdu, c'est une lutte dans laquelle je m'engage comme vous, où je mets comme vous mon nom, mon avenir, ma tête, qu'auriez-vous répondu à cet homme ?

— Je lui eusse tendu la main comme je vous la tends. Maintenant de qui s'agit-il ?

Le chevalier remplit son verre et celui du capitaine.

— A la santé du régent, dit-il, et puisse-t-il arriver sans accident jusqu'à la frontière d'Espagne, comme Matthioli est arrivé jusqu'à Pignerol !

— Ah ! ah ! dit le capitaine Roquefinette en levant son verre à la hauteur de l'œil. Puis, après une pause : — Et pourquoi pas ? continua-t-il. Le régent n'est qu'un homme, après tout. Seulement, nous ne serons ni décapités ni pendus : nous serons roués. A un autre je dirais que c'est plus cher, mais pour vous, chevalier, je n'ai pas deux prix. Vous me donnerez six mille livres, et je vous trouverai douze hommes bien résolus.

— Mais ces douze hommes, demanda vivement d'Harmental, croyez-vous pouvoir vous y fier ?

— Est-ce qu'ils sauront seulement de quoi il est question ! répondit le capitaine. Ils croiront qu'il s'agit d'un pari, et voilà tout.

— Et moi, capitaine, dit d'Harmental en ouvrant un secrétaire et en y prenant un sac de mille pistoles, je vais vous prouver que je ne marchande pas avec mes amis. Voici deux mille livres en or ; prenez-les comme à-compte si nous réussissons ; si nous échouons, chacun tirera de son côté.

— Chevalier, répondit le capitaine en prenant le sac et en le pesant dans sa main avec un air d'indicible satisfaction, vous comprenez que je ne vous ferai pas l'injure de compter après vous. Et à quand la chose ?

— Je n'en sais rien encore, mon cher capitaine ; mais si vous avez trouvé le pâté supportable et le vin bon, et si vous voulez tous les jours me faire le plaisir de déjeuner avec moi, comme vous avez fait aujourd'hui, je vous tiendrai au courant.

— Il ne s'agit plus de cela, chevalier, dit le capitaine, et pour le moment, c'est fini de rire ! Je ne serais pas plutôt venu trois jours de suite chez vous que la police de ce damné d'Argenson serait à mes trousses. Heureusement qu'il a affaire à aussi fin que lui, et qu'il y a longtemps que nous jouons aux barres ensemble. Non, non, chevalier, d'ici au moment d'agir, il faut nous voir le moins possible, ou plutôt ne pas nous voir du tout. Votre rue n'est pas longue, et comme elle donne d'un côté dans la rue du Gros-Chenet, et de l'autre dans la rue Montmartre, je n'ai

pas même besoin d'y passer. Tenez, continua-t-il en détachant son nœud d'épaule, prenez ce ruban. Le jour où il faudra que je monte, vous l'attacherez à un clou en dehors de la fenêtre. Je saurai ce que cela veut dire et je monterai.

— Comment ! capitaine, dit d'Harmental en voyant son convive se lever et rajuster son épée, vous vous en allez sans achever la bouteille ! Que vous a donc fait ce bon vin, que vous appréciiez tant tout à l'heure, et que vous avez l'air de mépriser maintenant ?

— C'est justement parce que je l'apprécie toujours que je m'en sépare, et la preuve que je ne le méprise pas, ajouta-t-il en remplissant de nouveau son verre, c'est que je vais lui dire un dernier adieu. A votre santé, chevalier ! Vous pouvez vous vanter d'avoir là de fier vin ! Hum ! Et maintenant, n i ni, c'est fini ! Me voilà à l'eau pour jusqu'au lendemain du jour où j'aurai vu le ruban rouge flotter à la fenêtre. Tâchez que ce soit le plus tôt possible, attendu que l'eau est un liquide qui est diablement contraire à ma constitution.

— Mais pourquoi vous en allez-vous si vite ?

— Parce que je connais le capitaine Roquefinette. C'est un bon enfant ; mais quand il se trouve en face d'une bouteille, il faut qu'il boive, et quant il a bu, il faut qu'il parle. Or, si bien que l'on parle, souvenez-vous de ceci : Quand on parle trop, on finit toujours par dire quelque bêtise. Adieu, chevalier ; n'oubliez pas le ruban ponceau ; moi, je vais à nos affaires.

— Adieu, capitaine, dit d'Harmental ; je vois avec plaisir que je n'ai pas besoin de vous recommander la discrétion.

Le capitaine fit avec le pouce de sa main droite un signe de croix sur sa bouche, enfonça son chapeau carrément sur sa tête, souleva l'illustre Colichemarde, de peur qu'elle fit quelque bruit en battant les murailles, et descendit l'escalier aussi silencieusement que s'il eût craint que chacun de ses pas eût un écho à l'hôtel d'Argenson.

XII.

BASCULE.

Le chevalier resta seul, mais cette fois il y avait dans ce qui venait de se passer entre lui et le capitaine une assez vaste matière à réflexion pour qu'il n'eût besoin de recourir dans son ennui ni aux poésies de l'abbé de Chaulieu, ni à son clavecin, ni à ses pastels. En effet, jusque-là le chevalier n'était en quelque sorte engagé qu'à demi dans l'entreprise hasardeuse dont la duchesse du Maine et le prince de Cellamare lui avaient fait entrevoir l'issue heureuse, et dont le capitaine, pour éprouver son courage, venait de lui découvrir si brutalement la sanglante péripétie. Jusque-là, il n'avait été que l'extrémité d'une chaîne. En rompant d'un côté, il était dégagé. Maintenant, il était devenu un anneau intermédiaire, rivé des deux côtés et se rattachant à la fois à ce qui avait de la société avait de plus haut et à ce qu'elle avait de plus bas. Enfin, de cette heure, il ne s'appartenait plus, et il était comme ce voyageur perdu dans les Alpes, qui s'arrête au milieu d'un chemin inconnu et qui mesure de l'œil pour la première fois la montagne qui s'élève au-dessus de sa tête et le gouffre qui s'ouvre à ses pieds.

Heureusement, le chevalier avait ce courage calme, froid et résolu de l'homme chez lequel le sang et la bile, ces deux forces contraires, au lieu de se neutraliser, s'excitent en se combattant. Il s'engageait dans un danger avec toute la rapidité de l'homme sanguin, et une fois engagé dans ce danger, il le mesurait avec la résolution de l'homme bilieux. Il en résultait que le chevalier devait être aussi dangereux dans un duel que dans une conspiration ; car, dans un duel, son calme lui permettait de profiter de la moindre faute de son adversaire, et, dans une conspiration, son sang-froid lui permettait de renouer, à mesure qu'ils se seraient brisés, ces fils imperceptibles auxquels tient souvent la réussite des plus hautes entreprises. Madame du Maine avait donc raison de dire à mademoiselle Delaunay qu'elle pouvait éteindre sa lanterne et qu'elle croyait enfin avoir trouvé un homme.

Mais cet homme était jeune, cet homme avait vingt-six ans, c'est-à-dire un cœur ouvert encore à toutes les illusions et à toutes les poésies de cette première partie de l'existence. Enfant, il avait déposé ses couronnes aux pieds de sa mère ; jeune homme, il était venu montrer son bel uniforme de colonel à sa maîtresse. Enfin, dans toutes les entreprises de sa vie, une image aimée avait marché devant lui, et il s'était jeté au milieu du danger avec la certitude que, s'il y succombait, quelqu'un lui survivrait qui plaindrait son sort, et chez qui son souvenir du moins resterait vivant. Mais sa mère était morte. La dernière femme dont il s'était cru aimé l'avait trahi ; il se sentait seul dans le monde, lié seulement d'intérêt avec des gens pour lesquels il deviendrait un obstacle, dès qu'il ne leur serait plus un instrument, et qui, s'il échouait, loin de pleurer sa mort, ne verraient en elle qu'une cause de tranquillité. Or, cette situation isolée, qui devrait être enviée de tout homme dans un danger suprême, est presque toujours, en pareil cas, si grand est l'égoïsme de notre nature, une cause de découragement profond. Telle est l'horreur du néant chez l'homme, qu'il croit se survivre encore par les sentimens qu'il inspire, et qu'il se console en quelque sorte de quitter la terre, en songeant aux regrets qui accompagneront sa mémoire, et à la piété qui visitera sa tombe. Aussi, en ce moment, le chevalier eût tout donné pour être aimé par quelque chose, ne fût-ce que par un chien peut-être.

Il était plongé au plus triste de ces réflexions, lorsqu'en passant et repassant devant sa fenêtre, il s'aperçut que celle de sa voisine était ouverte. Il s'arrêta tout à coup, secoua le front comme pour en faire tomber les plus sombres de ses pensées ; puis, appuyant son coude contre le mur et posant sa tête dans sa main, il essaya par la vue des objets extérieurs de donner une autre direction à son esprit. Mais l'homme n'est pas plus maître de sa veille que de son sommeil, et les rêves qu'il fait, les yeux ouverts ou fermés, suivent un développement indépendant de sa volonté, et se rattachent, il ne sait comment ni pourquoi, à des fils invisibles qui, en vibrant d'une manière inattendue, révèlent tout leur existence. Alors les objets les plus opposés se rapprochent, les pensées les plus incohérentes s'attirent ; on a des lueurs fugitives qui, si elles ne s'éteignaient pas avec la rapidité d'un éclair, nous découvriraient peut-être l'avenir. On sent qu'il se passe quelque chose d'étrange en soi ; on comprend dès lors que l'on n'est qu'une sorte de machine mue par une main invisible, et, selon que l'on est fataliste ou providentiel, on se courbe sous le caprice inintelligent du hasard, ou l'on s'incline devant la mystérieuse volonté de Dieu.

Il en fut ainsi de d'Harmental : il avait cherché dans la vue d'objets étrangers à ses souvenirs et à ses espérances une distraction à sa situation présente, et il n'y trouva que la continuation de ses pensées.

La jeune fille qu'il avait aperçue le matin était assise près de la fenêtre, afin de profiter des derniers rayons du jour ; elle travaillait à quelque chose comme à une broderie. Derrière elle son clavecin était ouvert, et sur un tabouret posé à ses pieds, sa levrette, endormie de ce sommeil léger propre aux animaux que la nature a destinés à la garde de l'homme, se réveillait à chaque bruit qui montait de la rue, dressait les oreilles, allongeait la tête gracieusement au-delà du rebord de la fenêtre, puis se recouchait en tendant une de ses petites pattes sur les genoux de sa maîtresse. Tout cela était délicieusement éclairé par une lueur du soleil couchant qui allait au fond de la chambre faire ressortir en points lumineux les ornemens de cuivre

du clavecin et les filets d'or de l'angle d'un cadre. Le reste était dans la demi-teinte.

Alors il sembla au chevalier, sans doute à cause de la disposition d'esprit singulière où il était lorsque ce tableau avait frappé sa vue, il lui sembla que cette jeune fille, au visage calme et suave, entrait dans sa vie comme un de ces personnages restés jusqu'alors derrière le rideau, et qui entrent dans une pièce au deuxième acte ou au troisième, pour prendre part à l'action et quelquefois pour en changer le dénoûment. Depuis cet âge où l'on voit encore des anges dans ses rêves, il n'avait rien rencontré de pareil. La jeune fille ne ressemblait à aucune des femmes qu'il avait vues jusqu'alors. C'était un mélange de beauté, de candeur et de simplicité, comme on en trouve quelquefois dans ces charmantes têtes que Greuze a copiées, non pas dans la nature, mais qu'il a vues se réfléchir dans le miroir de son imagination. Alors oubliant tout, l'humble condition où elle était née sans doute, la rue où elle se trouvait, la chambre modeste qui lui servait de demeure ; ne voyant dans la femme que la femme même, et lui faisant un cœur selon son visage, il pensa quel serait le bonheur de l'homme qui ferait battre le premier ce cœur, qui serait regardé avec amour par ces beaux yeux, et qui cueillerait sur ces lèvres, si fraîches et si pures, le mot : je t'aime ! cette fleur de l'âme, dans un premier baiser.

Telles sont les nuances étranges que les mêmes objets empruntent de la différence de situation de celui qui les regarde. Huit jours auparavant, au milieu de son luxe, dans sa vie qu'aucun danger ne menaçait, entre un déjeuner à la taverne et une chasse à courre, entre un défi de courte paume chez Farol et une orgie chez la Fillon, si d'Harmental eût rencontré cette jeune fille, il n'eût vu sans doute en elle qu'une charmante grisette qu'il eût fait suivre par son valet de chambre, et à qui le lendemain il eût fait outrageusement offrir un cadeau de vingt-cinq louis peut-être ; mais le d'Harmental d'il y a huit jours n'existait plus. A la place du beau seigneur, élégant, fou, dissipé, sûr de la vie, était un jeune homme isolé, marchant dans l'ombre, seul, avec sa propre force, sans une étoile pour le guider, qui pouvait tout à coup sentir la terre s'ouvrir sous ses pieds ou le ciel s'abattre sur sa tête. Celui-là avait besoin d'un appui, si faible qu'il fût, celui-là avait besoin d'amour, celui-là avait besoin de poésie. Il n'était donc point étonnant que, cherchant une madone à qui faire sa prière, il enlevât, dans son imagination, cette belle jeune fille à la sphère matérielle et prosaïque dans laquelle elle se trouvait, et que, l'attirant dans sa sphère à lui, il la posât, non point telle qu'elle était, sans doute, mais telle qu'il eût désiré qu'elle fût, sur le piédestal vide de ses adorations passées.

Tout à coup la jeune fille leva la tête, jeta les yeux par hasard en face d'elle, et aperçut à travers les vitres la figure pensive du chevalier. Il lui parut évident que ce jeune homme restait là pour elle et que c'était elle qu'il regardait. Aussi une vive rougeur passa-t-elle aussitôt sur son visage. Cependant elle fit comme si elle n'avait rien vu, e elle baissa de nouveau la tête vers sa broderie. Mais au bout d'un instant elle se leva, fit quelques tours dans sa chambre, puis, sans affectation, sans fausse pruderie, quoique avec un reste d'embarras cependant, elle revint fermer sa fenêtre.

D'Harmental restait où il était et comme il était, continuant, malgré la fermeture de la fenêtre, de s'avancer dans le pays imaginaire où sa pensée voyageait. Une ou deux fois il lui sembla voir se soulever le rideau de sa voisine, comme si elle eût voulu savoir si l'indiscret qui l'avait chassée de sa place était toujours à la sienne. Enfin, quelques accords savans et rapides se firent entendre ; une harmonie douce leur succéda, et ce fut alors d'Harmental qu ouvrit sa fenêtre à son tour.

Il ne s'était point trompé ; sa voisine était d'une force tout à fait supérieure : elle exécuta deux ou trois morceaux, mais sans cependant mêler sa voix au son de l'instrument, et d'Harmental trouvait presque autant de plaisir à l'entendre qu'il en avait trouvé à la voir. Tout à coup elle s'arrêta au milieu d'une mesure. D'Harmental supposa, ou qu'elle l'avait vu à sa fenêtre, ou qu'elle voulait le punir de sa curiosité, ou qu'il était entré quelqu'un, et que ce quelqu'un l'avait interrompue; il se retira en arrière, mais de façon à ne point perdre de vue la fenêtre. Au bout d'un instant, il reconnut que sa dernière supposition était vraie. Un homme vint à la croisée, souleva le rideau, colla sa bonne grosse face à une vitre, tandis qu'avec la main il battit une marche sur une autre vitre. Le chevalier reconnut, quoiqu'une différence sensible se fût faite dans sa toilette, l'homme au jet d'eau qu'il avait vu sur la terrasse le matin, et qui, avec un air de si parfaite familiarité, avait prononcé deux fois le nom de Bathilde.

Cette apparition plus que prosaïque produisit l'effet qu'elle devait naturellement produire, c'est-à-dire qu'elle ramena d'Harmental de la vie imaginaire à la vie réelle. Il avait oublié cet homme, qui faisait un contraste si parfait et si étrange avec la jeune fille dont il était nécessairement ou le père, ou l'amant, ou le mari. Or, dans tous ces cas, que pouvait avoir de commun avec le noble et aristocrate chevalier, la fille, l'épouse ou la maîtresse d'un tel homme? La femme, et c'est un malheur de sa situation éternellement dépendante, grandit ou s'abaisse de la grandeur ou de la vulgarité de celui au bras de qui elle marche appuyée, et, il faut l'avouer, l'horticulteur de la terrasse n'était pas fait pour maintenir la pauvre Bathilde à la hauteur où le chevalier l'avait élevée dans ses rêves.

Aussi se prit-il à rire de sa propre folie, et la nuit étant revenue, comme, depuis la veille au matin, il n'avait pas mis le pied dehors, il résolut de faire un tour par la ville afin de s'assurer par lui-même de l'exactitude des rapports du prince de Cellamare. Il s'enveloppa de son manteau, descendit les quatre étages, et s'achemina vers le Luxembourg, où la note que lui avait remise le matin l'abbé Brigaud disait que le régent devait aller souper sans gardes.

Arrivé en face du palais du Luxembourg, le chevalier ne vit aucun des signes qui annonçaient que le duc d'Orléans était chez sa fille : il n'y avait à la porte qu'une sentinelle, tandis que du moment où entrait monsieur le régent, on avait l'habitude d'en placer une seconde. De plus, on ne voyait dans la cour ni voiture qui attendît, ni coureurs, ni valets de pied ; il était donc évident que monsieur le duc d'Orléans n'était point encore venu. Le chevalier attendit pour le voir passer car, comme le régent ne déjeunait jamais et ne prenait à deux heures de l'après-midi qu'une tasse de chocolat, il était rare qu'il soupât plus tard que six heures. Or, cinq heures trois quarts avaient sonné à Saint-Sulpice au moment où le chevalier tournait le coin de la rue de Condé et de la rue de Vaugirard.

Le chevalier attendit une heure et demie rue de Tournon, allant de la rue du Petit-Lion au palais, sans rien apercevoir de ce qu'il était venu chercher. A huit heures moins un quart il vit quelque mouvement au Luxembourg. Une voiture avec des piqueurs à cheval, armés de torches, vint attendre au pied du perron. Un instant après, trois femmes y montèrent : il entendit le cocher qui criait aux piqueurs : au Palais-Royal! Les piqueurs partirent au galop, la voiture les suivit, le factionnaire présenta les armes, et, si vite que passât devant lui l'élégant équipage aux armes de France, le chevalier reconnut la duchesse de Berri, madame de Mouchy, sa dame d'honneur, et madame de Pons, sa dame d'atours. Il y avait erreur grave dans l'itinéraire envoyé au chevalier : c'était la fille qui allait chez le père, et non le père qui allait chez la fille.

Cependant le chevalier attendit encore, car il pouvait être arrivé au régent un accident qui l'eût retenu chez lui. Une heure après la voiture repassa. La duchesse de Berri riait d'une histoire que lui racontait Broglie, qu'elle ramenait. Il n'y avait donc aucun accident grave. C'était la police du prince de Cellamare qui était en faute.

Le chevalier rentra chez lui vers dix heures, sans avoir été ni rencontré ni reconnu. Il eut quelque peine à se faire ouvrir, car, selon les habitudes patriarcales de la maison Denis, le concierge était couché. Il vint tirer les verrous en grommelant. D'Harmental lui glissa un petit écu dans la main, en lui disant une fois pour toutes qu'il lui arriverait quelquefois de rentrer tard ; mais que, chaque fois que la chose arriverait, il y aurait la même gratification pour lui. Sur quoi le concierge se confondit en remerciements, et lui assura qu'il était parfaitement libre de rentrer à l'heure qu'il lui plairait, et même de ne pas rentrer du tout.

De retour dans sa chambre, d'Harmental s'aperçut que celle de sa voisine était éclairée; il posa sa bougie derrière un meuble et s'approcha de la fenêtre. De cette façon, autant que les rideaux le permettaient, il pouvait voir chez elle, tandis qu'on ne pouvait voir chez lui.

Elle était assise près d'une table, dessinant probablement contre un carton qu'elle tenait sur ses genoux, car on voyait son profil qui se détachait en noir sur la lumière placée derrière elle. Au bout d'un instant, une autre ombre, que le chevalier reconnut pour celle du bonhomme à la terrasse, passa deux ou trois fois entre la lumière et la fenêtre. Enfin l'ombre s'approcha de la jeune fille, celle-ci tendit le front, l'ombre y déposa un baiser, et s'éloigna un bougeoir à la main. Un instant après, les vitres de la chambre du cinquième étage s'éclairèrent. Toutes ces petites circonstances parlaient une langue qu'il était impossible de ne pas comprendre ; l'homme à la terrasse n'était point le mari de Bathilde : c'était tout au plus son père.

D'Harmental, sans savoir pourquoi, se sentit tout joyeux de cette découverte : il ouvrit, aussi doucement qu'il put, la fenêtre, et accoudé sur la barre qui lui servait d'appui, les yeux fixés sur cette ombre, il retomba dans cette même rêverie dont l'avait tiré, dans la journée, l'apparition grotesque de son voisin. Au bout d'une heure à peu près, la jeune fille se leva, déposa carton et crayons sur la table, s'avança du côté de l'alcôve, s'agenouilla sur une chaise devant la seconde fenêtre, et fit sa prière. D'Harmental comprit que sa veille laborieuse était finie, mais se rappelant la curiosité de la belle voisine quand pour la première fois il avait de son côté fait de la musique, il voulut voir s'il aurait le pouvoir de prolonger cette veille, et se mit à son épinette. Ce qu'il avait prévu arriva : aux premiers sons qui parvinrent jusqu'à elle, la jeune fille, ignorant que par la position de la lumière on voyait son ombre à travers les rideaux, s'approcha de la fenêtre sur la pointe du pied, et se croyant bien cachée, elle écouta sans contrainte le mélodieux instrument, qui, pareil à un oiseau du soir, s'éveillait pour chanter au milieu de la nuit.

Le concert eût peut-être duré bien des heures ainsi, car d'Harmental, encouragé par le résultat produit, se sentait une verve et une facilité d'exécution qu'il ne s'était jamais connues. Malheureusement, le locataire du troisième était sans doute quelque manant, peu amateur de la musique, car d'Harmental entendit tout à coup, juste au-dessous de ses pieds, le bruit d'une canne qui frappait le plafond avec une telle violence, que c'était, à n'en pouvoir douter, un avertissement direct qu'on lui donnait de remettre à un moment plus convenable sa mélodieuse occupation. Dans toute autre circonstance, d'Harmental eût envoyé au diable l'impertinent donneur d'avis ; mais il réfléchit qu'une esclandre qui sentirait son gentilhomme le perdrait de réputation auprès de madame Denis, et qu'il jouait trop gros jeu à être reconnu, pour ne point passer philosophiquement par-dessus quelques-uns des inconvéniens de la nouvelle position qu'il avait adoptée. En conséquence, au lieu de se mettre en opposition plus longue avec les réglemens nocturnes établis sans doute entre son hôtesse et ses locataires, il obéit à l'invitation, oubliant de quelle façon cette invitation lui avait été faite.

De son côté, dès qu'elle n'entendit plus rien, la jeune fille quitta sa fenêtre, et comme elle laissa tomber derrière elle les seconds rideaux d'étoffe perse, elle disparut aux yeux de d'Harmental. Quelque temps encore cependant il put voir sa chambre éclairée ; mais bientôt toute lueur s'éteignit.

Quant à la chambre du cinquième étage, depuis plus de deux heures elle était dans la plus parfaite obscurité.

D'Harmental se coucha à son tour, tout joyeux de penser qu'il existait un point de contact si direct entre lui et sa belle voisine.

Le lendemain, l'abbé Brigaud entra dans sa chambre avec son exactitude ordinaire Le chevalier était déjà levé depuis une heure, et s'était vingt fois approché de sa fenêtre sans avoir pu apercevoir sa voisine, quoiqu'il fût évident qu'elle s'était levée, même avant lui. En effet, par les carreaux supérieurs, il avait vu en se réveillant les grands rideaux remis à leurs patères. Aussi, tout disposé qu'il était à faire tomber son commencement de mauvaise humeur sur quelqu'un ;

— Ah! pardieu! mon cher abbé, lui dit-il aussitôt que la porte fut refermée, félicitez de ma part le prince sur sa police : elle est parfaitement faite, ma foi!

— Qu'est-ce que vous avez contre elle? demanda l'abbé Brigaud avec le demi-sourire qui lui était habituel.

— Ce que j'ai? J'ai que, voulant juger par moi-même, hier, de sa fidélité, je suis allé m'embusquer rue de Tournon, que j'y suis resté quatre heures, et que ce n'est pas le régent qui est venu chez sa fille, mais madame la duchesse de Berri qui a été chez son père.

— Eh bien! nous savons cela.

— Ah! vous savez cela? dit d'Harmental.

— Oui, à telles enseignes qu'elle est sortie à huit heures moins cinq minutes du Luxembourg, avec madame de Mouchy et madame de Pons, et qu'elle y est rentrée à neuf heures et demie en ramenant Broglie, qui est venu prendre à table la place du régent, qu'on avait attendu inutilement.

— Et le régent, où est-il, lui?

— Le régent?

— Oui.

— Ceci est une autre histoire; vous allez le savoir; écoutez et ne perdez pas un mot, puis nous verrons si vous dites encore que la police du prince est mal faite.

— J'écoute.

— Notre rapport annonçait que le duc-régent devait hier, à trois heures, aller faire une partie de courte paume rue de Seine.

— Oui.

— Il y est allé. Au bout d'une demi-heure il en est sorti, tenant son mouchoir sur ses yeux; il s'était donné lui-même un coup de raquette sur le sourcil, avec tant de violence qu'il s'était ouvert la peau du front.

— Ah! voilà donc l'accident?

— Attendez. Alors le régent, au lieu de rentrer au Palais-Royal, s'est fait conduire chez madame de Sabran. Vous savez où demeure madame de Sabran?

— Elle demeurait rue de Tournon; mais depuis que son mari est maître d'hôtel du régent, ne demeure-t-elle pas rue des Bons-Enfants, tout près du Palais-Royal?

— Justement. Or, il paraît que madame de Sabran, qui jusque-là avait fait de la fidélité à Richelieu, touchée enfin de l'état pitoyable où elle a vu le pauvre prince, a voulu justifier le proverbe : Malheureux au jeu, heureux en amour. Le prince, à sept heures et demie, par un petit mot daté de la salle à manger de madame de Sabran, qui lui donnait à souper, a annoncé à Broglie qu'il n'irait pas au Luxembourg, et l'a chargé d'y aller à sa place, et de faire ses excuses à la duchesse de Berri.

— Ah! voilà donc l'histoire que racontait Broglie et qui faisait tant rire ces dames?

— C'est probable. Maintenant, comprenez-vous?

— Oui, je comprends que le régent, n'étant pas doué de la puissance d'ubiquité, ne pouvait pas être à la fois chez madame de Sabran et chez sa fille.

— Et vous ne comprenez que cela?

— Mon cher abbé, vous parlez comme un oracle; expliquez-vous, voyons.

— Ce soir, je viendrai vous prendre à huit heures, et nous irons faire un tour rue des Bons-Enfans. Les localités parleront pour moi.

— Ah! ah! dit d'Harmental, j'y suis... Si près du Palais-Royal, le régent ira à pied; l'hôtel qu'habite madame de Sabran a son entrée rue des Bons-Enfans; après une certaine heure on ferme le passage du Palais-Royal qui donne dans la rue des Bons-Enfans; il est donc obligé pour rentrer de tourner par la cour des Fontaines ou par la rue Neuve-des-Bons-Enfans, et alors nous le tenons! Mordieu! l'abbé, vous êtes un grand homme, et si monsieur le duc du Maine ne vous fait pas cardinal ou du moins archevêque, il n'y a plus de justice.

— Je compte bien là-dessus. Maintenant, vous comprenez! il faut vous tenir prêt.

— Je le suis.

— Avez-vous des moyens d'exécution organisés?

— J'en ai.

— Alors, vous correspondez avec vos gens?

— Par un signe.

— Et ce signe ne peut vous trahir?

— Impossible.

— En ce cas tout va bien. Il ne s'agit plus que de déjeuner, car j'avais si grande hâte de venir vous dire ces belles nouvelles, que je suis sorti de chez moi à jeun.

— Déjeuner, mon cher abbé? vous en parlez bien à votre aise! Je n'ai à vous offrir que les débris du pâté d'hier, et trois ou quatre bouteilles de vin qui ont survécu, je crois, à la bataille.

— Hum! hum! murmura intérieurement l'abbé. Faisons mieux que cela, mon cher chevalier.

— A vos ordres.

— Descendons déjeuner chez notre bonne hôtesse, madame Denis.

— Que diable voulez-vous que j'aille déjeuner chez elle? est-ce que je la connais, moi?

— Ceci me regarde. Je vous présente comme mon pupille.

— Mais nous ferons un déjeuner détestable.

— Rassurez-vous : je connais la cuisine.

— Mais ce sera assommant, ce déjeuner!

— Mais vous vous ferez une amie d'une femme parfaitement connue dans le quartier pour ses mœurs excellentes, pour son dévoûment au gouvernement; d'une femme incapable enfin de donner asile à un conspirateur. Entendez-vous cela?

— Si c'est pour le bien de la cause, abbé, je me sacrifie.

— Sans compter que c'est une maison fort agréable, dans laquelle il y a deux jeunes personnes qui jouent, l'une de la viole d'amour et l'autre de l'épinette; et un garçon qui est clerc de procureur; une maison enfin où le dimanche soir vous pourrez descendre pour faire la partie de loto.

— Allez-vous-en au diable avec votre madame Denis! Ah! pardon, l'abbé, vous êtes peut-être l'ami de la maison. En ce cas, prenons que je n'ai rien dit.

— Je suis son directeur, répondit l'abbé Brigaud d'un air modeste.

— Alors mille excuses, mon cher abbé. Mais vous avez raison, au fait : madame Denis est encore une fort belle femme, parfaitement conservée, avec des mains superbes et des pieds très mignons. Peste! je me la rappelle. Descendez le premier, je vous suis.

— Pourquoi pas ensemble?

— Et ma toilette donc, l'abbé? vous voulez que je descende devant mesdemoiselles Denis tout défrisé comme me voilà? Allons donc! on se doit à sa figure, que diable! D'ailleurs, il est plus convenable que vous m'annonciez : je n'ai pas les priviléges d'un directeur, moi.

— Vous avez raison; je descends, je vous annonce, et dans dix minutes vous arrivez en personne, n'est-ce pas?

— Dans dix minutes.

— Adieu.

— Au revoir.

Le chevalier n'avait dit que la moitié de la vérité : il restait pour faire sa toilette peut-être, mais aussi dans l'espérance qu'il apercevrait quelque peu sa belle voisine, à laquelle il avait rêvé toute la nuit. Ce désir fut sans résultat : il eut beau rester embusqué derrière les rideaux de sa fenêtre, celle de la jeune fille aux blonds cheveux et aux beaux yeux noirs resta hermétiquement voilée. Il est vrai qu'en échange il put apercevoir son voisin qui, entr'ouvrant sa porte dans la toilette matinale que lui connaissait déjà le chevalier, passa, avec la même précaution que la veille, sa main d'abord, puis sa tête. Mais cette fois, sa hardiesse n'alla pas plus loin, car il faisait quelque peu de brouillard, et le brouillard, comme on sait, est essentiellement contraire à l'organisation du bourgeois de Paris. Aussi le nôtre toussa-t-il deux fois, dans les cordes les plus basses de sa voix, et, retirant tête et bras, rentra dans sa chambre comme une tortue dans sa carapace. D'Harmental vit dès-lors avec plaisir qu'il pourrait se dispenser d'acheter un baromètre, et que son voisin lui rendrait le même service que ces bons capucins de bois qui sortent de leur ermitage les jours de beau temps, et qui restent au contraire obstinément chez eux les jours où il tombe de la pluie.

L'apparition fit son effet ordinaire et réagit sur la pauvre Bathilde. Chaque fois que d'Harmental apercevait la jeune fille, il y avait en elle une si suave attraction qu'il ne voyait plus que la femme jeune, gracieuse, belle, musicienne et peintre, c'est-à-dire la créature la plus délicieuse et la plus complète qu'il eût jamais rencontrée. En ces momens-là, pareille à ces fantômes qui passent dans la nuit de nos rêves portant comme une lampe d'albâtre leur lumière en eux-mêmes, elle s'éclairait d'un rayon céleste, repoussant tout ce qui l'entourait dans l'obscurité ; mais quand, à son tour, l'homme de la terrasse s'offrait aux regards du chevalier, avec sa figure commune, sa tournure triviale, ce type indélébile de vulgarité qui s'attache à certains individus, aussitôt un jeu de bascule étrange s'opérait dans l'esprit du chevalier ; toute poésie disparaissait comme, à un coup de sifflet du machiniste, disparaît un palais de fée ; les choses s'illuminaient d'un autre jour, l'aristocratie native de d'Harmental reprenait le dessus : Bathilde n'était plus que la fille de cet homme, c'est-à-dire une grisette, voilà tout ; sa beauté, sa grâce, son élégance, ses talens même devenaient un accident du hasard, une erreur de la nature, quelque chose comme une rose qui eût fleuri sur un chou. Alors le chevalier haussait dans sa glace les épaules en face de lui-même, se mettait à rire tout haut, et, ne comprenant plus d'où lui venait l'impression si vive qu'un instant auparavant il avait éprouvée, il l'attribuait à la préoccupation de son esprit, à l'étrangeté de sa situation, à la solitude, à tout enfin, excepté à sa véritable cause, à la puissance souveraine et irrésistible de la distinction et de la beauté.

D'Harmental descendit donc chez son hôtesse dans la disposition d'esprit la plus favorable pour trouver mesdemoiselles Denis charmantes.

XIII.

LA FAMILLE DENIS.

Le chevalier et l'abbé quittèrent la mansarde et descendirent chez leur hôtesse. Madame Denis n'avait point jugé convenable que deux jeunes personnes aussi innocentes que l'étaient ses deux filles déjeunassent avec un jeune homme qui, depuis trois jours seulement qu'il était arrivé à Paris, rentrait déjà à onze heures du soir, et jouait du clavecin jusqu'à deux heures du matin. L'abbé Brigaud avait beau lui affirmer que cette double infraction aux règlemens intérieurs de la police de sa maison ne devait en rien déprécier auprès d'elle les mœurs de son pupille, dont

il répondait comme de lui-même, tout ce qu'il avait obtenu, c'est que les demoiselles Denis paraîtraient au dessert.

Mais le chevalier s'aperçut bientôt que si leur mère leur avait défendu de se faire voir, elle ne leur avait pas défendu de se faire entendre. A peine les trois convives furent-ils attablés autour d'un véritable déjeuner de dévote, composé d'une multitude de petits plats appétissans à l'œil et délicieux au goût, que les sons saccadés d'une épinette se firent entendre, accompagnant une voix qui ne manquait pas d'étendue, mais dont de fréquentes erreurs de tons dénotaient la déplorable inexpérience. Aux premières notes, madame Denis posa la main sur le bras de l'abbé ; puis, après un instant de silence, pendant lequel elle écouta avec un complaisant sourire cette musique qui faisait venir la chair de poule au chevalier,

— Entendez-vous ? lui dit-elle : c'est notre Athénaïs qui joue du clavecin, et c'est Emilie qui chante.

L'abbé Brigaud, tout en faisant signe de la tête qu'il entendait parfaitement et l'accompagnement et la voix, marchait sur le pied de d'Harmental pour lui indiquer que l'occasion se présentait de placer un compliment.

— Madame, dit aussitôt le chevalier, qui comprit l'appel que l'abbé faisait à sa politesse, nous vous devons un double remerciement, car vous nous offrez non-seulement un excellent déjeuner, mais encore un concert délicieux.

— Oui, répondit négligemment madame Denis ; ce sont ces enfans qui s'amusent ; elles ne savent pas que vous êtes là, et elles étudient ; mais je vais leur défendre de continuer.

Madame Denis fit un mouvement pour se lever.

— Comment donc ! madame, s'écria d'Harmental ; parce que j'arrive de province, me croyez-vous donc tout à fait indigne de faire connaissance avec les talens de la capitale ?

— Dieu me garde, monsieur, d'avoir une pareille opinion de vous ! répondit madame Denis d'un air plein de malice ; car je sais que vous êtes musicien. Le locataire du troisième m'en a prévenue.

— En ce cas, madame, il n'a pas dû vous donner une haute idée de mon mérite, reprit en riant le chevalier, car il n'a pas paru apprécier infiniment le peu que j'en puis avoir.

— Il m'a dit seulement que l'heure lui avait paru étrange pour faire de la musique. Mais écoutez, monsieur Raoul, ajouta madame Denis en tendant l'oreille vers la porte : les rôles sont changés ; maintenant, mon cher abbé, c'est notre Athénaïs qui chante, et c'est Emilie qui accompagne sa sœur sur la viole d'amour.

Il paraît que madame Denis avait un faible pour Athénaïs ; au lieu de parler comme elle l'avait fait pendant que c'était le tour d'Emilie de chanter, elle écouta d'un bout à l'autre la romance de sa favorite, les yeux tendrement fixés sur l'abbé Brigaud, qui, sans perdre un coup de fourchette ni un verre de vin, se contentait de faire de la tête des signes d'approbation. Du reste, Athénaïs chantait un peu plus juste que sa sœur, mais elle rachetait cette qualité par un défaut au moins équivalent aux oreilles du chevalier : elle avait la voix d'une vulgarité effrayante.

Quant à madame Denis, elle dandolinait la tête à fausse mesure, avec un air de béatitude qui faisait infiniment plus d'honneur à sa complaisance maternelle qu'à son intelligence musicale.

Un duo succéda aux solos. Les demoiselles Denis avaient juré de débiter tout leur répertoire. D'Harmental chercha à son tour sous la table les pieds de l'abbé Brigaud pour lui en écraser au moins un ; mais il ne rencontra que ceux de madame Denis, qui, prenant la recherche que faisait à tâtons le chevalier pour une agacerie personnelle, se tourna gracieusement de son côté.

— Ainsi donc, monsieur Raoul, lui dit-elle, vous venez, jeune et sans expérience, vous exposer ainsi à tous les dangers de la capitale ?

— Oh ! mon Dieu ! oui, dit l'abbé Brigaud, prenant la parole, de peur que d'Harmental, entraîné par l'occasion, ne pût résister au plaisir de répondre quelque baliverne. Vous voyez en ce jeune homme, madame Denis, le fils d'un qui m'a été bien cher (il porta sa serviette à ses yeux), et qui, je l'espère, fera honneur aux soins que j'ai donnés à son éducation; car, sans qu'il en ait l'air, c'est un ambitieux que mon pupille!

— Et monsieur a raison, reprit madame Denis. Quand on a les talens et la figure de monsieur, il me semble que l'on peut parvenir à tout.

— Ah! mais, madame Denis, dit l'abbé Brigaud, si vous me le gâtez ainsi du premier coup, je ne vous l'amènerai plus, prenez-y garde! Raoul, mon enfant, continua-t-il en s'adressant au chevalier d'un ton paternel, j'espère que vous ne croyez pas un mot de cela. Puis, se penchant à l'oreille de madame Denis: — Tel que vous le voyez, ajouta-t-il, il aurait pu rester à Sauvigny et y tenir la première place après le seigneur: il a trois bonnes mille livres de rente en biens-fonds!

— C'est justement ce que je compte donner à chacune de mes filles, répondit madame Denis en haussant la voix de façon à être entendue du chevalier, et en lui lançant un regard de côté pour voir quel effet produirait sur lui l'annonce d'une telle magnificence.

Malheureusement pour l'établissement futur de mesdemoiselles Denis, le chevalier pensait en ce moment à tout autre chose qu'à réunir les trois mille livres de rentes dont cette généreuse mère dotait ses filles aux mille écus annuels dont l'avait gratifié l'abbé Brigaud. Le fausset de mademoiselle Emilie, le contralte de mademoiselle Athénaïs, la pauvreté de l'accompagnement de toutes deux, l'avaient ramené par ses souvenirs à la voix si pure et si flexible, et à l'exécution si distinguée et si savante de sa voisine. Il en était résulté que, grâce à cette puissance de réaction singulière qu'une grande préoccupation nous donne contre les objets extérieurs, le chevalier était parvenu à échapper au charivari qui s'exécutait dans la chambre voisine, et, se réfugiant en lui-même, y suivait une douce mélodie qui serpentait dans sa mémoire et qui, tout absente qu'elle était, parvenait à le garantir, comme une armure enchantée, des sons aigus et criards qui venaient s'émousser autour de lui.

— Voyez comme il écoute! disait madame Denis à Brigaud. A la bonne heure! il y a plaisir à faire des frais pour un jeune homme comme celui-là. Aussi je laverai la tête à monsieur Fremond!

— Qu'est-ce que c'est que monsieur Fremond? demanda l'abbé en se versant à boire.

— C'est le locataire du troisième, un mauvais petit rentier à douze cents livres, dont le carlin m'a déjà valu des désagrémens avec toute la maison, et qui est venu se plaindre que monsieur Raoul l'empêchait de dormir, lui et son chien!

— Ma chère madame Denis, dit l'abbé Brigaud, il ne faut pas vous brouiller pour cela avec monsieur Fremond. Deux heures du matin sont une heure indue, et si mon pupille veut absolument veiller, qu'il fasse de la musique dans la journée et qu'il dessine le soir.

— Comment! monsieur Raoul dessine aussi? s'écria madame Denis, tout émerveillée de ce surcroît de talent.

— S'il dessine? Comme Mignard!

— Oh! mon cher abbé, dit madame Denis en joignant les mains, si nous pouvions obtenir une chose...

— Laquelle? demanda l'abbé.

— Si nous pouvions obtenir qu'il fît le portrait de notre Athénaïs!

Le chevalier se réveilla en sursaut de sa préoccupation, comme un voyageur endormi dans l'herbe qui, pendant son sommeil, sent se glisser près de lui un serpent, et qui comprend instinctivement qu'un grand danger le menace.

— L'abbé! s'écria-t-il d'un air effaré, et en fixant sur le pauvre Brigaud des yeux furibonds; l'abbé, pas de bêtises!

— Oh! mon Dieu! qu'a donc votre pupille? demanda madame Denis tout effrayée.

Heureusement, au moment où l'abbé, assez embarrassé de répondre à la question de madame Denis, cherchait un honnête faux-fuyant pour lui faire prendre le change sur l'exclamation du chevalier, la porte s'ouvrit, les deux demoiselles Denis entrèrent en rougissant, et s'écartant à droite et à gauche, firent chacune une révérence de menuet.

— Eh bien! mesdemoiselles, dit madame Denis en affectant un air sévère, qu'est-ce que cela? Qui vous a donné la permission de quitter votre chambre?

— Maman, répondit une voix que le chevalier, à ses notes grêles, crut reconnaître pour celle de mademoiselle Emilie, nous vous demandons bien pardon si nous avons fait une faute, et nous sommes prêtes à rentrer chez nous.

— Mais, maman, dit une autre voix qu'à ses tons graves, le chevalier jugea devoir appartenir à mademoiselle Athénaïs, nous avions cru qu'il était convenu que nous entrerions au dessert.

— Allons, venez, mesdemoiselles, puisque vous voilà. Il serait ridicule maintenant que vous vous en allassiez. D'ailleurs, ajouta madame Denis en faisant asseoir Athénaïs entre elle et Brigaud, et Emilie entre elle et le chevalier, des jeunes personnes sont toujours bien, n'est-ce pas, l'abbé, toutefois qu'elles sont sous l'aile de leur mère?

Et madame Denis présenta à ses filles une assiette de bonbons, dans laquelle elles prirent du bout des doigts et avec une modestie qui faisait honneur à la bonne éducation qu'elles avaient reçue, mademoiselle Emilie une praline et mademoiselle Athénaïs un diablotin.

Le chevalier, pendant le discours et l'action de madame Denis, avoit eu le temps d'examiner ses filles. Mademoiselle Emilie était une grande et sèche personne de vingt-deux à vingt-trois ans, qui, disait-on, jouissait d'une ressemblance parfaite avec feu M. Denis son père, avantage qui ne suffisait pas, à ce qu'il paraît, pour lui mériter dans le cœur maternel une part d'affection égale à celle que madame Denis ressentait pour ses deux autres enfans. Aussi, la pauvre Emilie, toujours craignant de faire mal et d'être grondée, était-elle restée d'une gaucherie native, que les leçons réitérées de son maître de danse n'avaient pu faire disparaître. Quant à mademoiselle Athénaïs, c'était, tout à l'opposé de sa sœur, une petite boulotte, rouge et rondelette, qui, grâce à ses seize ou dix-sept ans, avait ce que l'on appelle vulgairement la beauté du diable. Celle-là ne ressemblait ni à monsieur ni à madame Denis, singularité qui avait fort exercé les mauvaises langues de la rue Saint-Martin, avant que madame Denis ne vendît son fonds de draps et ne vînt habiter la maison qu'elle et son mari avaient achetée, des bénéfices de la communauté, rue du Temps-Perdu.

Malgré cette absence d'homogénéité avec ses parens, mademoiselle Athénaïs n'en était pas moins la favorite déclarée de madame sa mère, ce qui lui donnait toute l'assurance qui manquait à la pauvre Emilie. En bonne personne qu'elle était, Athénaïs profitait toujours de cette faveur, il faut le dire à sa louange, pour excuser les prétendues fautes de sa sœur aînée. Au reste, le chevalier qui, en sa qualité de dessinateur, était physionomiste, crut remarquer, du premier coup d'œil, entre le visage de mademoiselle Athénaïs et celui de l'abbé Brigaud, certaines lignes analogues qui, jointes à une singulière ressemblance dans la taille, auraient pu, à la rigueur, guider les curieux à la recherche de la paternité, si cette recherche n'était point sagement interdite par nos lois.

Les deux sœurs, quoiqu'il fût à peine onze heures du matin, étaient habillées comme pour aller à un bal, et portaient à leur cou, à leurs bras et à leurs oreilles, tout ce qu'elles possédaient de bijoux.

Cette apparition, si conforme à l'idée que d'Harmental s'était faite d'avance des filles de son hôtesse, fut pour lui une nouvelle source de réflexions. Puisque les demoiselles Denis étaient si bien ce qu'elles devaient être, c'est-à-dire en si parfaite harmonie avec leur état et leur éducation, pourquoi Bathilde, qui paraissait d'une condition à peine égale à la leur, était-elle visiblement aussi distinguée qu'elles étaient vulgaires? D'où venait, entre jeunes filles de la même classe et du même âge, cette immense différence physique et morale? Il fallait qu'il y eût là-dessous quelque secret étrange, qu'un jour ou l'autre le chevalier connaîtrait sans doute.

Un second appel, que le pied de l'abbé Brigaud adressa au pied de d'Harmental, lui fit comprendre que ses réflexions pouvaient être parfaitement justes, mais que le moment qu'il avait choisi pour s'y livrer était souverainement déplacé. En effet, madame Denis avait pris un air de dignité si significatif, que d'Harmental jugea qu'il n'y avait pas un instant à perdre s'il voulait effacer, dans l'esprit de son hôtesse, la mauvaise impression que sa distraction avait produite.

— Madame, lui dit-il aussitôt de l'air le plus gracieux qu'il put prendre, ce que j'ai l'honneur de voir de votre famille me donne un bien vif désir de la connaître tout entière. Est-ce que monsieur votre fils n'est point quelque part dans la maison, et n'aurai-je pas le plaisir de lui être présenté?

— Monsieur, répondit madame Denis, à qui une si aimable interpellation avait rendu toute sa grâce, mon fils est chez maître Joulu, son procureur, et, à moins que ses courses l'amènent dans le quartier, il est peu probable qu'il ait ce matin l'honneur de faire votre connaissance.

— Parbleu! mon cher pupille, dit l'abbé Brigaud en étendant la main du côté de la porte, vous êtes comme feu Aladin, et il suffit, à ce qu'il paraît, que vous exprimiez un désir pour que ce désir soit accompli.

En effet, au moment même, on entendit retentir dans l'escalier la chanson de monsieur de Malborough, qui, à cette époque, avait tout le charme de la nouveauté, et la porte s'étant ouverte sans aucune annonce préalable, on vit paraître sur le seuil un gros garçon à face réjouie, qui avait beaucoup des airs de mademoiselle Athénaïs.

— Bon, bon, bon! dit le nouvel arrivant en croisant ses bras, et en considérant l'intérieur habituel de sa famille augmenté de l'abbé Brigaud et du chevalier d'Harmental. Pas gênée, la mère Denis! Elle envoie Boniface chez son procureur, avec un morceau de pain et de fromage! Elle lui dit: Va, mon ami, prends garde aux indigestions; et en son absence, elle donne nopces et festins. Heureusement que ce pauvre Boniface a bon nez. Il repasse par la rue Montmartre, il a pris le vent, et il a dit: Qu'est-ce que ça sent donc là-bas, rue du Temps-Perdu, no 5? Alors il est venu, et le voilà! Place pour un!

Et joignant l'action au récit, Boniface traîna une chaise de la porte à la table, et s'assit entre l'abbé Brigaud et le chevalier.

— Monsieur Boniface, dit madame Denis en essayant de prendre un air sévère, ne voyez-vous pas bien qu'il y a ici des étrangers?

— Des étrangers? dit Boniface en prenant un plat sur la table et en le mettant devant lui. Et où sont-ils ces étrangers? Est-ce vous, papa Brigaud? est-ce monsieur Raoul? Eh bien! il n'est pas un étranger, lui, c'est un locataire.

Et, s'emparant d'un de ces couverts qu'on met sur la table pour servir, il se mit à officier de manière à rassurer sur le temps perdu ceux qui avaient pris les devants.

— Pardieu! madame Denis, dit le chevalier, je vois avec plaisir que je suis beaucoup plus avancé que je ne le croyais, car je ne savais pas avoir l'honneur d'être connu de monsieur Boniface.

— Ça serait drôle, si je ne vous connaissais pas, dit le clerc de procureur, la bouche pleine; c'est vous qu'avez ma chambre.

— Comment! madame Denis, dit d'Harmental, vous me laissez ignorer que j'ai l'honneur de succéder dans mon logement à l'héritier présomptif de votre maison? Je ne m'étonne plus si j'ai trouvé une chambre si galamment arrangée. On reconnaît là les soins d'une mère.

— Oui, grand bien vous fasse! Mais, si j'ai un conseil d'ami à vous donner, c'est de ne pas trop regarder par la fenêtre.

— Pourquoi cela? demanda d'Harmental.

— Pourquoi? Parce que vous avez certaine voisine en face de vous...

— Mademoiselle Bathilde? dit le chevalier emporté par son premier mouvement.

— Ah! vous la connaissez déjà? reprit Boniface. Bon, bon, bon, alors ça ira bien.

— Voulez-vous vous taire, monsieur! s'écria madame Denis.

— Tiens! reprit Boniface, il faut bien prévenir les locataires, quand il y a dans les maisons des cas rédhibitoires. Vous n'êtes pas chez le procureur, vous, ma mère, vous ne savez pas cela.

— Cet enfant est plein d'esprit, dit l'abbé Brigaud, de ce ton goguenard grâce auquel on ne savait jamais s'il raillait ou s'il parlait sérieusement.

— Mais, reprit madame Denis, que voulez-vous qu'il y ait de commun entre monsieur Raoul et mademoiselle Bathilde?

— Ce qu'il y aura de commun? C'est que, dans huit jours, il en sera amoureux comme un fou, ou bien il ne serait pas un homme, et que ce n'est pas la peine d'aimer une coquette.

— Une coquette? dit d'Harmental.

— Oui, une coquette; une coquette, reprit Boniface; je l'ai dit, je ne m'en dédis pas. Une coquette, qui fait la bégueule avec les jeunes gens, et qui demeure avec un vieux. Sans compter sa gueuse de Mirza, qui mangeait tous mes bonbons, et qui, chaque fois qu'elle me rencontre maintenant, vient me mordre les mollets.

— Sortez, mesdemoiselles, s'écria madame Denis en se levant et en faisant lever ses filles. Sortez! des oreilles aussi pures que les vôtres ne doivent pas entendre de pareilles légèretés.

Et elle poussa mademoiselle Athénaïs et mademoiselle Emilie vers la porte de leur chambre, où elle entra avec elles.

Quant à d'Harmental, il se sentit pris d'une envie féroce de casser la tête à monsieur Boniface d'un coup de bouteille. Cependant, comprenant le ridicule de sa situation, il fit un effort sur lui-même.

— Mais, dit-il, je croyais que ce bon bourgeois que j'ai vu sur sa terrasse, car c'est de lui sans doute que vous voulez parler, monsieur Boniface...

— De lui-même, le vieux coquin. Hein? qu'est-ce qui dirait ça de lui?

— Etait son père, continua d'Harmental.

— Son père? Est-ce qu'elle a un père, mademoiselle Bathilde? Elle n'a pas de père!

— Ou du moins son oncle.

— Ah! son oncle! à la mode de Bretagne, peut-être! mais pas autrement.

— Monsieur, dit majestueusement madame Denis en sortant de la chambre de ses filles, qu'elle avait consignées sans doute au plus profond de leur appartement, où vous avais prié, une fois pour toutes, de ne jamais dire de paroles légères devant mesdemoiselles vos sœurs.

— Ah! bien oui! dit Boniface, continuant d'aller à travers choux, mesdemoiselles mes sœurs! Est-ce que vous croyez qu'à leur âge elles ne puissent pas entendre ce que je dis-là, surtout Emilie, qui a vingt-trois ans?

— Emilie est innocente comme l'enfant qui vient de naître, monsieur! dit madame Denis en reprenant sa place entre Brigaud et d'Harmental.

— Innocente! Oui, comptez là-dessus, mère Denis, et buvez de l'eau! J'ai trouvé un joli roman dans la chambre de notre innocente, allez, pour un temps de carême. Je vous le montrerai, papa Brigaud, à vous qui êtes son confesseur. Nous verrons un peu si c'est vous qui lui avez permis de faire ses pâques là-dedans.

— Tais-toi, méchant espiègle! dit l'abbé; tu vois bien le chagrin que tu fais à ta mère!

En effet, madame Denis, suffoquée de honte de ce qu'une scène qui portait une pareille atteinte à la réputation de ses filles se fût passée devant un jeune homme sur lequel, avec cette lointaine prévoyance des mères, elle avait déjà peut-être jeté son dévolu, était près de se trouver mal.

Il n'y a rien à quoi les hommes croient moins qu'aux évanouissemens des femmes, et cependant il n'y a rien à quoi ils se laissent prendre plus facilement. Au reste, qu'il y crût ou qu'il n'y crût pas, d'Harmental était trop poli pour ne pas donner, en pareille circonstance, une marque d'intérêt à son hôtesse. Il s'élança vers elle les bras tendus. Il en résulta que madame Denis ne vit pas plus tôt un point d'appui qu'elle se laissa aller du côté où on le lui offrait, et que, penchant la tête en arrière, elle s'évanouit dans les bras du chevalier.

— L'abbé, dit d'Harmental, pendant que monsieur Boniface profitait de la circonstance pour fourrer dans ses poches tous les bonbons qui restaient sur la table, l'abbé, avancez donc un fauteuil!

L'abbé avança un fauteuil avec la lenteur tranquille d'un homme familier avec de pareil accidens, et qui, d'avance, est rassuré sur leurs suites. On y assit madame Denis, et d'Harmental lui fit respirer des sels, tandis que l'abbé Brigaud lui frappait doucement dans les creux des mains; mais malgré ces soins empressés, madame Denis ne paraissait nullement disposée à revenir à elle, quand tout à coup, au moment où l'on s'y attendait le moins, elle se dressa sur ses pieds, comme relevée par un ressort, et en jetant un grand cri. D'Harmental crut qu'une attaque de nerfs succédait à la faiblesse, il fut vraiment effrayé, tant il y avait un accent de vérité et de saisissement dans le cri qu'avait poussé la pauvre femme.

— Ce n'est rien, ce n'est rien! dit Boniface. Je viens seulement de lui couler l'eau qui restait dans la carafe dans le dos. C'est cela qui l'a réveillée. Vous voyez bien qu'elle ne savait plus comment faire pour revenir. Eh bien! quoi? continua l'impitoyable garnement en voyant que madame Denis le regardait avec des yeux terribles; est-ce que tu ne me reconnais plus, mère Denis, c'est ton petit Boniface qui t'aime tant?

— Madame, dit d'Harmental, fort embarrassé de la situation, je suis vraiment désolé de tout ce qui vient de se passer.

— Oh! monsieur, s'écria madame Denis en fondant en larmes, je suis bien malheureuse!

— Allons, ne pleure pas, mère Denis! Tu es déjà assez mouillée, dit Boniface. Vas plutôt changer de chemise; il n'y a rien de mauvais pour la santé comme d'avoir une chemise qui colle sur le dos.

— Cet enfant est plein de sens, dit Brigaud, et je crois que vous feriez bien de suivre son conseil, madame Denis.

— Si j'osais joindre mes instances à celles de l'abbé, reprit d'Harmental, je vous prierais, madame, de ne pas vous gêner pour nous. D'ailleurs le moment était venu de nous retirer, et nous allons prendre congé de vous.

— Et vous aussi, l'abbé? dit madame Denis en jetant un regard de détresse sur Brigaud.

— Moi, dit Brigaud, qui ne se souciait pas à ce qu'il paraît du rôle de consolateur, je suis attendu à l'hôtel Colbert, et il faut absolument que je vous quitte.

— Adieu donc, messieurs, dit madame Denis en faisant une révérence à laquelle le liquide, versé par en haut, et et qui commençait à couler par en bas, ôtait beaucoup de sa majesté.

— Adieu, la mère, dit Boniface en lui jetant avec l'assurance d'un enfant gâté ses deux bras autour du cou de madame Denis. Vous n'avez rien à faire dire à maître Joulu?

— Adieu, mauvais sujet! répondit la pauvre femme en embrassant son fils, moitié souriante déjà et moitié fâchée encore, mais cédant à cette attraction à laquelle une mère ne peut résister. Adieu, et soyez sage!

— Comme une image, mère Denis, mais à la condition que tu nous feras un petit plat de douceurs pour le dîner, hein?

Et le troisième clerc de maître Joulu revint en gamba-

dant rejoindre l'abbé Brigaud et d'Harmental, qui étaient déjà sur le palier.

— Eh bien, eh bien, petit drôle! dit l'abbé en portant vivement la main à la poche de sa veste, qu'as-tu à faire par là?

— Ne faites pas attention, papa Brigaud; je regarde seulement s'il ne reste pas dans votre gousset un petit écu pour votre ami Boniface.

— Tiens, dit l'abbé, en voilà un gros; laisse-nous tranquilles, et va-t'en.

— Papa Brigaud, dit Boniface dans l'effusion de sa reconnaissance, vous avez un cœur de cardinal, et si le roi ne vous fait qu'archevêque, eh bien! parole d'honneur, vous serez volé de moitié. Adieu, monsieur Raoul, continua-t-il en s'adressant au chevalier avec la même familiarité que s'il le connaissait depuis dix ans. Je vous le répète, prenez garde à mademoiselle Bathilde si vous voulez garder votre cœur, et jetez-moi une bonne boulette à Mirza, si vous tenez à vos mollets!

Et se pendant à la corde d'une main et à la rampe de l'autre, il descendit d'un seul élan les douze marches qui formaient le premier étage, et se trouva à la porte de la rue sans avoir touché une seule marche de l'escalier.

Brigaud descendit d'un pas tranquille derrière son ami Boniface, après avoir pris pour le soir, à huit heures, rendez-vous avec le chevalier. Quant à d'Harmental, il remonta tout pensif dans sa mansarde.

XIV.

LE RUBAN PONCEAU.

Ce qui occupait l'esprit du chevalier, ce n'était ni le dénouement du drame où il avait choisi un rôle si important, et qui semblait s'approcher, ni la précaution admirable qu'avait prise l'abbé Brigaud de le loger dans une maison où il avait l'habitude, depuis dix ans, de venir à peu près tous les jours; si bien que ses visites, devinssent-elles plus fréquentes encore, ne pouvaient être remarquées. Ce n'était ni la diction majestueuse de madame Denis, ni le soprano de mademoiselle Émilie, ni le contralto de mademoiselle Athénaïs, ni les espiègleries de M. Boniface: c'était tout bonnement la pauvre Bathilde qu'il venait d'entendre traiter si lestement chez son hôtesse.

Mais notre lecteur se tromperait fort s'il croyait que la brutale accusation de monsieur Boniface eût porté atteinte le moins du monde aux sentimens encore confus et inexpliqués que le chevalier ressentait pour la jeune fille. Le premier mouvement avait bien été une impression pénible, un sentiment de dégoût; mais, en y réfléchissant, il ne lui avait fallu que quelques secondes pour comprendre qu'une pareille alliance était impossible. Le hasard peut, à la rigueur, faire naître une fille charmante d'un père sans distinction; la nécessité peut réunir une femme jeune et élégante à un mari vieux et vulgaire; mais il n'y a que l'amour ou l'intérêt qui fasse de ces liaisons en dehors de la société, comme on en supposait une entre la jeune fille du quatrième et le bourgeois de la terrasse. Or, entre ces deux êtres si opposés en toutes choses, il ne pouvait exister d'amour; et quant à l'intérêt, la chose était encore moins probable, car si leur situation ne descendait pas jusqu'à la misère, elle ne s'élevait certes pas au-dessus de la médiocrité, et non point même de cette médiocrité dorée dont parle Horace, et qui donne une maison de campagne à Tibur ou à Montmorency; qui résulte d'une pension de trente mille sesterces sur la cassette d'Auguste, ou d'une inscription de six mille francs sur le grand-livre; mais de cette pauvre et chétive médiocrité qui ne permet de vivre qu'au jour le jour, et que l'on n'empêche de descendre à une pauvreté réelle que par un travail incessant, nocturne et acharné.

La seule moralité qui fût ressortie de tout ceci, était donc pour d'Harmental la certitude que Bathilde n'était ni la fille, ni la femme, ni la maîtresse de ce terrible voisin, dont la vue avait suffi jusque-là pour produire une si étrange réaction sur l'amour naissant du chevalier. Donc, si elle n'était ni l'une ni l'autre de ces trois choses, il y avait un mystère sur la naissance de Bathilde, et s'il y avait un mystère sur cette naissance, Bathilde n'était pas ce qu'elle paraissait être. Dès lors tout s'expliquait : cette beauté aristocratique, cette grâce charmante, cette éducation achevée, cessaient d'être une énigme sans mot. Bathilde était au-dessus de la position qu'elle était momentanément forcée d'occuper ; il y avait eu dans la destinée de cette jeune fille de ces bouleversemens de fortune qui sont pour les individus ce que les tremblemens de terre sont pour les villes : quelque chose s'était écroulé dans sa vie, qui l'avait forcé de descendre jusqu'à la sphère inférieure où elle végétait, et elle était comme ces anges déchus qui sont obligés de vivre quelque temps de la vie des hommes, mais qui n'attendent que le jour où Dieu leur rendra leurs ailes pour remonter au ciel.

Le résultat de tout ceci était que le chevalier pouvait, sans perdre de sa considération à ses propres yeux, devenir amoureux de Bathilde. Lorsque le cœur est aux prises avec l'orgueil, il a des ressources admirables pour tromper son hautain et grondeur ennemi. Du moment où Bathilde avait un nom, elle était classée et ne pouvait pas sortir de ce cercle de Popilius que la famille avait tracé autour d'elle ; mais dès lors qu'elle n'avait ni nom ni famille, dès lors que la nuit qui l'entourait elle pouvait sortir resplendissante de lumière, rien n'empêchait plus que l'imagination de l'homme qui l'aimait ne l'élevât dans son espérance à une hauteur à laquelle elle n'eût pas même osé atteindre du regard.

En conséquence, loin de suivre l'avis que lui avait si amicalement donné monsieur Boniface, la première chose que fit d'Harmental en rentrant chez lui fut d'aller droit à sa fenêtre, et de voir en quel état était celle de sa voisine : la fenêtre de sa voisine était toute grande ouverte.

Si l'on eût dit huit jours auparavant au chevalier qu'une chose aussi simple qu'une fenêtre ouverte ferait jamais battre son cœur, il eût certes joyeusement ri d'une pareille supposition. Cependant il en était ainsi, car, après avoir appuyé un instant sa main sur sa poitrine, comme un homme qui respire enfin après une longue oppression, il s'accouda de l'autre au mur pour regarder par un coin, afin de voir la jeune fille sans être vu d'elle, car il craignait qu'en l'apercevant elle ne s'effarouchât, comme la veille, de cette persistante attention dont elle était l'objet, et qu'elle pouvait attribuer à la seule curiosité.

Au bout d'un instant, d'Harmental s'aperçut que la chambre devait être solitaire, car l'active et légère jeune fille eût certes déjà passé et repassé dix fois devant ses yeux si elle n'eût été absente. D'Harmental ouvrit alors sa fenêtre à son tour, et tout le confirma dans sa supposition ; il était même facile de voir que la main symétrique et rangeuse de la vieille ménagère venait de passer par la chambre, car le clavecin était hermétiquement fermé ; la musique, ordinairement éparse, était réunie en un seul monceau surmonté de trois ou quatre volumes qui, superposés selon qu'ils diminuaient de grandeur, formaient la tête de la pyramide, et un magnifique morceau de guipure, soigneusement posé par le milieu sur le dos d'une chaise, pendait parallèlement des deux côtés du dossier. Du reste, cette supposition fut bientôt changée en certitude, car, au bruit qu'il fit en ouvrant sa fenêtre, d'Harmental vit poindre la tête fine de la levrette, qui, l'oreille toujours au guet, et digne de l'honneur que lui avait fait sa maîtresse en la constituant gardienne de la maison, s'était réveillée, et qui regardait en se dressant sur son coussin quel était l'importun qui venait ainsi troubler son sommeil.

Grâce à l'indiscrète basse-taille du bonhomme à la ter-

rasse, et à la rancune prolongée de monsieur Boniface, le chevalier savait déjà deux choses fort importantes à savoir : c'est que sa voisine se nommait Bathilde, douce et euphonique appellation, parfaitement appropriée à une jeune fille belle, gracieuse et élégante, et que la levrette s'appelait Mirza, nom qui lui paraissait tenir un rang non moins distingué dans l'aristocratie de la race canine.

Or, comme rien n'est à dédaigner quand on veut se rendre maître d'une forteresse, et qua la plus infime intelligence dans la place est souvent plus efficace pour amener sa reddition que les plus terribles machines de guerre, d'Harmental résolut de commencer par se mettre en relation avec la levrette, et de l'inflexion la plus douce et la plus caressante qu'il pût donner à sa voix, il appela : — Mirza !

Mirza, qui s'était indolemment couchée sur son coussin, releva vivement la tête avec une expression d'étonnement parfaitement indiquée ; en effet, il devait paraître assez étrange à la fine et intelligente petite bête qu'un homme qui lui était aussi parfaitement inconnu que le chevalier se permît de l'appeler par son brûle-pourpoint par son nom de baptême ; aussi se contenta-t-elle de fixer sur lui des yeux inquiets, qui, dans la demi-teinte où elle était placée, brillaient comme deux escarboucles, et de pousser, en piétinant des pattes de devant, un petit murmure sourd qui pouvait passer pour un grognement.

D'Harmental se rappela que le marquis d'Uxelle avait apprivoisé l'épagneul de mademoiselle Choin, lequel était une bête bien autrement acariâtre que toutes les levrettes du monde, avec des têtes de lapin rôties, et qu'il était résulté pour lui de cette délicate attention le bâton de maréchal de France ; il ne désespéra donc point d'adoucir, par une séduction du même genre, la grondeuse réception que mademoiselle Mirza avait faite à ses avances, et il se dirigea vers son sucrier en chantant entre ses dents :

> Des chiens admirez la puissance :
> A la cour leur crédit est bon ;
> Et jamais maréchal de France
> N'a mieux mérité son bâton.

Puis il revint à la fenêtre armé de deux morceaux de sucre assez gros pour être divisés à l'infini.

Le chevalier ne s'était pas trompé ; au premier morceau de sucre qui tomba près d'elle, Mirza allongea nonchalamment le cou ; puis, s'étant, à l'aide de l'odorat, rendu compte de la nature de l'appât qui lui était offert, elle étendit la patte vers lui, l'amena à la proximité de sa gueule, le prit du bout des dents, le fit passer des incisives aux molaires, et commença de le broyer avec cet air langoureux tout particulier à la race à laquelle elle avait l'honneur d'appartenir. Cette opération finie, elle passa sur ses lèvres une petite langue rose qui indiquait que, malgré son indifférence apparente, laquelle tenait sans doute à l'excellente éducation qu'elle avait reçue, elle n'était point insensible à la gracieuse surprise que lui avait ménagée son voisin. Aussi, au lieu de se recoucher sur son coussin comme elle l'avait fait la première fois, elle resta assise, bâillant avec une langueur pleine de morbidezza, mais remuant la queue en signe qu'elle était prête à se réveiller tout à fait, pour peu que l'on voulût payer son réveil de deux ou trois galanteries pareilles à celle qu'on venait de lui faire.

D'Harmental, qui était habitué aux façons de faire de tous les king's-Charles-dogs des jolies femmes de l'époque, comprit à merveille les dispositions bienveillantes que mademoiselle Mirza exprimait à son regard, et ne voulant pas leur donner le temps de se refroidir, il jeta un second morceau de sucre, mais seulement avec le soin cette fois qu'il tombât assez loin d'elle pour qu'elle fût obligée de quitter son coussin pour l'aller chercher. C'était une épreuve qui devait le fixer sur celui des deux péchés mortels, la paresse ou la gourmandise, auquel celle dont il voulait faire sa complice avait le cœur le plus enclin. Mirza resta un ins tant incertaine, mais la gourmandise l'emporta, et elle s'en alla au fond de la chambre chercher le morceau de sucre qui avait roulé sous le clavecin : en ce moment un troisième morceau tomba près de la fenêtre, et Mirza, toujours subissant les lois de l'attraction, marcha du second au troisième comme elle avait marché du premier au second; mais là s'arrêta la libéralité du chevalier ; il croyait avoir assez donné déjà pour que l'on commençât à lui rendre quelque chose, et alors il se contenta d'appeler une seconde fois, mais cependant d'un ton plus impératif que la première : Mirza! et il lui montra les autres morceaux qui étaient dans le creux de sa main.

Mirza, cette fois, au lieu de regarder le chevalier avec inquiétude ou dédain, se leva sur ses pattes de derrière, posa ses pattes de devant sur le rebord de la fenêtre, et commença à lui faire les mêmes mines qu'elle eût faites à une ancienne connaissance : c'était fini, Mirza était apprivoisée.

Le chevalier remarqua qu'il lui avait fallu juste le même temps pour arriver à ce résultat qu'il eût mis à séduire une femme de chambre avec de l'or ou une duchesse avec des diamans.

Alors ce fut à lui à son tour de faire le dédaigneux avec Mirza, et de lui parler pour l'habituer à sa voix. Cependant, craignant de la part de son interlocuteur, qui soutenait de son mieux le dialogue par de petites plaintes sourdes et de petits grognemens câlins, un retour de fierté, il lui jeta un quatrième morceau de sucre sur lequel elle s'élança avec une d'autant plus grande activité qu'on le lui avait fait attendre davantage, et sans être appelée cette fois, elle revint d'elle-même prendre sa place à la fenêtre.

Le triomphe du chevalier était complet.

Si complet que Mirza, qui la veille avait donné des signes d'intelligence si supérieure lorsqu'elle avait indiqué, en regardant dans la rue le retour de Bathilde, et en courant vers la porte son ascension dans l'escalier, n'indiqua cette fois ni l'un ni l'autre, si bien que sa maîtresse, entrant tout à coup, la surprit au beau milieu des agaceries qu'à son tour elle faisait à son voisin. Il est juste de dire cependant qu'au bruit que fit la porte en s'ouvrant, Mirza, si préoccupée qu'elle fût, se retourna, et reconnaissant Bathilde, ne fit qu'un bond jusqu'à elle, lui prodiguant ses caresses les plus tendres ; mais une fois cette espèce de devoir accompli, ajoutons, à la honte de l'espèce, que Mirza se hâta de revenir à sa fenêtre. Cette action inaccoutumée de la part de sa levrette guida naturellement les yeux de Bathilde vers la cause qui la déterminait. Ses yeux rencontrèrent ceux du chevalier. Bathilde rougit, le chevalier salua, et Bathilde, sans trop savoir ce qu'elle faisait, rendit le salut qu'elle venait de recevoir.

Le premier mouvement de Bathilde fut alors d'aller à la fenêtre et de la fermer. Mais un sentiment instinctif la retint : elle comprit que c'était donner de l'importance à une chose qui n'en avait aucune, et que se mettre en défense c'était avouer qu'elle se croyait attaquée. En conséquence, elle traversa sans affectation sa chambre et disparut dans la partie où ne pouvaient plonger les regards de son voisin. Puis, au bout de quelques instans, lorsqu'elle se hasarda à revenir, elle vit que c'était lui qui avait fermé la sienne. Bathilde comprit ce qu'il y avait de discrétion dans cette action de d'Harmental, et elle lui en sut gré.

En effet, le chevalier venait de faire un coup de maître : dans la situation peu avancée où il en était avec sa voisine, les deux fenêtres, proches comme elles étaient l'une de l'autre, ne pouvaient pas rester ouvertes à la fois : or, si c'était la fenêtre du chevalier qui restait ouverte, c'était celle de sa voisine qui nécessairement se fermait, et avec quelle herméticité se fermait cette malheureuse fenêtre ! le chevalier en savait quelque chose; pas moyen d'apercevoir même le bout du nez de Mirza derrière les rideaux qui la calfeutraient ; tandis que, si au contraire c'était la fenêtre de d'Harmental qui était close, il devenait possible que ce fût celle de sa voisine qui restât ouverte : et alors il la voyait aller, venir, travailler : ce qui était une grande

distraction, qu'on y songe bien, pour un pauvre diable condamné à la réclusion la plus absolue; d'ailleurs, il avait fait un pas immense près de Bathilde; il l'avait saluée, et Bathilde lui avait rendu son salut. Donc il n'étaient plus étrangers tout à fait l'un à l'autre, il y avait entre eux commencement de connaissance; mais pour que cette connaissance suivît une marche progressive, à moins de circonstances particulières, il ne fallait rien brusquer; risquer une parole après le salut, c'était risquer de se perdre; mieux fallait faire croire à Bathilde que le seul hasard avait tout fait. Bathilde ne le crut pas, mais sans inconvénient elle pouvait avoir l'air de le croire. Il en résulta que Bathilde laissa sa fenêtre ouverte, et voyant celle de son voisin fermée, vint s'asseoir près de la sienne un livre à la main.

Quant à Mirza, elle sauta sur le tabouret qui était aux pieds de sa maîtresse et qui lui servait de siége. Mais au lieu d'allonger, comme elle avait l'habitude de le faire, sa tête sur les genoux arrondis de la jeune fille, elle la posa sur le bord anguleux de la fenêtre, tant elle était préoccupée de ce généreux inconnu qui maniait ainsi le sucre à pleines mains.

Le chevalier s'assit au milieu de la chambre, prit ses pastels, et grâce à un petit coin de son rideau adroitement relevé, il dessina le délicieux tableau qu'il avait sous les yeux.

Malheureusement, c'était l'époque des courtes journées; aussi, vers les trois heures, le peu de lumière que les nuages et la pluie laissaient descendre du ciel sur la terre commença de baisser, et Bathilde ferma sa fenêtre; néanmoins, si peu de temps qu'eût eu le chevalier, toute la tête de la jeune fille était déjà achevée et d'une ressemblance parfaite, car on sait combien le pastel est propre à reproduire ces types fins et délicats qu'alourdit toujours un peu la peinture : c'étaient les cheveux ondoyans de la jeune fille, c'était sa peau fine et transparente, c'était la courbe onduleuse de son beau cou de cygne, c'était enfin toute la hauteur où l'art peut atteindre, quand il a devant lui de ces inimitables modèles qui font le désespoir des artistes.

A la nuit close, l'abbé Brigaud arriva. Le chevalier et lui s'enveloppèrent dans leurs manteaux et s'acheminèrent vers le Palais-Royal ; il s'agissait comme on se le rappelle d'examiner le terrain.

La maison qu'était venue habiter madame de Sabran, depuis que son mari avait été nommé maître d'hôtel du régent, était situé au n° 22, entre l'hôtel de la Roche-Guyon et le passage appelé autrefois passage du Palais-Royal, parce que ce passage était le seul qui communiquât de la rue des Bons-Enfans à la rue de Valois. Ce passage, qui a changé de nom depuis cette époque, et qui s'appelle aujourd'hui passage du Lycée, se fermait en même temps que les autres grilles du jardin, c'est-à-dire à onze heures précises du soir; il en résultait qu'une fois entrés dans une maison de la rue des Bons-Enfans, si cette maison n'avait pas une seconde sortie sur la rue de Valois ceux qui avaient besoin passé onze heures, de revenir de cette maison au Palais-Royal, étaient forcés de faire le grand tour, soit par la rue Neuve-des-Petits-Champs, soit par la cour des Fontaines.

Or, il en était ainsi de la maison de madame de Sabran : c'était un délicieux petit hôtel bâti vers la fin de l'autre siècle, c'est-à-dire vingt ou vingt-cinq années auparavant, par je ne sais quel traitant, qui avait voulu singer les grands seigneurs et avoir comme eux sa petite maison. Elle se composait donc en tout d'un rez-de-chaussée et d'un premier étage surmonté d'une galerie de pierre sur laquelle s'ouvraient des mansardes de domestiques, et terminé par un toit de tuiles bas et légèrement incliné ; au-dessous des fenêtres du premier étage régnait un large balcon formant une saillie de trois ou quatre pieds et s'étendant d'un bout à l'autre de la maison; seulement des ornemens en fer pareils au balcon et qui s'élevaient jusqu'à la terrasse séparaient les deux fenêtres de chaque coin des trois fenêtres du milieu , comme cela arrive souvent dans les maisons où l'on veut interrompre les communications extérieures : au reste, les deux façades étaient exactement pareilles ; seulement comme la rue de Valois est plus basse de huit ou dix pieds que celle des Bons-Enfans, les fenêtres et la porte du rez-de-chaussée s'ouvraient de ce côté sur une terrasse dont on avait fait un petit jardin, qui au printemps se garnissait de charmantes fleurs, mais qui ne communiquait point autrement avec la rue qu'il dominait : la seule entrée et la seule sortie de l'hôtel donnait sur la rue, ainsi que nous l'avons dit, dans la rue des Bons-Enfans.

C'était tout ce que pouvaient désirer de mieux nos conspirateurs. En effet, une fois le régent entré chez madame de Sabran, pourvu qu'il y vînt à pied, ce qui était possible, et qu'il en sortît passé onze heures, ce qui était probable, il était pris comme dans une souricière, puisqu'il fallait absolument qu'il sortît par où il était entré, et que rien n'était plus facile que de faire un coup de main, comme celui qui était prémédité, dans la rue des Bons-Enfans, l'une des plus désertes et des plus sombres des environs du Palais-Royal.

De plus, comme à cette époque, ainsi qu'aujourd'hui, cette rue était entourée de maisons fort suspectes et fréquentées en général par une assez mauvaise compagnie, il y avait cent à parier contre un que l'on ne ferait pas grande attention à des cris, trop fréquens dans cette rue pour que l'on s'en inquiétât, et que si le guet arrivait, ce serait, selon l'habitude de cette estimable milice, assez tard et assez lentement pour qu'avant son intervention tout fût déjà fini.

L'inspection du terrain finie, les dispositions stratégiques arrêtées, et le numéro de la maison pris, d'Harmental et l'abbé Brigaud se séparèrent, l'abbé pour aller à l'arsenal rendre compte à madame du Maine des bonnes dispositions où était toujours le chevalier, et d'Harmental pour rentrer dans sa mansarde rue du Temps-Perdu.

Comme la veille, la chambre de Bathilde était éclairée ; seulement cette fois la jeune fille ne dessinait pas, mais était occupée d'un travail d'aiguille ; à une heure du matin seulement la lumière s'éteignit. Quant au bonhomme de la terrasse, il était déjà depuis longtemps remonté chez lui lorsque d'Harmental était rentré.

Le chevalier dormit mal. On ne se trouve pas entre un amour qui commence et une conspiration qui s'achève sans éprouver certaines sensations inconnues jusqu'alors et peu favorables au sommeil : cependant, vers le matin, la fatigue l'emporta, et il ne se réveilla qu'en se sentant secouer assez fortement le bras. Sans doute le chevalier faisait dans ce moment quelque mauvais rêve, dont cette secousse lui sembla la suite, car, à moitié endormi encore, il porta la main à des pistolets qui étaient sur sa table de nuit.

— Eh! eh! s'écria l'abbé. Un instant, jeune homme ; peste! comme vous y allez. Ouvrez les yeux tout grands ; bien, c'est cela, me reconnaissez-vous?

— Ah! ah! dit d'Harmental en riant, c'est vous, l'abbé. Ma foi! vous avez bien fait de m'arrêter en chemin ; vous tombez mal : je rêvais qu'on venait m'arrêter.

— Bon signe, reprit l'abbé Brigaud, bon signe ; vous savez que tout rêve est une contre-vérité : tout ira bien.

— Est-ce qu'il y a quelque chose de nouveau? demanda d'Harmental.

— Et si quelque chose existait, comment l'accueilleriez-vous?

— Ma foi! j'en serais enchanté, dit d'Harmental. Quand on a entrepris une pareille chose, le plus tôt qu'on peut en finir est le mieux.

— Eh bien! alors, dit Brigaud en tirant un papier de sa poche et en le présentant au chevalier, lisez et glorifiez le nom du Seigneur, car vous êtes servi à souhait.

D'Harmental prit le papier, le déplia avec le même calme que s'il se fût agi de la chose la plus insignifiante, et lut à demi-voix ce qui suit :

Rapport du 27 mars, 2 heures du matin.

« Cette nuit, à dix heures, monsieur le régent a reçu un courrier de Londres qui lui annonce pour demain 28 l'arrivée de l'abbé Dubois. Comme, par hasard, monsieur le régent soupait chez Madame, la dépêche a pu lui être remise malgré l'heure avancée. Quelques instans auparavant, mademoiselle de Chartres avait demandé à son père la permission d'aller faire ses dévotions à l'abbaye de Chelles, et il avait été convenu que le régent l'y conduirait ; mais, au reçu de la lettre, cette détermination a été changée, et monsieur le régent a fait écrire au conseil de se réunir aujourd'hui à midi.

» A trois heures, M. le régent ira saluer Sa Majesté aux Tuileries ; il lui a fait demander un entretien en tête-à-tête, car il commence à s'impatienter de l'entêtement de M. le maréchal de Villeroy, qui prétend toujours devoir être présent lors des entrevues de M. le régent et de Sa Majesté. Le bruit court sourdement que, si cet entêtement continue, les choses pourront bien mal tourner pour le maréchal.

» A six heures, M. le régent, le chevalier de Simiane et le chevalier de Ravanne vont souper chez madame de Sabran. »

— Ah! ah! fit d'Harmental.

Et il relut les deux dernières lignes en pesant sur chacun des mots.

— Eh bien! que pensez-vous de ce petit paragraphe? dit l'abbé.

Le chevalier sauta en bas de son lit, passa sa robe de chambre, tira du tiroir de sa commode un ruban ponceau, prit sur son secrétaire un marteau et un clou, et ayant ouvert sa fenêtre, non sans jeter à la dérobée un coup d'œil sur celle de sa voisine, il cloua le ruban contre le mur extérieur.

— Voici ma réponse, dit le chevalier.

— Que diable cela veut-il dire?

— Cela veut dire, reprit d'Harmental, que vous pouvez aller annoncer à madame la duchesse du Maine que j'espère accomplir ce soir la promesse que je lui ai faite. Et maintenant allez-vous-en, mon cher abbé, et ne revenez que dans deux heures, car j'attends quelqu'un qu'il est mieux que vous ne rencontriez pas ici.

L'abbé, qui était la prudence même, ne se fit pas répéter l'avis deux fois ; il prit son chapeau, serra la main du chevalier, et sortit en toute hâte.

Vingt minutes après, le capitaine Roquefinette entra.

XV.

LA RUE DES BONS-ENFANS.

Le soir du même jour, qui était un dimanche, vers les huit heures à peu près, au moment où un groupe assez considérable d'hommes et de femmes, réunis autour d'un chanteur de rues, qui faisait merveille en jouant à la fois des cymbales avec ses genoux et du tambour de basque avec ses mains, fermait presque hermétiquement l'entrée de la rue de Valois, un mousquetaire et deux chevau-légers descendirent par l'escalier de derrière du Palais-Royal et firent quelques pas pour s'avancer vers le passage du Lycée, qui, ainsi que chacun sait, donnait dans cette rue ; mais voyant que la foule qui leur barrait presque le chemin, les trois militaires s'arrêtèrent et parurent tenir conseil : le résultat de leur délibération fut sans doute qu'il fallait prendre une autre route que celle qui avait été décidée d'abord ; car le mousquetaire, donnant le premier l'exemple d'une nouvelle manœuvre, enfila la cour des Fontaines, tourna le coin de la rue des Bons-Enfans, et tout en marchant d'un pas rapide, quoiqu'il fût d'une corpulence assez forte, il arriva au numéro 22, qui s'ouvrit comme par enchantement à son approche, et se referma sur lui et ses deux compagnons.

Au moment où ils avaient pris le parti de faire ce petit détour, un jeune homme vêtu d'un habit de couleur muraille, enveloppé d'un manteau de la même nuance que son habit, et coiffé d'un chapeau à larges bords, enfoncé sur ses yeux, quitta le groupe qui environnait le musicien, en chantant lui-même sur l'air des Pendus : — Vingt-quatre ! vingt-quatre ! vingt-quatre ! — et s'avançant rapidement vers le passage du Lycée, il arriva à son extrémité opposée assez à temps pour voir entrer dans la maison que nous avons dite les trois illustres vagabonds.

Alors il jeta un regard autour de lui, et à la lueur d'une des trois lanternes qui, grâce à la munificence de l'édilité, éclairaient ou plutôt devaient éclairer la rue dans toute sa longueur, il aperçut un de ces bons gros charbonniers au visage couleur de suie, si bien stéréotypées par Greuze, qui se reposait devant une des bornes de l'hôtel de la Roche-Guyon, sur laquelle il avait déposé son sac. Un instant il parut hésiter à s'approcher de cet homme ; mais le charbonnier, à son tour, ayant chanté sur l'air des Pendus le même refrain qu'avait chanté l'homme au manteau, celui-ci ne parut plus éprouver aucune hésitation, et marcha droit à lui.

— Eh bien ! capitaine, dit l'homme au manteau, vous les avez vus ?

— Comme je vous vois, colonel : un mousquetaire et deux chevau-légers, mais je n'ai pu les reconnaître ; seulement, comme le mousquetaire se cachait le visage avec son mouchoir, je présume que c'est le régent.

— C'est cela même, et les deux chevau-légers sont Simiane et Ravanne.

— Ah ! ah ! mon écolier, fit le capitaine : j'aurai plaisir à le retrouver. C'est un bon enfant.

— En tout cas, capitaine, faites attention qu'il ne vous reconnaisse pas.

— Me reconnaître, moi ! il faudrait être le diable en personne pour me reconnaître accoutré comme me voilà. C'est bien plutôt vous, chevalier, qui devriez un peu méditer vos propres paroles. Vous avez un malheureux air de grand seigneur qui ne va pas le moins du monde avec votre habit ; mais il ne s'agit pas de cela : maintenant les voilà dans la souricière, il s'agit de ne pas les en laisser sortir. Nos gens sont-ils prévenus ?

— Ma foi ! vos gens, capitaine, vous savez que je ne les connais pas plus qu'ils ne me connaissent. J'ai quitté le groupe en chantant le refrain qui est notre mot d'ordre. M'ont-ils entendu ? m'ont-ils compris ? je n'en sais rien.

— Soyez tranquille, colonel, ce sont des gaillards qui entendent à demi-voix, et qui comprennent à demi-mot.

En effet, aussitôt que l'homme au manteau s'était éloigné du groupe, une fluctuation étrange, qu'il n'avait pas pu prévoir, s'était opérée dans cette foule, qui semblait composée seulement de passans désœuvrés : bien que la chanson ne fût pas terminée ni la quête commencée encore, le chapelet s'égrena. Bon nombre d'hommes sortirent du cercle isolément ou deux par deux, et se retournant les uns vers les autres avec un geste imperceptible de la main, ceux-ci par le haut de la rue de Valois, ceux-là par la cour des Fontaines, les derniers par le Palais-Royal même, commencèrent à envelopper la rue des Bons-Enfans, qui semblait être le centre du rendez-vous qu'ils s'étaient donné.

Il résulta de cette manœuvre, dont le but est facile à comprendre, qu'il ne resta devant le chanteur que dix ou douze femmes, quelques enfans et un bon bourgeois d'une quarantaine d'années, qui, voyant que la quête allait commencer, quitta la place à son tour, avec un air de profond dédain pour toutes ces chansons nouvelles, et, en mâchonnant entre ses dents une vieille chanson pastorale qu'il paraissait mettre fort au-dessus des gaudrioles que le mauvais goût du temps avait mises à la mode. Il sembla bien au bon bourgeois que plusieurs hommes près desquels il passait lui faisaient certains signes ; mais comme il n'ap-

partenait à aucune société secrète ni à aucune loge maçonnique, il continua son chemin en chantonnant toujours son refrain favori :

Laissez-moi aller,
Laissez-moi jouer,
Laissez-moi aller jouer sous la coudrette.

Et après avoir suivi la rue Saint-Honoré jusqu'à la barrière des Deux-Sergens, il tourna le coin de la rue du Coq et disparut.

Au même instant à peu près, l'homme au manteau, qui s'était éloigné le premier du groupe d'auditeurs en chantant : — Vingt-quatre ! vingt-quatre ! vingt-quatre ! — reparut au bas de l'escalier du passage du Palais-Royal, et s'approchant du chanteur :

— Mon ami, lui dit-il, ma femme est malade, et ta musique l'empêche de dormir ; si tu n'as pas de motif particulier de rester ici, va-t-en sur la place du Palais-Royal, voici un petit écu pour t'indemniser de ton déplacement.

— Merci, monseigneur, répondit le chanteur, mesurant la position sociale de l'inconnu à la générosité dont il venait de faire preuve, je m'en vais à l'instant. Vous n'avez pas de commissions pour la rue Mouffetard ?

— Non.

— C'est que je les aurais faites par dessus le marché.

Et l'homme s'en alla de son côté ; et, comme il était à la fois le centre et la cause du rassemblement, tout ce qui en restait disparut avec lui.

En ce moment, neuf heures sonnèrent à l'horloge du Palais-Royal. Le jeune homme au manteau tira alors de son gousset une montre dont la garniture en diamans contrastait avec son costume simple ; et, comme sa montre avançait de dix minutes, il la remit exactement à l'heure, puis il tourna à son tour par la cour des Fontaines, et s'enfonça dans la rue des Bons-Enfans.

En arrivant en face du n° 24, il retrouva le charbonnier.

— Et le chanteur ? demanda celui-ci.

— Il est parti.

— Bon !

— Et la chaise de poste ? demanda à son tour l'homme au manteau.

— Elle attend au coin de la rue Baillif.

— On a eu soin d'envelopper les roues et les pieds des chevaux avec des chiffons ?

— Oui.

— Très bien ! Alors, attendons, dit l'homme au manteau.

— Attendons, répondit le charbonnier.

Et tout rentra dans le silence.

Une heure s'écoula, pendant laquelle quelques passans attardés traversèrent, à des intervalles toujours plus éloignés, la rue, qui finit enfin par devenir à peu près déserte. De leur côté, le peu de fenêtres éclairées que l'on voyait briller encore s'éteignirent les unes après les autres, et l'obscurité, n'ayant plus à lutter que contre les deux lanternes, dont l'une était en face la chapelle de Saint-Clair et l'autre au coin de la rue Baillif, finit par envahir le domaine que, depuis longtemps déjà, elle réclamait.

Une heure s'écoula encore : on entendit passer le guet dans la rue de Valois ; derrière le guet, le gardien du passage vint fermer la porte.

— Bien ! murmura l'homme au manteau ; maintenant nous sommes sûrs de n'être pas gênés.

— Maintenant, répondit le charbonnier, pourvu qu'il sorte avant le jour.

— S'il était seul, il serait à craindre qu'il y restât. Mais il n'est pas probable que madame de Sabran les retienne tous les trois.

— Hum ! elle peut prêter sa chambre à l'un et laisser dormir les deux autres sous la table.

— Peste ! vous avez raison, capitaine, et je n'y avais pas pensé. Au reste, toutes vos précautions sont bien prises ?

— Toutes.

— Vos hommes croient qu'il s'agit tout bonnement d'une gageure?

— Ils font semblant de le croire, au moins; on ne peut pas leur en demander davantage.

— Ainsi, c'est bien entendu, capitaine : vous et vos gens sont ivres, vous me poussez, je tombe entre le régent et celui des deux à qui il donne le bras, je les sépare, vous vous emparez de lui, vous le bâillonnez, et à un coup de sifflet la voiture arrive, tandis qu'on contient Simiane et Ravanne le pistolet sur la gorge.

— Mais, demanda le charbonnier d'une voix plus basse, s'il se nomme?

— S'il se nomme? répondit l'homme au manteau. Puis il ajouta d'une voix plus basse encore que n'avait fait son interlocuteur :

— En conspiration il n'y a pas de demi-mesure; s'il se nomme vous le tuerez.

— Peste! dit le charbonnier, tâchons qu'il ne se nomme pas.

Et comme l'homme au manteau ne répondit point, tout rentra dans le silence:

Un quart d'heure s'écoula encore sans qu'il arrivât rien de nouveau.

Alors une lumière, qui venait du fond de l'appartement, illumina les trois fenêtres du milieu.

— Ah! ah! voilà du nouveau! dirent ensemble l'homme au manteau et le charbonnier.

En ce moment, on entendit le pas d'un homme qui venait du côté de la rue Saint-Honoré, et qui s'apprêtait à longer la rue dans toute sa longueur; le charbonnier mâcha entre ses dents un blasphème à faire fendre le ciel.

Cependant l'homme venait toujours; mais, soit que l'obscurité seule suffît pour l'effrayer, soit qu'il eût vu dans cette obscurité se mouvoir quelque chose de suspect, il était évident qu'il éprouvait une certaine émotion. En effet, dès la hauteur de l'hôtel Saint-Clair, employant cette vieille ruse des poltrons qui veulent faire croire qu'ils n'ont pas peur, il se mit à chanter; mais, à mesure qu'il avançait, sa voix devenait plus tremblante; et, quoique l'innocence de sa chanson prouvât la sérénité de son cœur, en arrivant en face du passage, sa crainte était si visible, qu'il commença à tousser, ce qui, comme on sait, dans la gamme de la terreur, indique une gradation de crainte d'un degré au-dessus du chant. Cependant, voyant que rien ne bougeait autour de lui, il se rassura un peu, et d'une voix qu'il avait mise plus en harmonie avec sa situation présente qu'avec le sens des paroles, il reprit :

Laissez-moi aller,
Laissez-moi...

Mais là il s'arrêta tout court, non-seulement dans sa chanson, mais encore dans sa marche, car ayant aperçu à la lueur des fenêtres du salon deux hommes debout dans l'enfoncement d'une porte cochère, il sentit que la voix et les jambes lui manquaient à la fois, et il s'arrêta tout court, immobile et muet. Malheureusement, en ce moment même une ombre s'approcha de la fenêtre; le charbonnier vit qu'un cri pouvait tout perdre, et il fit un mouvement pour s'élancer vers le passant; l'homme au manteau le retint.

— Capitaine, lui dit-il, ne faites pas de mal à cet homme. — Puis s'approchant de lui, — Passez, mon ami, lui dit-il, mais passez promptement et ne regardez pas en arrière.

Le chanteur ne se le fit pas dire à deux fois, et gagna du pied aussi vite que le lui permettaient ses petites jambes et le tremblement qui s'était emparé de tout son corps, si bien qu'au bout de quelques secondes il était disparu à l'angle du jardin de l'hôtel de Toulouse.

— Il était temps, murmura le charbonnier, voici la fenêtre qui s'ouvre.

Les deux hommes se plongèrent le plus qu'ils purent dans l'ombre.

En effet, la fenêtre venait de s'ouvrir, et un des deux chevau-légers s'était avancé sur le balcon.

— Eh bien! dit de l'intérieur de l'appartement une voix que le charbonnier et l'homme au manteau reconnurent pour celle du régent; eh bien! Simiane, quel temps fait-il?

— Mais, répondit Simiane, je crois qu'il neige.

— Comment! tu crois qu'il neige?

— Ou qu'il pleut; je n'en sais rien, continua Simiane.

— Comment, double brute, dit Ravanne, tu ne peux pas distinguer ce qui tombe? et il vint à son tour sur le balcon.

— Après cela, dit Simiane, je ne suis pas bien sûr qu'il tombe quelque chose.

— Il est ivre mort, dit le régent.

— Moi, dit Simiane blessé dans son amour propre de buveur, moi ivre mort! Arrivez ici, monseigneur. Venez, venez.

Quoique l'invitation fût faite d'une manière assez étrange, le régent ne laissa pas que de rejoindre en riant ses deux compagnons. Au reste, à sa démarche, il était facile de voir que lui-même était plus qu'échauffé.

— Ah! ivre mort, reprit Simiane en tendant la main au prince, ivre mort! Eh bien! touchez là; je vous parie cent louis que, tout régent de France que vous êtes, vous ne faites pas ce que je fais.

— Vous entendez, monseigneur, dit de l'intérieur de l'appartement une voix de femme, c'est une provocation.

— Et comme telle je l'accepte. Va pour cent louis.

— Je suis de moitié avec celui des deux qui voudra, dit Ravanne.

— Ni moi non plus, dit le régent.

— Marquise, cria Ravanne, cinquante louis contre un baiser.

— Demandez à Philippe s'il permet que je tienne.

— Tenez, dit le régent, tenez; c'est un marché d'or qu'on vous propose là, marquise, et vous ne pouvez que gagner. Eh bien! y es-tu, Simiane?

— J'y suis. Vous me suivrez?

— Partout. Que vas-tu faire?

— Regardez.

— Où diable vas-tu?

— Je rentre au Palais-Royal.

— Par où?

— Par les toits.

Et Simiane, empoignant cette espèce d'éventail de fer que nous avons indiqué comme séparant les fenêtres du salon des fenêtres de la chambre à coucher, se mit à grimper à la manière de ces singes qui vont au bout d'une corde chercher un sou au troisième étage.

— Monseigneur, s'écria madame de Sabran, s'élançant sur le balcon et saisissant le prince par le bras, j'espère bien que vous ne le suivrez pas.

— Je ne le suivrai pas? dit le régent en se débarrassant de la marquise; savez-vous que j'ai pour principe que tout ce qu'un autre essaiera, moi, je puis le faire? Qu'il monte à la lune, et le diable m'emporte! si je n'arrive pas pour frapper à la porte en même temps que lui. As-tu parié pour moi, Ravanne?

— Oui, mon prince, répondit le jeune homme en riant de tout son cœur.

— Eh bien! alors, embrasse, tu as gagné.

Et le régent s'élança à son tour aux barreaux de fer, grimpant derrière Simiane, qui, agile, long et mince comme il était, fut en un instant sur la terrasse.

— Mais j'espère que vous restez, vous au moins, Ravanne? dit la marquise.

— Le temps de ramasser votre enjeu, répondit le jeune homme en appliquant un baiser sur les belles joues fraîches de madame de Sabran; et maintenant, continua-t-il, adieu, madame la marquise, je suis page de monseigneur, vous comprenez qu'il faut que je le suive.

Et Ravanne s'élança à son tour par le chemin hasardeux qu'avaient déjà pris ses deux compagnons.

Le charbonnier et l'homme au manteau laissèrent échapper une exclamation d'étonnement qui fut répétée par toute la rue, comme si chaque porte avait son écho.

— Hein! Qu'est-ce que c'est que cela? dit Simiane, qui, arrivé le premier sur la terrasse, était plus libre d'esprit que ceux qui montaient encore.

— Vois-tu, double ivrogne! dit le régent, empoignant d'une main le rebord de la terrasse, c'est le guet, et tu vas nous faire conduire au corps de garde, mais je te promets que je t'y laisse brancher!

A ces paroles, ceux qui étaient dans la rue se turent, espérant que le duc et ses compagnons ne pousseraient pas la plaisanterie plus loin, et qu'ils redescendraient, et finiraient par sortir par le chemin ordinaire.

— Ah! me voilà! dit le régent debout sur la terrasse; en as-tu assez, Simiane?

— Non pas, monseigneur, non pas, répondit Simiane, et se penchant à l'oreille de Ravanne : ce n'est pas le guet, continua-t-il, pas une baïonnette, pas une buffleterie.

— Qu'y a-t-il donc? demanda le régent.

— Rien, répondit Simiane en faisant signe à Ravanne, rien, sinon que je continue mon ascension, et que cette fois, monseigneur, je vous invite à me suivre.

Et à ces mots, tendant la main au régent, il commença d'escalader le toit, le tirant après lui, tandis que Ravanne poussait à l'arrière-garde.

A cette vue, comme il n'y avait plus de doute sur les intentions des fugitifs, le charbonnier poussa une malédiction, et l'homme au manteau un cri de rage. En ce moment Simiane embrassait la cheminée.

— Eh! eh! dit le régent en se mettant à califourchon sur le toit, et en regardant dans la rue, où, au milieu de la lumière projetée par les fenêtres du salon restées ouvertes, on voyait s'agiter huit ou dix hommes, qu'est-ce que c'est que cela? un petit complot? Ah çà! mais on dirait qu'ils veulent escalader la maison. Ils sont furieux. J'ai envie de leur demander ce qu'on peut faire pour leur service.

— Pas de plaisanterie, monseigneur, dit Simiane, et gagnons au pied.

— Tournez par la rue Saint-Honoré, cria l'homme au manteau. En avant! en avant!

— C'est bien à nous qu'ils en veulent, Simiane, dit le régent, vite de l'autre côté. En retraite! en retraite!

— Je ne sais à quoi cela tient, dit l'homme au manteau, tirant de sa ceinture un pistolet et ajustant le régent, que je ne le fasse dégringoler comme une poupée de tir.

— Mille tonnerres! dit le charbonnier en lui arrêtant la main, vous allez nous faire écarteler.

— Mais, que faire?

— Attendre qu'ils dégringolent tout seuls, et qu'ils se cassent le cou; ou la Providence n'est pas juste, ou elle nous ménage cette petite surprise.

— Oh! quelle idée! Roquefinette.

— Eh! colonel, pas de noms propres! s'il vous plaît.

— Vous avez raison, pardon.

— Il n'y a pas de quoi; voyons l'idée.

— A moi, à moi! cria l'homme au manteau en s'élançant dans le passage; enfonçons la porte, et nous les prendrons de l'autre côté, quand ils sauteront en bas.

Et ce qui restait de ses compagnons le suivit; les autres, au nombre de cinq ou six, étaient en route pour tourner par la rue Saint-Honoré.

— Allons, allons, monseigneur, pas une minute à perdre, dit Simiane, laissé sur le derrière : Ce n'est pas noble, mais c'est sûr.

— Je crois que je les entends dans le passage, dit le régent; qu'en penses-tu Ravanne?

— Je ne pense pas, monseigneur, je me laisse couler.

Et tous trois descendirent d'une rapidité égale sur la pente inclinée du toit et arrivèrent sur la terrasse.

— Par ici, par ici, dit une voix de femme, au moment où Simiane enjambait déjà le parapet de la terrasse, pour descendre le long de son échelle de fer.

— Ah! c'est vous, marquise! dit le régent. Ma foi! vous êtes femme de secours.

— Sautez par ici, et descendez vite.

Les trois fugitifs sautèrent de la terrasse dans la chambre.

— Aimez-vous mieux rester ici? demanda madame de Sabran.

— Oui, dit Ravanne; j'irai chercher Canillac et sa garde de nuit.

— Non pas, non pas, dit le régent; du train dont ils y vont, marquise, ils escaladeraient votre maison, et ils vous traiteraient en ville prise d'assaut. Non, gagnons le Palais-Royal, cela vaut mieux.

Et ils descendirent rapidement l'escalier, Ravanne en tête, et ouvrirent la porte du jardin. Là, ils entendirent les coups désespérés que ceux qui les poursuivaient frappaient contre la grille de fer.

— Frappez, frappez, mes bons amis, dit le régent, courant avec l'insouciance et la légèreté d'un jeune homme vers l'extrémité du jardin. La grille est solide, et elle vous donnera de la besogne.

— Alerte! monseigneur, cria Simiane, qui, grâce à sa longue taille, avait sauté à terre en se pendant par les bras; les voilà qui accourent au bout de la rue de Valois. Mettez le pied sur mon épaule, là, bien; l'autre... maintenant laissez-vous couler dans mes bras. Vous êtes sauvé, vive Dieu!

— L'épée à la main! l'épée à la main! Ravanne, et chargeons cette canaille, dit le régent.

— Au nom du ciel! monseigneur, s'écria Simiane en entraînant le prince, suivez-nous. Mille dieux! je m'y connais, en bravoure, peut-être; mais, ce que vous voulez faire, c'est de la folie. A moi, Ravanne, à moi!

Et les deux jeunes gens, prenant le duc chacun par dessous un bras, l'entraînèrent par un de ces passages toujours ouverts au Palais-Royal, au moment même où ceux qui accouraient par la rue de Valois n'étaient qu'à vingt pas d'eux, et où la porte du passage tombait sous les efforts de la seconde troupe; toute la bande réunie vint donc se heurter contre la grille au moment même où les trois seigneurs la refermaient derrière eux.

— Messieurs, dit alors le régent en saluant de la main, car, pour le chapeau, Dieu sait où il était resté! je souhaite, pour votre tête, que tout ceci ne soit qu'une plaisanterie, car vous vous attaquez à plus fort que vous; et gare demain au lieutenant de police! En attendant, bonne nuit.

Et un triple éclat de rire acheva de pétrifier les deux conspirateurs, debout contre la grille, à la tête de leurs compagnons essoufflés.

— Il faut que cet homme ait passé un pacte avec Satan! s'écria d'Harmental.

— Nous avons perdu le pari, mes amis, dit Roquefinette en s'adressant à ses hommes, qui attendaient ses ordres. Mais nous ne vous congédions pas encore : ce n'est que partie remise. Quant à la somme promise, vous en avez déjà touché moitié; demain, où vous savez, pour le reste. Bonsoir. Je serai demain au rendez-vous.

Tous ces gens dispersés, les deux chefs demeurèrent seuls.

— Eh bien! colonel! dit Roquefinette en écartant les jambes et en regardant d'Harmental entre les deux yeux.

— Eh bien! capitaine, répondit le chevalier, j'ai bien envie de vous parler d'une chose.

— De laquelle? demanda Roquefinette.

— C'est de me suivre dans quelque carrefour, de m'y casser la tête d'un coup de pistolet, pour que cette misérable tête soit punie et ne soit pas reconnue.

— Et pourquoi cela?

— Pourquoi cela? parce qu'en pareille matière, lorsque l'on échoue, on n'est qu'un sot. Que vais-je dire à madame du Maine, maintenant?

— Comment, dit Roquefinette, c'est de cette Bibi-Gongon-là que vous vous inquiétez! Ah, bien, pardieu! vous êtes crânement susceptible, colonel. Pourquoi diable son boiteux de mari ne fait-il pas ses affaires lui-même ? J'aurais bien voulu la voir, votre bégueule, avec ses deux cardinaux et ses trois ou quatre marquis, qui crèvent de peur dans ce moment-ci , dans un coin de l'Arsenal, tandis que nous restons maître du champ de bataille ; j'aurais bien voulu voir s'ils auraient grimpé après les murs comme des lézards. Tenez, colonel, écoutez un vieux renard : pour être bon conspirateur, il faut surtout ce que vous avez, du courage, mais il faut encore ce que vous n'avez pas , de la patience. Mordieu ! si j'avais une affaire comme cela à mon compte , je vous réponds que je la mènerais à bien, moi ; et si vous voulez me la repasser un jour... Nous causerons de cela.

— Mais, à ma place, demanda le colonel, que diriez-vous à madame du Maine?

— Ce que je lui dirais ! Je lui dirais : « Ma princesse, il faut que le régent ait été prévenu par sa police , mais il n'est pas sorti, selon que nous le pensions, et nous n'avons vu que ses pendards de roués, qui nous ont donné le change. » Alors le prince de Cellamare vous dira : « Cher d'Harmental , nous n'avons de ressource qu'en vous; » madame la duchesse vous dira : « Tout n'est point perdu, puisque ce brave d'Harmental nous reste. » Le comte de Laval vous donnera une poignée de main , en essayant aussi de vous faire un compliment qu'il n'achèvera pas, vu que, depuis qu'il a eu la mâchoire cassée, il n'a pas la langue facile, surtout pour faire des compliments ; monsieur le cardinal de Polignac fera des signes de croix ; Alberoni jurera à faire trembler le bon Dieu ; de cette façon, vous aurez tout concilié, votre amour-propre sera sauvé ; vous retournerez vous cacher dans votre mansarde, d'où je vous conseille de ne pas sortir d'ici à quelques jours, si vous ne voulez pas être pendu ; de temps en temps je vous y rends une visite ; vous continuez de me faire part des libéralités de l'Espagne, parce qu'il m'importe de vivre agréablement et de soutenir mon moral ; puis, à la première occasion, nous rappelons les braves gens que nous venons de renvoyer, et nous prenons notre revanche.

— Oui, certainement, dit d'Harmental, voilà ce qu'un autre ferait ; mais moi, que voulez-vous, capitaine, j'ai de sottes idées, je ne sais pas mentir.

— Qui ne sait pas mentir ne sait pas agir, répondit le capitaine ; mais qu'est-ce que j'aperçois là-bas ? Les baïonnettes du guet ! Aimable institution, dit le capitaine, je te reconnais bien là, toujours un quart d'heure trop tard. Mais n'importe, il faut nous séparer. Adieu, colonel. Voici votre chemin, continua le capitaine en montrant le passage du Palais-Royal au chevalier, et moi, voilà le mien, ajouta-t-il en étendant la main dans la direction de la rue Neuve-des-Petits-Champs. Allons, du calme, allez-vous-en à petits pas, pour qu'on ne se doute pas que vous devriez courir à toutes jambes. La main sur la hanche comme cela, et en chantant la mère Gaudichon.

Et tandis que d'Harmental rentrait dans le passage, le capitaine suivit la rue de Valois de la même allure que le guet, sur lequel il avait cent pas d'avance, et en chantant avec une aussi parfaite insouciance que si rien ne s'était passé :

> Tenons bien la campagne,
> La France ne vaut rien,
> Et les doublons d'Espagne
> Sont d'un or très chrétien.

Quant au chevalier, il reprit la rue des Bons-Enfans, redevenue aussi tranquille à cette heure qu'elle était bruyante dix minutes auparavant, et, au coin de la rue Baillif, il retrouva la voiture, qui, fidèle à ses instructions, n'avait pas bougé, et qui attendait, portière ouverte, laquais au marchepied et cocher sur le siège.

— A l'Arsenal, dit le chevalier.

— C'est inutile, répondit une voix qui fit tressaillir d'Harmental, je sais comment tout s'est passé, moi, puisque je l'ai vu, et j'en informerai qui de droit ; une visite à cette heure serait dangereuse pour tout le monde.'

— Ah ! c'est vous, l'abbé, dit d'Harmental cherchant à reconnaître Brigaud sous la livrée dont il s'était affublé. Eh bien ! vous me rendrez un véritable service en portant la parole à ma place ; diable m'emporte si je savais que dire !

— Tandis que je dirai, moi, dit Brigaud, que vous êtes un brave et loyal gentilhomme, et que s'il y en avait seulement dix comme vous en France, tout serait bientôt fini. Mais nous ne sommes pas ici pour nous faire des complimens. Montez vite ; où faut-il vous mener?

— C'est inutile, dit d'Harmental, je m'en irai bien à pied.

— Montez, c'est plus sûr.

D'Harmental monta, et Brigaud, tout habillé en valet de pied qu'il était, se plaça sans façon près de lui.

— Au coin de la rue du Gros-Chenet et de la rue de Cléry, dit l'abbé.

Le cocher, impatient d'avoir attendu si longtemps, obéit aussitôt, et, à l'endroit indiqué, la voiture s'arrêta ; le chevalier descendit, s'enfonça dans la rue du Gros-Chenet, et disparut bientôt à l'angle de celle du Temps-Perdu.

Quant à la voiture, elle continua rapidement sa route vers le boulevard, roulant sans le moindre bruit, et pareille à un char fantastique qui n'eût point touché la terre.

XVI.

LE BONHOMME BUVAT.

Maintenant, il faut que nos lecteurs nous permettent de leur faire faire plus ample connaissance avec un des personnages principaux de l'histoire que nous avons entrepris de leur raconter, personnage que nous n'avons encore fait que leur indiquer en passant. Nous voulons parler du bon bourgeois que nous avons vu d'abord quitter le groupe de la rue de Valois et se diriger vers la barrière des Sergens, au moment où l'artiste en plein air allait commencer sa quête, et que, si on se le rappelle, nous avons revu ensuite, dans un moment si inopportun, traverser attardé la rue des Bons-Enfans dans toute sa longueur.

Dieu nous garde de mettre l'intelligence de nos lecteurs en question, à ce point de douter un seul instant qu'ils n'aient reconnu, dans le pauvre diable à qui le chevalier d'Harmental était venu si à propos en aide, le bonhomme de la terrasse de la rue du Temps-Perdu. Mais ce qu'ils ne peuvent savoir si nous ne leur racontontons avec quelque détail, c'est ce qu'était physiquement, moralement et socialement, ce pauvre diable.

Si l'on n'a point oublié le peu de choses que nous avons eu jusqu'à présent l'occasion de dire sur son compte, on doit se rappeler que c'était un homme de quarante à quarante-cinq ans. Or, comme chacun sait, passé quarante ans, le bourgeois de Paris n'a plus d'âge, car de ce moment il oublie totalement le soin de sa personne, dont en général il ne s'est jamais beaucoup occupé, si bien qu'il met ce qu'il trouve et se coiffe comme il peut, négligence dont souffrent singulièrement ses grâces corporelles, surtout quand son physique, comme celui de notre héros, n'est pas de nature à se faire valoir par lui-même. Notre bourgeois était un petit homme de cinq pieds un pouce, passé quarante-cinq ans, gros et court, disposé à pousser à l'obésité à mesure qu'il avancerait en âge, et porteur d'une de ces figures placides où tout, cheveux, sourcils, yeux et peau, semble de la même couleur ; d'une de ces figures, enfin, dont, à dix pas, on ne distingue aucun trait. Aussi, le physionomiste le plus enthousiaste, s'il eût cherché à lire sur ce visage quelque haute et curieuse destinée, se serait certes arrêté dans son examen dès qu'il eût remonté de ses gros yeux bleu faïence à son front déprimé , ou qu'il eût descendu de ses lèvres bonassement entr'ouvertes aux plis rebondis de son double menton. Alors il eût compris qu'il avait sous les yeux une de ces têtes auxquelles toute fermentation est inconnue, dont les passions , bonnes ou mauvaises, ont respecté la fraîcheur, et qui n'ont jamais ballotté dans les parois vides de leur cerveau que le refrain banal de quelque chanson avec laquelle les nourrices endorment les enfans.

Ajoutons que la Providence, qui ne fait jamais les choses à demi, avait signé l'original dont nous venons d'offrir la copie à nos lecteurs du nom caractéristique de Jean Buvat. Il est vrai que les personnes qui avaient pu apprécier la profonde nullité d'esprit et les excellentes qualités de cœur de ce brave homme, supprimaient d'ordinaire le surnom patronymique qu'il avait reçu sur les fonts baptismaux, et l'appelaient tout simplement le bonhomme Buvat.

Dès sa plus tendre jeunesse, le petit Buvat, qui avait une répugnance marquée pour toute espèce d'étude, manifesta une vocation toute particulière pour la calligraphie. Aussi arrivait-il chaque matin au collége des Oratoriens, où sa mère l'envoyait gratis, avec des thèmes et des versions fourmillant de fautes, mais écrits avec une netteté, une régularité, une propreté, qui faisaient plaisir à voir. Il en résultait que le petit Buvat recevait régulièrement tous les jours le fouet pour la paresse de son esprit, et tous les ans le prix d'écriture pour l'habileté de sa main. A quinze ans, il passa de l'Epitome sacræ, qu'il avait recommencé cinq fois, à l'Epitome Græcæ; mais dès les premières versions, les professeurs s'aperçurent que le saut qu'ils venaient de faire faire à leur élève était trop fort pour lui, et ils le remirent pour la sixième fois à l'Epitome sacræ.

Tout passif qu'il paraissait être à l'extérieur, le jeune Buvat ne manquait pas au fond d'un certain orgueil; il revint le soir tout pleurant chez sa mère , se plaignit à elle de l'injustice qui lui avait été faite, et déclara dans sa douleur une chose qu'il s'était bien gardé d'avouer jusque-là : c'est qu'il y avait à son école des enfans de dix ans plus avancés que lui. Madame veuve Buvat, qui était une commère, et qui voyait partir tous ses enfans son fils avec des devoirs parfaitement peints, ce qui lui suffisait à elle pour croire qu'il n'y avait rien à y redire, courut le lendemain chanter pouillo aux bons pères. Ceux-ci lui répondirent que son fils était un bon enfant, incapable d'une mauvaise pensée vis-à-vis de Dieu, et d'une mauvaise action envers ses camarades; mais qu'il était en même temps d'une si formidable bêtise, qu'ils lui conseillaient de développer, en le faisant maître d'écriture, le seul talent dont il parût que la nature, dans son avarice envers lui, eût consenti à le douer.

Ce conseil fut un trait de lumière pour madame Buvat. Elle comprit que de cette façon qu'elle produit qu'elle tirerait de son fils serait immédiat : elle revint donc à la maison, et communiqua au jeune Buvat les nouveaux plans d'avenir qu'elle venait de former pour lui. Le jeune Buvat n'y vit qu'un moyen d'échapper à la fustigation et aux férules qu'il recevait tous les jours, et que ne compensait pas dans son esprit la récompense reliée en papier qu'il recevait tous les ans. Il accueillit donc les ouvertures de madame sa mère avec la plus grande joie, lui promit qu'avant six mois il serait le premier maître d'écriture de la capitale, et, le jour même, après avoir, de ses petites économies, acheté un canif à quatre lames, un paquet de plumes d'oie et deux cahiers de papier, il se mit à l'œuvre.

Les bons oratoriens ne s'étaient pas trompés sur la véritable vocation du jeune Buvat : la calligraphie était chez lui un art qui arrivait presque jusqu'au dessin. Au bout de six mois, comme le singe des Mille et une Nuits, il écrivait six sortes d'écritures, et imitait au trait toutes sortes de figures d'hommes, d'arbres et d'animaux. Au bout d'un an, il avait fait de tels progrès, qu'il demeura convaincu qu'il pouvait lancer son prospectus. Il y travailla pendant trois mois, jour et nuit, et pensa perdre la vue ; mais il est juste

de dire aussi qu'au bout de ce temps il avait accompli un chef-d'œuvre : ce n'était pas une simple pancarte, c'était un véritable tableau représentant la Création du monde en pleins et en déliés, divisée à peu près comme la Transfiguration de Raphaël. Dans la partie du haut, consacrée à l'Eden, le Père éternel tirait Eve du côté d'Adam endormi, entouré des animaux que la noblesse de leur nature rapproche de l'homme, tels que le lion, le cheval et le chien. Au bas était la mer, dans les profondeurs de laquelle on voyait nager les poissons les plus fantastiques, et qui ballotait à sa surface un superbe vaisseau à trois ponts. Des deux côtés, des arbres chargés d'oiseaux mettaient le ciel qu'ils touchaient de leur sommet en communication avec la terre qu'ils fouillaient de leurs racines, et dans l'intervalle laissé libre par toutes ces belles choses, s'élançait dans la ligne la plus parfaitement horizontale, et reproduit en six écritures différentes, l'adverbe impitoyablement.

Cette fois, l'artiste ne fut point trompé dans son attente. Le tableau produisit l'effet qu'il devait produire ; huit jours après, le jeune Buvat avait cinq écoliers et deux écolières.

Cette vogue ne fit qu'augmenter, et madame Buvat, après quelques années encore passées dans une aisance supérieure à celle qu'elle avait jamais eue, même du temps de feu son mari, eut la satisfaction de mourir parfaitement rassurée sur l'avenir de monsieur son fils.

Quant à lui, après avoir convenablement pleuré madame sa mère, il poursuivit le cours de sa vie, si quotidiennement réglée qu'il pouvait affirmer chaque soir que son lendemain serait exactement calqué sur la veille. Il arriva ainsi à l'âge de vingt-six ans vingt-sept ans, ayant traversé, dans le calme éternel de son innocente et vertueuse bonhomie, cette époque orageuse de l'existence.

Ce fut vers ce temps que le brave homme trouva l'occasion de faire une action sublime, et qu'il la fit instinctivement, naïvement et bonnement, comme tout ce qu'il faisait. Peut-être un homme d'esprit eût-il passé près d'elle sans la voir, ou eût-il détourné la tête en la voyant.

Il y avait alors au premier étage de la maison no 6 de la rue des Orties, dont Buvat occupait modestement une mansarde, un jeune ménage qui faisait l'admiration de tout le quartier par l'harmonie charmante avec laquelle vivaient ensemble le mari et la femme. Il est vrai de dire que les deux époux avaient l'air d'être nés l'un pour l'autre. Le mari était un homme de trente-quatre à trente-cinq ans, d'origine méridionale, ayant les cheveux, les yeux et la barbe noirs, le teint basané, et des dents comme des perles. Il se nommait Albert du Rocher, était fils d'un ancien chef cévenol qui avait été forcé de se faire catholique ainsi que toute sa famille, lors des persécutions de monsieur de Bâville, et, moitié par opposition, moitié parce que la jeunesse cherche les jeunes gens, il était entré, après avoir fait ses preuves comme écuyer, chez monsieur le duc de Chartres, lequel, à cette époque justement, reformait sa maison, qui avait fort souffert dans la campagne précédente à la bataille de Steinkerque, où le prince avait fait ses premières armes. Du Rocher avait donc obtenu la place de la Neuville, son prédécesseur, qui avait été tué lors de cette belle charge de la maison du roi, qui, conduite par monsieur le duc de Chartres, avait décidé de la victoire.

L'hiver avait interrompu la campagne ; mais, le printemps arrivé, monsieur de Luxembourg rappela à lui tous ces beaux officiers qui partageaient semestriellement, à cette époque, leur vie entre la guerre et les plaisirs. M. le duc de Chartres, toujours si ardent à tirer une épée que la jalousie de Louis XIV repoussa si souvent au fourreau, fut un des premiers à se rendre à cet appel. Du Rocher le suivit avec toute sa maison militaire.

La grande journée de Nerwinde arriva. M. le duc de Chartres avait comme d'habitude le commandement de la maison; comme d'habitude, il chargea à sa tête, mais si profondément, lequel, à cette époque charges, il resta cinq fois à peu près seul au milieu des ennemis. A la cinquième fois, il n'avait près de lui qu'un jeune homme qu'il connaissait à peine, mais au coup d'œil rapide qu'il échangea avec lui, il reconnut que c'était un de ces cœurs sur lesquels il pouvait compter, et, au lieu de se rendre comme le lui proposait un brigadier ennemi qui l'avait reconnu, il lui cassa la tête d'un coup de pistolet. Au même instant, deux coups de feu partirent, dont l'un enleva le chapeau du prince, et dont l'autre s'amortit sur la poignée de son épée ; mais à peine ces deux coups de feu étaient-ils partis, que ceux qui les avaient tirés tombèrent presque simultanément, renversés par le compagnon du prince, l'un d'un coup de sabre, l'autre d'un coup de pistolet. Une décharge générale se fit alors sur ces deux hommes, qui ne furent heureusement, ou plutôt miraculeusement, atteints par aucune balle ; seulement le cheval du prince, blessé mortellement à la tête, s'abattit sous lui ; le jeune homme qui l'accompagnait sauta aussitôt à bas du sien et le lui offrit. Le prince fit quelques difficultés d'accepter ce service, qui pouvait coûter si cher à celui qui le lui rendait ; mais le jeune homme, qui était grand et fort, pensant que ce n'était pas le moment d'échanger des politesses, prit le prince dans ses bras, et, bon gré mal gré, le remit en selle. En ce moment, M. d'Arcy, qui arrivait avec un détachement de chevau-légers, pénétra jusqu'à lui juste au moment où, malgré leur courage, le prince et son compagnon allaient être tués ou pris. Tous deux étaient sans blessures, quoique le prince eût reçu quatre balles dans ses habits. Le duc de Chartres tendit alors la main à son compagnon, et lui demanda comment il s'appelait, car quoique sa figure lui fût connue, il était depuis si peu de temps à son service qu'il ne se rappelait même pas son nom. Le jeune homme lui répondit qu'il s'appelait Albert du Rocher, et qu'il avait remplacé près de lui, comme écuyer, la Neuville, tué à Steinkerque (1). Alors, se retournant vers ceux qui venaient d'arriver : — Messieurs, leur dit le prince, c'est vous qui m'avez empêché d'être pris ; mais, ajouta-t-il en montrant du Rocher, voilà celui qui m'a empêché d'être tué.

À la fin de la campagne, monsieur le duc de Chartres nomma du Rocher son premier écuyer, et, trois ans après, ayant toujours conservé pour lui l'affection reconnaissante qu'il lui avait vouée, il le maria avec une jeune personne dont il était amoureux et de la dot de laquelle il se chargea. Malheureusement, comme monsieur de Chartres n'était encore qu'un jeune homme à cette époque, la dot ne dut pas être bien forte, mais en échange il se chargea de l'avancement de son protégé.

Cette jeune personne était d'origine anglaise : sa mère avait accompagné Madame Henriette en France, lorsqu'elle était venue épouser Monsieur, et après l'empoisonnement de cette princesse par le chevalier d'Effiat, elle était passée dame d'atours au service de la grande dauphine ; mais en 1690, la grande dauphine étant morte, et l'Anglaise, dans sa fierté tout insulaire, n'ayant pas voulu rester près de mademoiselle de Choin, elle s'était retirée dans une petite maison de campagne, qu'elle louait près de Saint-Cloud, pour s'y livrer tout entière à l'éducation de sa petite Clarice, employant à cette éducation la rente viagère qu'elle tenait de la munificence du grand dauphin. Ce fut là que

(1) Comme on pourrait croire que nous faisons du roman dans l'histoire, nous demanderons à nos lecteurs la permission de mettre sous leurs yeux le fragment suivant :

« Monsieur le duc de Chartres avait chargé à la tête de la
» maison du roy : il avoit tout animé par son exemple et sa
» présence et estoit demeuré cinq fois seul au milieu des enne-
» mis. Le sieur du Rocher, l'un de ses escuyers, l'empescha
» d'estre pris, et tua deux hommes auprès de luy, qui avoient
» tiré chacun un coup de pistolet sur ce prince, qui en reçut
» quatre dans ses habits et dans ses armes. Un de ses gentils-
» hommes fut tué auprès de luy. Monsieur le marquis d'Arcy,
» qui avoit perdu monsieur le duc de Chartres dans la mêlée,
» receut plus tard à ses côtés quatre coups dans ses habits, et
» le prince eut un cheval tué sous lui. »
(Extrait de la Relation de la bataille de Nerwinde, par Devizé. — J. VATOUT, Conspiration de Cellamare.)

dans les voyages du duc de Chartres à Saint-Cloud, du Rocher fit la connaissance de cette jeune fille, avec laquelle monsieur le duc de Chartres, comme nous l'avons dit, le maria vers 1697.

C'étaient donc ces deux jeunes gens, dont l'union faisait plaisir à voir, qui occupaient le premier étage de la maison n° 6 de la rue des Orties, dont Buvat habitait modestement une mansarde.

Les jeunes époux avaient eu tout d'abord un fils, dont, dès l'âge de quatre ans, l'éducation calligraphique fut confiée à Buvat. Le jeune élève faisait déjà les progrès les plus satisfaisans, lorsqu'il fut tout à coup enlevé par la rougeole. Le désespoir des parens fut grand, comme il est facile de le comprendre ; Buvat le partagea d'autant plus sincèrement que son écolier annonçait les plus heureuses dispositions. Cette sympathie pour leur douleur, de la part d'un étranger, les attacha à lui, et un jour que le bonhomme se plaignait de l'avenir précaire qui attend les artistes, Albert du Rocher lui proposa d'user de son influence pour lui faire obtenir une place à la Bibliothèque. Buvat bondit de joie à l'idée de devenir fonctionnaire public. Le même jour la demande fut écrite de sa plus belle écriture ; le premier écuyer l'apostilla chaudement, et, un mois après, Buvat reçut un brevet d'employé à la bibliothèque royale, section des manuscrits, aux appointemens de neuf cents livres.

À compter de ce jour, Buvat, dans l'orgueil bien naturel que lui inspirait sa nouvelle position sociale, oublia ses écoliers et ses écolières, et s'adonna tout entier à la confection des étiquettes. Neuf cents livres, assurés jusqu'à la fin de sa vie, étaient une véritable fortune, et le digne écrivain, grâce à la munificence royale, commença de couler des jours filés d'or et de soie, promettant toujours à ses bons voisins que, s'ils avaient un autre enfant, ce ne serait pas un autre que lui, Jean Buvat, qui lui montrerait à écrire. De leur côté, les pauvres parens désiraient fort donner ce surcroît d'occupation au digne écrivain. Dieu exauça leur désir. Vers la fin de l'année 1702, Clarice accoucha d'une fille.

Ce fut une très grande joie dans toute la maison. Buvat ne se sentait pas d'aise : il courait par les escaliers, se battant les cuisses avec les mains, et chantant à tue-tête le refrain de sa chanson favorite : Laissez-moi aller, laissez-moi jouer, etc. Ce jour-là, pour la première fois depuis qu'il avait été nommé, c'est-à-dire depuis deux ans, il n'arriva à son bureau qu'à dix heures un quart au lieu de dix heures précises. Un surnuméraire, qui le croyait mort, avait demandé sa place.

La petite Bathilde n'avait pas huit jours que Buvat voulait déjà lui faire faire des bâtons, disant qu'il fallait, pour bien apprendre une chose, l'apprendre dans sa jeunesse. On eut toutes les peines du monde à lui faire comprendre qu'il fallait au moins attendre qu'elle eût deux ou trois ans. Il se résigna ; mais, en attendant, il lui prépara des exemples. Au bout de trois ans, Clarice lui tint parole, et Buvat eut la satisfaction de mettre solennellement entre les mains de Bathilde la première plume qu'elle eût touchée.

On était arrivé au commencement de 1707, et le duc de Chartres, devenu duc d'Orléans par la mort de Monsieur, avait enfin obtenu un commandement en Espagne, où il devait conduire des troupes au maréchal de Berwick. Des ordres furent aussitôt donnés à toute sa maison militaire de se tenir prête pour le 5 mars. Comme premier écuyer, Albert devait nécessairement accompagner le prince. Cette nouvelle, qui en tout autre temps l'eût comblé de joie, lui fut presque douloureuse en ce moment, car la santé de Clarice commençait à inspirer de vives inquiétudes, et le médecin avait laissé échapper le mot de phthisie pulmonaire. Soit que Clarice se sentît elle-même gravement attaquée, soit, chose plus naturelle encore, qu'elle craignît tout simplement pour son mari, l'explosion de sa douleur fut si grande, qu'Albert lui-même ne put s'empêcher de pleurer avec elle. La petite Bathilde et Buvat pleurèrent parce qu'ils voyaient pleurer.

Le 5 mai arriva : c'était le jour fixé pour le départ. Malgré sa douleur, Clarice s'était occupée elle-même des équipages de son mari, et avait voulu qu'ils fussent dignes du prince qu'il accompagnait. Aussi, au milieu de ses larmes, un éclair d'orgueilleuse joie illumina son visage, lorsqu'elle vit Albert dans son élégant uniforme et sur son beau cheval de bataille. Quant à Albert, il était plein d'orgueil et de fierté. La pauvre femme sourit tristement à ses rêves d'avenir ; mais, pour ne pas l'attrister dans ce moment suprême, elle renferma son chagrin dans son cœur, et faisant taire les craintes qu'elle avait pour lui, et peut-être aussi celles qu'elle avait pour elle-même, elle fut la première à lui dire de penser non pas à elle, mais à son honneur.

Le duc d'Orléans et son corps d'armée entrèrent en Catalogne dans les premiers jours d'avril, et s'avancèrent aussitôt à marches forcées à travers l'Aragon. En arrivant à Segorbe, le duc apprit que le maréchal de Berwick s'apprêtait à donner une bataille décisive, et, dans le désir qu'il avait d'arriver à temps pour y prendre part, il expédia Albert en courrier, avec mission de dire au maréchal que le duc d'Orléans arrivait à son aide avec dix mille hommes, et de le prier, si cela ne contrariait pas ses dispositions, de l'attendre pour commencer l'action.

Albert partit ; mais, égaré dans les montagnes, perdu par de mauvais guides, il ne précéda l'armée que d'un jour, et arriva au camp du maréchal de Berwick au moment même où il allait engager le combat. Albert se fit indiquer la position qu'occupait en personne le maréchal ; on lui montra à la gauche de l'armée, sur un petit mamelon d'où l'on découvrait toute la plaine, le duc de Berwick au milieu de son état-major. Albert mit son cheval au galop et piqua droit à lui.

Le messager se fit reconnaître au maréchal, et lui exposa la cause de sa mission. Le maréchal, pour toute réponse, lui montra le champ de bataille, et lui dit de retourner vers le prince et de lui dire ce qu'il avait vu. Mais Albert avait respiré l'odeur de la poudre, et ne voulait point s'en aller ainsi. Il demanda la permission de rester, afin de lui donner du moins la nouvelle de la victoire. Le maréchal y consentit. En ce moment, une charge de dragons ayant paru nécessaire au général en chef, il commanda à un de ses aides de camp de porter au colonel l'ordre de charger. Le jeune homme partit au galop, mais à peine avait-il franchi le tiers de la distance qui séparait le mamelon de la position occupée par ce régiment, qu'il eut la tête emportée par un boulet de canon. Il n'était pas encore tombé des étriers, qu'Albert, saisissant cette occasion de prendre part à la bataille, lança son cheval à son tour, transmit l'ordre au colonel, et, au lieu de revenir vers le maréchal, tira son épée et se plaça en tête du régiment.

Cette charge fut une des plus brillante de la journée, et elle s'enfonça si profondément au cœur des impériaux qu'elle commença d'ébranler l'ennemi. Le maréchal, malgré lui, avait suivi des yeux, au milieu de la mêlée, ce jeune officier qu'il pouvait reconnaître à son uniforme. Il le vit arriver jusqu'au drapeau ennemi, engager une lutte corps à corps avec celui qui le portait, puis, au bout d'un instant, quand le régiment fut en fuite, il vit revenir Albert à lui, tenant sa conquête dans ses bras. Arrivé devant le maréchal, il jeta le drapeau à ses pieds, ouvrit la bouche pour parler, mais, au lieu de paroles, ce fut une gorgée de sang qui sortit de ses lèvres. Le maréchal le vit chanceler sur ses arçons, et s'avança pour le soutenir ; mais, avant qu'il eût pu lui porter secours, Albert était tombé : une balle lui avait traversé la poitrine.

Le maréchal sauta de son cheval, mais le courageux jeune homme était mort sur le drapeau qu'il venait de conquérir.

XVII.

LE BONHOMME BUVAT.

Le duc d'Orléans arriva le lendemain de la bataille ; il regretta Albert comme on regrette un homme de cœur ; mais, après tout, il était mort de la mort du brave, il était mort au milieu d'une victoire, il était mort sur le drapeau qu'il avait conquis : que pouvait demander de plus un Français, un soldat, un gentilhomme ?

Le duc d'Orléans voulut écrire de sa main à la pauvre veuve. Si quelque chose pouvait consoler une femme de la mort de son mari, ce serait sans doute une pareille lettre. Mais la pauvre Clarice ne vit qu'une chose, c'est qu'elle n'avait plus d'époux et que sa Bathilde n'avait plus de père.

A quatre heures, Buvat rentra de la Bibliothèque ; on lui dit que Clarice le demandait : il descendit aussitôt. La pauvre femme ne pleurait pas ; elle était atterrée, sans larmes, sans paroles ; ses yeux étaient fixes et caves comme ceux d'une folle. Quand Buvat entra, elle ne se tourna pas vers lui, elle ne tourna pas la tête, elle se contenta d'étendre la main de son côté et lui présenter la lettre.

Buvat regarda à droite et à gauche d'un air tout hébété pour deviner de quoi il était question ; puis, voyant que rien ne pouvait diriger ses conjectures, il reporta ses yeux sur le papier, et lut à haute voix :

« Madame, votre mari est mort pour la France et pour moi. Ni la France ni moi ne pouvons vous rendre votre mari ; mais souvenez-vous que si jamais vous aviez besoin de quelque chose, nous sommes tous deux vos débiteurs.

» Votre affectionné,

» PHILIPPE D'ORLÉANS. »

— Comment ! s'écria Buvat en fixant ses gros yeux sur Clarice, monsieur du Rocher ?... pas possible !

— Papa est mort ? dit en s'approchant de sa mère la petite Bathilde, qui jouait dans un coin avec sa poupée. Maman, est-ce que c'est vrai que papa est mort ?

— Hélas ! hélas ! oui, ma chère enfant, s'écria Clarice, retrouvant tout à la fois les paroles et les larmes, oh ! oui, c'est vrai ! ce n'est que trop vrai ! Oh ! malheureuses que nous sommes !

— Madame, dit Buvat qui n'avait pas dans l'imagination de grandes ressources consolatrices, il ne faut pas vous désoler ainsi ; c'est peut-être une fausse nouvelle.

— Ne voyez-vous pas que la lettre est du duc d'Orléans lui-même ? s'écria la pauvre veuve. Oui, mon enfant, oui, ton père est mort. Pleure, pleure, ma fille ! peut-être qu'en voyant tes larmes Dieu aura pitié de toi.

Et en disant ces paroles, la pauvre femme toussa si douloureusement, que Buvat en sentit sa propre poitrine comme déchirée ; mais son effroi fut bien plus grand encore, lorsqu'il lui vit retirer plein de sang le mouchoir qu'elle avait approché de sa bouche. Alors il comprit que le malheur qui venait de lui arriver n'était peut-être par le plus grand qui menaçât la petite Bathilde.

L'appartement qu'occupait Clarice était devenu désormais trop grand pour elle ; personne ne s'étonna donc de la voir le quitter pour en prendre un plus petit au second.

Outre la douleur qui, chez Clarice, avait anéanti toutes ses autres facultés, il y a dans tout noble cœur une certaine répugnance à solliciter, même de la patrie, la récompense du sang versé pour elle, surtout quand ce sang est encore chaud, comme l'était celui d'Albert. La pauvre veuve hésita donc à se présenter au ministère de la guerre pour faire valoir ses droits. Il en résulta qu'au bout de trois mois, quand elle put prendre sur elle de faire les premières démarches, la prise de Requena et celle de Sarragosse avaient déjà fait oublier la bataille d'Almanza. Clarice montra la lettre du prince ; le secrétaire du ministre lui répondit qu'avec une pareille lettre elle ne pouvait manquer de tout obtenir, mais qu'il fallait attendre le retour de Son Altesse. Clarice regarda dans une glace son visage maigri, et sourit tristement. — Attendre ! dit-elle ; oui, cela vaudrait mieux, j'en conviens ; mais Dieu sait si j'en aurai le temps.

Il résulta de cet échec que Clarice quitta son logement du second pour prendre deux petites chambres au troisième. La pauvre veuve n'avait d'autre fortune que le traitement de son mari. La petite dot que lui avait donnée le duc avait disparu dans l'achat d'un mobilier et dans les équipages de son mari. Comme le nouveau logement qu'elle prenait était beaucoup plus petit que l'autre, on ne s'étonna point que Clarice vendît le superflu de ses meubles.

On attendait pour la fin de l'automne le retour du duc d'Orléans, et Clarice comptait sur ce retour pour améliorer sa situation ; mais, contre toutes les habitudes stratégiques de cette époque, l'armée, au lieu de prendre ses quartiers d'hiver, continua la campagne, et l'on apprit qu'au lieu de se préparer à revenir, le duc d'Orléans se préparait à mettre le siége devant Lérida. Or, en 1647, le grand Condé lui-même avait échoué devant Lérida, et le nouveau siége, en supposant même qu'il eût une bonne issue, promettait de traîner effroyablement en longueur.

Clarice risqua quelques nouvelles démarches : cette fois on avait déjà oublié jusqu'au nom de son mari. Elle eut de nouveau recours à la lettre du prince ; cette lettre fit son effet ordinaire, mais on lui répondit qu'après le siége de Lérida, le duc d'Orléans ne pouvait manquer de revenir : force fut donc à la pauvre veuve de prendre encore patience.

Seulement elle quitta ses deux chambres pour prendre une petite mansarde en face de celle de Buvat, et elle vendit ce qui lui restait de meubles, ne gardant qu'une table, quelques chaises, le berceau de la petite Bathilde, et un lit pour elle.

Buvat avait vu sans trop s'en rendre compte tous ces déménagemens successifs, et quoiqu'il n'eût pas l'esprit très subtil, il ne lui avait pas été difficile de comprendre la situation de sa voisine. Buvat, qui était un homme d'ordre, avait devant lui quelques petites économies qu'il avait grande envie de mettre à la disposition de sa voisine ; mais comme, à mesure que la misère de Clarice devenait plus grande, sa fierté grandissait aussi, jamais le pauvre Buvat n'osa lui faire une pareille offre. Et cependant, vingt fois il alla chez elle avec un petit rouleau qui renfermait toute sa fortune, c'est-à-dire cinquante ou soixante louis ; mais chaque fois il sortit de chez Clarice, le rouleau à moitié tiré de sa poche, sans jamais pouvoir prendre sur lui de le tirer tout à fait. Seulement un jour, il arriva que Buvat, en descendant pour aller à son bureau, ayant rencontré le propriétaire qui faisait sa tournée trimestrielle, et ayant deviné que la visite qu'il comptait faire à sa voisine, avec sa scrupuleuse ponctualité, allait, malgré l'exiguïté de la somme, la mettre peut-être dans un grand embarras, il fit entrer le propriétaire chez lui, en disant que, la veille, madame du Rocher lui avait remis l'argent, afin qu'il retirât les deux quittances en même temps. Le propriétaire, qui y trouvait son compte et qui avait craint un retard du côté de sa locataire, ne s'inquiéta point de quelle part lui venait l'argent : il tendit les deux mains, remit les deux quittances et continua sa tournée.

Il faut dire aussi que, dans la naïveté de son âme, Buvat fut tourmenté de cette bonne action comme d'un crime ; il fut trois ou quatre jours sans oser se présenter chez sa voisine, de sorte que, lorsqu'il y revint, il la trouva toute affectée de ce qu'elle croyait un acte d'indifférence de sa part. De

son côté, Buvat trouva Clarice si fort changée encore pendant ces quatre jours, qu'il sortit en secouant la tête et en s'essuyant les yeux, et que, pour la première fois peut-être, il se mit au lit sans chanter, pendant les quinze tours qu'il avait l'habitude de faire dans sa chambre avant de se coucher :

Laissez-moi aller,
Laissez-moi jouer, etc.

ce qui était une preuve de bien triste et bien profonde préoccupation.

Les derniers jours de l'hiver s'écoulèrent et apportèrent en passant la nouvelle de la reddition de Lérida, mais en même temps on apprit que le jeune et infatigable général s'apprêtait à assiéger Tortose. Ce fut le dernier coup porté à la pauvre Clarice. Elle comprit que le printemps allait venir, et avec le printemps une nouvelle campagne qui retiendrait le duc à l'armée. Les forces lui manquèrent, et elle fut obligée de s'aliter.

La position de Clarice était affreuse ; elle ne s'abusait pas sur sa maladie, elle sentait qu'elle était mortelle, et elle n'avait personne au monde à qui recommander son enfant. La pauvre femme craignait la mort, non pas pour elle, mais pour sa fille, qui n'aurait pas même la pierre de la tombe maternelle pour y reposer sa tête. Son mari n'avait que des parens éloignés, dont elle ne pouvait ni ne voulait solliciter la pitié. Quant à sa famille à elle, née en France, où sa mère était morte, elle ne l'avait jamais connue. D'ailleurs, elle comprenait qu'y eût-il quelque espoir de ce côté, elle n'avait plus le temps d'y recourir. La mort venait.

Une nuit, Buvat, qui la veille au soir avait quitté Clarice dévorée par la fièvre, l'entendit gémir si profondément, qu'il sauta à bas de son lit et s'habilla pour aller lui offrir son secours ; mais, arrivé à la porte, il n'osa ni entrer ni frapper. Clarice pleurait à sanglots et priait à haute voix. En ce moment, la petite Bathilde s'éveilla et appela sa mère. Clarice renfonça ses larmes, alla prendre son enfant dans son berceau, et, l'agenouillant sur son lit, elle lui fit répéter tout ce qu'elle savait de prières, et entre chacune d'elles Buvat l'entendait s'écrier d'une voix douloureuse : « O mon Dieu ! mon Dieu ! écoutez mon pauvre enfant ! » Il y avait dans cette scène nocturne d'un enfant à peine hors du berceau et d'une mère à moitié dans la tombe, s'adressant tous deux au Seigneur comme à leur seul et unique soutien, au milieu du silence de la nuit, quelque chose de si profondément triste que le bon Buvat tomba à genoux, et promit solennellement tout bas ce qu'il avait offrir tout haut. Il jura que Bathilde pourrait rester orpheline, mais que du moins elle ne serait pas abandonnée. Dieu avait entendu la double prière qui avait monté vers lui, et il l'exauçait.

Le lendemain, Buvat fit, en entrant chez Clarice, ce qu'il n'avait jamais osé faire ; il prit Bathilde entre ses bras, appuya sa bonne grosse figure contre le charmant petit visage de l'enfant, et lui dit tout bas : — Sois tranquille, va, pauvre petite innocente, il y a encore de bonnes gens sur la terre. — La petite fille alors lui jeta les bras autour du cou et l'embrassa à son tour. Buvat sentit que des larmes lui venaient aux yeux, et comme il avait entendu répéter maintes fois qu'il ne faut pas pleurer devant les malades de peur de les inquiéter, il tira sa montre et dit de sa plus grosse voix pour en dissimuler l'émotion : — Hum ! hum ! il est dix heures moins un quart ; il faut que je m'en aille. Adieu, madame du Rocher.

Sur l'escalier, il rencontra le médecin et lui demanda ce qu'il pensait de la malade. Comme c'était un médecin qui venait par charité, et qu'il ne se croyait pas obligé d'avoir des ménagemens, attendu qu'on ne les lui payait pas, il répondit que dans trois jours elle serait morte.

En rentrant à quatre heures, Buvat trouva la maison en émoi. En descendant de chez Clarice, le médecin avait dit qu'il fallait faire appeler le viatique. On avait donc été prévenir le curé, et le curé était venu, avait monté l'escalier, précédé du sacristain et de sa sonnette, et sans préparation aucune, il était entré dans la chambre de la malade. Clarice l'avait reçu comme on reçoit le Seigneur, c'est-à-dire les mains jointes et les yeux au ciel, mais l'impression produite sur elle n'en avait pas moins été terrible. Buvat entendit des chants, et se douta de ce qui était arrivé : il monta vivement, et trouva le haut de l'escalier et la porte de la chambre encombrés de toutes les commères du quartier, qui avaient, comme c'était l'habitude à cette époque, suivi le saint-sacrement. Autour du lit où était étendue la mourante, déjà si pâle et si roidie que, sans les deux grosses larmes qui coulaient de ses yeux, on eût pu la prendre pour une statue de marbre couchée sur un tombeau, les prêtres chantaient les prières des agonisans, et, dans un coin de la chambre, la petite Bathilde, qu'on avait séparée de sa mère, afin que la malade ne fût point distraite pendant l'accomplissement de son dernier acte de religion, était blottie, n'osant ni crier ni pleurer, tout effrayée de voir tant de monde qu'elle ne connaissait point, et d'entendre tant de bruit auquel elle ne comprenait rien. Aussi, dès qu'elle aperçut Buvat, l'enfant courut à lui, comme à la seule personne qu'elle connût au milieu de cette funèbre assemblée. Buvat la prit dans ses bras et alla s'agenouiller avec elle près du lit de la mourante. En ce moment Clarice abaissa ses yeux du ciel sur la terre. Sans doute elle venait d'adresser au ciel son éternelle prière d'envoyer un protecteur à sa fille. Elle vit Bathilde dans les bras du seul ami qu'elle connût au monde. Avec ce regard perçant des moribonds, elle plongea jusqu'au fond de ce cœur pur et dévoué, et elle y lut en ce moment tout ce qu'il n'avait pas osé lui dire ; car elle se souleva sur son séant, lui tendit la main en jetant un cri de reconnaissance et de joie, que les anges seuls comprirent, et, comme si elle avait épuisé les dernières forces de sa vie dans cet élan maternel, elle retomba évanouie sur son lit.

La cérémonie religieuse étant terminée, les prêtres se retirèrent d'abord ; les dévotes les suivirent, les indifférens et les curieux sortirent les derniers. De ce nombre étaient plusieurs femmes. Buvat leur demanda si quelqu'une d'entre elles n'aurait point parmi ses connaissances une bonne garde-malade : une d'elles se présenta aussitôt, assura, au milieu du chorus de ses compagnes, qu'elle avait toutes les vertus requises pour exercer cet honorable état, mais que, justement à cause de cette réunion de qualités, elle avait l'habitude de se faire payer huit jours d'avance, attendu qu'elle était fort courue dans le quartier. Buvat s'informa du prix qu'elle mettait à ces huit jours ; elle répondit que pour tout autre ce serait seize livres ; mais, qu'attendu que la pauvre dame ne paraissait pas très fortunée, elle se contenterait de douze. Buvat, qui avait justement touché son mois le jour même, tira deux écus de sa poche et les lui donna sans marchander. Elle lui eût demandé le double qu'il l'eût donné également ; aussi cette générosité inattendue provoqua-t-elle force suppositions dont quelques-unes n'étaient pas au plus grand honneur de la mourante ; tant il est vrai qu'une bonne action est une chose si rare, qu'il faut toujours, lorsqu'elle se produit aux yeux des hommes, que les hommes humiliés lui cherchent une cause impure ou intéressée !

Clarice était toujours évanouie. La garde entra aussitôt en fonctions, en lui faisant, à défaut de sols, respirer du vinaigre. Buvat se retira. Quant à la petite Bathilde, on lui avait dit que sa mère dormait. La pauvre enfant ne connaissait pas encore la différence qu'il y avait entre le sommeil et la mort, et elle s'était remise à jouer dans un coin avec sa poupée.

Au bout d'une heure, Buvat revint demander des nouvelles de Clarice : la malade était sortie de son évanouissement, mais quoiqu'elle eût les yeux ouverts, elle ne parlait plus : cependant elle pouvait reconnaître encore, car, dès qu'elle l'aperçut elle joignit les mains et se mit à prier ; puis elle parut chercher quelque chose sous son traversin. Mais l'effort qu'il fallait qu'elle fît était sans doute trop

grand pour sa faiblesse, car elle poussa un gémissement et retomba de nouveau sans mouvement sur son oreiller. La garde secoua la tête, et s'approchant de la malade : — Il est bien, votre oreiller, ma petite mère, lui dit-elle, il ne faut pas le déranger. Puis, se retournant vers Buvat : — Ah ! les malades, ajouta-t-elle en haussant les épaules, ne m'en parlez pas ! ça se figure toujours que ça a quelque chose qui les gêne. C'est la mort, quoi ! c'est la mort ! mais ils ne le savent pas.

Clarice poussa un profond soupir, mais elle resta immobile. La garde s'approcha d'elle, et avec la barbe d'une plume elle lui frotta les lèvres d'un cordial de son invention, qu'elle était allée chercher chez le pharmacien. Buvat ne put supporter ce spectacle ; il recommanda la mère et l'enfant à la garde, et sortit.

Le lendemain matin la malade était plus mal encore ; car, quoiqu'elle eût les yeux ouverts, elle ne paraissait reconnaître personne autre que sa fille, qu'on avait couchée près d'elle sur le lit, et dont elle avait pris la petite main qu'elle ne voulait plus lâcher. De son côté l'enfant, comme si elle sentait que c'était la dernière étreinte maternelle, restait immobile et muette. Quand elle aperçut son bon ami, elle lui dit seulement :

— Elle dort, maman, elle dort.

Il sembla alors à Buvat que Clarice faisait un mouvement, comme si elle entendait encore et reconnaissait la voix de sa fille ; mais ce pouvait être aussi bien un frisson nerveux. Il demanda à la garde si la malade avait besoin de quelque chose. La garde secoua la tête en disant :

— Pourquoi faire ? ça serait de l'argent jeté à l'eau : ces gueux d'apothicaires en gagnent bien assez comme cela !

Buvat aurait bien voulu rester près de Clarice, car il voyait qu'elle ne devait pas avoir que bien peu de temps à vivre ; mais il n'aurait jamais eu l'idée, à moins d'être mourant lui-même, qu'il pût manquer un seul jour d'aller à son bureau. Il y arriva donc comme d'habitude, mais si triste et si accablé, que le roi ne gagna pas grand'chose à sa présence. On remarqua même avec étonnement, ce jour-là, que Buvat n'attendit pas que quatre heures fussent sonnées pour dénouer les cordons des fausses manches bleues qu'il passait en arrivant pour garantir son habit, et qu'au premier coup de l'horloge, il se leva, prit son chapeau et sortit. Le surnuméraire qui avait déjà demandé sa place le regarda s'en aller ; puis, quand il eut refermé la porte :

— Eh bien ! à la bonne heure ! dit-il assez haut pour être entendu du chef, en voilà un qui se la passe douce !

Les pressentimens de Buvat furent confirmés : en arrivant à la maison, il demanda à la portière comment allait Clarice :

— Ah ! Dieu merci ! répondit-elle, la pauvre femme est bien heureuse : elle ne souffre plus.

— Elle est morte ! s'écria Buvat avec ce frisson que produit toujours sur celui qui l'entend ce mot terrible.

— Il y a trois quarts d'heure à peu près, répondit la portière ; et elle se remit à remmailler son bonnet sur un air bien gai une petite chanson qu'elle avait interrompue pour répondre à Buvat.

Buvat monta les marches de l'escalier lentement, une à une, s'arrêtant à chaque étage pour s'essuyer le front ; puis, en arrivant sur le palier où étaient sa chambre et celle de Clarice, il fut obligé de s'appuyer au mur, car il sentait que les jambes lui manquaient. Il y a dans la vue d'un cadavre quelque chose de terrible et de solennel, dont l'homme le plus maître de lui-même subit l'impression. Aussi était-il là, muet, immobile, hésitant, lorsqu'il lui sembla entendre la voix de la petite Bathilde qui se lamentait. Il se souvint alors de la pauvre enfant, et cela lui rendit quelque courage. Cependant, arrivé à la porte, il s'arrêta encore, mais alors il entendit plus distinctement les gémissemens de la petite fille.

— Maman ! criait l'enfant de sa petite voix entrecoupée par les larmes ; maman, réveille-toi donc ! maman ! pourquoi as-tu froid comme cela ?

Puis l'enfant venait à la porte, et frappant avec sa petite main :

—Bon ami, disait-elle, bon ami, viens! je suis toute seule, j'ai peur!

Buvat ne comprenait pas qu'on n'eût pas emporté l'enfant quelque part, aussitôt que sa mère était morte, et la pitié profonde que lui inspira la pauvre petite l'emportant sur le sentiment pénible qui l'avait arrêté un instant, il porta la main à la serrure pour ouvrir la porte. La porte était fermée. En ce moment il entendit la portière qui l'appelait; il courut à l'escalier et lui demanda où était la clef.

— Eh bien! c'est justement cela, répondit la portière; regardez donc, que je suis bête! j'ai oublié de vous la donner en passant, moi!

Buvat descendit aussi vite qu'il put le faire.

— Et pourquoi cette clef se trouve-t-elle ici? demanda-t-il.

— C'est le propriétaire qui l'y a déposée, après avoir fait enlever les meubles, répondit la portière.

— Comment! enlever les meubles! s'écria Buvat.

— Eh! sans doute qu'il a fait enlever les meubles! Elle n'était pas riche, votre voisine, monsieur Buvat, et il y a gros à parier qu'elle doit de tous les côtés. Tiens! il n'a pas voulu de chicanes, le propriétaire! Le terme avant tout! c'est trop juste. D'ailleurs elle n'a plus besoin de meubles, la pauvre chère femme!

— Mais la garde? qu'est-elle devenue?

— Quand elle a vu sa malade morte, elle s'en est allée. Son affaire était finie; elle viendra l'ensevelir pour un écu, si vous voulez. C'est ordinairement les portières qui ont ce petit boni-là; mais moi, je ne puis pas: je suis trop sensible.

Buvat comprit en frissonnant tout ce qui s'était passé. Il monta aussi rapidement cette fois qu'il était monté lentement la première. La main lui tremblait tellement, qu'il ne pouvait trouver la serrure. Enfin la clef tourna et la porte s'ouvrit.

Clarice était étendue à terre sur la paillasse de son lit, au milieu de la chambre toute démeublée. Un mauvais drap avait été jeté sur elle et avait dû la cacher tout entière, mais la petite Bathilde l'avait rabattu pour chercher le visage de sa mère, qu'elle embrassait au moment où Buvat entrait.

— Ah! bon ami, bon ami, s'écria l'enfant, réveille donc ma petite maman, qui veut toujours dormir; réveille-la, je t'en prie.

Et l'enfant courait à Buvat, qui regardait de la porte ce triste spectacle.

Buvat conduisit Bathilde près du cadavre.

— Embrasse une dernière fois ta mère, pauvre enfant, lui dit-il.

L'enfant obéit.

— Et maintenant, continua-t-il, laisse-la dormir. Un jour, le bon Dieu la réveillera.

Et il prit l'enfant dans ses bras et l'emporta chez lui. L'enfant se laissa faire sans résistance, comme si elle eût compris sa faiblesse et son isolement.

Alors il la coucha dans son propre lit, car on avait enlevé jusqu'au berceau de l'enfant, et quand il la vit endormie, il sortit pour aller faire la déclaration mortuaire au commissaire du quartier, et prévenir l'administration des pompes funèbres.

Lorsqu'il revint, la portière lui remit un papier que la garde avait trouvé dans la main de Clarice en l'ensevelissant.

Buvat l'ouvrit et reconnut la lettre du duc d'Orléans.

C'était le seul héritage que la pauvre mère avait laissé à sa fille.

XVIII.

L'HÉRITAGE.

En allant faire sa déclaration au commissaire du quartier, et ses arrangemens avec les pompes funèbres, Buvat s'était encore occupé de chercher une femme qui pût prendre soin de la petite Bathilde, fonctions dont il ne pouvait se charger lui-même, d'abord parce qu'il était dans la parfaite ignorance des fonctions d'une gouvernante, et ensuite parce que, allant à son bureau pendant six heures de la journée, il était impossible que l'enfant demeurât seule en son absence. Heureusement il avait sous la main ce qu'il lui fallait : c'était une bonne femme de trente-cinq à trente-huit ans à peu près, qui était restée au service de feu madame Buvat pendant les trois dernières années de sa vie, et dont, pendant ces trois ans, il avait pu apprécier les bonnes qualités. Il fut convenu avec Nanette, c'était le nom de la bonne femme, qu'elle logerait dans la maison, ferait la cuisine, prendrait soin de la petite Bathilde, et aurait pour gages cinquante livres par an et sa nourriture.

Cette nouvelle disposition devait changer toutes les habitudes de Buvat, en lui faisant un ménage, à lui, qui avait toujours vécu en garçon, et mangé en pension bourgeoise; il ne pouvait donc garder sa mansarde, devenue trop étroite de sa vie, et dès le lendemain matin il se mit en quête d'un autre logement. Il en trouva un rue Pagevin, car il tenait fort à ne pas s'éloigner de la bibliothèque du roi, afin, quelque temps qu'il fît, d'y arriver sans trop de désagrément ; c'était un appartement composé de deux chambres, d'un cabinet et d'une cuisine; il l'arrêta séance tenante, donna le denier-à-Dieu, s'en alla rue Saint-Antoine acheter les meubles qui lui manquaient pour garnir la chambre de Bathilde et celle de Nanette, et le soir même, à son retour du bureau, le déménagement fut opéré.

Le lendemain, qui était un dimanche, l'enterrement de Clarice eut lieu, si bien que Buvat n'eut pas même besoin, pour rendre les derniers devoirs à sa voisine, de demander un congé d'un jour à son chef. Pendant une semaine ou deux, la petite Bathilde demanda à chaque instant sa maman Clarice, mais son bon ami Buvat lui ayant apporté, pour la consoler, force jolis joujoux, elle commença à parler moins souvent de sa mère, et comme on lui avait dit qu'elle était partie pour rejoindre son papa, elle finit par demander seulement de temps en temps quand ils reviendraient tous les deux. Enfin le voile qui sépare nos premières années du reste de notre vie s'épaissit peu à peu, et Bathilde les oublia jusqu'au jour où la jeune fille, sachant enfin ce que c'était que d'être orpheline, devait les retrouver l'un et l'autre dans ses souvenirs d'enfant.

Buvat avait donné la plus belle des deux chambres à Bathilde; il avait gardé l'autre pour lui, et avait relégué Nanette dans le cabinet. Cette Nanette était une bonne femme, qui faisait passablement la cuisine, tricotait d'une manière remarquable, et filait comme la sainte Vierge. Mais, malgré ses divers talens, Buvat comprit que Nanette et lui étaient loin de suffire à l'éducation d'une jeune fille, et que, quand Bathilde aurait un magnifique point d'écriture, connaîtrait ses cinq règles, aurait appris à coudre et à filer, elle ne saurait juste que la moitié de ce qu'elle devait savoir, car Buvat avait envisagé l'obligation dont il s'était chargé dans toute son étendue ; c'était une de ces saintes organisations qui ne pensent qu'avec le cœur, et il avait compris que tout en devenant la pupille de Buvat, Bathilde n'en serait pas moins la fille d'Albert et de Clarice. Il résolut donc de lui donner une éducation conforme, non pas à sa situation présente, mais au nom qu'elle portait.

Et, pour prendre cette résolution, Buvat avait fait un raisonnement bien simple : c'est qu'il devait sa place à Albert, et que par conséquent le revenu de cette place appartenait à Bathilde. Voici comment il divisait ses neuf cents livres d'appointemens annuels :

Quatre cent cinquante livres pour les maîtres de musique, de dessin et de danse ;

Quatre cent cinquante livres pour la dot de Bathilde.

Or, en supposant que Bathilde, qui avait quatre ans, se mariât quatorze ans plus tard, c'est-à-dire à dix-huit ans, l'intérêt et le capital réunis se monteraient, le jour de son mariage, à quelque chose comme neuf ou dix mille livres. Ce n'était pas grand'chose, Buvat le savait bien, et il en était fort peiné, mais il avait eu beau se creuser l'esprit, il n'avait pas trouvé moyen de faire mieux.

Quant à la nourriture commune, au paiement du loyer, à l'entretien de Bathilde, à son entretien à lui et aux gages de Nanette, il y ferait face en se remettant à donner des leçons d'écriture, et en faisant des copies. A cet effet, il se lèverait à cinq heures du matin et se coucherait à dix heures du soir. Ce serait tout bénéfice, car, grâce à ce nouvel arrangement, il allongerait sa vie de quatre ou cinq heures tous les jours.

Dieu bénit d'abord ces saintes résolutions : ni les leçons ni les copies ne manquèrent à Buvat, et comme deux années s'écoulèrent avant que Bathilde eût terminé l'éducation première dont il s'était chargé lui-même, il put ajouter neuf cents livres à son petit trésor et placer neuf cents livres sur la tête de Bathilde.

A six ans, Bathilde eut donc ce qu'ont rarement à cet âge les filles des plus nobles et des plus riches maisons, c'est-à-dire maître de danse, maître de musique et maître de dessin.

Au reste, c'était tout plaisir que de faire des sacrifices pour cette charmante enfant, car elle paraissait avoir reçu de Dieu une de ces heureuses organisations dont l'aptitude fait croire à un monde antérieur, tant ceux qui en sont doués semblent, non pas apprendre une chose nouvelle, mais se souvenir d'une chose oubliée. Quant à sa jeune beauté, qui donnait de si magnifiques espérances, elle tenait tout ce qu'elle avait promis.

Aussi Buvat était-il bien heureux toute la semaine quand après chaque leçon il recevait les complimens des maîtres, et bien fier lorsque le dimanche, après avoir passé l'habit saumon, la culotte de velours noir et les bas chinés, il prenait par la main sa petite Bathilde et s'en allait faire avec elle sa promenade hebdomadaire. C'était ordinairement vers le chemin des Porcherons qu'il se dirigeait. C'était là le rendez-vous des joueurs de boules, et Buvat avait été autrefois un grand amateur de ce jeu. En cessant d'être acteur, il était devenu juge. A chaque contestation qui s'élevait, c'était à lui qu'on en appelait, et c'était une justice à lui rendre, il avait le coup d'œil si exact, qu'à la première vue il indiquait, sans jamais se tromper, la boule la plus proche du cochonnet. Aussi ses jugemens étaient-ils sans appel, et respectés et suivis ni plus ni moins que ceux que saint Louis rendait à Vincennes.

Mais encore, il faut le dire à sa louange, sa prédilection pour cette promenade n'était pas née d'un sentiment égoïste : cette promenade conduisait en même temps aux marais de la Grange-Batelière, dont les eaux sombres et moirées attiraient un grand nombre de ces demoiselles aux ailes de gaze et aux corsages d'or, qu'ont tant de plaisir à poursuivre les enfans. Un des grands amusemens de la petite Bathilde était de courir, son réseau vert à la main, ses beaux cheveux blonds flottant au vent, après les papillons et les demoiselles. Il en résultait bien, à cause de la disposition du terrain, quelques petits accidens à sa robe blanche, mais pourvu que Bathilde s'amusât, Buvat passait avec une grande philosophie par-dessus une tache ou un accroc : c'était l'affaire de Nanette. La bonne femme grondait fort au retour, mais Buvat lui fermait la bouche en haus-

sant les épaules et en disant : — Bah ! il faut que vieillesse muse et que jeunesse s'amuse ! Et comme Nanette avait un grand respect pour les proverbes qu'elle pratiquait elle-même dans l'occasion, elle se rendait ordinairement à la moralité de celui-là.

Il arrivait aussi quelquefois, mais ce n'était que les jours de grande fête, que Buvat consentait, à la requête de la petite Bathilde, qui voulait voir de près les moulins à vent, à pousser jusqu'à Montmartre. Alors on partait de meilleure heure ; Nanette emportait un dîner destiné à être mangé sur l'esplanade de l'Abbaye. On se lançait bravement dans le faubourg, on traversait le pont des Porcherons, on laissait à droite le cimetière Saint-Eustache et la chapelle de Notre-Dame-de-Lorette, on franchissait la barrière, et l'on gravissait le chemin de Montmartre, lancé comme un ruban entre les prés verts et les Briolets.

Ce jour-là on ne rentrait qu'à huit heures du soir ; mais aussi, depuis la croix des Porcherons, la petite Bathilde dormait dans les bras de Buvat.

Les choses allèrent ainsi jusqu'en l'an de grâce 1712, époque à laquelle le grand roi se trouva si gêné dans ses affaires, qu'il ne vit moyen de se tirer d'embarras qu'en cessant de payer ses employés. Buvat fut averti de cette mesure administrative par le caissier, qui lui annonça un beau matin, comme il se présentait pour toucher son mois, qu'il n'y avait pas d'argent à la caisse. Buvat regarda le caissier d'un air tout ébahi : il ne lui était jamais venu à l'idée que le roi pût manquer d'argent. Il ne s'inquiéta donc pas autrement de cette réponse, convaincu qu'un accident fortuit avait seul interrompu le payement, et il s'en revint à son bureau, en chantonnant sa chanson favorite :

Laissez-moi aller,
Laissez-moi jouer. etc.

— Pardieu ! lui dit le surnuméraire, qui, après sept ans d'attente était enfin passé employé le premier du mois précédent, il faut que vous ayez le cœur bien gai pour chanter encore quand on ne nous paye plus.

— Comment ? dit Buvat, que voulez-vous dire ?

— Je veux dire que vous ne venez peut-être pas de la caisse ?

— Si fait, j'en viens.

— Et on vous a payé ?

— Non, on m'a dit qu'il n'y avait pas d'argent.

— Et que pensez-vous de cela ?

— Dame ! je pense, dit Buvat, je pense qu'on nous payera les deux mois ensemble.

— Ah ! oui, comme il chante ! les deux mois ensemble ! Dis donc, Ducoudray, reprit l'employé en se tournant vers son voisin, il croit qu'on nous payera les deux mois ensemble ! Il est bon enfant, le père Buvat !

— C'est ce que nous verrons l'autre mois, répondit le second employé.

— Oui, dit Buvat, répétant ces paroles qui lui parurent de la plus grande justesse, c'est ce que nous verrons l'autre mois.

— Et si l'on ne vous paye pas l'autre mois, ni ceux qui suivront, qu'est-ce que vous ferez, père Buvat ?

— Ce que je ferai ? dit Buvat, étonné qu'on pût mettre en doute sa résolution à venir, eh bien ! mais c'est tout simple : je viendrai tout de même.

— Comment ! si l'on ne vous paye plus, dit l'employé, vous viendrez toujours ?

— Monsieur, dit Buvat, le roi m'a payé pendant dix ans rubis sur l'ongle. Il a donc bien, au bout de dix ans, s'il est gêné, le droit de me demander un peu de crédit.

— Vil flatteur ! dit l'employé.

Le mois s'écoula, le jour du payement revint ; Buvat se présenta le jour même avec la parfaite confiance qu'on allait lui payer son arriéré ; mais, à son grand étonnement, on lui annonça comme la dernière fois que la caisse était vide. Buvat demanda quand elle se remplirait ; le caissier lui répondit qu'il était bien curieux. Buvat se confondit en excuses et revint à son bureau, mais cette fois sans chanter.

Le même jour, l'employé donna sa démission. Or, comme il devenait difficile de remplacer un employé qui se retirait parce qu'on ne payait plus, et qu'il fallait que la besogne se fît tout de même, le chef chargea Buvat, outre son propre travail, de celui du démissionnaire. Buvat le reçut sans murmurer, et comme, à tout prendre, ses étiquettes lui laissaient assez de temps de reste, au bout du mois la besogne se trouva au courant.

On ne paya pas plus le troisième mois que les deux premiers. C'était une véritable banqueroute.

Mais, comme on l'a vu, Buvat ne marchandait jamais avec ses devoirs. Ce qu'il avait promis de faire dans son premier mouvement, il le fit avec réflexion. Seulement il attaqua son petit trésor, qui se composait juste de deux années de ses appointemens.

Cependant Bathilde grandissait : c'était maintenant une jeune fille de treize à quatorze ans, dont la beauté devenait tous les jours plus remarquable, et qui commençait à comprendre toute la difficulté de sa position. Aussi, depuis six mois ou un an, sous prétexte qu'elle préférait rester à dessiner ou à jouer du clavecin, les promenades aux Porcherons, les courses dans les marais de la Grange-Batelière et les ascensions à Montmartre étaient interrompues. Buvat ne comprenait rien à ces goûts sédentaires qui étaient venus tout à coup à la jeune fille, et comme, après avoir essayé deux ou trois fois de se promener sans elle, il s'était aperçu que ce n'était pas la promenade en elle-même qu'il aimait, il résolut, attendu qu'il faut que le bourgeois de Paris, enfermé toute la semaine, ait de l'air au moins le dimanche, il avait résolu, dis-je, de chercher un petit logement avec un jardin ; mais les logemens avec jardin étaient devenus trop chers pour l'état des finances du pauvre Buvat, de sorte qu'ayant trouvé dans ses courses le petit logement de la rue du Temps-Perdu, il avait eu incontinent cette lumineuse idée de remplacer le jardin par une terrasse ; il avait même réfléchi bientôt que l'air en serait meilleur, et il était revenu faire part de sa trouvaille à Bathilde, en lui disant que le seul inconvénient qu'il vît à leur futur appartement, qui du reste leur convenait sous tous les rapports, c'est que leurs deux chambres seraient séparées, et qu'elle serait obligée d'habiter le quatrième étage avec Nanette, tandis qu'il logerait au cinquième. Ce qui paraissait un inconvénient à Buvat parut au contraire une qualité à Bathilde. Depuis quelque temps elle comprenait, avec cet instinct de pudeur naturel à la femme, qu'il était inconvenant que sa chambre fût de plain-pied et séparée par une seule porte de la chambre d'un homme jeune encore, et qui n'était ni son père ni son mari. Elle assura donc Buvat que, d'après tout ce qu'il lui disait de ce logement, elle croyait qu'il en trouverait difficilement un autre qui fût aussi bien à sa convenance ; elle l'invita à l'arrêter le plus tôt possible. Buvat enchanté donna le même jour le congé à son ancien logement et le denier-à-Dieu à son nouveau ; puis, au prochain dème-terme, il déménagea. C'était la troisième fois depuis vingt ans, et toujours dans des circonstances péremptoires. Comme on le voit, Buvat n'était point d'humeur changeante.

Et Bathilde avait raison de se replier ainsi sur elle-même, car, depuis que son mantelet noir dessinait d'admirables épaules, depuis que sous sa mitaine s'allongeaient les plus jolis doigts du monde, depuis que, de la Bathilde d'autrefois, elle n'avait gardé que son pied d'enfant, tout le monde remarquait que Buvat était jeune encore ; plus cinq ou six fois, comme on le savait un homme d'ordre et qu'on le voyait régulièrement aller tous les mois chez son notaire, il avait trouvé l'occasion de faire un mariage convenable sans profiter de cette occasion ; enfin, que le tuteur et la pupille demeuraient sous la même clef ; si bien que les commères, qui baisaient la trace des pas du bonhomme quand Bathilde n'avait que six ans, commençaient à crier à l'immoralité de Buvat, maintenant que Bathilde en avait quinze.

Pauvre Buvat! Si jamais écho fut innocent et pur, c'est celui de cette chambre qui attenait à celle de Bathilde, de cette chambre qui abrita dix ans sa bonne grosse tête jouflue et rose, à laquelle jamais une mauvaise pensée n'était venue, même en songe.

Mais, en arrivant rue du Temps-Perdu, ce fut bien pis encore : Buvat et Bathilde étaient venus, on se le rappelle, de la rue des Orties à la rue Pagevin ; de sorte que, là où l'on avait su son admirable conduite à l'égard de la pauvre enfant, ce souvenir l'avait encore protégé contre la calomnie ; mais il y avait déjà si longtemps que cette belle action avait été faite, que, même rue Pagevin, on commençait à l'oublier. Il était donc bien difficile que les bruits qui avaient commencé à se répandre ne les suivissent pas dans un quartier nouveau où ils étaient tout à fait inconnus, et où leur inscription sous deux noms différens devait dans tous les cas éveiller les soupçons, en excluant toute idée de proche parenté.

Restait la supposition qui, attribuant à Buvat une jeunesse orageuse, aurait vu dans Bathilde le résultat d'une ancienne passion que l'Eglise eût oublié de consacrer ; mais cette supposition tombait au premier examen. Bathilde était grande et élancée, Buvat était gros et court ; Bathilde avait les yeux noirs et ardens, Buvat avait les yeux bleu-faïence et sans la moindre expression ; Bathilde avait la peau blanche et mate, Buvat avait le visage du rose le plus vif ; enfin, toute la personne de Bathilde respirait l'élégance et la distinction, tandis que le pauvre bonhomme Buvat était des pieds à la tête un type de vulgaire bonhomie. Il en résulta que les femmes commencèrent à regarder Bathilde avec dédain, et que les hommes appelèrent Buvat un heureux drôle.

Il est juste de dire au reste que madame Denis fut une des dernières à accréditer tous ces bruits. Nous dirons plus tard à quelle occasion elle commença d'y donner créance.

Cependant les prévisions de l'employé démissionnaire s'étaient réalisées. Il y avait déjà dix-huit mois que Buvat n'avait touché un sou d'appointemens sans que le brave homme, malgré ce long crédit, se fût relâché un instant de sa ponctualité ordinaire. Il y a plus, depuis qu'on ne payait plus, il avait une peur terrible que l'envie ne prît au ministre de faire des économies en supprimant le tiers des employés, et Buvat, quoique sa place lui prît par jour six heures de son temps qu'il eût pu employer d'une manière plus lucrative, eût regardé comme un malheur irréparable la perte de cette place. Aussi, redoublait-il de zèle à mesure qu'il perdait l'espoir du retour de ses appointemens. Il en résulta qu'on se garda bien de mettre dehors un homme qui travaillait d'autant plus qu'on le payait moins.

L'ignorance complète de l'époque où cette situation précaire cesserait, jointe à la diminution de son petit trésor qui menaçait de s'épuiser bientôt, rembrunissait néanmoins le front de Buvat, au point que Bathilde commença de se douter qu'il se passait quelque chose qu'elle ignorait. Avec le tact qui caractérise les femmes, elle comprit que toute question à Buvat sur un secret qu'il ne lui avait pas confié de lui-même serait inutile. Ce fut donc à Nanette qu'elle s'adressa. Nanette ne fit quelque peu prier, mais comme tout dans la maison ressentait l'influence de Bathilde, elle finit par lui avouer la situation des affaires ; Bathilde apprit alors seulement tout ce qu'elle devait à la délicatesse désintéressée de Buvat ; elle sut que pour lui conserver intacts des appointemens destinés à payer ses maîtres d'agrément et à lui amasser une dot, Buvat travaillait le matin depuis cinq heures jusqu'à huit heures, et le soir, depuis neuf heures jusqu'à minuit, et que ce qui le rendait triste, c'était que, malgré ce travail acharné, comme on ne lui payait plus ses appointemens, quand ses petites économies seraient épuisées, il se verrait forcé d'avouer à Bathilde qu'il leur fallait retrancher toute dépense qui n'était pas rigoureusement nécessaire. Le premier mouvement de Bathilde, en apprenant ce saint dévouement, avait été de tomber aux pieds de Buvat quand il rentrerait, et de lui baiser les mains; mais bientôt elle comprit que le seul moyen d'arriver à son but était de paraître tout ignorer, et dans le baiser filial qu'elle déposa sur le front de Buvat lorsqu'il rentra de son bureau, le bonhomme ne put deviner tout ce qu'il y avait de reconnaissance et de vénération.

XIX.

BATHILDE.

Mais le lendemain, Bathilde dit en riant à Buvat qu'elle croyait que ses maîtres n'avaient plus rien à lui apprendre, qu'elle en savait autant qu'eux, et que les conserver plus longtemps serait de l'argent perdu. Comme Buvat ne trouvait rien d'aussi beau que les dessins de Bathilde; comme, lorsque Bathilde chantait, il se sentait enlever au troisième ciel, il n'eut pas de peine à croire sa pupille, d'autant moins que les maîtres, avec une bonne foi assez rare, avouèrent que leur élève en savait assez pour aller désormais toute seule. C'est que tel était le sentiment qu'inspirait Bathilde, qu'il épurait tout ce qui s'approchait d'elle.

On comprend que cette double déclaration fit grand plaisir à Buvat; mais ce n'était pas assez pour Bathilde que d'épargner sur la dépense; elle résolut encore d'ajouter au gain. Quoiqu'elle eût fait des progrès à peu près pareils dans la musique et dans le dessin, elle comprit que le dessin seul pouvait lui être une ressource, tandis que la musique ne lui serait jamais qu'un délassement. Elle réserva donc toute son application pour le dessin, et comme elle y était vraiment d'une force supérieure, elle arriva bientôt à faire de délicieux pastels. Enfin, un jour, elle voulut connaître la valeur de ses œuvres, et pria Buvat, en allant à son bureau, de montrer au marchand de couleurs chez qui elle achetait son papier et ses crayons, et qui demeurait au coin de la rue de Cléry et de la rue du Gros-Chenet, deux têtes d'enfant qu'elle avait faites de fantaisie, et de lui demander ensuite ce qu'il les estimait. Buvat se chargea de la commission sans y entendre le moins du monde malice, et s'en acquitta avec sa naïveté ordinaire. Le marchand, habitué à de pareilles propositions, tourna et retourna d'un air dédaigneux les têtes entre ses mains, et, tout en les critiquant fort, dit qu'il ne pourrait offrir que quinze livres de chaque. Buvat, blessé non pas du prix offert, mais de la manière peu respectueuse dont l'industriel avait parlé du talent de Bathilde, lui tira assez brusquement des mains, en lui disant qu'il le remerciait.

Le marchand, croyant alors que le bonhomme ne trouvait pas le prix assez élevé, dit qu'en faveur de la connaissance il donnerait des deux têtes jusqu'à quarante livres; mais Buvat, rancuneux en diable quand il s'agissait d'une offense faite à la perfectibilité de sa pupille, lui répondit sèchement que les dessins qu'il lui avaient montrés n'étaient point à vendre, et qu'il n'en demandait le prix que pour sa propre satisfaction. Or, du moment où les dessins ne sont point à vendre, ils augmentent singulièrement de valeur; il en résulta que le marchand finit par en offrir jusqu'à cinquante livres; mais Buvat, peu sensible à cette proposition dont il n'avait pas même l'idée qu'il pût profiter, remit les dessins dans leur carton, sortit de chez le marchand avec toute la fierté d'un homme blessé dans sa dignité, et s'achemina vers son bureau. À son retour, le marchand se trouva comme par hasard sur sa porte, mais Buvat en le voyant prit sa large. Cela ne servit à rien, le marchand alla à lui, et, lui mettant les deux mains sur les épaules, lui demanda s'il ne voulait pas lui donner les deux dessins pour le prix qu'il avait dit. Buvat lui répondit une seconde fois, et d'une voix plus aigre encore que la première, que les dessins n'étaient point à vendre.

— C'est fâcheux, reprit le marchand, j'aurais été jusqu'à quatre-vingt livres, et il retourna sur la porte d'un air indifférent, mais tout en suivant Buvat du coin de l'œil. Buvat, de son côté, continua son chemin avec une fierté qui donnait quelque chose de plus grotesque encore à sa tournure, et, sans s'être retourné une seule fois, disparut au coin de la rue du Temps-Perdu.

Bathilde entendit Buvat qui montait tout en battant les barreaux de l'escalier avec sa canne, ce qui produisait un bruit régulier dont il avait l'habitude d'accompagner sa marche ascendante. Elle courut aussitôt au-devant de lui jusque sur le palier, car elle était fort inquiète du résultat de la négociation, et lui jetant, avec un reste de ses habitudes enfantines, les bras autour du cou:

— Eh bien! bon ami, demanda-t-elle, qu'a dit monsieur Papillon?

C'était le nom du marchand de couleurs.

— Monsieur Papillon? répondit Buvat en s'essuyant le front, monsieur Papillon est un impertinent!

La pauvre Bathilde pâlit.

— Comment cela, bon ami, un impertinent?

— Oui, un impertinent, qui, au lieu de se mettre à genoux devant tes dessins, s'est permis de les critiquer.

— Oh! si ce n'est que cela, bon ami, dit Bathilde en riant, il a raison. Songez donc que je ne suis encore qu'une écolière. Mais enfin en a-t-il offert un prix quelconque?

— Oui, répondit Buvat, il a eu encore cette impertinence.

— Et quel prix? demanda Bathilde toute tremblante.

— Il en a offert quatre-vingt livres!

— Quatre-vingt livres! s'écria Bathilde. Oh! vous vous trompez sans doute, bon ami.

— Il a osé offrir quatre-vingt livres des deux, je le répète, répondit Buvat en appuyant sur chaque syllabe.

— Mais c'est quatre fois ce qu'ils valent, dit la jeune fille en battant des mains de joie.

— C'est possible, reprit Buvat, quoique je n'en croie rien; mais il n'en est pas moins vrai que monsieur Papillon est un impertinent.

Ce n'était pas l'avis de Bathilde; aussi pour ne pas entamer une discussion si délicate avec Buvat, changea-t-elle de conversation, en lui annonçant que le dîner était servi, annonce qui avait ordinairement pour résultat de donner immédiatement un autre cours aux idées du bonhomme. Buvat remit, sans observations ultérieures, le carton entre les mains de Bathilde, et entra dans la petite salle à manger en battant ses cuisses avec ses mains et en fredonnant l'inévitable:

Laissez-moi aller,
Laissez-moi jouer, etc.

Il dîna d'aussi bon appétit que si son amour-propre presque paternel était par du tout échec, et qu'il n'y eût point de monsieur Papillon au monde.

Le soir même, tandis que Buvat était monté dans sa chambre pour faire ses copies, Bathilde remit le carton à Nanette, lui dit de porter à monsieur Papillon les deux têtes qu'il renfermait, et de lui demander les quatre-vingts livres qu'il en avait offertes à Buvat.

Nanette obéit, et Bathilde attendit son retour avec anxiété, car elle ne pouvait croire que Buvat ne se fût point trompé sur le prix. Dix minutes après elle fut entièrement rassurée, car la bonne femme rentra avec les quatre-vingts livres.

Bathilde prit l'argent de ses mains, le regarda un instant les larmes aux yeux, puis, le posant sur la table, elle alla en silence s'agenouiller vers le crucifix qui était au pied de son lit, et auquel chaque soir elle faisait sa prière. Mais cette fois la prière était changée en actions de grâces. Elle allait donc pouvoir rendre au bon Buvat une partie de ce qu'il avait fait pour elle.

Le lendemain, Buvat, en revenant de son bureau, voulut, ne fût-ce que pour narguer monsieur Papillon, repasser encore devant sa porte; mais son étonnement fut grand lorsqu'à travers les carreaux de la boutique il aperçut, dans de magnifiques cadres, les deux têtes d'enfant qui le regardaient. En même temps la porte s'ouvrit, et le marchand parut.

— Eh bien ! papa Buvat, lui dit-il, nous avons donc fait nos petites réflexions ! nous nous sommes décidés à nous défaire de nos deux têtes, qui n'étaient pas à vendre ! Ah ! trédame ! je ne vous croyais pas si roué, voisin ! Vous m'avez tiré quatre-vingts bonnes livres de la poche, avec tout cela ! Mais c'est égal, dites à mademoiselle Bathilde, que comme c'est une bonne et sainte fille, par considération pour elle, si elle veut m'en donner deux comme cela tous les mois, et s'engager d'un an à n'en point faire pour d'autres, je les lui prendrai au même prix.

Buvat demeura atterré ; il grommela une réponse que le marchand ne put entendre, et prit la rue du Gros-Chenet, en choisissant les pavés où il posait le bout de sa canne, ce qui était encore chez lui une grande marque de préoccupation. Puis il remonta ses cinq étages sans battre les barres de l'escalier, ce qui fit qu'il ouvrit la chambre de Bathilde sans que Bathilde l'eût entendu. La jeune fille dessinait ; elle avait déjà commencé une autre tête.

En apercevant son bon ami debout sur la porte et avec un air tout soucieux, Bathilde posa sur la table carton et pastels, et courut à lui en demandant ce qui était arrivé ; mais Buvat, sans répondre, essuya deux grosses larmes, et avec un accent de sensibilité indéfinissable :

— Ainsi, dit-il, la fille de mes bienfaiteurs, l'enfant de Clarice Gray et d'Albert du Rocher travaille pour vivre !

— Mais, petit père, répondit Bathilde, moitié pleurant, moitié riant, je ne travaille pas, je m'amuse.

Le mot petit père était dans les grandes occasions substitué par Bathilde au mot bon ami, et il avait d'ordinaire pour résultat de calmer les plus grandes peines du bonhomme, mais cette fois la ruse échoua.

— Je ne suis ni votre petit père, ni votre bon ami, murmura Buvat en secouant la tête, et en regardant la jeune fille avec une bonhomie admirable ; je suis tout simplement le pauvre Buvat, que le roi ne paie plus, et qui ne gagne point assez avec son écriture pour continuer de vous donner l'éducation qui convient à une demoiselle comme vous.

Et il laissa tomber ses bras avec un tel découragement, que sa canne lui échappa des mains.

— Oh ! mais vous voulez donc à votre tour me faire mourir de chagrin ! s'écria Bathilde en éclatant en sanglots, tant la douleur de Buvat se peignait sur son visage.

— Moi, te faire mourir de chagrin, mon enfant ! s'écria Buvat, avec un accent de profonde tendresse. Qu'est-ce que j'ai donc dit ? Qu'est-ce que j'ai donc fait ?

Et Buvat joignit les mains, et fut prêt à tomber à genoux devant elle.

— A la bonne heure ! dit Bathilde, voilà comme je vous aime, petit père ; c'est quand vous tutoyez votre fille ; mais quand vous ne me tutoyez pas, il me semble que vous êtes fâché contre moi, et alors je pleure.

— Mais je ne veux pas que tu pleures, moi ! dit Buvat. Eh bien ! il ne me manquerait plus que cela, de te voir pleurer !

— Alors, dit Bathilde , je pleurerai toujours si vous ne me laissez pas faire ce que je veux.

Cette menace de Bathilde, toute puérile qu'elle était, fit frissonner Buvat depuis la pointe du pied jusqu'à la racine des cheveux ; car depuis le jour où l'enfant pleurait sa mère, pas une larme n'était tombée des yeux de la jeune fille.

— Eh bien ! dit Buvat, fais donc comme tu veux, et ce que tu veux ; mais promets-moi que le jour où le roi me payera mon arriéré...

— C'est bon, c'est bon, petit père ! dit Bathilde en interrompant Buvat ; nous verrons tout cela plus tard ; mais, en attendant, vous êtes cause que le plat refroidit.

Et la jeune fille, prenant le bonhomme sous le bras, passa avec lui dans la salle à manger, où, par ses plaisante-

ries et sa gaîté, elle eut bientôt effacé sur la bonne grosse figure de Buvat jusqu'à la dernière trace de tristesse.

Qu'eût-ce donc été si le pauvre Buvat eût tout su ?

En effet, Bathilde avait songé que pour qu'elle continuât de bien placer ses dessins, il n'en fallait pas trop faire ; et, comme on l'a vu, sa prévision était juste, puisque le marchand de couleurs avait dit à Buvat qu'il en prendrait deux par mois, mais à la condition que Bathilde ne travaillerait pas pour d'autres que pour, lui. Or, ces deux dessins, Bathilde pouvait les faire en huit ou dix jours : il lui restait donc par mois quinze jours au moins qu'elle ne se croyait plus le droit de perdre ; si bien que, comme elle avait fait autant de progrès dans son éducation de femme de ménage que dans celle de femme du monde, elle avait chargé le matin même Nanette de chercher, sans dire pour qui, parmi les connaissances, quelque ouvrage d'aiguille, difficile et par conséquent bien payé, auquel elle pourrait se livrer en l'absence de Buvat, et dont la rétribution viendrait encore ajouter au bien-être de la maison.

Nanette, qui ne savait qu'obéir à sa jeune maîtresse, s'était donc mise en quête le jour même, et n'avait pas eu besoin d'aller bien loin pour trouver ce qu'elle cherchait. C'était le temps des dentelles et des accrocs ; les grandes dames payaient la guipure cinquante louis l'aune, et couraient ensuite négligemment par les bosquets avec des robes plus transparentes encore que celles que Juvénal appelait de l'air tissu. Il en résultait, comme on le comprend bien, force déchirures, qu'il fallait cacher aux regards des mères ou des maris ; de sorte qu'à cette époque, il y avait peut-être plus encore à gagner à raccommoder les dentelles qu'à les vendre. Dès son coup d'essai en ce genre, Bathilde fit des miracles ; son aiguille semblait être celle d'une fée. Aussi Nanette reçut-elle force complimens sur la Pénélope inconnue qui refaisait ainsi le jour l'ouvrage que l'on défaisait la nuit.

Grâce à cette laborieuse résolution de Bathilde, résolution dont une partie resta ignorée de tout le monde et même de Buvat, l'aisance prête à manquer dans le ménage y rentra par une double source. Buvat, plus tranquille désormais, et voyant bien que, sans que Bathilde se fût positivement prononcée à ce sujet, il lui fallait cependant renoncer à ses promenades du dimanche, qu'il ne trouvait si charmantes que parce qu'il les faisait avec elle, résolut donc de tirer parti de cette fameuse terrasse qui avait été d'un poids si fort dans le choix de son logement. Pendant huit jours, chaque matin et chaque soir, il passa une heure à prendre ses mesures, sans que personne, même Bathilde, eût l'idée de ce qu'il voulait faire. Enfin, il s'arrêta à un jet d'eau, à une grotte et à un berceau.

Il faut avoir vu le bourgeois de Paris aux prises avec une de ces idées fantastiques comme il en était venu une à Buvat le jour où il avait résolu d'avoir un parc sur sa terrasse, pour comprendre tout ce que la patience humaine peut exécuter de choses qui, au premier abord, paraissent impossibles. Le jet d'eau ne fut presque rien. Comme nous l'avons dit, les gouttières, de huit pieds plus élevées que la terrasse, donnaient toutes facilités pour l'exécution. Le berceau même fut peu de chose : quelques lattes peintes en vert, clouées en losange et tapissées de jasmin et de chèvre-feuille, en firent les frais. Mais ce fut la grotte qui devait être véritablement le chef-d'œuvre de ces nouveaux jardins de Sémiramis.

En effet, le dimanche, dès la pointe du jour, Buvat partait pour le bois de Vincennes ; et, arrivé là, il se mettait en quête de ces pierres hétéroclites, aux formes torturées, dont les unes représentent naturellement des têtes de singe, les autres des lapins accroupis, celles-ci des champignons, celles-là des clochers de cathédrale ; puis, lorsqu'il en avait réuni un assez grand nombre, il les faisait mettre dans une brouette, et, moyennant une livre tournois, qu'il consacrait hebdomadairement à cette dépense, il les faisait amener au cinquième étage de la rue du Temps-Perdu. Cette première collection dura trois mois à compléter.

Puis, Buvat passa des monolithes aux végétaux. Toute

racine ayant l'imprudence de sortir de terre, sous la forme d'un serpent ou sous l'apparence d'une tortue, devint la propriété de Buvat, qui, une petite serpe à la main, se promenait les yeux fixés sur le sol, avec autant d'attention qu'un homme qui aurait cherché un trésor, et qui, dès qu'il apercevait une forme ligneuse à sa convenance, se précipitait la face contre terre avec l'acharnement d'un tigre qui fond sur sa proie. A force de frapper, de hacher, de tirer, il finissait par l'arracher du sol. Cette recherche obstinée, à laquelle les gardes de Vincennes et de Saint-Cloud essayèrent plus d'une fois de mettre empêchement, mais sans pouvoir y réussir, tant Buvat, par sa persévérence, déjouait leur activité, dura trois autres mois, au bout desquels il vit enfin, à sa grande satisfaction, tous ses matériaux réunis.

Alors commença l'œuvre architecturale. La plus grosse comme la plus petite pierre qui devait servir à l'édification de la Babel moderne fut tournée et retournée d'abord sur toutes ses faces, afin qu'elle s'offrît à la vue par son côté le plus avantageux; puis posée, puis assurée, puis cimentée de façon que chaque saillie extérieure présentât la capricieuse imitation d'une tête d'homme, d'un corps d'animal, d'une plante, d'une fleur ou d'un fruit. Bientôt ce fut un amas chimérique des apparences les plus opposées, auxquelles vinrent se joindre, en serpentant, en rampant, en grimpant, toutes ces racines aux formes ophidiennes ou batraciennes, que Buvat avait surprises en flagrant délit de ressemblance avec un reptile quelconque. Enfin, la voûte s'arrondit et servit de repaire à une hydre magnifique, la pièce la plus précieuse de la collection, et aux sept têtes de laquelle Buvat eut l'heureuse idée d'ajouter, pour leur donner un air encore plus formidable, des yeux d'émail et des dards de drap écarlate. Il en résulta que lorsque la chose eut atteint toute sa perfection, ce n'était plus qu'avec une certaine hésitation que Buvat approchait de la terrible caverne, et que, dans les premiers temps, pour rien au monde, il ne se serait promené la nuit, tout seul, sur la terrasse.

XX.

DEMANDE EN MARIAGE.

L'œuvre babylonienne de Buvat avait duré douze mois. Pendant ces douze mois, Bathilde avait passé de sa quinzième à sa seizième année, de sorte que la gracieuse jeune fille était devenue une femme charmante. C'était pendant cette période que son voisin Boniface Denis l'avait remarquée, et avait tant fait que sa mère, qui n'avait rien à lui refuser, après avoir été prendre des informations préalables à une bonne source, c'est-à-dire à la rue Pagevin, avait commencé, sous un prétexte de voisinage, par se présenter chez Buvat et chez sa pupille, et avait fini par les inviter tous deux à venir passer chez elle les soirées du dimanche. L'invitation avait été faite de si bonne grâce, qu'il n'y avait pas eu moyen de refuser, quelque répugnance que Bathilde éprouvât à sortir de sa solitude. D'ailleurs Buvat était enchanté qu'une occasion de distraction se présentât pour Bathilde. Puis, au fond, comme il savait que madame Denis avait deux filles, peut-être n'était-il point fâché de jouir, dans cet orgueil paternel dont ne sont point exemptes les meilleures âmes, du triomphe que sa pupille ne pouvait manquer d'obtenir sur mademoiselle Émilie et sur mademoiselle Athénaïs.

Cependant, les choses ne se passèrent point précisément comme le bonhomme les avait d'avance arrangées dans sa tête. Bathilde vit du premier coup d'œil à qui elle avait affaire, et apprécia la médiocrité de ses rivales; de sorte que, lorsqu'on parla dessin, et qu'on lui fit admirer les

têtes, d'après la bosse, de ces demoiselles, elle prétendit n'avoir rien à la maison qu'elle pût montrer, tandis que Buvat savait parfaitement qu'il y avait dans ses cartons une tête d'enfant Jésus et une tête de saint Jean, charmantes toutes deux. Ce ne fut pas tout! Lorsqu'on la pria de chanter, après que mesdemoiselles Denis se furent fait entendre, elle prit une simple petite romance en deux couplets qui dura cinq minutes, au lieu du grand air sur lequel avait compté Buvat, et qui devait durer trois quarts d'heure. Cependant, au grand étonnement de Buvat, cette conduite parut augmenter singulièrement l'amitié de madame Denis pour la jeune fille; car madame Denis, qui avait entendu d'avance faire un grand éloge des talens de Bathilde, malgré son orgueil maternel, n'était point sans quelque inquiétude sur le résultat d'une lutte artistique entre les jeunes personnes. Bathilde fut donc comblée de caresses par la bonne femme, qui, lorsqu'elle fut partie, affirma à tout le monde que c'était une personne pleine de talens et de modestie, et qu'on n'avait rien dit de trop dans les éloges que l'on avait faits sur son compte. Une mercière retirée ayant même alors voulu élever la voix pour rappeler la position étrange de la pupille vis-à-vis du bonhomme qui lui servait de tuteur, madame Denis imposa silence à cette mauvaise langue, en disant qu'elle connaissait à fond cette histoire, et qu'il n'y avait pas le moindre détail qui ne fût à l'honneur de ses deux voisins. C'était un léger mensonge que se permettait madame Denis en se prétendant si bien renseignée, mais sans doute Dieu le lui pardonna en faveur de l'intention.

Quant à Boniface, du moment où il ne pouvait pas jouer au cheval fondu ou faire la roue, il était nul, de toute nullité. Il avait donc été ce soir-là d'une stupidité si supérieure, que Bathilde, n'attachant aucune importance à un pareil être, ne l'avait pas même remarqué.

Mais il n'en avait pas été ainsi de Boniface. Le pauvre garçon, qui n'était qu'amoureux en voyant Bathilde de loin, était devenu fou en la voyant de près. Il résulta de cette recrudescence de sentiment que Boniface ne quitta plus sa fenêtre, ce qui força tout naturellement Bathilde à fermer la sienne; car, on se le rappelle, M. Boniface habitait alors la chambre occupée depuis par le chevalier d'Harmental.

Cette conduite de Bathilde, dans laquelle il était impossible de voir autre chose qu'une suprême modestie, ne pouvait qu'augmenter la passion de son voisin. Aussi fit-il de telles instances auprès de sa mère, que celle-ci remonta de la rue Pagevin à la rue des Orties, et là apprit par les questions qu'elle fit à une vieille portière devenue à peu près aveugle et tout à fait sourde, quelque chose de cette scène mortuaire que nous avons racontée, et dans laquelle Buvat avait joué un si beau rôle. La bonne femme avait oublié les noms des principaux personnages; elle se rappelait seulement que le père était un bel officier qui avait été tué en Espagne, et la mère une charmante jeune femme qui était morte de douleur et de misère. Ce qui l'avait surtout frappée, et ce qui lui laissait des souvenirs si vifs, c'est que cette catastrophe était arrivée l'année même de la mort de son carlin.

De son côté, Boniface s'était mis en quête, et il avait appris par monsieur Joulu, son procureur, lequel était ami de monsieur Ladureau, notaire de Buvat, que, chaque année, depuis dix ans, on plaçait cinq cents francs au nom de Bathilde, lesquels cinq cents francs annuels, réunis aux intérêts, formaient un petit capital de sept ou huit mille francs. Sept ou huit mille francs de capital étaient bien peu de chose pour Boniface, qui, de l'aveu de sa mère, pouvait compter sur trois mille livres de rentes; mais enfin ce capital, si chétif qu'il fût, prouvait au moins que si Bathilde était loin d'avoir une fortune, elle n'était pas non plus tout à fait dans la misère.

En conséquence, au bout d'un mois, pendant lequel madame Denis vit que l'amour de Boniface allait toujours croissant, et où l'estime qu'elle avait de son côté pour Bathilde, qui vint encore à deux de ses soirées, ne subit aucune altération, elle se décida à faire la demande en règle. Donc, une après-dînée que Buvat revenait de son bureau à son heure ordinaire, madame Denis l'attendit sur sa porte, et, comme il allait rentrer chez lui, elle lui fit comprendre d'un signe de la main et d'un clignotement de l'œil qu'elle avait quelque chose à lui dire. Buvat comprit parfaitement la provocation, mit galamment le chapeau à la main et suivit madame Denis, qui le conduisit dans la chambre la plus reculée de sa maison, ferma les portes pour n'être surprise par personne, fit asseoir Buvat, et, lorsqu'il fut assis, lui fit majestueusement la demande de la main de Bathilde pour Boniface.

Buvat demeura tout étourdi de la proposition. Il ne lui était jamais venu à l'esprit que Bathilde pût se marier. La vie sans Bathilde lui semblait désormais une chose si impossible pour lui, qu'il changea de couleur à la seule idée d'être abandonné par elle.

Madame Denis était trop bonne observatrice pour ne pas remarquer l'effet étrange que sa demande avait produit sur le système nerveux de Buvat. Elle ne voulut pas même lui laisser ignorer qu'une chose si importante était passée inaperçue; elle lui offrit un flacon de sels à son usage, et qu'elle laissait toujours sur la cheminée, à la vue de tout le monde, pour se donner l'occasion de répéter deux ou trois fois par semaine qu'elle avait les nerfs d'une extrême irritabilité. Buvat, qui avait perdu la tête, au lieu de respirer purement et simplement ces sels à une distance convenable, déboucha le flacon et se le fourra dans le nez. L'effet du tonique fut rapide : Buvat bondit sur ses pieds comme si l'ange d'Habacuc l'avait enlevé par les cheveux; son visage passa d'un blanc fade au cramoisi le plus foncé; il éternua pendant dix minutes à se faire sauter la cervelle; puis enfin, s'étant calmé peu à peu et étant revenu insensiblement à l'état où il se trouvait au moment où la proposition avait été faite, il répondit qu'il comprenait tout ce qu'une pareille proposition avait d'honorable pour sa pupille, mais que, comme madame Denis le savait sans doute, il n'était que le tuteur de Bathilde, qualité qui lui faisait une obligation de lui transmettre la demande, et en même temps un devoir de la laisser parfaitement libre de l'accepter ou de la refuser. Madame Denis trouva la réplique parfaitement juste, et le reconduisit à la porte de la rue en lui disant qu'en attendant sa réponse elle le priait de la croire sa très humble servante.

Buvat remonta chez lui et trouva Bathilde fort inquiète : il avait retardé d'une demi-heure sur la pendule, ce qui ne lui était pas arrivé une seule fois depuis six ans. L'inquiétude de la jeune fille redoubla quand elle vit l'air triste et préoccupé de Buvat. Aussi voulut-elle connaître tout d'abord ce qui causait la mine allongée de son bon ami. Buvat, qui n'avait pas préparé son discours, essaya de reculer l'explication jusqu'après le dîner, mais Bathilde déclara qu'elle ne se mettrait point à table qu'elle ne sût ce qui était arrivé. Force fut donc à Buvat de transmettre, séance tenante, à sa pupille, et sans préparation aucune, la proposition de madame Denis.

Bathilde rougit d'abord comme fait toute jeune fille à qui l'on parle de mariage; puis, prenant dans les siennes les deux mains de Buvat, qui s'était assis de peur que les jambes lui manquassent, et le regardant en face avec ce doux sourire qui était le soleil du pauvre écrivain :

— Ainsi donc, lui dit-elle, petit père, vous avez assez de votre pauvre fille, et vous voulez vous en débarrasser?

— Moi! dit Buvat, moi! avoir envie de me débarrasser de toi! Mais c'est moi qui mourrai le jour où tu me quitteras!

— Eh bien! alors, petit père, répondit Bathilde, pourquoi venez-vous me parler de mariage?

— Mais, dit Buvat, parce que... parce que... il faudra bien un jour que tu t'établisses, et que tu ne trouveras peut-être pas plus tard un aussi bon parti, quoique, Dieu merci! ma petite Bathilde mérite un peu mieux qu'un monsieur Boniface.

— Non, petit père, reprit Bathilde, non, je ne mérite pas mieux que monsieur Boniface; mais...

— Eh bien! mais?

— Mais... je ne me marierai jamais.

— Comment! dit Buvat, tu ne te marieras jamais!

— Pourquoi me marier? demanda Bathilde. Est-ce que nous ne sommes pas heureux comme nous sommes!

— Si fait, nous sommes heureux! Sabre de bois! s'écria Buvat, je le crois bien que nous le sommes!

Sabre de bois était un honnête juron dont se servait Buvat dans les grandes occasions, et qui indiquait les inclinations pacifiques du bonhomme.

— Eh bien! continua Bathilde avec son sourire d'ange, si nous sommes heureux, restons comme nous sommes. Vous le savez, petit père, il ne faut pas tenter Dieu.

— Tiens, dit Buvat, embrasse-moi, mon enfant! Ah! c'est comme si tu venais de m'enlever Montmartre de dessus l'estomac!

— Vous ne désirez donc pas ce mariage? demanda Bathilde en posant ses lèvres sur le front du bonhomme.

— Moi! désirer ce mariage! dit Buvat; moi! désirer te voir la femme de ce petit gueux de Boniface! de ce satané chenapan que j'avais pris en grippe, je ne savais pas pourquoi! je le sais maintenant!

— Si vous ne désirez pas ce mariage, pourquoi m'en parlez-vous?

— Parce que tu sais bien que je ne suis pas ton père, dit Buvat; parce que tu sais bien que je n'ai aucun droit sur toi; parce que tu sais bien que tu es libre.

— Vraiment, je suis libre! dit en riant Bathilde.

— Libre comme l'air.

— Eh bien! si je suis libre, je refuse.

— Diable! tu refuses, dit Buvat; j'en suis bien content, c'est vrai; mais comment vais-je dire cela à madame Denis?

— Comment? Dites-lui que je suis trop jeune, dites-lui que je ne veux pas me marier, dites-lui que je veux rester éternellement avec vous.

— Allons dîner, dit Buvat; il me viendra peut-être une bonne idée en mangeant la soupe. C'est drôle, l'appétit m'est revenu tout à coup. Tout à l'heure, j'avais l'estomac si serré que j'aurais cru qu'il me serait impossible d'avaler une goutte d'eau. Maintenant, je boirais la Seine.

Buvat mangea comme un ogre et but comme un Suisse; mais malgré cette infraction à ses habitudes hygiéniques, aucune bonne idée ne lui vint; de sorte qu'il fut obligé de dire tout bonnement à madame Denis que Bathilde était très honorée de sa recherche, mais qu'elle ne voulait pas se marier.

Cette réponse inattendue cassa bras et jambes à madame Denis; elle n'avait jamais cru qu'une pauvre petite orpheline comme Bathilde pût refuser un parti aussi brillant que son fils; elle reçut en conséquence très sèchement le refus de Buvat, et elle répondit que chacun était libre de sa personne, et que si mademoiselle Bathilde voulait rester pour coiffer sainte Catherine, elle en était parfaitement la maîtresse.

Mais quand elle réfléchit à ce refus, que dans son orgueil maternel elle ne pouvait comprendre, les anciennes calomnies qu'elle avait entendu faire autrefois sur la jeune fille et sur son tuteur lui revinrent à l'esprit, et comme elle était alors dans une disposition parfaite pour y croire, elle ne fit plus aucun doute qu'elles ne fussent des vérités avérées. Aussi, lorsqu'elle transmit à Boniface la réponse de sa belle voisine, ajouta-t-elle, pour le consoler de cet échec matrimonial, qu'il était bien heureux que les négociations eussent tourné ainsi, attendu qu'elle avait appris des choses qui, en supposant que Bathilde eût accepté, ne lui eussent pas permis, à elle, de laisser se conclure un pareil mariage.

Il y a plus : madame Denis pensa qu'il n'était point de sa dignité que son fils, après un refus si humiliant, conservât la chambre qu'il habitait en face de Bathilde; elle lui en fit préparer, sur le jardin, une beaucoup plus grande et beaucoup plus belle, et elle mit immédiatement en location celle que venait de quitter M. Boniface.

Huit jours après, comme M. Boniface, pour se venger de Bathilde, agaçait Mirza, qui se tenait sur sa porte, n'ayant pas jugé qu'il fît assez beau pour risquer ses pattes blanches dehors, Mirza, à qui l'habitude d'être gâtée avait fait un caractère fort irritable, s'était élancée sur M. Boniface et l'avait cruellement mordu au mollet.

C'est ce qui fait que le pauvre garçon, qui avait le cœur encore assez malade et la jambe assez mal guérie, avait si amicalement conseillé à d'Harmental de prendre garde à la coquetterie de Bathilde et de jeter une boulette à Mirza.

XXI.

JEUNES AMOURS.

La chambre de monsieur Boniface resta vacante pendant trois ou quatre mois, puis un jour Bathilde, qui s'était habituée à ce voir la fenêtre fermée, en levant les yeux, trouva la fenêtre ouverte ; à cette fenêtre elle vit une figure inconnue. C'était celle de d'Harmental.

On voyait peu de figures comme celle du chevalier rue du Temps-Perdu. Aussi Bathilde, admirablement placée derrière ses rideaux pour voir sans être vue, y fit-elle attention malgré elle. En effet il y avait dans les traits de notre héros une distinction et une finesse qui ne pouvaient échapper à l'œil d'une femme aussi distinguée que l'était elle-même Bathilde ; ensuite les habits du chevalier, tout simples qu'ils étaient, trahissaient dans celui qui les portait une élégance parfaite ; enfin il avait donné quelques ordres, et ces ordres, prononcés assez haut pour que Bathilde les entendît, avaient été donnés avec cette inflexion de voix dominatrice qui indique dans celui qui la possède une habitude naturelle du commandement.

Quelque chose avait donc dit du premier coup à la jeune fille qu'elle avait sous les yeux un homme fort supérieur sous tous les rapports à celui auquel il succédait dans la possession de la petite chambre, et avec cet instinct si naturel aux gens comme il faut, elle l'avait reconnu tout d'abord pour être de race. Le même jour, le chevalier avait essayé son clavecin. Aux premiers sons de l'instrument, Bathilde avait levé la tête : le chevalier, quoiqu'il ignorât qu'il fût écouté, et peut-être même parce qu'il l'ignorait, s'était laissé aller à des préludes et à des fantaisies qui sentaient leur amateur de première force ; aussi, à ces sons qui semblaient éveiller toutes les cordes musicales de sa propre organisation, Bathilde s'était levée et s'était approchée de la fenêtre pour ne pas perdre une note, car c'était une chose inouïe rue du Temps-Perdu qu'une pareille distraction. C'était alors que d'Harmental avait aperçu contre les vitres les charmans petits doigts de sa voisine, et les avait fait disparaître en se retournant avec tant de précipitation qu'il n'y avait pas eu de doute pour Bathilde qu'elle n'eût été vue à son tour.

Le lendemain, ce fut Bathilde qui pensa qu'il y avait bien longtemps qu'elle n'avait fait de la musique, et qui se mit à son clavecin ; elle commença en tremblant très fort, quoiqu'elle ignorât parfaitement ce qui pouvait la faire trembler. Mais comme, après tout, elle était excellente musicienne, le tremblement se passa bientôt, et ce fut alors qu'elle exécuta si brillamment ce morceau d'*Armide* qui fut écouté avec tant d'étonnement par le chevalier et l'abbé Brigaud.

Nous avons dit comment, le lendemain matin, le chevalier avait aperçu Buvat, et comment cette connaissance l'avait conduit à apprendre le nom de Bathilde, appelée par son tuteur sur la terrasse pour y jouir de la vue du jet d'eau en pleine activité. L'apparition de la jeune fille avait fait, on s'en souvient, sur le chevalier une impression d'autant plus profonde qu'il était loin de s'attendre, vu le quartier et l'étage, à une semblable vue, et il était encore sous le charme lorsque l'entrée du capitaine Roquefinette, auquel il avait donné rendez-vous, était venue imprimer une nouvelle direction à ses pensées, qui du reste étaient bientôt revenues à Bathilde.

Le lendemain, c'était Bathilde qui, profitant d'un premier rayon de soleil du printemps, était à son tour à la fenêtre : à son tour, elle avait vu les yeux du chevalier fixés ardemment sur elle : elle avait retrouvé cette figure pleine de jeunesse, à laquelle la pensée du projet qu'il avait entrepris donnait une certaine gravité triste ; or, tristesse et jeunesse sont si mal ensemble, que cette anomalie l'avait frappée : ce beau jeune homme avait donc un chagrin, puisqu'il était triste. Quel chagrin pouvait-il avoir ? On le voit, dès le second jour où elle l'avait aperçu, Bathilde avait été conduite tout naturellement à s'occuper du chevalier.

Cela n'avait point empêché Bathilde de fermer sa fenêtre ; mais, de derrière le rideau, elle avait vu la figure triste de d'Harmental se rembrunir encore. Alors elle avait compris instinctivement qu'elle venait de faire de la peine à ce beau jeune homme, et, sans savoir pourquoi elle s'était mise à son clavecin, n'est-ce point qu'elle se doutait que la musique était la plus habile consolatrice des peines du cœur ?

Le soir, d'Harmental à son tour s'était mis à son clavecin, et c'était Bathilde alors qui avait écouté avec toute son âme cette voix mélodieuse qui parlait d'amour au milieu de la nuit. Malheureusement pour le chevalier, qui, ayant vu se dessiner l'ombre de la jeune fille derrière ses rideaux, commençait à se douter qu'il renvoyait de l'autre côté de la rue les impressions éprouvées, il avait été interrompu au plus beau de son concert par son voisin du troisième. Mais cependant le plus fort était fait ; il y avait un point de contact entre les deux jeunes gens, et déjà ils se parlaient cette langue du cœur, la plus dangereuse de toutes.

Aussi, le lendemain matin, Bathilde, qui avait rêvé toute la nuit à la musique et quelque peu au musicien, sentant qu'il se passait quelque chose d'étrange et d'inconnu en elle, attirée qu'elle fût vers sa fenêtre, avait-elle tenu cette fenêtre scrupuleusement fermée. Il en était résulté chez le chevalier ce mouvement d'humeur sous l'impression duquel il était descendu chez madame Denis.

Là, il avait appris une grande nouvelle : c'est que Bathilde n'était ni la fille, ni la femme, ni la nièce de Buvat. Aussi était-il remonté out joyeux, et, trouvant la fenêtre ouverte, s'était-il mis, malgré les avis charitables de Boniface, en communication immédiate avec Mirza, par le moyen corrupteur des morceaux de sucre. La rentrée inattendue de Bathilde avait interrompu cet exercice ; le chevalier, dans son égoïste délicatesse, avait refermé sa fenêtre ; mais avant que la fenêtre ne fût refermée, un salut avait été échangé entre les deux jeunes gens. C'était plus que Bathilde n'eût encore accordé à aucun homme, non pas qu'elle n'eût salué de temps en temps quelque connaissance de Buvat, mais c'était la première fois qu'elle rougissait en saluant.

Le lendemain, Bathilde avait vu le chevalier ouvrir sa fenêtre, et, sans qu'elle pût se rendre compte de son action, clouer un ruban ponceau au mur extérieur. Ce qu'elle avait remarqué surtout, c'était l'animation extraordinaire répandue sur la figure du chevalier. En effet, comme on se le rappelle, le ruban ponceau était un signal, et, en arborant ce signal, le chevalier faisait peut-être le premier pas vers l'échafaud. Une demi-heure après avait paru, derrière la fenêtre, un personnage inconnu à Bathilde, mais dont l'apparition n'avait rien de rassurant : c'était le capitaine Roquefinette ; aussi Bathilde avait-elle remarqué avec une certaine inquiétude qu'aussitôt que l'homme à la longue épée était entré, le chevalier avait vivement refermé sa croisée.

Le chevalier, comme on s'en doute bien, avait eu une longue conférence avec le capitaine, car il lui avait fallu régler tous les préparatifs de l'expédition du soir : la fenêtre du chevalier était donc restée si longtemps fermée que Bathilde, le croyant sorti, avait pensé pouvoir, sans inconvénient, ouvrir la sienne.

Mais à peine était-elle ouverte, que celle de son voisin, qui avait semblé n'attendre que ce moment pour se mettre en contact avec elle, s'ouvrit à son tour. Heureusement pour Bathilde, il eût été fort embarrassée de cette coïncidence, elle était alors dans la partie de l'appartement où ne pouvaient plonger les regards du chevalier. Elle résolut donc d'y rester tant que les choses demeureraient dans ce même état, et s'établit près de la seconde croisée qui était fermée.

Mais Mirza, qui n'avait point les mêmes scrupules que sa maîtresse, aperçut à peine le chevalier qu'elle courut à la fenêtre et y appuya ses deux pattes de devant en sautant joyeusement sur ses pattes de derrière. Ces agaceries furent récompensées, comme on s'y attend bien, d'un premier, d'un second et d'un troisième morceau de sucre ; mais ce troisième morceau de sucre, au grand étonnement de Bathilde, était enveloppé d'un morceau de papier.

Ce morceau de papier inquiéta plus Bathilde que Mirza, car Mirza, que les diablotins et les carrés de sucre de pomme avaient mise au courant de cette plaisanterie, eut bientôt, à l'aide de ses pattes, tiré le morceau de sucre de son enveloppe et, comme elle faisait beaucoup de cas du contenu et fort peu du contenant, elle mangea le sucre, laissa le papier et courut à la fenêtre, mais il n'y avait plus de chevalier : satisfait sans doute de l'adresse de Mirza, il s'était renfermé chez lui.

Bathilde était fort embarrassée ; elle avait vu du premier coup d'œil que ce papier renfermait trois ou quatre lignes d'écriture. Or, évidemment, de quelque amitié subite que son voisin se fût senti pris pour Mirza, ce n'était point à Mirza qu'il écrivait : la lettre était donc pour Bathilde.

Mais que faire de cette lettre ? se lever et la déchirer, c'était certainement bien noble et bien digne ; mais si aussi, comme à la rigueur la chose était possible, ce papier, qui avait servi d'enveloppe, était écrit depuis longtemps, l'acte de sévérité en question devenait bien ridicule ; il indiquait, en outre, qu'on avait pensé que ce pouvait être une lettre, et, si ce n'en était pas une, une pareille pensée était bien étrange : Bathilde résolut donc de laisser les choses dans l'état où elles étaient. Le chevalier ne devait pas la croire chez elle puisqu'elle n'avait point paru ; il ne pouvait donc tirer aucune conséquence de ce que la lettre restait intacte, puisque la lettre restait à terre ; elle continua donc de travailler, ou plutôt de réfléchir, cachée derrière son rideau, comme probablement le chevalier était caché derrière le sien.

Au bout d'une heure d'attente, à peu près, pendant laquelle Bathilde, il faut l'avouer, passa bien trois quarts d'heure les yeux fixés sur la lettre, Nanette entra ; Bathilde, sans changer de place, lui ordonna de fermer la fenêtre. Nanette obéit, mais en revenant elle vit le papier.

— Qu'est-ce que c'est que cela ? demanda la bonne femme en se baissant pour le ramasser.

— Rien, répondit vivement Bathilde, oubliant que Nanette ne savait pas lire, quelque papier qui sera tombé de ma poche... puis, après une pause d'un instant et un effort visible sur elle-même, — et qu'il faut jeter au feu, ajouta-t-elle.

— Mais, cependant, si c'était un papier important, dit Nanette. Voyez au moins ce que c'est, notre demoiselle.

Et Nanette présenta à Bathilde le papier tout ouvert, et du côté de l'écriture.

La tentation était trop forte pour y résister. Bathilde jeta les yeux sur le papier, en affectant autant qu'il était en son pouvoir un air d'indifférence, et lut ce qui suit :

« On vous dit orpheline : je suis sans parens ; nous sommes donc frère et sœur devant Dieu. Ce soir je cours un grand danger ; mais j'espérerais en sortir sain et sauf, si ma sœur Bathilde voulait prier pour son frère Raoul. »

— Tu avais raison, dit Bathilde, d'une voix émue et en prenant le papier des mains de Nanette, ce papier est plus important que je ne croyais, et elle mit la lettre de d'Harmental dans la poche de son tablier.

Cinq minutes après, Nanette, qui était entrée comme elle entrait vingt fois par jour, sans motif, sortit de même qu'elle était entrée, et laissa Bathilde seule.

Bathilde n'avait jeté qu'un coup d'œil sur le papier, et il lui était resté comme un éblouissement. Aussitôt que Nanette eut refermé la porte, elle le rouvrit et le lut une seconde fois.

Il était impossible de dire plus de choses en moins de lignes ; d'Harmental eût mis un jour entier à combiner chaque mot de ce billet, qu'il avait écrit d'inspiration, qu'il n'aurait pu le rédiger avec plus d'adresse. En effet, il établissait tout d'abord une parité de position qui devait rassurer l'orpheline sur une supériorité sociale quelconque ; il intéressait Bathilde au sort de son voisin, qu'un danger menaçait, danger qui devait paraître d'autant plus grand à la jeune fille qu'il lui demeurait inconnu. Enfin, le mot de frère et sœur, si adroitement glissé à la fin, et pour demander à cette sœur une simple prière pour son frère, excluait de ces premières relations toute idée d'amour.

Aussi, si Bathilde se fût trouvée en face de d'Harmental en ce moment même, au lieu d'être embarrassée et rougissante comme une jeune fille qui vient de recevoir son premier billet d'amour, elle lui eût tendu la main, et lui eût dit en souriant : — Soyez tranquille, je prierai pour vous.

Mais ce qui était resté dans l'esprit de Bathilde, bien autrement dangereux que toutes les déclarations du monde, c'était l'idée de ce péril que courait son voisin. Par une espèce de pressentiment dont elle avait été frappée en lui voyant, au visage si différent de sa physionomie ordinaire, clouer à sa fenêtre ce ruban ponceau qu'il avait enlevé aussitôt l'entrée du capitaine, elle était à peu près sûre que ce danger se rattachait à ce nouveau personnage, qu'elle n'avait point aperçu encore. Mais de quelle façon ce danger se rattachait-il à lui ? de quelle nature était ce danger par lui-même ? C'est ce qu'il lui était impossible de comprendre. Son idée s'arrêtait bien à un duel ; mais pour un homme tel que paraissait le chevalier, un duel ne devait pas être un de ces dangers pour lesquels on réclame la prière d'une femme. D'ailleurs, l'heure indiquée n'était point de celles où les duels ont lieu d'habitude. Bathilde se perdait donc dans ses suppositions ; mais, tout en s'y perdant, elle pensait au chevalier, toujours au chevalier, rien qu'au chevalier ; et s'il avait calculé là-dessus, il faut le dire, son calcul était d'une justesse désespérante pour la pauvre Bathilde.

La journée se passa sans que Bathilde vit reparaître Raoul ; soit manœuvre stratégique, soit qu'il fût occupé ailleurs, sa fenêtre resta obstinément fermée. Aussi, lorsque Buvat rentra, selon son habitude, à quatre heures dix minutes, trouva-t-il la jeune fille si fort préoccupée que, quoique sa perspicacité ne fût pas grande en pareille matière, il lui demanda trois ou quatre fois ce qu'elle pouvait avoir : chaque fois Bathilde répondit par un de ces sourires qui faisaient que Buvat, quand elle souriait ainsi, ne pensait plus à rien qu'à la regarder ; il en résulta que, malgré ces interpellations réitérées, Bathilde garda sa préoccupation et son secret.

Après le dîner, le laquais de monsieur de Chaulieu entra : il venait prier Buvat de passer le soir même chez son maître, qui avait force poésies à lui donner à copier ; l'abbé de Chaulieu était une des meilleures pratiques de Buvat, chez lequel il venait souvent lui-même, car il avait pris en grande affection Bathilde ; le pauvre abbé devenait aveugle, mais cependant pas au point de ne pouvoir reconnaître et apprécier une jolie figure : il est vrai qu'il ne la voyait qu'à travers un nuage. Aussi, l'abbé Chaulieu avait-il dit à Bathilde dans sa galanterie sexagénaire, que la seule chose qui le consolât, c'est que c'était ainsi qu'on voyait les anges.

Buvat n'eut garde de manquer au rendez-vous, et Bathilde remercia au fond du cœur le bon abbé de ce qu'il
lui ménageait ainsi, à elle, une soirée de solitude; elle savait que lorsque Buvat allait chez monsieur de Chaulieu,
il y faisait ordinairement d'assez longues séances; elle espéra donc que, comme d'habitude, il y resterait tard.
Pauvre Buvat! il sortit sans se douter que, pour la première
fois, on désirait son absence.

Buvat était flâneur comme tout bourgeois de Paris doit
l'être. D'un bout à l'autre du Palais-Royal, il guigna le long
des boutiques, s'arrêtant pour la millième fois devant les
même objets qui avaient l'habitude d'éveiller son admiration. En sortant de la galerie, il entendit chanter, et il vit
un groupe d'hommes et de femmes; il s'y mêla et écouta
les chansons. Au moment de la quête, il s'éloigna, non
point qu'il eût mauvais cœur, non point qu'il eût l'intention de refuser à l'estimable instrumentiste la rétribution à
laquelle il avait droit; mais par une vieille habitude, dont
l'usage lui avait démontré l'excellence, il sortait toujours
sans argent, de sorte que, par quelque chose qu'il fût tenté,
il était sûr de ne pas succomber à la tentation. Or, ce soir-
là, il était fort tenté de mettre un sou dans la sébile du
musicien, mais comme il n'avait pas ce sou dans sa poche,
force lui fut de s'éloigner.

Il s'achemina donc, comme nous l'avons vu, vers la
barrière des Sergens, enfila la rue du Coq, traversa le
Pont-Neuf, et redescendit le quai Conti jusqu'à la rue Mazarine; c'était rue Mazarine qu'habitait l'abbé de Chaulieu.

L'abbé de Chaulieu reçut Buvat, dont il avait, depuis deux
ans qu'il le connaissait, apprécié les excellentes qualités,
comme il avait l'habitude de le recevoir, c'est-à-dire qu'a-
près force instances de sa part et force difficultés de la part
de Buvat, il parvint à le faire asseoir près de lui devant une
table chargée de papiers; il est vrai que Buvat s'assit tellement sur le bord de sa chaise, et établit l'angle de ses jar-
rets dans une disposition si parfaitement géométrique,
qu'il était difficile de reconnaître d'abord s'il était debout
ou assis; cependant peu à peu il s'enfonça sur sa chaise,
il mit sa canne entre ses jambes, posa son chapeau à terre,
et se trouva enfin assis à peu près comme tout le monde.

C'est qu'il ne s'agissait pas ce soir-là de faire une petite
séance: il y avait sur la table trente ou quarante pièces de
vers différentes, c'est-à-dire près d'un demi-volume de
poésies à classer. L'abbé de Chaulieu commença par les
appeler les unes après les autres et dans leur ordre, tandis
qu'à mesure qu'il les appelait, Buvat leur imposait des nu-
méros; puis, ce premier travail fini, comme le bon abbé ne
pouvait plus écrire lui-même, et que c'était son petit laquais qui lui servait de secrétaire, et qui écrivait sous sa
dictée, il passa avec Buvat à un autre genre de travail, c'est-
à-dire à la correction métrique et orthographique de chaque pièce, que Buvat rétablissait dans toute son intégrité, à
mesure que l'abbé la lui récitait par cœur. Or, comme
l'abbé de Chaulieu ne s'ennuyait pas, et que Buvat n'avait
pas le droit de s'ennuyer, il en résulta que la pendule sonna
tout à coup onze heures quand tous les deux pensaient qu'il
en était à peine neuf.

On en était justement à la dernière pièce; Buvat se leva
tout effrayé d'être forcé de rentrer chez lui à une pareille
heure: c'était la première fois qu'une semblable chose lui
arrivait; il roula le manuscrit, l'attacha avec un ruban
rose qui avait probablement servi de ceinture à mademoiselle Delaunay, le mit dans sa poche, prit sa canne, ramassa son chapeau, et quitta l'abbé de Chaulieu, abrégeant
autant qu'il pouvait le congé qu'il prenait de lui. Pour comble de malheur, il n'y avait pas le moindre clair de lune, et
le temps était couvert. Buvat regretta fort alors de n'avoir
pas au moins deux sous dans sa poche pour traverser le
bac qui se trouvait à cette époque où se trouve maintenant
le pont des Arts; mais nous avons à cet égard expliqué à
nos lecteurs la théorie de Buvat, de sorte qu'il fut forcé de
tourner, comme il l'avait fait en venant, par le quai Conti,
le pont Neuf, la rue du Coq et la rue Saint-Honoré.

Tout avait bien été jusque-là, et à part la statue de

Henri IV, dont Buvat avait oublié l'existence ou la situation,
et qui lui fit une grande peur, la Samaritaine, qui, cinquante pas plus loin, se mit tout à coup, sans préparation
aucune, à sonner la demie, et dont le bruit inattendu fit
frissonner des pieds à la tête le pauvre attardé, Buvat n'a-
vait couru aucun péril réel; mais en arrivant à la rue des
Bons-Enfans, tout changea de face: d'abord l'aspect de
cette étroite et longue rue, éclairée dans toute son étendue
par la lumière tremblante de deux lanternes seulement,
n'était point rassurant; puis elle avait pris ce soir-là, aux
yeux effrayés de Buvat, une physionomie toute particulière. Buvat ne savait vraiment s'il était éveillé ou endormi,
s'il faisait un songe ou s'il se trouvait en face de quelque
vision fantastique de la sorcellerie flamande: tout lui semblait vivant dans cette rue; les bornes se dressaient sur
son passage, tous les enfoncemens de porte chuchotaient,
des hommes traversaient comme des ombres d'un côté à
l'autre; enfin, arrivé à la hauteur du no 24, il s'était, comme nous l'avons dit, arrêté tout court en face du chevalier
et du capitaine. C'est alors que d'Harmental, le reconnois-
sant, l'avait protégé contre le premier mouvement de Roquefinette, en l'invitant à continuer son chemin aussi vite
que possible: Buvat ne s'était point fait répéter l'invitation, il était parti en trottant aussi vite, avait gagné la place
des Victoires, la rue du Mail, la rue Montmartre, et enfin
était arrivé à la maison no 4 de la rue du Temps-Perdu, où
cependant il ne s'était cru en sûreté que lorsqu'il avait vu
la porte refermée et verrouillée derrière lui.

Là il s'était arrêté, avait soufflé un instant, tout en allu-
mant à la veilleuse de l'allée sa bougie tortillée en queue
de rat, puis il s'était mis à monter les degrés; mais c'est
alors qu'il avait senti dans ses jambes le contre-coup de
l'événement, car ses jambes tremblaient tellement que ce
ne fut qu'à grand peine qu'il parvint en haut de l'escalier.

Quant à Bathilde, elle était restée seule, et de plus en
plus inquiète à mesure que la soirée s'avançait. Jusqu'à
sept heures, elle avait vu de la lumière dans la chambre de
son voisin; mais vers ce moment la lumière avait disparu,
et les heures suivantes s'étaient écoulées sans que la chambre s'éclairât de nouveau. Alors le temps s'était divisé pour
Bathilde en deux occupations: l'une qui consistait à rester
debout à la fenêtre pour voir si son voisin ne rentrait pas,
l'autre à aller s'agenouiller devant le crucifix où elle faisait sa prière de tous les soirs. C'est ainsi qu'elle avait entendu successivement sonner neuf heures et dix heures,
onze heures et onze heures et demie; c'est ainsi qu'elle
avait entendu s'éteindre les uns après les autres tous ces
bruits de la rue, qui finissent par se fondre dans cette murmure vague et sourde qui semble la respiration de la ville
endormie, et cela, sans que rien vînt lui annoncer que le
danger qui menaçait celui qui s'était donné le nom de son
frère l'avait atteint ou s'était dissipé. Elle était donc dans
sa chambre, sans lumière elle-même, pour que personne
ne pût voir qu'elle veillait, agenouillée pour la dixième
fois peut-être devant le crucifix, lorsque sa porte s'ouvrit
et qu'elle aperçut, à la lueur de sa bougie, Buvat, si pâle
et si effaré, qu'elle vit d'abord qu'il lui était arrivé quelque
chose, et que se levant tout émue de la crainte qu'elle
éprouvait pour un autre, elle s'élança vers lui en lui demandant ce qu'il avait. Mais ce n'était pas une chose facile que de faire parler Buvat dans l'état où il était; l'é-
branlement avait passé de son corps dans son esprit, et sa
langue était aussi embarrassée que ses jambes étaient tremblantes.

Cependant, lorsque Buvat se fut assis dans son grand
fauteuil, lorsqu'il eut passé son mouchoir sur son front en
sueur, lorsqu'il se fut, en tressaillant et en se levant à demi, retourné deux ou trois fois vers la porte, pour voir si
les terribles hôtes de la rue des Bons-Enfans ne le poursuivaient pas jusque chez sa pupille, il commença à bégayer
le récit de son aventure, et à raconter comment il avait été
arrêté dans la rue des Bons-Enfans par une bande de voleurs, dont le lieutenant, homme féroce et de près de six
pieds de haut, allait le mettre à mort, lorsque le capitaine

était arrivé et lui avait sauvé la vie. Bathilde l'écouta avec une attention profonde, d'abord parce qu'elle aimait sincèrement son tuteur, et que l'état où elle le voyait attestait que sérieusement, à tort ou à raison, il avait été frappé d'une grande terreur, ensuite parce que rien de ce qui s'était passé dans cette nuit ne semblait lui devoir être indifférent : si étrange que fût cette idée, la pensée lui vint donc que le beau jeune homme n'était point étranger à la scène dans laquelle le pauvre Buvat venait de jouer un rôle, et elle lui demanda s'il avait eu le temps de voir le jeune capitaine qui était accouru à son aide et lui avait sauvé la vie. Buvat lui répondit qu'il l'avait vu face à face, comme il la voyait elle-même en ce moment, et que la preuve était que c'était un beau jeune homme de vingt-six ou vingt-huit ans, coiffé d'un grand feutre et enveloppé d'un large manteau ; de plus, dans le mouvement qu'il avait fait en étendant la main pour le protéger, le manteau s'était ouvert et avait laissé voir, qu'outre son épée, il avait à la ceinture une paire de pistolets.

Ces détails étaient trop précis pour que Buvat pût être accusé d'être visionnaire. Aussi, toute préoccupée que Bathilde était que le danger du chevalier se rattachait à cet événement, elle n'en fut pas moins touchée de celui moins grand sans doute, mais réel cependant, qu'avait couru Buvat, et comme le repos est le remède souverain de toute secousse physique et morale, après avoir offert à Buvat le verre de vin au sucre qu'il se permettait dans les grandes occasions, et qu'il refusa cependant dans celle-ci, elle lui parla de son lit où, depuis deux heures, il aurait dû être. La secousse avait été assez violente pour que Buvat n'éprouvât aucune envie de se dormir, et fût même bien convaincu qu'il dormirait assez mal de toute la nuit. Mais il réfléchit qu'en veillant il faisait veiller Bathilde; il la vit, le lendemain, les yeux rouges et le teint pâle, et avec son abnégation éternelle de lui, il répondit à Bathilde qu'elle avait raison, qu'il sentait que le sommeil lui ferait du bien, alluma son bougeoir, l'embrassa au front, et remonta dans sa chambre, non sans s'être arrêté deux ou trois fois sur l'escalier pour écouter s'il n'entendrait pas quelque bruit.

Restée seule, Bathilde suivit les pas de Buvat, qui passait de l'escalier dans sa chambre; puis elle entendit le grincement de la porte, qui se fermait à double tour. Alors, presque aussi tremblante que le pauvre écrivain, elle courut à la fenêtre, oubliant, dans son attente anxieuse, toute chose, même la prière.

Elle demeura ainsi encore une heure à peu près, mais sans que le temps eût conservé pour elle aucune mesure ; puis tout à coup elle poussa un cri de joie. A travers les vitres que n'obstruait aucun rideau, elle venait de voir s'ouvrir la porte de son voisin, et d'Harmental paraissait sur le seuil une bougie à la main. Par un miracle de divination, Bathilde ne s'était pas trompée, l'homme au feutre et au manteau qui avait protégé Buvat, c'était bien le jeune homme inconnu, car le jeune homme inconnu avait un large feutre et un grand manteau. Bien plus, à peine fut-il rentré et eut-il refermé sa porte, avec presque autant de soin et de précaution que Buvat avait fait de la sienne, qu'il jeta son manteau sur une chaise; sous ce manteau, il avait un justaucorps de couleur sombre, et à sa ceinture une épée et des pistolets ; il n'y avait donc plus de doute, c'était des pieds à la tête le signalement donné par Buvat. Bathilde put d'autant mieux s'en assurer que d'Harmental, sans rien déposer de tout ce formidable attirail, fit deux ou trois tours dans sa chambre, les bras croisés et réfléchissant profondément; puis il tira ses pistolets de sa ceinture, s'assura qu'ils étaient amorcés, et les déposa sur sa table de nuit, dégrafa son épée, la fit sortir à moitié du fourreau où il la repoussa, et la glissa sous son chevet ; puis, secouant la tête comme pour en chasser les idées sombres qui l'obsédaient, il s'approcha de la fenêtre, l'ouvrit et jeta un regard si profond sur celle de la jeune fille, que celle-ci, oubliant qu'elle ne pouvait être vue, fit un pas en arrière en laissant retomber le rideau devant elle, comme si l'obscurité dont elle était enveloppée ne suffisait pas pour la dérober à sa vue.

Elle resta ainsi dix minutes immobile, en silence et la main appuyée sur son cœur, comme pour en comprimer les battements ; puis elle écarta doucement le rideau, mais celui de son voisin était retombé, et elle ne vit plus que son ombre qui passait et repassait avec agitation derrière lui.

XXII.

LE CONSUL DUILIUS.

Le lendemain du jour ou plutôt de la nuit où les événemens que nous venons de raconter avaient eu lieu, le duc d'Orléans, qui était rentré au Palais-Royal sans accident, après avoir dormi toute la nuit comme à son ordinaire, passa dans son cabinet de travail à l'heure habituelle, c'est-à-dire vers les onze heures du matin. Grâce au caractère insoucieux dont la nature l'avait doué, et qu'il devait surtout à son grand courage, à son mépris pour le danger et à son insouciance de la mort, non-seulement il était impossible de remarquer aucun changement dans sa physionomie ordinairement calme et que l'ennui seul avait le privilége d'assombrir, mais encore, selon toute probabilité, il avait déjà, grâce au sommeil, oublié l'événement singulier dont il avait failli être victime.

Le cabinet dans lequel il venait d'entrer avait cela de remarquable que c'était à la fois celui d'un homme politique, d'un savant et d'un artiste. Ainsi, une grande table, couverte d'un tapis vert, chargée de papiers et enrichie d'encriers et de plumes, tenait bien le milieu de l'appartement, mais autour, sur des pupitres, sur des chevalets, sur des supports, étaient un opéra commencé, un dessin à moitié fait, une cornue aux trois quarts pleine. C'est que le régent, avec une mobilité d'esprit étrange, passait en un instant des combinaisons les plus profondes de la politique aux fantaisies les plus capricieuses du dessin, et des calculs les plus abstraits de la chimie aux inspirations les plus joyeuses ou les plus sombres de la musique ; c'est que le régent ne craignait rien tant que l'ennui, cet ennemi qu'il combattait sans cesse, sans parvenir à le vaincre entièrement, et qui, repoussé ou par le travail, ou par l'étude, ou par le plaisir, se tenait toujours en vue, si l'on peut le dire, comme un de ces nuages de l'horizon sur lesquels, dans les plus beaux jours, le pilote ramène malgré lui les yeux. Aussi le régent n'était-il jamais une heure inoccupé, et tenait-il par conséquent à avoir toujours sous la main les distractions les plus opposées.

A peine entré dans son cabinet, où le conseil ne devait s'assembler que deux heures après, il s'était aussitôt acheminé vers un dessin commencé, qui représentait une scène de Daphnis et Chloé, dont il faisait faire les gravures par un des artistes les plus habiles de l'époque, nommé Audran, et s'était remis à l'ouvrage interrompu la surveille pour la fameuse partie de paume qui avait commencé par un coup de raquette et qui avait fini par le souper chez madame de Sabran. Mais à peine avait-il pris le crayon, qu'on vint lui dire que madame Elisabeth-Charlotte, sa mère, avait déjà fait demander deux fois s'il était visible. Le régent, qui avait le plus grand respect pour la princesse palatine, répondit que non-seulement il était visible, mais encore que si Madame était prête à le recevoir, il s'empresserait de passer chez elle. L'huissier sortit pour reporter la réponse du prince, et le prince, qui en était à certaines parties de son dessin, qu'il prisait fort en réalité, se remit à son travail avec toute l'application d'un artiste en verve. Un instant après, la porte se rouvrit; mais au lieu de l'huissier, qui devait venir rendre compte de son ambassade, ce fut Madame elle-même qui parut.

Madame, comme on le sait, femme de Philippe I⁰ʳ, frère du roi, était venue en France après la mort si étrange et si inattendue de madame Henriette d'Angleterre, pour prendre la place de cette belle et gracieuse princesse, qui n'avait fait que passer, comme une blanche et pâle apparition. La comparaison, difficile à soutenir pour toute nouvelle arrivante, l'avait donc été bien davantage encore pour la pauvre princesse allemande, qui, s'il faut en croire le portrait qu'elle fait d'elle-même, avec ses petits yeux, son nez court et gros, ses lèvres longues et plates, ses joues pendantes et son grand visage, était loin d'être jolie. Malheureusement encore, la princesse palatine n'était point dédommagée des défauts de sa figure par la perfection de sa taille; elle était petite et grosse; elle avait le corps et les jambes courts, et les mains si affreuses, qu'elle avoue elle-même qu'il n'y en avait point de plus vilaines par toute la terre, et que c'est la seule chose de sa pauvre personne à laquelle le roi Louis XIV n'avait jamais pu s'habituer. Mais Louis XIV l'avait choisie non pas pour augmenter le nombre des beautés de sa cour, mais pour étendre ses prétentions au-delà du Rhin. C'est que, par le mariage de son frère avec la princesse palatine, Louis XIV, qui s'était déjà donné des chances d'hérédité sur l'Espagne en épousant l'infante Marie-Thérèse, fille du roi Philippe IV, et sur l'Angleterre en mariant en premières noces Philippe I⁰ʳ à la princesse Henriette, unique sœur de Charles II, acquérait de nouveau des droits éventuels sur la Bavière, et probables sur le Palatinat, en mariant Monsieur en secondes noces à la princesse Elisabeth-Charlotte, dont le frère, d'une santé délicate, pouvait mourir jeune et sans enfans.

Cette prévision s'était trouvée juste; l'électeur était mort sans postérité, et l'on peut voir dans les mémoires et les négociations pour la paix de Riswick comment, le moment arrivé, les plénipotentiaires français firent valoir et réussir ses prétentions.

Aussi Madame, au lieu d'être traitée, à la mort de son mari, comme le portait son contrat de mariage; c'est-à-dire, au lieu d'être forcée d'entrer dans un couvent ou de se retirer dans le vieux château de Montargis, fut-elle, malgré la haine de madame de Maintenon, qu'elle s'était attirée, maintenue par Louis XIV dans tous les titres et honneurs dont elle jouissait du vivant de Monsieur, et cela quoique le roi n'eût jamais oublié le soufflet aristocratique qu'elle avait donné au jeune duc de Chartres en pleine galerie de Versailles, lorsque celui-ci lui avait annoncé son mariage avec mademoiselle de Blois. En effet, la fière palatine, à cheval sur ses trente-deux quartiers paternels et maternels, regardait comme une grande et humiliante mésalliance que son fils épousât une femme que la légitimation royale ne pouvait empêcher d'être le fruit d'un double adultère; et, dans le premier moment, incapable de maîtriser ses sentiments, elle s'était vengée par cette correction maternelle, un peu exagérée quand c'est un jeune homme de dix-huit ans qui en est l'objet, de l'affront imprimé à ses ancêtres dans la personne de ses descendants. Au reste, comme le jeune duc de Chartres consentait lui-même à ce mariage à contre-cœur, et, devenu régent, il comprit très bien l'humeur que sa mère avait éprouvée en l'apprenant, quoiqu'il eût préféré sans doute qu'elle la manifestât d'une manière un peu moins tudesque. Il en résulta que lorsque Monsieur mourut et que le duc de Chartres devint duc d'Orléans à son tour, sa mère, qui eût pu craindre que le soufflet de Versailles eût laissé quelque souvenir dans le nouveau maître du Palais-Royal, trouva au contraire en lui un fils plus respectueux que jamais. Ce respect ne fit d'ailleurs que s'augmenter, et, devenu régent, le fils fit à la mère une position égale à celle de sa femme. Il y avait plus : madame de Berry, sa fille bien-aimée, ayant demandé à son père une compagnie de gardes, à laquelle elle prétendait avoir droit, comme femme d'un dauphin de France, le régent ne lui accorda qu'en donnant l'ordre en même

temps qu'une compagnie pareille fît le service chez sa mère.

Madame était donc dans une haute position au château, et, si, malgré cette position, elle n'avait aucune influence politique, c'est que le régent avait toujours eu pour principe de ne laisser prendre aux femmes aucune part aux affaires d'Etat. Peut-être même, ajoutons-le, Philippe II, régent de France, était-il encore plus réservé vis-à-vis de sa mère que vis-à-vis de ses maîtresses, car il savait les goûts épistolaires de celle-ci, et ne voulait pas que ses projets défrayassent la correspondance journalière que sa mère entretenait avec la princesse Wilhelmine-Charlotte de Galles et le duc Antoine-Ulric de Brunswick. En échange et pour la dédommager de cette retenue, il lui laissait le gouvernement intérieur de la maison de ses filles, que, grâce à sa grande paresse, madame la duchesse d'Orléans abandonnait sans difficulté à sa belle-mère. Mais sous ce rapport, la pauvre Palatine, s'il faut en croire les mémoires du temps, n'était point heureuse. Madame de Berry vivait publiquement avec Riom, et mademoiselle de Valois était secrètement la maîtresse de Richelieu, qui, sans que l'on sût de quelle façon et comme s'il eût eu l'anneau enchanté de Gygès, parvenait à s'introduire jusque dans ses appartemens, malgré les gardes qui veillaient aux portes, malgré les espions dont l'entourait le régent, et quoique lui-même se fût plus d'une fois caché jusque dans la chambre de sa fille pour y faire le guet. Quant à mademoiselle de Chartres, dont le caractère jusqu'alors avait pris un développement bien plus masculin que féminin, elle avait semblé, en se faisant pour ainsi dire homme elle-même, insulter que les hommes existassent, lorsque, quelques jours avant celui auquel nous sommes arrivés, se trouvant à l'Opéra et entendant son maître de musique, Cauchereau, beau et spirituel ténor de l'Académie royale, qui dans une scène d'amour filait un son d'une pureté parfaite et d'une expression des plus passionnées, la jeune princesse, emportée sans doute par un sentiment tout artistique, avait étendu les bras et s'était écriée tout haut : Ah! mon cher Cauchereau! Cette exclamation inattendue avait, comme on le pense bien, donné très fort à songer à la duchesse sa mère, qui avait aussitôt fait congédier le beau ténor, et prenant le dessus sur son apathique insouciance, s'était décidée à veiller elle-même désormais sur sa fille, qu'elle tenait très sévèrement depuis lors. Restaient la princesse Louise, qui fut plus tard reine d'Espagne, et mademoiselle Élisabeth, qui devint duchesse de Lorraine ; mais de celles-ci, l'on n'en parlait point, soit qu'elles fussent réellement sages, soit qu'elles sussent mieux contenir que leurs aînées les sentiments de leur cœur, ou les accens de leur passion.

Dès que le prince vit paraître sa mère, il se douta donc qu'il y avait encore quelque chose de nouveau dans le troupeau rebelle dont elle avait pris la direction, et qui lui donnait de si grands soucis ; mais comme aucune inquiétude ne pouvait lui faire oublier le respect qu'en public ou en particulier il témoignait toujours à Madame, il se leva en l'apercevant, alla droit à elle, et après l'avoir saluée, la prit par la main et la conduisit à un fauteuil, tandis que lui-même restait debout.

— Eh bien! monsieur mon fils, dit Madame avec un accent allemand fortement prononcé, et lorsqu'elle se fut bien carrément assise dans son fauteuil, qu'est-ce que j'apprends encore, et quel événement a donc manqué vous arriver hier soir?

— Hier soir? dit le régent rappelant ses souvenirs et en l'interrogeant lui-même.

— Oui, reprit la palatine, hier soir, en sortant de chez madame Sabran!

— Oh! n'est-ce que cela? reprit le prince.

— Comment! n'est-ce que cela! Votre ami Simiane va disant partout qu'on a voulu vous enlever, et que vous ne l'avez échappé qu'en vous sauvant par dessus les toits; singulier chemin, vous en conviendrez, pour le régent du royaume, et où je doute que, quelque dévouement qu'ils aient pour vous, vos ministres consentent à aller tenir leur conseil !

— Simiane est un fou, ma mère, répondit le régent, ne pouvant s'empêcher de rire de ce que sa mère le grondait toujours comme s'il était un enfant. Ce n'étaient pas le moins du monde des gens qui me voulaient enlever, mais quelques bons compagnons qui, en sortant des cabarets de la barrière des Sergens, seront venus faire leur tapage rue des Bons-Enfans. Quant au chemin que nous avons suivi, ce n'était pas le moins du monde pour fuir que nous le prenions, mais bien pour gagner un pari que cet ivrogne de Simiane est furieux d'avoir perdu.

— Mon fils, mon fils ! dit la palatine en secouant la tête, vous ne voulez jamais croire au danger, et cependant vous savez ce dont vos ennemis sont capables. Ceux qui calomnient l'âme ne se feraient pas grand scrupule, croyez-moi, de tuer le corps; et vous savez ce que la duchesse du Maine a dit : « Que le jour où elle verrait qu'il n'y avait décidément rien à faire de son bâtard de mari, elle vous demanderait une audience, et vous enfoncerait un couteau dans le cœur. »

— Bath ! ma mère, reprit le régent en riant, seriez-vous devenue assez bonne catholique pour ne plus croire à la prédestination ? J'y crois, moi, vous le savez. Que voulez-vous donc que je me torture l'esprit pour éviter un danger ou qui n'existe pas, ou qui, s'il existe, a d'avance son résultat écrit sur le livre éternel ? Non, ma mère, non, toutes ces précautions exagérées sont bonnes à assombrir la vie, et pas à autre chose. C'est aux tyrans de trembler; mais moi, moi qui suis, à ce que prétend Saint-Simon, l'homme le plus débonnaire qui ait existé depuis Louis le Débonnaire, que voulez-vous donc que j'aie à craindre ?

— Oh ! mon Dieu ! mon cher fils, dit la palatine en prenant la main du prince, et en le regardant avec toute la tendresse maternelle que pouvaient contenir ses petits yeux; rien, si tout le monde vous connaissait comme moi, et vous savait si parfaitement bon que vous n'avez pas même la force de haïr vos ennemis; mais Henri IV, auquel malheureusement vous ressemblez un peu trop sous certains rapports, était bon aussi, et cependant il n'en a pas moins trouvé un Ravaillac. Hélas! *mein Gott !* continua la princesse, en entremêlant son jargon français d'une exclamation franchement allemande, ce sont les bons rois qu'on assassine ; les tyrans prennent leurs précautions, et le poignard n'arrive pas jusqu'à eux. Vous ne devriez jamais sortir sans escorte. C'est vous, et non pas moi, mon fils, qui avez besoin d'un régiment de gardes.

— Ma mère, reprit en riant le régent, voulez-vous que je vous raconte une histoire?

— Oui, sans doute, dit la princesse palatine, car vous racontez fort élégamment.

— Eh bien ! vous saurez donc qu'il y avait à Rome, je ne me rappelle plus vers quelle année de la république, un consul fort brave, mais qui avait ce malheur, commun à Henri IV et à moi, de courir les rues la nuit. Il arriva que ce consul fut envoyé contre les Carthaginois, et qu'ayant inventé une machine de guerre appelée un corbeau, il gagna sur eux la première bataille navale que les Romains eussent remportée, de sorte qu'il revint à Rome se faisant d'avance une fête du redoublement de bonnes fortunes que lui vaudrait sans doute son redoublement de réputation. Il ne se trompait pas: toute la population l'attendait hors des portes de la ville, afin de le conduire en triomphe au Capitole, où l'attendait de son côté le sénat.

Or, le sénat, en le voyant paraître, lui annonça qu'il venait, en récompense de sa victoire, de lui décerner un honneur qui devait éminemment flatter son amour-propre : c'est qu'il ne sortirait plus que précédé d'un musicien qui annoncerait à tous, en jouant de la flûte, que celui qui le suivait était le fameux Duilius, vainqueur des Carthaginois. Duilius, comme vous le comprenez bien, ma mère, fut au comble de la joie d'une pareille distinction ; il s'en revint chez lui, la tête haute et précédé de son flûteur, qui jouait tout son répertoire aux grandes acclamations de la

multitude, laquelle, de son côté, criait à tue-tête : Vive Duilius! vive le vainqueur des Carthaginois! vive le sauveur de Rome! C'était quelque chose de si enivrant que le pauvre consul faillit en perdre la tête, et deux fois dans la journée il sortit de chez lui, quoiqu'il n'eût rien à faire au monde par la ville, mais seulement pour jouir de la prérogative sénatoriale, et entendre cette musique triomphale et les cris qui l'accompagnaient. Cette occupation le conduisit jusqu'au soir dans un état de jubilation difficile à exprimer; puis le soir vint. Le vainqueur avait une maîtresse qu'il aimait fort et qu'il lui tardait de revoir, une espèce de madame Sabran, sauf le mari qui s'avisait d'être jaloux, tandis que le nôtre, vous le savez, n'a pas ce ridicule.

Le consul se mit donc au bain, fit sa toilette, se parfuma de son mieux, et, onze heures arrivées à son horloge de sable, sortit sur la pointe du pied pour gagner la rue Suburrane ; mais il avait compté sans son hôte, ou plutôt sans son musicien. A peine eut-il fait quatre pas, que celui-ci, qui était attaché à son service le jour comme la nuit, s'élança de la borne sur laquelle il était assis, et, reconnaissant son consul, se mit à marcher devant lui en soufflant de toutes ses forces dans son instrument, si bien que ceux qui se promenaient encore par les rues se retournaient, que ceux qui étaient rentrés chez eux se mettaient à leur porte, et que ceux qui étaient couchés se levaient et ouvraient leur fenêtre, répétant en chœur : — Ah ! ah ! voici le consul Duilius qui passe ! Vive Duilius ! vive le vainqueur des Carthaginois ! vive le sauveur de Rome! C'était fort flatteur, mais fort inopportun ; aussi le consul voulait-il faire taire son instrumentiste ; mais celui-ci déclara qu'il lui avait les ordres les plus précis du sénat pour ne point garder le silence un seul instant; qu'il avait dix mille sesterces par an pour souffler dans sa tibicine, et qu'il soufflerait tant qu'il lui resterait une haleine.

Le consul, voyant qu'il était inutile de discuter avec un homme qui avait pour lui une ordonnance du sénat, se mit à courir, espérant échapper à son mélodieux compagnon ; mais celui-ci régla son allure sur la sienne avec tant de précision, que tout ce qu'il y put gagner, ce fut d'être suivi de son musicien au lieu d'être précédé par lui. Il eut beau ruser comme un lièvre, prendre un grand parti comme un chevreuil, piquer droit comme un sanglier, le maudit flûteur ne perdit pas une seconde sa piste, de sorte que Rome tout entière, ne comprenant rien à cette course nocturne, mais, sachant seulement que c'était le triomphateur de la veille qui l'exécutait, descendit dans la rue, se mit à ses fenêtres et à ses portes, criant : Vive Duilius! vive le vainqueur des Carthaginois! vive le sauveur de Rome ! Le pauvre grand homme avait une dernière espérance, c'est qu'au milieu de tout ce remue-ménage il trouverait la maison de sa maîtresse endormie, et qu'il pourrait se glisser par la porte qu'elle lui avait promis de tenir entr'ouverte. Mais point ! La rumeur générale avait gagné la voie Suburrane, et, lorsqu'il arriva devant cette gracieuse et hospitalière maison, à la porte de laquelle il avait si souvent versé des parfums et suspendu des guirlandes, il trouva qu'elle était éveillée comme les autres, et vit à la fenêtre le mari qui, du plus loin qu'il l'aperçut, se mit à crier : — Vive Duilius ! vive le vainqueur des Carthaginois ! vive le sauveur de Rome ! Le héros rentra chez lui désespéré.

Le lendemain, il pensait avoir meilleur marché de son musicien ; mais son espérance fut trompée. Il en fut de même du surlendemain et des jours suivans; de sorte que le consul, voyant qu'il lui était désormais impossible de garder son incognito, repartit pour la Sicile, où, de colère, il battit de nouveau les Carthaginois, mais cette fois si cruellement, que l'on crut que c'en était fini de toutes les guerres puniques passées et à venir, et que Rome entra dans une telle joie, qu'on en fit des réjouissances publiques pareilles à celles que l'on faisait pour l'anniversaire de la ville, et que l'on se proposa de faire au vainqueur un triomphe encore plus magnifique que le premier.

Quant au sénat, il s'assembla, afin de délibérer avant

l'arrivée de Duilius sur la nouvelle récompense qui lui serait accordée.

On allait aux voix sur une statue publique, lorsqu'on entendit tout à coup de grands cris de joie et le son d'une tibicine. C'était le consul qui se dérobait au triomphe, grâce à la diligence qu'il avait faite, mais qui n'avait pu se dérober à la reconnaissance publique, grâce à son joueur de flûte. Se doutant qu'on lui préparait quelque chose de nouveau, il venait prendre part à la délibération. Il trouva, en effet, le sénat prêt à voter et la boule à la main. Alors, s'avançant à la tribune :

— Pères conscrits, dit-il, votre intention, n'est-ce pas, est de me voter une récompense qui me soit agréable ?

— Notre intention, répondit le président, est de faire de vous l'homme le plus heureux de la terre.

— Eh bien ! reprit Duilius, voulez-vous me permettre de vous demander la chose que je désire le plus ?

— Dites, dites ! crièrent les sénateurs d'une seule voix.

— Et vous me l'accorderez ? continua Duilius avec toute la timidité du doute.

— Par Jupiter ! nous vous l'accorderons, répondit le président au nom de toute l'assemblée.

— Eh bien ! dit Duilius, pères conscrits, si vous croyez que j'ai bien mérité de la patrie, ôtez-moi, en récompense de cette seconde victoire, ce maraud de joueur de flûte que vous m'avez donné pour la première.

Le sénat trouva la demande étrange ; mais il était engagé par sa parole, et c'était l'époque où il n'y manquait pas encore. Le joueur de flûte eut en pension viagère la moitié de ses appointemens, vu le bon témoignage qu'il avait été rendu de lui, et le consul Duilius, enfin débarrassé de son musicien, retrouva incognito et sans bruit la porte de cette petite maison de la rue Suburrane, qu'une victoire lui avait fermée et qu'une victoire lui avait rouverte.

— Eh bien ! demanda la palatine, quel rapport a cette histoire avec la peur que j'ai de vous voir assassiné ?

— Quel rapport, ma mère ? dit en riant le prince ; c'est que si, pour un seul musicien qu'avait le consul Duilius, il lui arriva un pareil désappointement, jugez donc de ce qui m'arriverait à moi avec mon régiment de gardes !

— Ah! Philippe! Philippe! reprit la princesse en riant et en soupirant à la fois, traiterez-vous toujours si légèrement les choses sérieuses ?

— Non point, ma mère, dit le régent, et la preuve, c'est que, comme je présume que vous n'êtes pas venue ici dans la seule intention de me faire de la morale sur mes courses nocturnes, et que c'était pour me parler d'affaires, je suis prêt à vous écouter et à vous répondre sérieusement sur le sujet de votre visite.

— Oui, vous avez raison, dit la princesse, j'étais en effet venue pour autre chose ; j'étais venue pour vous parler de mademoiselle de Chartres.

— Ah! oui, de votre favorite, ma mère ; car, vous avez beau le nier, Louise est votre favorite. Ne serait-ce point parce qu'elle n'aime guère ses oncles que vous n'aimez pas du tout ?

— Non, ce n'est point cela, quoique j'avoue qu'il m'est assez agréable de voir qu'elle est de mon avis sur la bonne opinion que j'ai des bâtards ; mais c'est qu'à la beauté près qu'elle a et que je n'avais pas, elle est exactement ce que j'étais à son âge, ayant de vrais goûts de garçon, aimant les chiens, les chevaux et les cavalcades, maniant la poudre comme un artilleur, et faisant des fusées comme un artificier. Eh bien ! devinez ce qui nous arrive avec elle !

— Elle veut s'engager dans les gardes françaises ?

— Non pas, elle veut se faire religieuse !

— Religieuse, Louise ! Impossible, ma mère ! C'est quelque plaisanterie de ses folles de sœurs.

— Non point, monsieur, reprit la palatine, il n'y a rien de plaisant dans tout cela, je vous jure.

— Et comment diable cette belle rage claustrale lui a-t-elle pris ? demanda le régent, commençant à croire à la vérité de ce que lui disait sa mère, habitué qu'il était à

vivre dans une époque où les choses les plus extravagantes étaient toujours les plus probables.

— Comment cela lui a pris ? continua Madame ; demandez à Dieu ou au diable, car il n'y a que l'un ou l'autre des deux qui le puisse savoir. Avant-hier, elle avait passé la journée avec sa sœur, montant à cheval, tirant au pistolet, riant et se divertissant si fort, que jamais je ne l'avais vue dans une telle gaieté, quand le soir madame d'Orléans me fit prier de passer dans son cabinet. Là, je trouvai mademoiselle de Chartres qui était aux genoux de sa mère et qui la priait tout en larmes de la laisser aller faire ses dévotions à l'abbaye de Chelles. Sa mère se retourna alors de mon côté et me dit :

— Que pensez-vous de cette demande, madame ?

— Je pense, répondis-je, que l'on fait également bien ses dévotions partout, que le lieu n'y fait rien, et que tout dépend de l'épreuve et de la préparation. Mais en entendant mes paroles, mademoiselle de Chartres redoubla de prières, et cela avec tant d'instances que je dis à sa mère : « Voyez, ma fille, c'est à vous de décider. — Dame ! répondit la duchesse, on ne saurait cependant empêcher cette pauvre enfant de faire ses dévotions. — Qu'elle y aille donc, repris-je, et Dieu veuille qu'elle y aille dans cette intention ! — Je vous jure, madame, dit alors mademoiselle de Chartres, que j'y vais bien pour Dieu seul et qu'aucune idée mondaine ne m'y conduit. » Alors elle nous embrassa, et hier matin à sept heures elle est partie.

— Eh bien ! je sais tout cela, puisque c'est moi qui devais l'y conduire, répondit le régent. Il est donc arrivé quelque chose depuis ?

— Il est arrivé, reprit madame, qu'elle a renvoyé hier soir la voiture en chargeant le cocher de nous remettre une lettre adressée à vous, et à sa mère et à moi, dans laquelle elle nous déclare que, trouvant dans ce cloître la tranquillité et la paix qu'elle n'espérait pas rencontrer dans le monde, elle n'en veut plus sortir.

— Et que dit sa mère de cette belle résolution ? demande le régent en prenant la lettre.

— Sa mère ? reprit Madame, sa mère en est fort contente, je crois, si vous voulez que je vous dise mon opinion ; car elle aime les couvens, et elle regarde comme un grand bonheur pour sa fille de se faire religieuse ; mais moi, je dis qu'il n'y a pas de bonheur là où il n'y a pas de vocation.

Le régent lut et relut la lettre comme pour deviner, dans cette simple manifestation du désir exprimé par mademoiselle de Chartres de rester à Chelles, les causes secrètes qui avaient fait naître ce désir ; puis après un instant de méditation aussi profonde que s'il se fût agi du sort d'un empire :

— Il y a là-dessous quelque dépit d'amour, dit-il. Est-ce qu'à votre connaissance, ma mère, Louise aimerait quelqu'un ?

Madame raconta alors au régent l'aventure de l'Opéra, et l'exclamation échappée de la bouche de la princesse dans son enthousiasme pour le beau ténor.

— Diable ! dit le régent. Et qu'avez-vous fait, la duchesse d'Orléans et vous, dans votre conseil maternel ?

— Nous avons mis Cauchereau à la porte, et interdit l'Opéra à mademoiselle de Chartres. Nous ne pouvions pas faire moins.

— Eh bien ! reprit le régent, il n'y a pas besoin d'aller chercher plus loin ; tout est là, il faut la guérir au plus tôt de cette fantaisie.

— Et qu'allez-vous faire pour cela, mon fils ?

— J'irai aujourd'hui même à l'abbaye de Chelles, j'interrogerai Louise ; si la chose n'est qu'un caprice, je laisserai au caprice le temps de se passer. Elle a un an pour faire ses vœux ; j'aurai l'air d'adopter sa vocation, et au moment de prendre le voile, c'est elle qui viendra nous prier la première de la tirer de l'embarras où elle se sera mise. Si la chose est grave, au contraire, alors ce sera bien différent.

— Mon Dieu ! mon fils, dit Madame en se levant, songez

que le pauvre Cauchereau n'est probablement pour rien là dedans, et qu'il ignore peut-être lui-même la passion qu'il a inspirée.

— Tranquillisez-vous, ma mère, répondit le prince en riant de l'interprétation tragique qu'avec ses idées d'outre-Rhin la palatine avait donnée à ces paroles ; je ne renouvellerai pas la lamentable histoire des amans du Paraclet ; la voix de Cauchereau ne perdra ni ne gagnera une seule note dans toute cette aventure, et l'on ne traite pas une princesse du sang par les mêmes moyens qu'une petite bourgeoise.

— Mais d'un autre côté, dit Madame presque aussi effrayée de l'indulgence réelle du duc qu'elle l'avait été de sa sévérité apparente, pas de faiblesse non plus !

— Ma mère, dit le régent, à la rigueur, si elle doit tromper quelqu'un, j'aimerais mieux encore que ce fût son mari que Dieu.

Et, baisant avec respect la main de sa mère, il conduisit vers la porte la pauvre princesse palatine, toute scandalisée de cette facilité de mœurs, au milieu de laquelle elle mourut sans jamais avoir pu s'y habituer. Puis la princesse étant sortie, le duc d'Orléans alla se rassoir devant son dessin en chantonnant un air de son opéra de *Panthée*, qu'il avait fait en collaboration avec Lafare.

En traversant l'antichambre, Madame vit venir à elle un petit homme perdu dans de grandes bottes de voyage, et dont la tête enfouie dans l'immense collet d'une redingote doublée de fourrure. Arrivé à sa portée, il sortit du milieu de son surtout une petite tête au nez pointu, aux yeux railleurs, et à la physionomie tenant à la fois de la fouine et du renard.

— Ah ! ah ! dit la palatine, c'est toi, l'abbé !

— Moi-même, Votre Altesse, et qui viens de sauver la France, rien que cela !

— Oui, répondit la palatine, j'ai entendu quelque chose d'approchant, et encore qu'on se servait de poisons dans certaines maladies. Tu dois savoir cela, Dubois, toi qui es fils d'un apothicaire.

— Madame, répondit Dubois, avec son insolence ordinaire, peut-être l'ai-je su, mais je l'ai oublié. Comme Votre Altesse le sait, j'ai quitté fort jeune les drogues de monsieur mon père pour faire l'éducation de monsieur votre fils.

— N'importe, n'importe, Dubois, dit la palatine en riant, je suis contente de ton zèle, et s'il se présente une ambassade en Chine ou en Perse, je la demanderai pour toi au régent.

— Et pourquoi pas dans la lune ou dans le soleil? reprit Dubois ; vous seriez encore plus sûre de ne pas m'en voir revenir.

Et saluant cavalièrement Madame, après cette réponse, sans attendre qu'elle le congédiât comme l'étiquette l'eût ordonné, il tourna sur ses talons et entra sans même se faire annoncer dans le cabinet du régent.

XXII.

L'ABBÉ DUBOIS.

Tout le monde sait les commencemens de l'abbé Dubois ; nous ne nous étendrons donc pas sur la biographie de ses jeunes années, que l'on trouvera dans tous les mémoires du temps, et particulièrement dans ceux de l'implacable Saint-Simon.

Dubois n'a point été calomnié : c'était chose impossible ; seulement on a dit de lui tout le mal qu'il méritait, et l'on n'a pas dit tout le bien qu'on pouvait en dire. Il y avait dans ses antécédens et dans ceux d'Alberoni, son rival, une grande similitude ; mais, il faut le dire, le génie était pour

Dubois, et dans cette longue lutte avec l'Espagne, que la nature de notre sujet nous force d'indiquer seulement, tout l'avantage fut au fils de l'apothicaire contre le fils du jardinier. Dubois précédait Figaro, auquel il a peut-être servi de type ; mais, plus heureux que lui, il était passé de l'office au salon, et du salon à la salle du trône.

Tous ses avancemens successifs avaient payé non-seulement des services particuliers, mais aussi des services publics : c'était un de ces hommes qui, pour nous servir de l'expression de monsieur de Talleyrand, ne parviennent pas, mais qui arrivent.

Sa dernière négociation était son chef-d'œuvre : c'était plus que la ratification du traité d'Utrecht, c'était un traité plus avantageux encore pour la France. L'empereur non-seulement renonçait à tous ses droits sur la couronne d'Espagne, comme Philippe V avait renoncé à tous ses droits sur la couronne de France, mais encore il entrait, avec l'Angleterre et la Hollande, dans la ligue formée à la fois contre l'Espagne au midi, et contre la Suède et la Russie au nord.

La division des cinq ou six grands Etats de l'Europe était établie par ce traité sur une base si juste et si solide, qu'après cent vingt ans de guerres, de révolutions et de bouleversemens, tous ces Etats, moins l'Empire, se retrouvent aujourd'hui à peu près dans la même situation où ils étaient alors.

De son côté, le régent, peu rigoriste de sa nature, aimait cet homme qui avait fait son éducation, et dont il avait fait la fortune. Le régent appréciait dans Dubois les qualités qu'il avait, et n'osait blâmer trop fort quelques vices dont il n'était pas exempt. Cependant, il y avait entre le régent et Dubois un abîme : les vices et les vertus du régent étaient ceux d'un grand seigneur, les qualités et les défauts de Dubois étaient ceux d'un laquais. Aussi le régent avait-il beau lui dire, à chaque faveur nouvelle qu'il lui accordait :

— Dubois, Dubois, fais-y bien attention : ce n'est qu'un habit de livrée que je te mets sur le dos !

Dubois qui s'inquiétait du don et non point de la manière dont il était fait, lui répondait avec cette grimace de singe et ce bredouillement de cuistre qui n'appartenaient qu'à lui.

— Je suis votre valet, monseigneur ; habillez-moi toujours de même.

Au reste, Dubois aimait fort le régent et lui était on ne peut plus dévoué. Il sentait bien que cette main puissante le soutenait seule au-dessus du cloaque dont il était sorti, et dans lequel, haï et méprisé comme il l'était de tous, un signe du maître pouvait le faire retomber. Il veillait donc avec un intérêt tout personnel sur les haines et sur les complots qui pouvaient atteindre le prince, et plus d'une fois, à l'aide d'une contre-police souvent mieux servie que celle du lieutenant général et qui s'étendait, par madame de Tencin, aux plus hauts degrés de l'aristocratie, et par la Fillon, aux plus bas étages de la société, il avait déjoué des conspirations dont messire Voyer d'Argenson n'avait pas même entendu souffler mot.

Aussi, le régent, qui appréciait les offices de tous genres que Dubois lui avait rendus et pouvait lui rendre encore, reçut-il l'abbé ambassadeur les bras ouverts. Dès qu'il le vit paraître, il se leva, et au contraire des princes ordinaires qui, pour diminuer la récompense, déprécient les services :

— Dubois, lui dit-il joyeusement, tu es mon meilleur ami, et le traité de la quadruple alliance sera plus profitable au roi Louis XV que toutes les victoires de son aïeul Louis XIV.

— A la bonne heure ! dit Dubois, et vous me rendez justice, vous, monseigneur ; mais malheureusement il n'en est pas de même de tout le monde.

— Ah ! ah ! dit le régent, aura-s-tu rencontré ma mère ? elle sort d'ici.

— Justement, et elle était presque tentée d'y rentrer pour vous demander, vu la bonne réussite de mon ambassade, de m'en accorder une autre en Chine ou en Perse.

— Que veux-tu? mon pauvre abbé, reprit en riant le prince : ma mère est pleine de préjugés, et elle ne te pardonnera jamais d'avoir fait de son fils un pareil élève; mais tranquillise-toi, l'abbé, j'ai besoin de toi ici.

— Et comment se porte Sa Majesté? demanda Dubois, avec un sourire plein d'une détestable espérance. Il était bien malingre au moment de mon départ!

— Bien, l'abbé, très bien, répondit gravement le prince. Dieu nous le conservera, je l'espère, pour le bonheur de la France et pour la honte de nos calomniateurs.

— Et monseigneur le voit, comme d'habitude, tous les jours?

— Je l'ai encore vu hier, et lui ai même parlé de toi.

— Bah! et que lui avez-vous dit?

— Je lui ai dit que tu venais d'assurer probablement la tranquillité de son règne.

— Et qu'a répondu le roi?

— Ce qu'il a répondu? il a répondu, mon cher, qu'il ne croyait pas les abbés si utiles.

— Sa Majesté est pleine d'esprit! Et le vieux Villeroy était là sans doute?

— Comme toujours.

— Il faudra quelque beau matin, avec la permission de Votre Altesse, que j'envoie ce vieux drôle rêver à l'autre bout de la France si j'y suis. Il commence à me lasser pour vous, avec son insolence!

— Laisse faire, Dubois, laisse faire; toute chose viendra en son temps.

— Même mon archevêché?

— A propos, qu'est-ce que cette nouvelle folie?

— Nouvelle folie? monseigneur. Sur ma parole! rien n'est plus sérieux.

— Comment! cette lettre du roi d'Angleterre qui me demande un archevêché pour toi?...

— Votre Altesse n'en a-t-elle point reconnu le style?

— C'est toi qui l'as dictée, maraud!

— A Néricault Destouches, qui l'a fait signer au roi.

— Et le roi l'a signée comme cela, sans rien dire?

— Si fait! « Comment voulez-vous, a-t-il dit à notre poëte, qu'un prince protestant se mêle de faire un archevêque en France? Le régent lira ma recommandation, en rira et n'en fera rien. — Oui bien, Sire, a répondu Destouches, qui a, ma foi! plus d'esprit qu'il n'en met dans ses pièces, le régent en rira, mais après en avoir ri, il fera ce que lui demandera Votre Majesté. »

— Destouches en a menti!

— Destouches n'a jamais dit si vrai, monseigneur.

— Toi, archevêque! Le roi Georges mériterait qu'en revanche, je lui désignasse quelque maraud de ton espèce pour l'archevêché d'York, lorsqu'il viendra à vaquer.

— Je vous mets au défi de trouver mon pareil, je ne connais qu'un homme.

— Et quel est-il? Je serais curieux de le connaître, moi.

— Oh! c'est inutile; il est déjà placé, et, comme sa place est bonne, il ne la changerait pas pour tous les archevêchés du monde.

— Insolent!

— A qui donc en avez-vous, monseigneur?

— Un drôle qui veut être archevêque et qui n'a seulement pas fait sa première communion.

— Eh bien! je n'en serai que mieux préparé.

— Mais le sous-diaconat, le diaconat, la prêtrise?

— Bah! nous trouverons bien quelque dépêcheur de messes, quelque frère Jean des Entomeures, qui me donnera tout cela en une heure.

— Je te mets au défi de le trouver.

— C'est déjà fait.

— Et quel est celui-là?

— Votre premier aumônier, l'évêque de Nantes, Tressan.

— Le drôle a réponse à tout! Mais ton mariage?

— Mon mariage?

— Oui, madame Dubois!

— Madame Dubois? Je ne connais pas cela!

— Comment, malheureux! L'aurais-tu assassinée?

— Monseigneur oublie qu'il n'y a pas plus de trois jours encore qu'il a ordonnancé le quartier de pension qu'elle touche sur sa cassette.

— Et si elle vient mettre opposition à ton archevêché?

— Je l'en défie! elle n'a pas de preuves.

— Elle peut se faire donner une copie de ton acte de mariage.

— Il n'y a pas de copie sans original.

— Et l'original?

— En voici les restes, dit Dubois en tirant de son portefeuille un petit papier qui contenait une pincée de cendres.

— Comment! misérable! et tu n'as pas peur que je t'envoie aux galères?

— Si le cœur vous en dit, le moment est bon, car j'entends la voix du lieutenant de police dans votre antichambre.

— Qui l'a fait demander?

— Moi.

— Pourquoi faire?

— Pour lui laver la tête.

— A quel sujet?

— Vous allez le savoir. Ainsi, c'est convenu, me voilà archevêque.

— Et as-tu déjà fait ton choix pour un archevêché?

— Oui, je prends Cambrai.

— Peste! tu n'es pas dégoûté!

— Oh! mon Dieu! ce n'est pas pour ce qu'il rapporte, c'est pour l'honneur de succéder à Fénelon.

— Et cela nous vaudra sans doute un nouveau *Télémaque?*

— Oui, si Votre Altesse me trouve une seule Pénélope par tout le royaume.

— A propos de Pénélope, tu sais que madame de Sabran...

— Je sais tout.

— Ah ça! l'abbé, ta police est donc toujours aussi bien faite?

— Vous allez en juger.

Dubois étendit la main vers un cordon de sonnette; la cloche retentit, un huissier parut.

— Faites entrer monsieur le lieutenant général, dit Dubois.

— Mais, dis donc, l'abbé, reprit le régent, il me semble que c'est toi qui ordonnes maintenant ici?

— C'est pour votre bien, monseigneur; laissez-moi faire.

— Fais donc, dit le régent, il faut avoir de l'indulgence pour les nouveaux arrivans.

Messire Voyer d'Argenson entra; c'était l'égal de Dubois pour la laideur. Seulement sa laideur, à lui, offrait un type tout opposé; il était gros, grand, lourd, portait une immense perruque, avait de gros sourcils hérissés, et ne manquait jamais d'être pris pour le diable par les enfans qui le voyaient pour la première fois. Du reste, souple, actif, habile, intrigant, et faisant assez consciencieusement son office quand il n'était pas détourné de ses devoirs nocturnes par quelque galante préoccupation.

— Monsieur le lieutenant général, dit Dubois sans même laisser à d'Argenson le temps d'achever son salut, voici monseigneur qui n'a pas de secrets pour moi, et qui vient de vous envoyer chercher pour que vous me disiez sous quel costume il est sorti hier soir, dans quelle maison il a passé la nuit, et ce qui lui est arrivé en sortant de cette maison. Si je n'arrivais pas à l'instant même de Londres, je ne vous ferais pas toutes ces questions; mais vous comprenez que, comme je courais la poste sur la route de Calais, je ne puis rien savoir.

— Mais, répondit d'Argenson, présumant que toutes ces questions cachaient quelque piége, s'est-il donc passé quelque chose d'extraordinaire hier soir? Quant à moi, je dois avouer que je n'ai reçu aucun rapport. En tout cas, je l'espère, il n'est arrivé aucun accident à monseigneur?

— Oh! mon Dieu! non, aucun. Seulement monseigneur, qui était sorti hier à huit heures du soir, en garde fran-

çaise, pour aller souper chez madame de Sabran, a manqué d'être enlevé en sortant de chez elle.

— Enlevé ! s'écria d'Argenson en pâlissant, tandis que
de son côté le régent poussait une exclamation d'étonnement. Enlevé ! et par qui?

— Ah ! dit Dubois, voilà ce que nous ignorons et ce que
vous devriez savoir, vous, monsieur le lieutenant général,
si, au lieu de faire la police cette nuit, vous n'aviez pas été
passer votre temps au couvent de la Madeleine de Traisnel.

— Comment ! d'Argenson, dit le régent en éclatant de
rire, vous, un grave magistrat, vous donnez de pareils
exemples ! Ah ! soyez tranquille, je vous recevrai bien
maintenant si vous venez, comme vous l'avez déjà fait du
temps du feu roi, m'apporter au bout de l'année le journal
de mes faits et gestes.

— Monseigneur, reprit en balbutiant le lieutenant général, j'espère que Votre Altesse ne croit pas un mot de ce
que lui dit monsieur l'abbé Dubois.

— Hé quoi ! malheureux, au lieu de vous humilier de
votre ignorance, vous me donnez un démenti ! Monseigneur, je veux vous conduire au sérail de d'Argenson :
une abbesse de vingt-six ans et des novices de quinze ; un
boudoir en étoffe des Indes ravissant, et des cellules ten-
dues en toile peinte ! Oh ! monsieur le lieutenant de police
fait bien les choses, et un quinze pour cent de la loterie y
a passé.

Le régent se tenait les côtes en voyant la figure bouleversée de d'Argenson.

— Mais, reprit le lieutenant de police, en essayant de
ramener la conversation sur celui des deux sujets qui,
tout en étant le plus humiliant pour lui, était cependant
le moins désagréable, il n'y a pas grand mérite à vous,
monsieur l'abbé, à connaître les détails d'un événement
que monseigneur vous a sans doute raconté.

— Sur mon honneur ! d'Argenson, s'écria le régent, je
ne lui en ai pas dit une parole.

— Laissez donc, monsieur le lieutenant ! Est-ce que c'est
monseigneur aussi qui m'a raconté l'histoire de cette novice
des hospitalières du faubourg Saint-Marceau, que vous avez
failli enlever par-dessus les murailles de son couvent ?
Est-ce que c'est monseigneur qui m'a parlé de cette maison que vous avez fait bâtir, sous un faux nom, mitoyen-
nement avec les murs du couvent de la Madeleine, ce qui
fait que vous y pouvez entrer à toute heure, par une porte
cachée dans une armoire, et qui donne dans la sacristie de
la chapelle du bienheureux Saint-Marc, votre patron ? Enfin, est-ce encore monseigneur qui m'a dit qu'hier Votre
Grandeur avait passé la soirée à se faire gratter la plante
des pieds, et à se faire lire, par les épouses du Seigneur, les
placets qu'elle avait reçus dans la journée? Mais non, tout
cela, mon cher lieutenant, c'est l'enfance de l'art, et celui
qui ne saurait que cela ne serait pas digne, je l'espère bien,
de dénouer les cordons de vos souliers.

— Ecoutez, monsieur l'abbé, répondit le lieutenant de
police en reprenant son ton sérieux ; si tout ce que vous
m'avez dit sur monseigneur est vrai, la chose est grave,
et je suis dans mon tort de ne pas la savoir, quand un autre la sait ; mais s'il n'y a pas de temps perdu, nous connaî-
trons les coupables, et nous les punirons comme ils le
méritent.

— Mais, dit le régent, il ne faut pas non plus attacher
trop d'importance à cela : ce sont sans doute quelques
officiers ivres qui croyaient faire une plaisanterie à un de
leurs camarades.

— C'est une belle et bonne conspiration, monseigneur,
reprit Dubois, et qui part de l'ambassade d'Espagne en passant par l'Arsenal pour arriver au Palais-Royal.

— Encore, Dubois !

— Toujours, monseigneur.

— Et vous, d'Argenson, quelle est votre opinion là-
dessus ?

— Que vos ennemis sont capables de tout, monseigneur ;
mais nous déjouerons leurs complots quels qu'ils soient,
je vous en donne ma parole !

En ce moment, la porte s'ouvrit, et l'huissier de service
annonça Son Altesse monseigneur le duc du Maine, qui
venait pour le conseil, et qui, en sa qualité de prince du
sang, avait le privilége de ne point attendre. Il s'avança
de cet air timide et inquiet qui lui était naturel, jetant un
regard oblique sur les trois personnes en face desquelles il
se trouvait, comme pour pénétrer de quelle chose on s'occupait au moment de son arrivée. Le régent comprit sa
pensée.

— Soyez le bienvenu, mon cousin, lui dit-il, — tenez,
voici deux méchans sujets que vous connaissez, et qui
m'assuraient à l'instant même que vous conspiriez contre
moi.

Le duc du Maine devint pâle comme la mort, et, sentant
les jambes lui manquer, s'appuya sur la canne en forme de
béquille qu'il portait habituellement.

— Et, j'espère, monseigneur, répondit-il d'une voix à laquelle il essayait vainement de rendre sa fermeté, que
vous n'avez pas ajouté foi à une pareille calomnie?

— Oh ! mon Dieu ! non, répondit négligemment le régent.
Mais, que voulez-vous? j'ai affaire à deux entêtés qui prétendent qu'ils vous prendront un jour sur le fait. Je n'en
crois rien ; mais comme je suis beau joueur, à tout hasard je vous en préviens. Mettez-vous donc en garde contre eux, car ce sont de fins compères, je vous en réponds !

Le duc du Maine desserrait les dents pour répondre
quelque excuse banale, lorsque la porte s'ouvrit de nouveau, et que l'huissier annonça successivement monsieur
le duc de Bourbon, monsieur le prince de Conti, monsieur
le duc de Saint-Simon, monsieur le duc de Guiche, capitaine des gardes, monsieur le duc de Noailles, président du
conseil des finances, monsieur le duc d'Antin, surintendant
des bâtimens, le maréchal d'Uxelles, président des affaires
étrangères, l'évêque de Troyes, le marquis de Lavrillière,
le marquis d'Effiat, le duc de Laforce, le marquis de Torcy,
et les maréchaux de Villeroy, d'Estrées, de Villars et de
Bezons.

Comme ces graves personnages étaient convoqués pour
examiner le traité de la quadruple alliance, rapporté de
Londres par Dubois, et que le traité de la quadruple alliance ne figure que très secondairement dans l'histoire que
nous nous sommes engagé à raconter, nos lecteurs trou-
veront bon que nous quittions le somptueux cabinet du
Palais-Royal pour les ramener dans la pauvre mansarde
de la rue du Temps-Perdu.

XXIV.

LA CONJURATION SE RENOUE.

D'Harmental, après avoir posé son feutre et son manteau
sur une chaise, après avoir posé ses pistolets sur sa table
de nuit et glissé sous son épée sous son chevet, s'était jeté tout
habillé sur son lit, et, telle est la puissance d'une vigou-
reuse organisation, que, plus heureux que Damoclès, il
s'était endormi, quoique, comme Damoclès, une épée fût
suspendue sur sa tête par un fil.

Lorsqu'il se réveilla, il faisait grand jour, et, comme la
veille il avait oublié, dans sa préoccupation, de fermer ses
volets, la première chose qu'il vit fut un rayon de soleil
qui se jouait joyeusement à travers sa chambre, traçant
de la fenêtre à la porte une brillante ligne de lumière dans
laquelle voltigeaient mille atomes. D'Harmental crut avoir
fait un rêve en se retrouvant calme et tranquille dans sa
petite chambre si blanche et si propre, tandis que, selon
toute probabilité, il aurait dû être, à la même heure, dans
quelque sombre et triste prison. Un instant il douta de la
réalité, ramenant toutes ses pensées sur ce qui s'était passé
la veille au soir, mais tout était encore là, le ruban pon-

ceau sur la commode, le feutre et le manteau sur la chaise, les pistolets sur la table de nuit, et l'épée sous le chevet; et lui-même, d'Harmental, comme une dernière preuve, dans le cas où toutes les autres se seraient trouvées insuffisantes, se revoyait avec son costume de la veille qu'il n'avait point quitté de peur d'être réveillé en sursaut, au milieu de la nuit, par quelque mauvaise visite.

D'Harmental sauta en bas de son lit : son premier regard fut pour la fenêtre de sa voisine : elle était déjà ouverte, et l'on voyait Bathilde aller et venir dans sa chambre. Le second fut pour sa glace, et sa glace lui dit que la conspiration lui allait à merveille. En effet, son visage était plus pâle que d'habitude, et, par conséquent, plus intéressant; ses yeux un peu fiévreux, et, par conséquent, plus expressifs; de sorte qu'il était évident que lorsqu'il aurait donné un coup à ses cheveux et remplacé sa cravate froissée par une autre cravate, il deviendrait incontestablement pour Bathilde, vu l'avis qu'elle avait reçu la veille, un personnage des plus intéressans. D'Harmental ne se dit pas cela tout haut, il ne se le dit même pas tout bas, mais le mauvais instinct qui pousse nos pauvres âmes à leur perte lui souffla ces pensées à l'esprit, indistinctes, vagues, inachevées, il est vrai, mais assez précises cependant pour qu'il se mît à sa toilette avec l'intention d'assortir sa mise à l'air de son visage, c'est-à-dire qu'un costume entièrement noir succéda à son costume sombre, que ses cheveux froissés furent renoués avec une négligence charmante, et que son gilet s'entr'ouvrit de deux boutons de plus que d'habitude pour faire place à son jabot, qui retomba sur sa poitrine avec un laisser-aller plein de coquetterie.

Tout cela s'était fait sans intention et de l'air le plus insouciant et le plus préoccupé du monde, car d'Harmental, tout brave qu'il était, n'oubliait point que d'un moment à l'autre on pouvait venir l'arrêter; mais tout cela s'était fait d'instinct, de sorte que lorsque le chevalier sortit de la petite chambre qui lui servait de cabinet de toilette et jeta un coup d'œil sur sa glace, il se sourit à lui-même avec une mélancolie qui doublait le charme déjà si réel de sa physionomie. Il n'y avait point à se tromper à ce sourire, car il alla aussitôt à sa fenêtre et l'ouvrit.

Peut-être Bathilde avait-elle fait aussi bien des projets pour le moment où elle reverrait son voisin; peut-être avait-elle arrangé une belle défense qui consistait à ne point regarder de son côté, ou à fermer sa fenêtre après une simple révérence; mais au bruit de la fenêtre du voisin qui s'ouvrait, tout fut oublié, elle s'élança à la sienne en s'écriant :

— Ah! vous voilà! mon Dieu, monsieur, que vous m'avez fait de mal!

Cette exclamation était dix fois plus que n'avait espéré d'Harmental. Aussi, s'il avait de son côté préparé quelques phrases bien posées et bien éloquentes, ce qui était probable, ces phrases s'échappèrent-elles à l'instant de son esprit, et joignant les mains à son tour :

— Bathilde! Bathilde! s'écria-t-il, vous êtes donc aussi bonne que vous êtes belle?

— Pourquoi bonne? demanda Bathilde. Ne m'avez-vous pas dit que si j'étais orpheline, vous étiez sans parens? ne m'avez-vous pas dit que j'étais votre sœur, et que vous étiez mon frère?

— Et alors, Bathilde, vous avez prié pour moi?

— Toute la nuit, dit en rougissant la jeune fille.

— Et moi qui remerciais le hasard de m'avoir sauvé, tandis que je devais tout aux prières d'un ange!

— Le danger est donc passé? s'écria vivement Bathilde.

— Cette nuit a été sombre et triste, répondit d'Harmental. Ce matin, cependant, j'ai été réveillé par un rayon de soleil; mais il ne faut qu'un nuage pour qu'il disparaisse. Il en est ainsi du danger que j'ai couru : il est passé pour faire place à un plaisir bien grand, Bathilde, celui d'être certain que vous avez pensé à moi; mais il peut revenir. Et, tenez, reprit-il en entendant les pas d'une personne qui montait dans son escalier, le voilà peut-être qui va frapper à ma porte!

En ce moment, en effet, on frappa trois coups à la porte du chevalier.

— Qui va là? demanda d'Harmental de la fenêtre, et avec une voix dans laquelle toute sa fermeté ne pouvait pas faire qu'il ne perçât un peu d'émotion.

— Ami! répondit-on.

— Eh bien? demanda Bathilde avec anxiété.

— Eh bien! toujours, grâce à vous, Dieu continue de me protéger. Celui qui frappe est un ami. Encore une fois merci, Bathilde!

Et le chevalier referma sa fenêtre, en envoyant à la jeune fille un dernier salut qui ressemblait fort à un baiser.

Puis il alla ouvrir à l'abbé Brigaud, qui, commençant à s'impatienter, venait de frapper une seconde fois.

— Eh bien! dit l'abbé, sur la figure duquel il était impossible de lire la moindre altération, que nous arrive-t-il donc, mon cher pupille, que nous sommes enfermé ainsi à serrure et à verrous? Est-ce pour prendre un avant-goût de la Bastille?

— Holà! l'abbé, répliqua d'Harmental d'un visage si joyeux et d'une voix si enjouée qu'on eût dit qu'il voulait lutter d'impassibilité avec Brigaud, point de pareilles plaisanteries, je vous prie, cela pourrait bien porter malheur!

— Mais regardez donc, regardez donc! dit Brigaud en jetant les yeux autour de lui; ne dirait-on pas qu'on entre chez un conspirateur? Des pistolets sur la table de nuit, une épée sous le chevet, et sur cette chaise un feutre et un manteau! Ah! mon cher pupille, mon cher pupille, vous vous dérangez, ce me semble. Allons, remettez-moi tout cela à sa place, et que moi-même je ne puisse pas m'apercevoir, quand je viens vous faire ma visite paternelle, de ce qui se passe ici quand je n'y suis pas!

D'Harmental obéit, tout en admirant le flegme de cet homme d'église, que son sang-froid à lui, homme d'épée, avait grand'peine à atteindre.

— Bien, bien! dit Brigaud en le suivant des yeux. Ah! et ce nœud d'épaule que vous oubliez, et qui n'a jamais été fait pour vous, car, le diable m'emporte! il date de l'époque où vous étiez en jaquette! Allons, allons, rangez-le aussi; qui sait, vous pourriez en avoir besoin.

— Eh! pourquoi faire, l'abbé? demanda en riant d'Harmental, pour aller au lever du régent?

— Eh! mon Dieu, non, mais pour faire un signal à quelque brave homme qui passe. Allons, rangez-moi cela!

— Mon cher abbé, dit d'Harmental, si vous n'êtes pas le diable en personne, vous êtes au moins une de ses plus intimes connaissances.

— Ah non! pour Dieu, non! je suis un pauvre bonhomme qui va son petit chemin, et qui, tout allant, regarde à droite et à gauche, en haut et en bas, voilà tout. C'est comme cette fenêtre... que diable! voilà un rayon de printemps, le premier qui vient frapper humblement à cette fenêtre, et vous lui ouvrez pas! On dirait que vous avez peur d'être vu, ma parole d'honneur! Ah! pardon, je ne savais pas que quand votre fenêtre s'ouvrait, elle en faisait fermer une autre.

— Mon cher tuteur, vous êtes plein d'esprit, répondit d'Harmental, mais d'une indiscrétion terrible! C'est au point que si vous étiez mousquetaire au lieu d'être abbé, je vous chercherais une querelle.

— Une querelle? et pourquoi diable, mon cher? parce que je veux vous aplanir le chemin de la fortune, de la gloire et de l'amour peut-être! Ah! ce serait une monstrueuse ingratitude!

— Eh bien non! soyons amis, l'abbé, reprit d'Harmental en lui tendant la main. Aussi bien ne serais-je pas fâché d'avoir quelques nouvelles.

— De quoi?

— Mais que sais-je! De la rue des Bons-Enfans, où il y a eu grand train, à ce qu'on m'a dit; de l'Arsenal, où je pense que madame du Maine donnait une soirée; et même du régent, qui, si j'en crois un rêve que j'ai fait, est rentré au Palais-Royal fort tard et un peu agité.

— Eh bien! tout a été à merveille : le bruit de la rue

des Bons-Enfans, si toutefois il y en a eu, est tout à fait calmé ce matin. Madame du Maine a une aussi grande reconnaissance pour ceux que des affaires importantes ont retenus loin de l'Arsenal, qu'elle a eu au fond du cœur, j'en suis sûr, de mépris pour ceux qui y sont venus. Enfin, le régent a déjà, comme d'habitude, en rêvant cette nuit qu'il était roi de France, oublié qu'il a failli hier soir être prisonnier du roi d'Espagne. Maintenant c'est à recommencer.

— Ah! pardon, l'abbé, dit d'Harmental; mais avec votre permission, c'est le tour des autres. Je ne serais pas fâché de me reposer un peu, moi.

— Diable! voilà qui s'accorde mal avec la nouvelle que je vous apporte.

— Et quelle nouvelle m'apportez-vous?

— Qu'il a été décidé cette nuit que vous partiriez en poste ce matin pour la Bretagne.

— Pour la Bretagne, moi? Et que voulez-vous que j'aille faire en Bretagne?

— Vous le saurez quand vous y serez.

— Et s'il ne me plaît pas de partir?

— Vous réfléchirez, et vous partirez tout de même.

— Et à quoi réfléchirai-je?

— Vous réfléchirez que ce serait d'un fou d'interrompre une entreprise qui touche à sa fin, pour un amour qui n'en est encore qu'à son commencement, et d'abandonner les intérêts d'une princesse du sang pour gagner les bonnes grâces d'une grisette.

— L'abbé! dit d'Harmental.

— Oh! ne nous fâchons pas, mon cher chevalier, reprit Brigaud, mais raisonnons. Vous vous êtes engagé volontairement dans l'affaire que nous poursuivons, et vous avez promis de nous aider à la mener à bien. Serait-il loyal de nous abandonner maintenant pour un échec? Que diable! mon cher pupille, il faut avoir un peu plus de suite dans ses idées, ou ne pas se mêler de conspirer.

— Et c'est justement, reprit d'Harmental, parce que j'ai de la suite dans mes idées, que, cette fois comme l'autre, avant de rien entreprendre de nouveau, je veux savoir ce que j'entreprends. Je me suis offert pour être le bras, il est vrai; mais, avant de frapper, le bras veut savoir ce qu'a décidé la tête. Je risque ma liberté, je risque ma vie, je risque quelque chose qui peut-être m'est plus précieux encore. Je veux risquer tout cela à ma façon, les yeux ouverts et non fermés. Dites-moi d'abord ce que je vais faire en Bretagne, et ensuite, eh bien! peut-être irai-je.

— Vos ordres portent que vous vous rendrez à Rennes. Là, vous décacheterez cette lettre, et vous y trouverez vos instructions.

— Mes ordres! mes instructions!

— Mais n'est-ce point les termes dont le général se sert à l'endroit de ses officiers, et les gens de guerre ont-ils l'habitude de discuter les commandemens qu'on leur donne?

— Non pas, quand ils sont au service; mais moi, je n'y suis plus.

— C'est vrai! j'avais oublié de vous dire que vous y étiez rentré.

— Moi?

— Oui, vous. J'ai même votre brevet dans ma poche. Tenez.

Et Brigaud tira de sa poche un parchemin qu'il présenta tout plié à d'Harmental, et que celui-ci déploya lentement et tout en interrogeant Brigaud du regard.

— Un brevet! s'écria le chevalier; un brevet de colonel d'un des quatre régimens de carabiniers! Et d'où me vient ce brevet?

— Regardez la signature, pardieu!

— Louis-Auguste, monsieur le duc du Maine!

— Eh bien! qu'y a-t-il là d'étonnant? En sa qualité de grand-maître de l'artillerie n'a-t-il pas la nomination à douze régimens? Il vous en donne un, voilà tout, pour remplacer celui qu'on vous a ôté; et, comme votre général, il vous envoie en mission. Est-ce l'habitude des gens

de guerre de refuser en pareil cas l'honneur que leur a fait leur chef en songeant à eux? Moi, je suis homme d'église, et je ne m'y connais pas.

— Non, mon cher abbé, non! s'écria d'Harmental, et c'est au contraire le devoir de tout officier du roi d'obéir à son chef.

— Sans compter, reprit négligemment Brigaud, que dans le cas où la conspiration échouerait, vous n'avez fait qu'obéir aux ordres qu'on a donnés, et que vous pouvez rejeter sur un autre toute la responsabilité de vos actions.

— L'abbé! s'écria une seconde fois d'Harmental.

— Dame! vous n'allez pas, je vous fais sentir l'éperon, moi!

— Si, mon cher abbé, si, je vais... Excusez-moi; mais tenez, il y a des momens où je suis à moitié fou. Me voilà aux ordres de monsieur du Maine, ou plutôt de madame. Ne la verrai-je donc point avant mon départ pour tomber à ses genoux, pour baiser le bas de sa robe, pour lui dire que je suis prêt à me faire casser la tête sur un mot d'elle.

— Allons, voilà que nous allons tomber dans l'exagération contraire! Mais non, il ne faut pas vous faire casser la tête, il faut vivre; vivre pour triompher de nos ennemis, et pour porter un bel uniforme avec lequel vous tournerez la tête à toutes les femmes.

— Oh! mon cher Brigaud, il n'y en a qu'une à laquelle je veuille plaire.

— Eh bien! vous plairez à celle-là d'abord et aux autres ensuite.

— Et quand dois-je partir?

— A l'instant même.

— Vous me donnerez bien une demi-heure?

— Pas une seconde!

— Mais je n'ai pas déjeuné.

— Je vous emmène et vous déjeunerez avec moi.

— Je n'ai là que deux ou trois mille francs, et ce n'est point assez.

— Vous trouverez une année de votre solde dans le coffre de votre voiture.

— Des habits?...

— Vos malles en sont pleines. Est-ce que je n'avais pas votre mesure, et seriez-vous mécontent de mon tailleur?

— Mais au moins, l'abbé, quand reviendrai-je?

— D'aujourd'hui en six semaines, jour pour jour, madame la duchesse du Maine vous attend à Sceaux.

— Mais au moins, l'abbé, vous me permettrez bien d'écrire deux lignes?

— Deux lignes, soit! je ne veux pas être trop exigeant. Le chevalier se mit à une table et écrivit:

« Chère Bathilde, aujourd'hui c'est plus qu'un danger » qui me menace, c'est un malheur qui m'atteint. Je suis » forcé de partir à l'instant même sans vous revoir, sans » vous dire adieu. Je serai six semaines absent. Au nom » du ciel, Bathilde, n'oubliez pas celui qui ne sera pas une » heure sans penser à vous.

                                    » RAOUL. «

Cette lettre terminée, pliée et cachetée, le chevalier se leva et alla à sa fenêtre; mais, comme nous l'avons dit, celle de sa voisine s'était refermée à l'apparition de l'abbé Brigaud. Il n'y avait donc aucun moyen de faire passer à Bathilde la dépêche qui lui était destinée. D'Harmental laissa échapper un geste d'impatience. En ce moment on gratta doucement à la porte; l'abbé ouvrit, et Mirza, qui, guidée par son instinct et sa gourmandise, avait trouvé la chambre du jeteur de bonbons, parut sur le seuil et entra en faisant mille démonstrations de joie.

— Eh bien! dit Brigaud, dites encore qu'il n'y a pas un bon Dieu pour les amans! Vous cherchiez un messager, en voilà justement un qui vous arrive.

— L'abbé! l'abbé! dit d'Harmental en secouant la tête, prenez garde d'entrer dans mes secrets plus avant que la chose ne me conviendra!

— Allons donc? répondit Brigaud , un confesseur, mon cher, c'est un abîme !

— Ainsi, pas un mot ne sortira de votre bouche?

— Sur l'honneur ! chevalier.

Et d'Harmental attacha la lettre au cou de Mirza, lui donna un morceau de sucre en récompense de la mission qu'elle allait accomplir, et moitié triste d'avoir perdu pour six semaines sa belle voisine , moitié gai d'avoir retrouvé pour toujours son bel uniforme , il prit tout l'argent qui lui restait, fourra ses pistolets dans ses poches, agrafa son épée à sa ceinture, mit son feutre sur sa tête, jeta son manteau sur ses épaules, et suivit l'abbé Brigaud.

XXV.

L'ORDRE DE LA MOUCHE-A-MIEL.

Au jour et à l'heure dits, c'est-à-dire six semaines après son départ de la capitale, et à quatre heures de l'après-midi, d'Harmental, revenant de Bretagne, entrait au grand galop de ses deux chevaux de poste dans la cour du palais de Sceaux.

Des valets en grande livrée attendaient sur le perron, et tout annonçait les préparatifs d'une fête. D'Harmental passa à travers leur double baie, franchit le vestibule, et se trouva dans un grand salon au milieu duquel causaient par groupes, en attendant la maîtresse de la maison, une vingtaine de personnes dont la plupart étaient de sa connaissance. C'étaient, entre autres, le comte de Laval, le marquis de Pompadour, le poëte Saint-Genest, le vieil abbé de Chaulieu, Saint-Aulaire, mesdames de Rohan, de Croissy, de Charost et de Brissac.

D'Harmental alla droit au marquis de Pompadour, celui de toute cette noble et intelligente société qu'il connaissait le plus. Tous deux échangèrent une poignée de main ; puis d'Harmental, tirant Pompadour à l'écart :

— Mon cher marquis, dit-il au chevalier, pourriez-vous m'apprendre comment il se fait que, lorsque je croyais arriver tout juste pour un triste et ennuyeux conciliabule politique, je me trouve jeté au milieu des préparatifs d'une fête ?

— Ma foi ! je n'en sais rien, mon cher chevalier, répondit Pompadour ; et vous me voyez aussi étonné que vous, j'arrive moi-même de Normandie.

— Ah ! vous arrivez aussi, vous?

— A l'instant même. Aussi faisais-je la même question que vous venez de me faire à Laval. Mais il arrive de Suisse, et il n'en sait pas plus que nous.

En ce moment, on annonça le baron de Valef.

— Ah! pardieu ! voilà notre affaire, continua Pompadour ; Valef est des plus intimes de la duchesse, et il nous dira cela, lui.

D'Harmental et Pompadour allèrent à Valef, qui, de son côté, les reconnaissant, vint droit à eux. d'Harmental et Valef ne s'étaient pas revus depuis le jour du duel par lequel nous avons ouvert cette histoire, de sorte qu'ils se serrèrent la main avec un grand plaisir. Puis après les premiers compliments échangés :

— Mon cher Valef, demanda d'Harmental, pourriez-vous me dire quel est le but de cette grande réunion, quand je croyais être convoqué en très petit comité ?

— Ma foi ! mon très cher, je n'en sais rien, dit Valef; j'arrive de Madrid.

— Ah çà ! mais tout le monde arrive donc ici ! dit en riant Pompadour ; ah ! voilà Malezieux. J'espère que celui-là n'arrive que de Dombes ou de Chatenay, et comme en tout cas il a certainement passé par la chambre de madame du Maine , nous allons enfin savoir de ses nouvelles.

A ces mots, Pompadour fit un signe à Malezieux, mais le digne chancelier était trop galant pour ne pas s'acquitter d'abord de son devoir de chevalier auprès des femmes : il alla donc saluer mesdames de Rohan, de Charost, de Croissy et de Brissac ; puis il s'achemina vers le groupe que formaient Pompadour, d'Harmental et de Valef.

— Ma foi ! mon cher Malezieux, dit Pompadour, nous vous attendions avec une grande impatience ; nous arrivons des quatre coins du monde, à ce qu'il paraît : Valef du midi, d'Harmental de l'occident, Laval de l'orient, moi du nord, nous, je ne sais d'où ; de sorte que, nous l'avouons, nous serions curieux de savoir ce que nous venons faire à Sceaux.

— Vous êtes venus assister à une grande solennité, messieurs, répondit Malezieux; vous venez assister à la réception d'un nouveau chevalier de la Mouche-à-Miel.

— Peste ! dit d'Harmental, un peu piqué qu'on ne lui eût pas même laissé la faculté de passer par la rue du Temps-Perdu avant de venir à Sceaux; je comprends alors pourquoi madame du Maine nous avait fait recommander à tous d'être si exacts au rendez-vous; et quant à moi, je suis fort reconnaissant à Son Altesse.

— D'abord, jeune homme, interrompit Malezieux, il n'y a ici ni madame du Maine ni Altesse, il y a la belle fée Ludovise, la reine des Abeilles, à laquelle chacun doit obéir aveuglément. Or, notre reine est la toute-sagesse comme elle est la toute-puissance. Et quand vous saurez quel est le chevalier de la Mouche que nous recevons en ce moment, peut-être ne regretterez-vous plus si fort la diligence que vous avez faite.

— Et qui recevons-nous? demanda Valef, qui arrivant de plus loin était naturellement le plus pressé de savoir pourquoi on l'avait fait venir.

— Nous recevons Son Excellence le prince de Cellamare.

— Ah! ah! c'est autre chose, fit Pompadour, et je commence à comprendre.

— Et moi aussi, dit Valef.

— Et moi aussi, dit d'Harmental.

— Très bien, très bien ! répondit en souriant Malezieux. Et avant la fin de la nuit vous comprendrez mieux encore. En attendant, laissez-vous conduire. Ce n'est point la première fois que vous entrez quelque part les yeux bandés, n'est-ce pas, monsieur d'Harmental ?

Et à ces mots, Malezieux s'avança vers un petit homme à la figure plate, aux longs cheveux collans, aux regards envieux, qui paraissait tout embarrassé de se trouver en si noble compagnie, et que d'Harmental voyait pour la première fois. Aussi demanda-t-il aussitôt à Pompadour quel était ce petit homme. Pompadour lui répondit que c'était le poëte Lagrange-Chancel.

Les deux jeunes gens regardèrent un instant le nouveau-venu avec une curiosité mêlée de dégoût, puis se retournant d'un autre côté et laissant Pompadour s'avancer vers le cardinal de Polignac, qui entrait en ce moment, ils allèrent causer dans l'embrasure d'une fenêtre de la réception du nouveau chevalier de la Mouche-à-Miel.

L'ordre de la Mouche-à-Miel avait été fondé par madame la duchesse du Maine sur cette devise empruntée à l'*Aminte* du Tasse, et qu'elle avait prise à l'occasion de son mariage : *Piccola si, ma fa puo gravi le ferite*. Devise que Malezieux, dans son éternel dévouement poétique pour la petite-fille du grand Condé, avait traduite ainsi :

> L'abeille, petit animal,
> Fait de grandes blessures.
> Craignez son aiguillon fatal,
> Évitez ses piqûres.
> Fuyez si vous pouvez les traits
> Qui partent de sa bouche;
> Elle pique et s'envole après,
> C'est une fine mouche.

Cet ordre, comme tous les autres, avait sa décoration, ses officiers, son grand-maître : sa décoration était une médaille représentant d'un côté une ruche et de l'autre la reine des Abeilles ; cette médaille était suspendue à la boutonnière par un ruban citron, et tout chevalier devait en être décoré chaque fois qu'il venait à Sceaux. Ses officiers étaient Malezieux, Saint-Aulaire, l'abbé de Chaulieu et Saint-Genest ; son grand-maître était madame du Maine. Il se composait de trente-neuf membres, et ne pouvait dépasser ce nombre : la mort de monsieur de Nevers avait réduit ce nombre, et, comme Malezieux venait de l'annoncer à d'Harmental, cette lacune allait être comblée par la nomination du prince de Cellamare.

Le fait est que madame du Maine avait trouvé plus sûr de couvrir cette réunion toute politique d'un prétexte tout frivole, certaine qu'elle était qu'une fête dans les jardins de Sceaux paraîtrait moins suspecte à Dubois et à Voyer d'Argenson qu'un conciliabule à l'Arsenal.

Aussi, comme on va le voir, rien n'avait-il été oublié pour rendre à l'ordre de la Mouche-à-Miel son ancienne splendeur, et pour ressusciter dans leur magnificence première ces fameuses nuits blanches qu'avait tant raillées Louis XIV.

En effet, à quatre heures précises, moment fixé pour la cérémonie, la porte du salon s'ouvrit, et l'on aperçut, dans une galerie tendue de satin incarnat semé d'abeilles d'argent, sur un trône élevé de trois marches, la belle fée Ludovise, à qui la petitesse de sa taille et la délicatesse de ses traits, bien plus encore que la baguette d'or qu'elle tenait à la main, donnaient l'apparence de l'être aérien dont elle avait pris le nom. Elle fit un geste de la main, et toute sa cour, passant du salon dans la galerie, se rangea en demi-cercle autour de son trône, sur les marches duquel allèrent se placer les grands dignitaires de l'ordre. Lorsque chacun fut à son poste, une porte latérale s'ouvrit, et Bessac, enseigne des gardes de monseigneur le duc du Maine, portant le costume de héraut, c'est-à-dire une robe cerise toute brodée d'abeilles d'argent, et coiffé d'un bonnet en forme de ruche, entra et annonça à haute voix :

— Son Excellence le prince de Cellamare.

Le prince entra, s'avança d'un pas grave vers la reine des Abeilles, fléchit le genou sur la première marche de son trône, et attendit (1).

— Prince de Samarcand, dit alors le héraut, prêtez une oreille attentive à la lecture des statuts de l'ordre que la grande fée Ludovise veut bien vous conférer, et songez sérieusement à ce que vous allez faire.

Le prince s'inclina en signe qu'il comprenait toute l'importance de l'engagement qu'il allait prendre.

Le héraut continua :

Article premier. — Vous jurez et promettez une fidélité inviolable, une aveugle obéissance à la grande fée Ludovise, dictatrice perpétuelle de l'ordre incomparable de la Mouche-à-Miel. Jurez par le sacré mont Hymette.

En ce moment, une musique cachée se fit entendre, et un chœur de musiciens invisibles chanta :

Jurez, seigneur de Samarcand ;
Jurez, digne fils du grand khan.

— Par le sacré mont Hymette ! je le jure, dit le prince.

Alors le chœur reprit, mais renforcé cette fois de la voix de tous les assistants :

Il principe di Samarcand,
Il digno figlio del gran' khan,
Ha giurato :
Sia ricevuto.

Après ce refrain répété trois fois, le héraut reprit la lecture de son règlement :

(1) Nous n'avons pas besoin de prévenir nos lecteurs que ces détails sont parfaitement historiques, et que nous n'inventons ni n'imitons, mais que nous copions purement et simplement, non pas dans le *Malade imaginaire* ou dans le *Bourgeois gentilhomme*, mais dans les Divertissemens de Sceaux.

Article deuxième. — Vous jurez et promettez de vous trouver dans le palais enchanté de Sceaux, chef-lieu de l'ordre de la Mouche-à-Miel, toutes les fois qu'il sera question de tenir chapitre, et cela, toutes affaires cessantes, sans même que vous puissiez vous excuser sous prétexte de quelque incommodité légère, comme goutte, excès de pituite ou gale de Bourgogne (1).

Le chœur reprit :

Jurez, prince de Samarcand ;
Jurez, digne fils du grand khan.

— Par le sacré mont Hymette ! je le jure, dit le prince.

Article troisième, continua le héraut :

Vous jurez et promettez d'apprendre incessamment à danser toute contredanse comme furstemberg, derviches, pistolets, courantes, sarabandes, gigues et autres, et de les danser en tout temps ; mais encore plus volontiers, si faire se peut, pendant la canicule, et de ne point quitter la danse, si cela vous est ordonné, que vos habits ne soient percés de sueur, et que l'écume ne vous en vienne à la bouche.

LE CHŒUR.

Jurez, prince de Samarcand ;
Jurez, digne fils du grand khan.

LE PRINCE.

Par le sacré mont Hymette ! je le jure.

LE HÉRAUT.

Article quatrième. — Vous jurez et promettez d'escalader généreusement toutes les meules de foin, de quelque hauteur qu'elles puissent être, sans que la crainte des culbutes les plus affreuses puisse jamais vous arrêter.

LE CHŒUR.

Jurez, prince de Samarcand ;
Jurez, digne fils du grand khan.

LE PRINCE.

Par le sacré mont Hymette ! je le jure.

LE HÉRAUT.

Article cinquième. — Vous jurez et promettez de prendre en votre protection toutes les espèces de mouches à miel, et de ne faire jamais mal à aucune, de vous en laisser piquer courageusement sans les chasser, quelque endroit de votre personne qu'il leur plaise d'attaquer, soit mains, joues, jambes, etc.; dussent-elles, de ces piqûres, devenir plus grosses et plus enflées que celles de votre majordome·

LE CHŒUR.

Jurez, prince de Samarcand ;
Jurez, digne fils du grand khan.

LE PRINCE.

Par le sacré mont Hymette ! je le jure.

LE HÉRAUT.

Article sixième. — Vous jurez et promettez de respecter le premier ouvrage des mouches à miel, et à l'exemple de

(1) Quelques recherches que nous ayons faites sur cette maladie, nous n'avons pu retrouver ni sa cause ni ses effets.

votre grande dictatrice, d'avoir en horreur l'usage profane qu'en font les apothicaires, dussiez-vous crever de réplétion.

LE CHOEUR.

Jurez, prince de Samarcand ;
Jurez, digne fils du grand khan.

LE PRINCE.

Par le sacré mont Hymette ! je le jure.

LE HÉRAUT.

Article septième et dernier. — Vous jurez et promettez enfin de conserver soigneusement la glorieuse marque de votre dignité, et de ne jamais paraître devant votre dictatrice sans avoir à votre côté la médaille dont elle va vous honorer.

LE CHOEUR.

Jurez, prince de Samarcand ;
Jurez, digne fils du grand khan.

LE PRINCE.

Par le sacré mont Hymette ! je le jure.

A ce dernier serment, le chœur général reprit :

Il princtpe di Samarcand,
Il digno figlio del gran' khan,
Ha giurato :
Sia ricevuto.

Alors la fée Ludovise se leva, et prenant des mains de Malezieux la médaille suspendue au ruban orange, et faisant signe au prince d'approcher, elle prononça ces vers, dont le mérite était fort augmenté par l'à-propos de la situation :

Digne envoyé d'un grand monarque,
Recevez de ma main la glorieuse marque
De l'ordre qu'on vous a promis :
Thessandre, apprenez de ma bouche
Que je vous mets au rang de mes amis
En vous faisant chevalier de la Mouche.

Le prince mit un genou en terre, et la fée Ludovise lui passa au cou le ruban orange et la médaille qu'il soutenait. Au même instant, le chœur général éclata, chantant tout d'une voix :

Viva sempre, viva, et in onore cresca
Il novo cavaliere della Mosca.

A la dernière mesure de ce chœur général, une seconde porte latérale s'ouvrit à deux battans, et laissa voir un magnifique souper servi dans une salle splendidement illuminée.

Le nouveau chevalier de la Mouche offrit alors la main à la dictatrice, la fée Ludovise, et tous deux s'acheminèrent vers la salle à manger, suivis du reste des assistans.

Mais, à la porte de la salle à manger, ils furent arrêtés par un bel enfant habillé en Amour, et qui portait à la main un globe de cristal dans lequel on voyait autant de petits billets roulés qu'il y avait de convives. C'était une loterie d'un nouveau genre, et qui était bien digne de servir de suite à la cérémonie que nous venons de raconter.

Parmi les cinquante billets que renfermait cette loterie, il y en avait dix sur lesquels étaient écrits les mots : chanson, madrigal, épigramme, impromptu, etc., etc. Ceux auxquels tombaient ces billets étaient forcés d'acquitter leur dette séance tenante et pendant le repas. Les autres n'étaient tenus qu'à applaudir, à boire et à manger.

A la vue de cette loterie poétique, les quatre dames se récrièrent sur la faiblesse de leur esprit, qui devait les exempter d'un pareil concours ; mais madame la duchesse du Maine déclara que personne ne devait être exempt des chances du hasard. Seulement, les dames étaient autorisées à prendre un collaborateur, et le collaborateur, en échange, acquérait des droits à un baiser. Comme on le voit, c'était de la plus pure bergerie.

Cet amendement fait à la loi, la fée Ludovise introduisit la première sa petite main dans le globe de cristal et en tira un billet qu'elle déroula. Le billet portait le mot *impromptu*.

Chacun puisa après elle ; mais soit hasard, soit disposition adroite des lots, les pièces de vers tombèrent presque toutes à Chaulieu, à Saint-Genest, à Malezieux, à Saint-Aulaire et à Lagrange-Chancel.

Mesdames de Croissy, de Rohan et de Brissac tirèrent les autres lots, et choisirent immédiatement pour collaborateurs Malezieux, Saint-Genest et l'abbé de Chaulieu, qui se trouvèrent ainsi chargés d'une double tâche.

Quant à d'Harmental, il avait à sa grande joie tiré un billet blanc, ce qui, comme nous l'avons déjà dit, bornait sa tâche à applaudir, à boire et à manger.

Cette petite opération terminée, chacun alla prendre à la table la place qui d'avance lui était désignée par une étiquette portant son nom.

XXVI.

LES POÈTES DE LA RÉGENCE.

Cependant, hâtons-nous de le dire à la louange de madame la duchesse du Maine, cette fameuse loterie, qui rappelait avec avantage les plus beaux jours de l'hôtel Rambouillet, n'était pas si ridicule au fond qu'elle paraissait être à la superficie. D'abord les petits vers, les sonnets et les épigrammes étaient fort à la mode à cette époque, dont ils représentaient à merveille la futilité. Ce vaste foyer de poésie allumé par Corneille et par Racine allait s'éteignant, et sa flamme, qui avait éclairé le monde, ne se trahissait plus que par quelques pauvres petites étincelles qui brillaient dans le cercle d'une coterie, se répandaient dans une douzaine de ruelles, et s'éteignaient aussitôt. Puis il y avait encore à cette lutte d'esprit un motif autre que celui de la mode. Cinq à six personnes seulement étaient initiées au véritable but de la fête, et il fallait occuper par d'amusantes futilités deux heures d'un repas pendant lequel chaque physionomie serait un livre ouvert aux commentaires, et la duchesse du Maine n'avait rien trouvé de mieux pour cela que d'inventer un de ces jeux qui avaient fait appeler Sceaux les galeries du Bel-Esprit.

Le commencement du dîner fut, comme toujours, froid et silencieux ; il faut s'accommoder avec ses voisins, reconnaître sur la table cette étroite part de propriété qui revient à chaque convive, puis enfin, si poète et si berger que l'on soit, éteindre ce premier cri de la faim. Cependant le premier service disparu, ce léger chuchotement qui prélude à la conversation générale commença de se faire entendre. La fée Ludovise, seule préoccupée sans doute de l'impromptu que le sort lui avait fait échoir en partage, et ne voulant pas donner le mauvais exemple en prenant un collaborateur, était silencieuse, ce qui, par une réaction toute naturelle, jetait une ombre de tristesse sur tout le repas. Malezieux vit qu'il était temps de couper le mal dans sa racine, et s'adressant à la duchesse du Maine.

— Belle fée Ludovise, lui dit-il, tes sujets se plaignent amèrement de ton silence, auquel tu ne les pas habitués, et me chargent de porter leur réclamation au pied de ton trône.

— Hélas ! dit la duchesse, vous le voyez, mon cher chancelier, je suis comme le corbeau de la fable, qui veut imiter l'aigle et enlever un mouton. J'ai les pieds pris dans mon impromptu et je ne peux plus m'en dépêtrer.

— Alors, répondit Malezieux, permets-nous de maudire pour la première fois les lois que tu nous a imposées. Mais tu nous a habitués au son de ta voix et au charme de ton esprit, belle princesse, si bien que nous ne pouvons plus nous en passer.

> Chaque mot qui sort de ta bouche
> Nous surprend, nous ravit, nous touche ;
> Il a mille agrémens divers.
> Pardonne, princesse, si j'ose
> Faire le procès à tes vers,
> Qui nous ont privés de ta prose !

— Mon cher Malezieux, s'écria la duchesse, je prends l'impromptu à mon compte. Me voilà quitte envers la société, il n'y a plus que vous à qui je dois un baiser.

— Bravo ! s'écrièrent tous les convives.

— Ainsi, à partir de ce moment, messieurs, plus de conversations particulières, plus de chuchotement individuel, chacun se doit à tous. Allons, mon Apollon, continua la duchesse en se tournant vers Saint-Aulaire, qui parlait bas à madame de Rohan, près de laquelle il était placé, nous commençons notre inquisition par vous ; dites-nous tout haut le secret que vous disiez tout bas à votre belle voisine.

Il paraît que le secret n'était pas de nature à être répété tout haut, car madame de Rohan rougit jusqu'au blanc des yeux, et fit signe à Saint-Aulaire de garder le silence ; celui-ci la rassura d'un geste, puis se tournant vers la duchesse, à laquelle il devait un madrigal :

— Madame, lui dit-il, répondant à son ordre et s'acquittant en même temps de l'obligation imposée par la loterie :

> La divinité qui s'amuse
> A me demander mon secret,
> Si j'étais Apollon, ne serait pas ma muse,
> Elle serait Thétis et le jour finirait !

Ce madrigal, qui devait cinq ans plus tard conduire Saint-Aulaire à l'Académie, eut un tel succès, que pendant quelques instans personne n'osa se hasarder à venir après lui. Il en résulta après les applaudissemens obligés un silence d'un instant. La duchesse le rompit la première en reprochant à Laval de ne pas manger.

— Vous oubliez ma mâchoire, dit Laval en montrant sa mentonnière.

— Vous, oublier votre blessure! reprit madame du Maine, une blessure reçue pour la défense du pays et au service de notre illustre père Louis XIV ! Vous vous méprenez, mon cher Laval, c'est le régent qui l'oublie et non pas nous.

— En tout cas, dit Malezieux, il me semble, mon cher comte, qu'une blessure si bien placée est plutôt un motif de fierté que de tristesse.

> Mars t'a frappé de son tonnerre
> En mille aventures de guerre
> Dignes du grand nom de Laval.
> Il te reste un gosier pour boire,
> Cher ami, c'est le principal,
> Console-toi de la mâchoire.

— Oui, dit le cardinal de Polignac, mais si le temps qu'il fait continue, mon cher Malezieux, le gosier de Laval court grand risque de ne pas boire du vin cette année.

— Comment cela ? demanda Chaulieu avec inquiétude.

— Comment cela, mon cher Anacréon? ignorez-vous donc ce qui arrive au ciel?

— Hélas ! dit Chaulieu en se tournant vers la duchesse, Votre Eminence sait bien que je n'y vois même plus assez pour y distinguer les étoiles : mais n'importe, pour ne pas y voir, je n'en suis que plus inquiet de ce qui s'y passe.

— Il s'y passe que mes vignerons m'écrivent de Bourgogne que tout est brûlé par le soleil, et que la récolte prochaine est perdue si d'ici à quelques jours nous n'avons de la pluie.

— Entendez-vous, Chaulieu, dit en riant madame la duchesse du Maine, de la pluie, vous qui avez si grande horreur de l'eau? Entendez-vous ce que Son Eminence demande ?

— Oh ! cela est vrai, dit Chaulieu ; mais il y a moyen de tout concilier :

> L'eau me fait horreur, ma commère ;
> A son aspect j'entre en colère,
> Je frémis comme un enragé.
> Cependant malgré ma furie,
> Aujourd'hui mon cœur est changé,
> Nos vins demandent de la pluie.
>
> Ciel ! fais pleuvoir en diligence
> Verse de l'eau sur notre France,
> Qui n'a déjà que trop pâli ;
> Elle aura beau tomber sur terre,
> J'aurai soin de boire à l'abri,
> De peur qu'il n'en tombe en mon verre.

— Oh ! vous nous ferez bien grâce pour ce soir, mon cher Chaulieu, s'écria la duchesse, et vous attendrez la pluie jusqu'à demain. La pluie dérangerait le divertissement que notre bonne Delaunay, votre amie, nous prépare en ce moment dans nos jardins.

— Ah ! voilà donc ce qui nous prive du plaisir d'avoir notre aimable savante à notre table, dit Pompadour ; elle se sacrifie pour nous, et nous l'oublions ; nous étions de grands ingrats. A sa santé, Chaulieu!

Et Pompadour leva son verre, geste qui fut immédiatement imité par le sexagénaire amant de la future madame de Staal.

— Un instant, un instant ! s'écria Malezieux en tendant son verre vide à Saint-Genest ; peste ! j'en suis aussi, moi !

> Je soutiens qu'un esprit solide
> Ne doit point admettre le vide,
> Et je prétends le réfuter.
> Partout je lui ferai la guerre,
> Et pour qu'on ne puisse en douter,
> Saint-Genest, remplis-moi mon verre.

Saint-Genest se hâta d'obéir à la sommation du chancelier de Dombes ; mais en reposant la bouteille, soit hasard, soit exprès, il renversa une lumière, qui s'éteignit. Aussitôt madame la duchesse, qui suivait tout ce qui se passait de son œil vif et rapide, le railla sur sa maladresse. C'était sans doute ce que demandait le bon abbé, car se tournant aussitôt du côté de madame du Maine :

— Belle fée, dit-il, vous avez tort de me railler sur ma maladresse ; ce que vous prenez pour une gaucherie est un hommage rendu à vos beaux yeux.

— Et comment cela, mon cher abbé? Un hommage rendu à mes yeux, dites-vous?

— Oui, grande fée, continua Saint-Genest, je l'ai dit et je le prouve :

> Ma muse sévère et grossière
> Vous soutient que tant de lumière
> Est inutile dans les cieux.
> Sitôt que notre auguste Aminte
> Fait briller l'éclat de ses yeux,
> Toute autre lumière est éteinte.

Ce madrigal, si élégamment tourné, eût sans doute obtenu tout le succès qu'il méritait d'avoir, si, au moment même où Saint-Genest disait le dernier vers, madame du Maine, malgré les efforts qu'elle faisait pour se retenir, n'eût outrageusement éternué, et cela avec un tel bruit, qu'au grand désappointement de Saint-Genest, le trait final en fut perdu pour la plupart des auditeurs; mais dans cette société de chasseurs à l'esprit, rien ne pouvait se perdre : ce qui nuisait à l'un servait à l'autre; et à peine la duchesse eut-elle laissé échapper cet intempestif éternuement, que Malezieux, le saisissant au vol, s'écria :

Que je suis étonné
Du bruit que fait le né
De la belle déesse !
Car grande est la princesse,
Mais petit est le né
Qui m'a tant étonné.

Ce dernier impromptu était d'un précieux si superlatif que pour un instant il imposa silence à tous les autres, et qu'on redescendit des hauteurs de la poésie aux vulgarités de la simple prose.

Pendant tout le temps qu'avait eu lieu ce feu roulant de bel esprit, d'Harmental, usant de la liberté que lui donnait son billet blanc, avait gardé le silence, ou bien échangé avec Valef, son voisin, quelques paroles à voix basse, ou quelques sourires à demi-réprimés. Au reste, comme l'avait pensé madame du Maine, malgré la préoccupation bien naturelle de quelques convives, l'ensemble du repas avait conservé une telle apparence de frivolité, qu'il était impossible à des yeux étrangers de voir, sous cette frivolité apparente, serpenter la conspiration qui se tramait. Aussi, soit force sur elle-même, soit satisfaction de voir ses projets ambitieux tourner à si bonne fin, la belle fée Ludovise avait-elle fait les honneurs du repas avec une présence d'esprit, une grâce et une gaîté merveilleuses. De leur côté, comme on l'a vu aussi, Malezieux, Saint-Aulaire, Chaulieu et Saint-Genest l'avaient secondé de leur mieux.

Cependant le moment de quitter la table approchait : on entendait, à travers les fenêtres fermées et les portes entr'ouvertes, de vagues bouffées d'harmonie qui, du jardin, pénétraient jusque dans la salle à manger, et annonçaient que de nouveaux divertissemens attendaient les convives. De sorte que madame du Maine, voyant que l'heure approchait, annonça qu'ayant promis la veille à Fontenelle d'étudier le lever de l'étoile de Vénus, elle avait dans la journée reçu de l'auteur des *Mondes* un excellent télescope, avec lequel elle invitait la société à faire sur ce bel astre ses études astronomiques. Cette annonce était une trop belle occasion offerte à Malezieux de lancer quelque madrigal pour qu'il n'en profitât point. Aussi, comme madame du Maine paraissait craindre que Vénus ne fût déjà levée ;

— Oh ! belle fée ! dit-il, vous savez mieux que personne que nous n'avons rien à craindre.

Pour observer dans vos jardins,
La lunette est tirée :
Sortez du salon des festins,
On verra Cythérée.
Oui, finissez ce long repas,
Princesse incomparable ;
Vénus ne se lèvera pas
Tant que vous tiendrez table.

Malezieux terminait la séance comme il l'avait commencée ; on se levait donc au milieu des applaudissemens, lorsque Lagrange-Chancel, qui n'avait point prononcé une parole pendant tout le repas, se tournant vers la duchesse :

— Pardon, madame, dit-il, mais, moi aussi, j'ai une dette à payer, et quoique personne ne la réclame, à ce qu'il paraît, je suis débiteur trop consciencieux pour ne pas m'acquitter.

— Oh ! c'est vrai, mon Archiloque, répondit la duchesse, n'avez-vous point un sonnet à nous dire ?

— Non point, madame, reprit Lagrange-Chancel : le sort m'a réservé une ode, et le sort a très bien fait, car je me connais et suis peu propre à toutes ces poésies de ruelles qui ont cours aujourd'hui. Ma muse à moi, madame, vous le savez, c'est Némésis, et mon inspiration, au lieu de descendre du ciel, monte des enfers. Ayez donc la bonté, ma-

dame la duchesse, de prier ces dames et ces messieurs de me prêter un instant l'attention que depuis le commencement du repas ils ont eue pour d'autres.

Madame du Maine ne répondit qu'en se rasseyant, et chacun aussitôt imita son exemple ; puis il se fit un moment de silence, pendant lequel les yeux de tous les convives se portèrent avec une certaine inquiétude sur cet homme qui avouait lui-même que sa Muse était une Furie et son Hippocrène l'Achéron.

Alors Lagrange-Chancel se leva ; un feu sombre passa dans son regard, un sourire amer crispa sa lèvre, puis d'une voix sourde et qui s'harmoniait parfaitement avec les paroles qui sortaient de sa bouche, il dit les vers suivans, qui devaient retentir jusqu'au Palais-Royal et faire tomber des yeux du régent des larmes d'indignation que Saint-Simon vit couler.

Vous, (1) dont l'éloquence rapide,
Contre deux tyrans inhumains,
Eut jadis l'audace intrépide
D'armer les Grecs et les Romains,
Contre un monstre encor plus farouche,
Mettez votre fiel dans ma bouche ;
Je brûle de suivre vos pas,
Et je vais tenter cet ouvrage,
Plus charmé de votre courage
Qu'effrayé de votre trépas !

A peine ouvrit-il ses paupières
Que, tel qu'il se montre aujourd'hui,
Il fut indigné des barrières
Qu'il voit entre le trône et lui.
Dans ces détestables idées,
De l'art des Circés, des Médées (2),
Il fit ses uniques plaisirs,
Croyant cette v de infernale
Digne de remplir l'intervalle
Qui s'opposait à ses désirs.

Nocher des ondes infernales,
Prépare-toi sans l'effrayer
A passer les ombres royales
Que Philippe va t'envoyer !
O disgrâces toujours récentes !
O portes toujours renaissantes !
Sujets de pleurs et de sanglots !
Tels, dessus la plaine liquide,
D'un cours éternel et rapide
Les flots sont suivis par les flots.

Ainsi les fils (3) pleurant leur père (4)
Tombent frappés des mêmes coups ;
Le frère est suivi par le frère,
L'épouse devance l'époux (5) ;
Mais, ô coups toujours plus funestes !
Sur deux fils (6), nos uniques restes,
La faux de la Parque s'étend ;
Le premier a rejoint sa race,
L'autre (7), dont la couleur s'efface,
Penche vers son dernier instant !

O roi (8), depuis si longtemps ivre
D'encens et de prospérité,
Tu ne te verras pas revivre
Dans ta triple postérité.

(1) Démosthène et Cicéron.

(2) Comme on se le rappelle, le duc d'Orléans était excellent chimiste. Ce fut principalement sur les études qu'il faisait de cette science avec Humbert, que l'on fit reposer les calomnies dont la vie de Louis XV a fait justice.

(3) Les ducs de Bourgogne et de Berri.

(4) Le vieux dauphin.

(5) M. le dauphin et madame la dauphine.

(6) Les fils du jeune dauphin.

(7) Louis XV.

(8) Louis XIV.

Tu sois d'où part ce coup sinistre,
Tu connais l'infâme ministre (1)
Digne d'un prince détesté ;
Qu'il expire avec son complice,
Tu sauveras par leur supplice
Le peu de sang qui t'est resté.

Poursuis ce prince sans courage (2),
Déjà par ses frayeurs vaincu.
Fais que dans l'opprobre et la rage
Il meure comme il a vécu ;
Que sur sa tête scélérate
Tombe le sort de Mithridate
Pressé des armes des Romains,
Et qu'en son désespoir extrême,
Il ait recours au poison même
Préparé par ses propres mains !

Il est impossible d'exprimer l'effet que produisirent ces vers, venant à la suite des impromptus de Malezieux, des madrigaux du Saint-Aulaire, des chansons de Chaulieu ; chacun se regardait en silence et comme épouvanté de se trouver pour la première fois en face de ces hideuses calomnies qui jusque-là s'étaient traînées dans l'ombre, mais n'avaient point osé apparaître au grand jour. La duchesse elle-même, qui les avait le plus accréditées, avait pâli en voyant cette ode, hydre monstrueuse, dresser devant elle ses six têtes pleines de fiel et de venin. Le prince de Cellamare ne savait quelle contenance tenir, et la main du cardinal de Polignac tremblait visiblement en chiffonnant son rabat de dentelle.

Aussi le poëte termina-t-il sa dernière strophe au milieu du même silence qui avait accueilli la première; et comme, embarrassée de ce mutisme général qui indiquait la désapprobation, même chez les plus fidèles, madame du Maine venait de se lever, chacun suivit son exemple et passa avec elle dans les jardins.

Sur le perron, d'Harmental, qui sortait le dernier, heurta sans y faire attention Lagrange-Chancel, qui rentrait dans la salle pour y prendre le mouchoir que madame du Maine y avait oublié.

— Pardon, monsieur le chevalier, dit le poëte irrité, en se redressant et en fixant sur d'Harmental ses deux petits yeux jaunis par la bile ; voudriez-vous marcher sur moi, par hasard ?

— Oui, monsieur, répondit d'Harmental en le regardant avec dégoût de toute la hauteur de sa taille, et comme il eût fait d'un crapaud ou d'une vipère; oui, si j'étais sûr de vous écraser !

Et reprenant le bras de Valef, il descendit avec lui dans les jardins.

XXVII.

LA REINE DES GROENLANDAIS.

Comme on avait pu le comprendre pendant le dîner, et comme on pouvait le deviner par les divertissemens que la duchesse du Maine avait l'habitude de donner à sa chartreuse de Sceaux, la fête, au commencement de laquelle nous avons fait assister nos lecteurs, allait déborder des salons dans les jardins, où de nouvelles surprises attendaient les convives. En effet, ces vastes jardins, dessinés par Le Nôtre pour Colbert, et que Colbert avait vendus à monsieur le duc du Maine, étaient devenus entre

(1) Humbert, le chimiste.
(2) On n'oubliera pas qu'il est ici question du héros de Steinkerque, de Nerwinde, et de Lérida.

les mains de la duchesse une demeure véritablement féerique ; ces grands partis pris des jardins français avec leurs vertes charmilles, leurs longues allées de tilleuls, leurs ifs taillés en coupes, en spirales et en pyramides, se prêtaient bien mieux que les jardins anglais, à petits massifs, à allées tortueuses et à horizons exigus, aux fêtes mythologiques qui étaient de mode sous le grand roi. Ceux de Sceaux surtout, bornés seulement une vaste pièce d'eau au milieu de laquelle s'élevait le pavillon de l'Aurore, ainsi nommé parce que c'était de ce pavillon que partait ordinairement le signal que la nuit allait finir et qu'il était temps de se retirer, avaient, avec leurs jeux de bagues et leurs jeux de paume et de ballon, un aspect d'un grandiose véritablement royal. Aussi chacun resta-t-il émerveillé lorsqu'en arrivant sur le perron on vit toutes ces hautes allées, tous ces beaux arbres, toutes ces gracieuses charmilles, liés l'un à l'autre par des guirlandes d'illuminations qui changeaient cette nuit obscure en un jour des plus splendides. En même temps une musique délicieuse se fit entendre sans que l'on pût voir d'où elle venait ; puis au son de cette musique on vit se mouvoir dans la grande allée et s'approcher quelque chose de si étrange et de si inattendu, que dès qu'on eut reconnu à quoi l'on avait affaire, les éclats de rire partirent de tous côtés. C'était un jeu de quilles gigantesques qui s'approchait gravement dans la grande allée du milieu, précédé par son neuf et escorté par sa boule, et qui, s'étant avancé à quelques pas du perron, se disposa gracieusement dans les règles ordonnées, et, après s'être incliné devant madame du Maine, tandis que la boule continuait de rouler jusqu'à ses pieds, commença de chanter une complainte fort triste sur ce que, jusqu'à ce jour, le malheureux jeu de quilles, moins fortuné que les jeux de bagues, de ballon et de paume, avait été exilé des jardins de Sceaux, demandant qu'on revînt sur cette injustice, et que le droit de réjouir les nobles invités de la belle fée Ludovise lui fût accordé ainsi qu'à ses confrères. Cette complainte était une cantate à neuf voix, accompagnée par des violes et des flûtes, entrecoupée par des solos de basse chantés par la boule, de l'effet le plus original; aussi la demande qu'elle exprimait fut-elle appuyée par tous les convives et accordée par madame du Maine. Aussitôt et en signe d'allégresse, au signal donné, les neuf quilles commencèrent un ballet, accompagné de si singuliers hochemens de tête et de si grotesques balancemens de corps, que le succès des danseurs surpassa peut-être celui qu'avaient eu les chanteurs, et que madame du Maine, dans la satisfaction qu'elle ressentait de ce spectacle, exprima au jeu de quilles tout le regret qu'elle avait de l'avoir méconnu si longtemps, et toute la joie qu'elle éprouvait d'avoir fait sa connaissance, l'autorisant dès ce moment, et en vertu de sa puissance, comme reine des Abeilles, à appeler le noble jeu de quilles, afin qu'il ne restât en rien au-dessous de son rival le noble jeu de l'oie.

Aussitôt cette faveur accordée, les quilles se rangèrent pour faire place à de nouveaux personnages, que depuis un instant on voyait s'avancer par la grande allée : ces personnages, au nombre de sept, étaient entièrement couverts de fourrures qui dissimulaient leur taille, et de bonnets poilus qui cachaient leur visage; de plus, ils marchaient gravement, menant au milieu d'eux un traîneau conduit par deux rennes, ce qui indiquait une députation polaire. En effet, c'était une ambassade que les peuples du Groënland adressaient à la fée Ludovise ; cette ambassade était conduite par un chef portant une longue simarre doublée de martre, et un bonnet de peau de renard auquel on avait laissé trois queues qui pendaient symétriquement une sur chaque épaule et l'autre par derrière. Arrivé en face de madame du Maine, ce chef s'inclina, et, portant la parole au nom de tous :

— Madame, dit-il, les Groënlandais ayant délibéré dans une assemblée générale de la nation d'envoyer un des plus considérables d'entre eux vers Votre Altesse Sérénissime, j'ai eu l'honneur d'être choisi pour me mettre à leur tête et vous offrir, de leur part, la souveraineté de leurs États.

L'allusion était si visible, et cependant, par la façon dont elle était amenée, offrait si peu de danger, qu'un murmure d'approbation courut par toute l'assemblée, et que, signe de sa future adhésion, un sourire des plus gracieux effleura les lèvres de la belle fée Ludovise; aussi l'ambassadeur, visiblement encouragé par la manière dont était accueilli le commencement de ce discours, reprit aussitôt :

— La renommée, qui n'annonce chez nous que les merveilles les plus rares, nous a instruits, au milieu de nos neiges, au fond de nos glaces, dans notre pauvre petit coin du monde, des charmes, des vertus et des inclinations de Votre Altesse Sérénissime : nous savons qu'elle abhorre le soleil.

Cette nouvelle allusion fut saisie avec autant d'empressement et d'ardeur que la première ; en effet, le soleil était la devise du régent, et, comme nous l'avons dit, madame du Maine était connue pour sa prédilection en faveur de la nuit.

— Il en résulte donc, madame, continua l'ambassadeur, que comme, vu notre position géographique, Dieu nous a, dans sa bonté, gratifiés de six mois de nuit et de six mois de crépuscule, nous venons vous proposer de fuir chez nous ce soleil que vous haïssez ; et, en dédommagement de ce que vous abandonnez ici, nous vous offrons le titre de reine des Groënlandais, certains que nous sommes que votre présence fera fleurir nos campagnes arides, que la sagesse de vos lois domptera nos esprits indociles, et que, grâce à la douceur de votre règne, nous renoncerons à une liberté moins aimable que votre royale domination.

— Mais, dit madame du Maine, il me semble que le royaume que vous m'offrez est un peu loin, et, je vous l'avoue, je crains les longs voyages.

— Nous avions prévu votre réponse, madame, reprit l'ambassadeur ; et, grâce aux enchantemens d'un puissant magicien, de peur que, plus paresseuse que Mahomet, vous ne vouliez pas aller à la montagne, nous nous sommes arrangés de façon que la montagne vînt à vous. — Holà ! génies du pôle, continua le chef de l'ambassade en décrivant en l'air des cercles cabalistiques avec sa baguette, découvrez à tous les yeux le palais de votre nouvelle souveraine.

Au même moment une musique fantastique se fit entendre, et le voile qui couvrait le pavillon de l'Aurore s'étant enlevé comme par magie, la vaste pièce d'eau, demeurée sombre jusque-là comme un miroir terni, refléta une lumière si habilement disposée, qu'on l'eût prise pour celle de la lune. A cette lumière on vit alors se dessiner, sur une île de glace et au pied d'un pic neigeux et transparent, le palais de la reine des Groënlandais, auquel conduisait un pont si léger, qu'il paraissait fait d'un nuage fluide. Aussitôt, au milieu des acclamations générales, l'ambassadeur prit des mains d'un des personnages de sa suite une couronne qu'il posa sur la tête de la duchesse, et que la duchesse assura elle-même sur son front avec un geste si hautain, qu'on eût dit que c'était une couronne réelle qu'elle venait de recevoir ; puis, montant dans le traîneau, elle s'achemina vers le palais marin, et, tandis que les gardes empêchaient la foule de la suivre dans son nouveau domaine, elle traversa le pont et entra avec les sept ambassadeurs par une porte figurant une caverne. Au même instant le pont s'abîma, et, par une allusion non moins visible que les autres, l'habile machiniste eût voulu séparer le passé de l'avenir, et un feu d'artifice, éclatant au-dessus du pavillon de l'Aurore, exprima la joie qu'éprouvaient les Groënlandais à la vue de leur nouvelle reine.

Pendant ce temps, madame du Maine était introduite par un huissier dans la pièce la plus isolée de son nouveau palais, et les sept ambassadeurs ayant jeté bas bonnets et simarres, elle se trouva au milieu du prince de Cellamare, du cardinal de Polignac, du marquis de Pompadour, du comte de Laval, du baron de Valef, du chevalier d'Harmental, et de Malezieux. Quant à l'huissier qui l'att dait e

qui, après avoir fermé avec soin toutes les portes, vint se mêler familièrement à cette noble assemblée, il n'était autre que notre vieil ami l'abbé Brigaud.

Comme on le voit, les choses apparaissaient enfin sous leur véritable forme, et la fête, comme venaient de le faire les ambassadeurs, jetait bas son masque et costume, et tournait franchement à la conspiration.

— Messieurs, dit madame la duchesse du Maine avec sa vivacité habituelle, nous n'avons pas un instant à perdre, et une trop longue absence éveillerait des soupçons ; que chacun se hâte donc de raconter ce qu'il a fait, et que nous sachions enfin où nous en sommes.

— Pardon, madame, dit le prince, mais vous m'aviez parlé, comme devant être des nôtres, d'un homme que je ne vois point ici, et que je serais désolé de ne point compter dans nos rangs.

— Du duc de Richelieu, voulez-vous dire, n'est-ce pas ? répondit madame du Maine. Eh bien ! oui, c'est vrai, il s'était engagé à venir, mais il aura été retenu par quelque aventure, distrait par quelque rendez-vous : il faudra nous en passer.

— Oui, sans doute, madame, reprit le prince, oui, s'il ne vient pas, il faudra nous en passer ; mais je ne vous cache pas que je verrais son absence avec un grand regret. Le régiment qu'il commande est à Bayonne, et, grâce à cette résidence, qui le met à notre portée, il pourrait nous être parfaitement utile. Veuillez donc, je vous prie, madame la duchesse, donner l'ordre que s'il venait, il soit introduit.

— L'abbé, dit madame du Maine en se tournant vers Brigaud, vous avez entendu, prévenez d'Avranches.

Brigaud sortit pour exécuter l'ordre qu'il venait de recevoir.

— Pardon, monsieur le chancelier, dit d'Harmental à monsieur Malezieux ; mais il me semblait qu'il y a six semaines, monsieur de Richelieu avait refusé positivement d'être des nôtres.

— Oui, répondit Malezieux, car il savait qu'il était désigné pour porter le cordon bleu au prince des Asturies, et il ne voulait pas se brouiller avec le régent au moment où, en récompense de notre fête ambassade, il allait probablement recevoir la Toison. Mais, depuis ce temps, le régent a changé d'avis ; et comme les cartes se brouillent avec l'Espagne, il a résolu d'ajourner l'envoi de l'ordre, de sorte que M. de Richelieu, voyant sa Toison renvoyée aux calendes grecques, s'est rallié à nous.

— L'ordre de Votre Altesse est transmis à qui de droit, madame, dit l'abbé Brigaud en rentrant, et si M. le duc de Richelieu apparaît à Sceaux, il sera immédiatement conduit ici.

— Bien, dit la duchesse ; maintenant asseyons-nous à cette table et procédons. Voyons, Laval, commencez.

— Moi, madame, dit Laval, j'ai, comme vous le savez, été en Suisse, où, au nom et avec l'argent du roi d'Espagne, j'ai levé un régiment dans les Grisons. Ce régiment est prêt à entrer en France quand le moment en sera venu, attendu qu'il est armé et équipé, et n'attend plus que l'ordre de marcher.

— Bien, mon cher comte, bien ! dit la duchesse, et si vous ne regardez pas comme au-dessous d'un Montmorency d'être colonel d'un régiment, en attendant mieux, vous prendrez le commandement de celui-là. C'est un moyen plus sûr d'avoir la Toison que de porter le Saint-Esprit en Espagne.

— Madame, dit Laval, c'est à vous qu'il convient de fixer à chacun la place que vous lui réservez, et celle que vous lui désignerez sera toujours acceptée avec reconnaissance par le plus humble de vos serviteurs.

— Et vous, Pompadour, dit madame du Maine, tout en remerciant d'un geste de la main le comte de Laval, et vous, qu'avez-vous fait ?

— Selon les instructions de Votre Altesse Sérénissime, répondit le marquis, je me suis rendu en Normandie, où j'ai fait signer la protestation de la noblesse ; je vous rapporte trente-huit signatures, et des meilleures.

Il tira un papier de sa poche.

—Voici la requête au roi ; puis, à la suite de la requête, les signatures. Voyez, madame.

La duchesse prit si vivement le papier des mains du marquis de Pompadour, qu'on eût dit qu'elle le lui arrachait. Puis, jetant rapidement les yeux dessus :

— Oui, oui, dit-elle, vous avez bien fait de mettre cela : signé sans distinction ni différence des rangs et des maisons, afin que personne n'y puisse trouver à redire. Oui, cela épargne toute contestation de préséance. Bien. Guillaume-Alexandre de Vieux-Pont, Pierre-Anne-Marie de la Pailleterie, de Beaufremont, de Latour-Dupin, de Châtillon. Oui, vous avez raison ; ce sont les plus beaux et les meilleurs, comme ce sont les plus fidèles noms de France. Merci, Pompadour ; vous êtes un digne messager, et, le cas échéant, on se souviendra de votre habileté, et l'on changera les messages en ambassade.

— Et vous, chevalier, continua la duchesse en se tournant vers d'Harmental, armée de ce charmant sourire contre lequel elle savait qu'il n'y avait pas de résistance possible.

— Moi, madame ? dit le chevalier ; selon les ordres de Votre Altesse, je suis parti pour la Bretagne, et, arrivé à Nantes, j'ai ouvert mes dépêches et pris connaissance de mes instructions.

— Eh bien ? demanda vivement la duchesse.

— Eh bien ! madame, reprit d'Harmental, j'ai été aussi heureux dans ma mission que messieurs de Laval et de Pompadour dans la leur. Voici l'engagement de messieurs de Mont-Louis, de Bonamour, de Pont-Callet et de Rohan-Solduc. Que l'Espagne fasse seulement paraître une escadre en vue des côtes, et toute la Bretagne se soulèvera.

— Vous voyez ! vous voyez, prince ! s'écria la duchesse en s'adressant à Cellamare avec un accent plein d'ambitieuse joie, tout nous seconde.

— Oui, répondit le prince. Mais ces quatre gentilshommes, tout influens qu'il sont, ne sont point les seuls qu'il nous faudrait avoir ; il y a encore les Laguerche-Saint-Amant, les Bois-Davy, les Larochefoucault-Gondral, et que sais-je ! les Décourt, les d'Érée, qu'il serait important de gagner.

— Ils le sont, prince, dit d'Harmental, et voici leurs lettres... tenez...

Et tirant plusieurs lettres de sa poche, il en ouvrit deux ou trois et lut au hasard :

« Je suis si flatté par le souvenir dont m'honore Votre
» Altesse Sérénissime, que dans une assemblée générale
» des Etats je joindrais ma voix à tous ceux du corps de
» la noblesse qui voudront lui prouver leur attachement.

» Marquis DÉCOURT. »

« Si j'ai quelque estime et quelque considération dans
» ma province, je n'en veux faire usage que pour y faire
» valoir la justice de la cause de Votre Altesse Sérénissime.

» LA ROCHEFOUCAULT-GONDRAL. »

« Si le succès de votre affaire dépendait du suffrage de
» sept ou huit cents gentilshommes, j'ose vous assurer,
» madame, qu'il sera bientôt décidé en faveur de Votre
» Altesse Sérénissime. J'ai l'honneur de vous offrir de
» nouveau tout ce qui dépend de moi dans ces quartiers.

» Comte d'ÉRÉE. »

— Eh bien ! prince, s'écria madame du Maine, vous rendrez-vous enfin ? Voyez, outre ces trois lettres, en voilà encore une de Lavauguyon, une de Bois-Davy, une de Fumée. Tenez, tenez, chevalier, voici notre main droite ; c'est celle qui tiendra la plume ; qu'elle vous soit un gage qu'au jour où sa signature sera une signature royale, elle n'aura rien à vous refuser.

— Merci, madame, dit d'Harmental en y posant respectueusement les lèvres ; mais cette main m'a déjà donné plus que je ne mérite, et le succès lui-même me récompensera si grandement en mettant Votre Altesse à la place qu'elle doit occuper, que je n'aurai ce jour-là vraiment plus rien à désirer.

— Et maintenant, Valef, c'est votre tour, reprit la duchesse : nous vous avons gardé pour le dernier, parce que vous étiez le plus important. Si j'ai bien compris les signes que nous avons échangés pendant le dîner, vous n'êtes pas mécontent de Leurs Majestés Catholiques, n'est-ce pas ?

— Que dirait Votre Altesse Sérénissime d'une lettre écrite de la main même de Sa Majesté Philippe ?

— Ce que je dirais d'une lettre écrite de la main même de Sa Majesté ! s'écria madame du Maine ; je dirais que c'est plus que je n'ai jamais osé espérer.

— Prince, dit Valef en passant un papier à Cellamare, vous connaissez l'écriture de Sa Majesté le roi Philippe V : assurez donc à Son Altesse Royale, qui n'ose pas le croire, que cette lettre est bien tout entière de sa main.

— Tout entière, dit Cellamare en inclinant la tête, tout entière, c'est la vérité.

— Et à qui est-elle adressée ? dit madame du Maine en la prenant aux mains du prince.

— Au roi Louis XV, madame, dit Valef.

— Bon, bon, dit la duchesse, nous la ferons mettre sous les yeux de Sa Majesté par le maréchal de Villeroy. Voyons ce qu'il dit ; et elle lut aussi rapidement que le lui permettait la difficulté de l'Écriture (1) :

« L'Escurial, 16 mars 1718.

« Depuis que la Providence m'a placé sur le trône d'Es-
» pagne, je n'ai pas perdu de vue pendant un seul instant
» les obligations de ma naissance : Louis XIV, d'éternelle
» mémoire, est toujours présent à mon esprit. Il me sem-
» ble toujours entendre ce grand prince au moment de
» notre séparation me dire en m'embrassant : *Il n'y a plus
» de Pyrénées !* Votre Majesté est le seul rejeton de mon
» frère aîné, dont je ressens tous les jours la perte : Dieu
» vous a appelé à la succession de cette grande monar-
» chie, dont la gloire et les intérêts me seront précieux
» jusqu'à la mort. Enfin, je vous porte au fond de mon
» cœur, et je n'oublierai jamais, pour rien au monde, ce
» que je dois à Votre Majesté, à ma patrie et à la mémoire
» de mon aïeul.
» Mes chers Espagnols, qui m'aiment avec tendresse, et
» qui sont bien assurés de celle que j'ai pour eux, ne sont
» point jaloux des sentimens que je vous témoigne, et sen-
» tent bien que notre union est la base de la tranquillité
» publique. Je me flatte que mes intérêts personnels sont
» encore chers à une nation qui m'a nourri dans son sein,
» et que cette généreuse noblesse qui a versé tant de sang
» pour les soutenir regardera toujours avec amour un roi
» qui se glorifie de lui avoir obligation et d'être né au mi-
» lieu d'elle. »

— Ceci s'adresse à vous, messieurs, dit madame la duchesse du Maine, s'interrompant et saluant gracieusement de la main et du regard ceux qui l'entouraient, puis elle continua, impatiente qu'elle était de connaître le reste de l'épître :

« De quel œil donc vos fidèles sujets peuvent-ils regar-
» der le traité qui se signe contre moi, ou pour mieux dire
» contre vous-même (2) ? Depuis le temps que vos finan-
» ces épuisées ne peuvent fournir aux dépenses couran-
» tes de la paix, on veut que Votre Majesté s'unisse à mon

(1) Cette lettre, qui se trouve aux archives des affaires étrangères, est effectivement tout entière de la main de Philippe V.

(2) Le traité de la quadruple alliance, que nous avons vu Du-Bois rapporter en triomphe de Londres.

» plus mortel ennemi (1) et me fasse la guerre si je ne
» consens à livrer la Sicile à l'archiduc.

» Je ne souscrirai jamais à ces conditions, elles me sont
insupportables.

» Je n'entre pas dans les conséquences funestes de cette
» alliance : je me renferme à prier instamment Votre Ma-
» jesté de convoquer incessamment les états généraux de
» son royaume, pour délibérer sur une affaire de si grande
» conséquence. »

— Les états généraux ! murmura le cardinal de Polignac.

— Eh bien ! que dit Votre Éminence des états généraux ? interrompit avec impatience madame du Maine.
Cette mesure a-t-elle le malheur de ne point obtenir votre
approbation ?

— Je ne blâme ni n'approuve, madame, répondit le cardinal ; seulement je songe que même convocation a été
faite pendant la Ligue, et que Philippe II s'en est assez
mal trouvé.

— Les temps et les hommes sont changés, monsieur le
cardinal, reprit vivement la duchesse du Maine. Nous ne
sommes plus en 1594, mais en 1718 : Philippe II était Fla-
mand et Philippe V est Français : les mêmes résultats ne
peuvent donc se représenter, puisque les causes sont différentes. Pardon, messieurs. Et elle reprit sa lecture :

» Je vous fais cette prière au nom du sang qui nous
» unit, au nom de ce grand roi dont nous tirons notre
» origine, au nom de vos peuples et des miens : s'il y eut
» jamais occasion d'écouter la voix de la nation française,
» c'est aujourd'hui. Il est indispensable d'apprendre d'elle-
» même ce qu'elle pense, de savoir si en effet elle veut
» nous déclarer la guerre. Dans le temps où je suis prêt à
» exposer ma vie pour maintenir sa gloire et ses intérêts,
» j'espère que vous répondrez au plus tôt à la proposition
» que je vous fais ; que l'assemblée que je vous demande
» préviendra les malheureux engagemens où nous pour-
» rions tomber, et que les forces de l'Espagne ne seront
» employées qu'à soutenir la grandeur de la France et à
» humilier ses ennemis, comme je ne les emploierai ja-
» mais que pour marquer à Votre Majesté la tendresse sin-
» cère et inexprimable que j'ai pour elle. »

— Eh bien ! que dites-vous de cela, messieurs ? Sa Majesté Catholique pouvait-elle plus faire pour nous ? demanda madame du Maine.

— Elle pouvait joindre à cette lettre une épître directement adressée aux états généraux, répondit le cardinal ;
cette épître, si le roi eût daigné l'envoyer, aurait eu, j'en
suis certain, une grande influence sur leur délibération.

— La voici, dit le prince de Cellamare en tirant à son
tour un papier de sa poche.

— Comment, prince, reprit le cardinal, que dites-vous ?

— Je dis que Sa Majesté Catholique a été de l'avis de
Votre Éminence, et qu'elle m'a adressé cette épître, qui
est le complément de la lettre qu'elle a remise au baron
de Valef.

— Alors, rien ne nous manque plus ! s'écria madame du
Maine.

— Il nous manque Bayonne, dit le prince de Cellamare
en secouant la tête. Bayonne, la porte de la France !

En ce moment, d'Avranches entra annonçant monsieur
le duc de Richelieu.

— Et maintenant, prince, il ne vous manque plus rien,
dit en riant le marquis de Pompadour, car voilà celui qui
en a la clef.

(1) L'empereur.

XXVIII.

LE DUC DE RICHELIEU.

— Enfin, s'écria la duchesse en voyant entrer Richelieu,
c'est vous, monsieur le duc ; serez-vous donc toujours le
même, et vos amis ne pourront-ils donc jamais compter
sur vous plus que vos maîtresses ?

— Au contraire, madame, dit Richelieu en s'approchant
de la duchesse et en baisant sa main avec ce respect facile
qui indiquait l'homme pour lequel les femmes n'avaient
point de rang ; au contraire, car aujourd'hui plus que jamais, je prouve à Votre Altesse que je sais tout concilier.

— Ainsi vous nous faites un sacrifice, duc, dit en riant
madame du Maine.

— Mille fois plus grand que vous ne pouvez vous en
douter. Imaginez-vous qui je quitte ?

— Madame de Villars ? interrompit madame du Maine.

— Oh ! non. Mieux que cela.

— Madame de Duras ?

— Vous n'y êtes point.

— Madame de Nesle ?

— Bah !

— Madame de Polignac ? Ah ! pardon, cardinal.

— Allez toujours. Cela ne regarde pas Son Éminence.

— Madame de Soubise, madame de Gabriant, madame
de Gacé ?

— Non, non, non.

— Mademoiselle de Charolais ?

— Je ne l'ai pas vue depuis mon dernier voyage à la
Bastille.

— Madame de Berry ?

— Vous savez bien que depuis que Riom a eu l'idée de
la battre, elle en est folle.

— Mademoiselle de Valois ?

— Je la ménage pour en faire ma femme, quand nous
aurons réussi et que je serai prince espagnol. Non, madame ; je quitte pour Votre Altesse les deux plus charmantes grisettes !...

— Des grisettes !... ah ! fi donc ! s'écria la duchesse avec
un mouvement de lèvres d'un indéfinissable dédain ; je ne
croyais pas que vous descendissiez jusqu'à ces espèces.

— Comment des espèces ! Deux charmantes femmes,
madame Michelin et madame Renaud. Vous ne les connaissez pas ? Madame Michelin, une délicieuse blonde, une
véritable tête de Greuze ; son mari est tapissier. Je vous le
recommande, duchesse. Madame Renaud, une brune adorable, des yeux bleus et des sourcils noirs... et dont le mari
est, ma foi ! je ne me rappelle plus bien...

— Ce qu'est monsieur Michelin probablement, dit en
riant Pompadour.

— Pardon, monsieur le duc, reprit madame du Maine,
qui avait perdu toute curiosité pour les aventures amou-
reuses de Richelieu du moment où ces aventures sortaient
d'un certain monde, pardon, mais oserai-je vous rappeler
que nous sommes rassemblés ici pour affaires sérieuses ?

— Ah ! oui, nous conspirons, n'est-ce pas ?

— Vous l'aviez oublié ?

— Ma foi ! comme une conspiration n'est pas, vous en
conviendrez, madame la duchesse du Maine, une chose
des plus gaies, toutes les fois que je le peux, je l'avoue,
j'oublie que je conspire ; mais cela n'y fait rien. Toutes les
fois aussi qu'il faut que je m'y remette, eh bien ! je m'y remets. Voyons, madame la duchesse, où en sommes-nous
de la conspiration ?

— Tenez, duc, dit madame du Maine, prenez connaissance de ces lettres, et vous serez aussi avancé que nous.

— Oh! que Votre Altesse m'excuse, madame, dit Richelieu; mais véritablement je ne lis pas même celles qui me
sont adressées, et j'en ai sept ou huit cents des plus charmantes écritures du monde et que je garde pour le délassement de mes vieux jours. Tenez, Malezieux, vous qui
êtes la lucidité même, faites-moi un rapport.

— Eh bien! monsieur le duc, dit Malezieux, ces lettres
sont les engagemens des seigneurs bretons de soutenir les
droits de Son Altesse.

— Très bien!

— Ce papier, c'est la protestation de la noblesse.

— Oh! passez-moi ce papier. Je proteste.

— Mais vous ne savez pas contre quoi?

— N'importe, je proteste toujours. Et prenant le papier,
il écrivit son nom après celui de Guillaume-Antoine de
Chastellux, qui était le dernier signataire.

— Laissez faire, madame, dit Cellamare à la duchesse,
le nom de Richelieu est bon à avoir, partout où il se trouve.

— Et cette lettre? demanda le duc, en indiquant la mis-
sive de Philippe V.

— Cette lettre, continua Malezieux, est une lettre de la
main même du roi Philippe V.

— Eh bien! Sa Majesté Catholique écrit encore plus mal
que moi, dit Richelieu; cela me fait plaisir. Raffé qui dit
toujours que c'est impossible.

— Si la lettre est d'une méchante écriture, les nouvelles
qu'elle contient n'en sont pas moins bonnes, dit madame
du Maine; car c'est une lettre qui prie le roi de France de
réunir les états généraux pour s'opposer à l'exécution du
traité de la quadruple alliance.

— Ah! ah! fit Richelieu. Et Votre Altesse est-elle sûre
des états généraux?

— Voilà la protestation qui engage la noblesse. Le cardinal répond du clergé, et il ne reste plus que l'armée.

— L'armée, dit Laval, c'est mon affaire. J'ai le blanc-
seing de vingt-deux colonels.

— D'abord, dit Richelieu, moi je réponds de mon régiment, qui est à Bayonne, et qui par conséquent se trouve
en mesure de nous rendre de grands services.

— Oui, dit Cellamare, et nous comptons bien dessus,
mais j'ai entendu dire qu'il était question de le changer de
garnison.

— Sérieusement?

— On ne peut plus sérieusement. Vous comprenez, duc,
qu'il faut aller au-devant de cette mesure.

— Comment donc! à l'instant même. Du papier... de
l'encre... Je vais écrire au duc de Berwick. Au moment
d'entrer en campagne, on ne s'étonnera point que je sol-
licite pour lui la faveur de ne point s'éloigner du théâtre
de la guerre.

La duchesse du Maine se hâta de passer elle-même à Richelieu ce qu'il demandait, et prenant une plume, elle lui
présenta.

Le duc s'inclina, prit la plume et écrivit la lettre suivante, que nous copions textuellement et sans y changer
une syllabe:

« Monsieur le duc de Berwick, pair et maréchal de
France (1).

» Comme mon régiment, monsieur, est des plus à portée de marcher, et qu'il est *après à faire an abillement*,
qu'il perdrait totalement *sil*, avant qu'il fût achevé, il était
obligé de faire quelque mouvement,

» J'ai l'honneur de vous *suplier*, monsieur, de vouloir
bien le laisser à Baïonne *jusqau commencement* de mai que
l'abillement sera fait, et je vous *suplie* de me croire, avec

(1) Le duc de Berwick avait été nommé lieutenant général des
armées du roi, au cas où la guerre aurait lieu, et avait accepté,
quoique Philippe V l'eût nommé grand d'Espagne, duc et chevalier de la Toison-d'Or.

toute la considération possible, monsieur, votre très humble
et très obéissant serviteur,

» DUC DE RICHELIEU. »

— Et maintenant, lisez, madame, continua le duc en
passant le papier à madame du Maine; moyennant cette
précaution le régiment ne bougera point de Bayonne.

La duchesse prit la lettre, la lut et la passa à son voisin
qui la passa lui-même à un autre, de sorte que la lettre fit
le tour de la table. Heureusement pour le duc, il avait affaire à de trop grands seigneurs pour qu'ils s'inquiétassent
de si peu de chose que de quelques lettres de plus ou de
moins. Malezieux seul, qui était le dernier, ne put réprimer un léger sourire.

— Ah! ah! monsieur le poëte, dit Richelieu, qui se douta
de la chose, vous riez. Il paraît que nous avons eu le
malheur d'offenser cette prude ridicule qu'on appelle l'orthographe. Que voulez-vous? je suis un gentilhomme et
l'on a oublié de me faire apprendre le français, en pensant
que je pourrais toujours, moyennant quinze cents livres
par an, avoir un valet de chambre qui écrirait mes lettres
et qui ferait mes vers. Ainsi est-il. Ce qui ne m'empêchera
point, mon cher Malezieux, d'être de l'Académie, non-seulement avant vous, mais avant Voltaire.

— Et le cas échéant, monsieur le duc, sera-ce votre valet de chambre qui fera votre discours de réception?

— Il y travaille, monsieur le chancelier, et vous verrez
qu'il ne sera pas plus mauvais que ceux que certains aca-
démiciens de ma connaissance ont faits eux-mêmes.

— Monsieur le duc, dit madame du Maine, ce sera sans
doute une chose fort curieuse que votre réception dans
l'illustre corps dont vous me parlez, et je vous promets de
m'occuper, dès demain, de m'assurer une tribune pour ce
grand jour. Mais, ce soir, nous nous occupons d'autre chose: revenons donc, comme madame Deshoulières, à nos
moutons.

— Allons, belle princesse, dit Richelieu, puisque vous
voulez vous faire absolument bergère, parlez, je vous
écoute. Voyons, qu'avez-vous résolu?

— Comme nous l'avons dit, d'obtenir du roi, au moyen
de ces deux lettres, la convocation des états généraux;
puis, les états généraux assemblés, sûrs de trois ordres,
comme nous le sommes, nous faisons déposer le régent et
nous faisons nommer Philippe V à sa place.

— Et comme Philippe V ne peut pas quitter Madrid, il
nous donne ses pleins pouvoirs, et nous gouvernons la
France à sa place... Eh bien! mais ce n'est point mal vu
du tout, cela. Mais pour convoquer les états généraux, il
faut un ordre du roi.

— Le roi signera cet ordre, répondit madame du Maine.

— Sans que le régent le sache? reprit Richelieu.

— Sans que le régent le sache.

— Vous avez donc promis à l'évêque de Fréjus de le
faire cardinal?

— Non, mais je promettrai à Villeroy la grandesse et la
Toison.

— J'ai bien peur, madame la duchesse, dit le prince de
Cellamare, que tout cela ne détermine pas le maréchal à
une démarche qui entraîne une si grave responsabilité
que celle que nous espérons obtenir de lui.

— Ce n'est pas le maréchal qu'il faudrait avoir, c'est sa
femme.

— Ah! mais vous m'y faites songer, dit Richelieu. Je
m'en charge, moi.

— Vous? dit la duchesse avec étonnement.

— Oui, moi, madame, reprit Richelieu. Vous avez votre
correspondance, j'ai la mienne. J'ai pris connaissance de
sept ou huit lettres que Votre Altesse a reçues aujourd'hui.
Votre Altesse veut-elle prendre connaissance d'une seule
que j'ai reçue hier?

— Cette lettre est-elle pour moi seule, ou peut-elle être
lue tout haut?

— Mais nous avons affaire à des gens discrets, n'est-ce

pas ? dit Richelieu, regardant autour de lui avec un air d'indicible fatuité.

— Je le pense, reprit la duchesse ; d'ailleurs la gravité de la situation...

La duchesse prit la lettre et lut :

« Monsieur le duc,

» Je suis femme de parole : mon mari est enfin à la veille de partir pour le petit voyage que vous savez. Demain, à onze heures, je ne serai chez moi que pour vous. Ne croyez pas que je me décide à cette démarche sans avoir mis tous les torts du côté de monsieur de Villeroy. Je commence à craindre pour lui que vous ne soyez chargé de le punir. Venez donc à l'heure convenue me prouver que je ne suis pas trop à blâmer de vous préférer à mon légitime seigneur et maître. »

— Ah ! pardon ! pardon de mon étourderie, madame la duchesse, ce n'est point cela que je voulais vous montrer ; celle-là est celle d'avant-hier. Attendez, voici celle d'hier.

La duchesse du Maine prit la seconde lettre que lui présentait M. de Richelieu et lut :

« Mon cher Armand. »

— Est-ce bien celle-ci, et ne vous trompez-vous point encore ? dit la duchesse en se retournant vers Richelieu.

— Non, Votre Altesse, cette fois c'est bien elle.

La duchesse reprit :

« Mon cher Armand,

» Vous êtes un avocat dangereux quand vous plaidez contre monsieur de Villeroy. J'ai besoin du moins de m'exagérer vos talens pour diminuer ma faiblesse ; vous aviez dans mon cœur un juge intéressé à vous faire gagner votre procès. Venez demain pour plaider de nouveau, je vous donnerai audience sur mon tribunal, comme vous appeliez hier le malheureux sofa du cabinet. »

— Et y avez-vous été ?

— Certainement, madame.

— Ainsi, la duchesse ?...

— Fera, je l'espère, tout ce que nous voudrons, et comme elle fait faire à son mari tout ce qu'elle veut, nous aurons notre ordre de convocation des états généraux au retour du maréchal.

— Et quand revient-il ?

— Dans huit jours.

— Vous aurez le courage d'être fidèle tout ce temps-là, duc.

— Madame, quand j'ai embrassé une cause, je suis capable des plus grands sacrifices pour la faire triompher.

— Ainsi, nous pouvons compter sur votre parole ?

— Je me dévoue.

— Messieurs, dit la duchesse du Maine, vous l'avez entendu ; continuons d'opérer chacun de notre côté. Vous, Laval, agissez sur l'armée. Vous, Pompadour, sur la noblesse. Vous, cardinal, sur le clergé. Et laissons monsieur le duc de Richelieu agir sur madame de Villeroy.

— Et à quelle jour notre nouvelle réunion ? demanda Cellamare.

— Mais tout cela dépendra des circonstances, prince, répondit la duchesse. En tout cas, si je n'avais pas le temps de vous faire prévenir, je vous enverrais quérir par la même voiture et le même cocher qui vous ont amené à l'Arsenal la première fois que vous y êtes venu. Puis se retournant vers Richelieu :

— Nous donnez-vous le reste de votre nuit, duc ? continua madame du Maine en se levant.

— J'en demande pardon à Votre Altesse, répondit Richelieu ; mais c'est chose absolument impossible, je suis attendu rue des Bons-Enfans.

— Comment ! mais vous avez donc renoué avec madame de Sabran ?

— Nous n'avons jamais rompu, madame, je vous prie de le croire.

— Mais, prenez-y garde, duc, c'est de la constance, cela.

— Non, madame, c'est du calcul.

— Allons, je vois que vous êtes en train de vous dévouer.

— Je ne fais jamais les choses à demi, madame la duchesse.

— Eh bien ! Dieu nous aide ! et nous prendrons exemple sur vous, monsieur le duc, nous vous le promettons. Allons, messieurs, continua la duchesse, il y a tantôt une heure et demie que nous sommes ici, et il serait temps, je crois, de rentrer dans les jardins si nous ne voulons pas que l'on commente par trop notre absence. D'ailleurs, nous devons avoir sur le rivage une pauvre déesse de la Nuit qui nous attend pour nous remercier de la préférence que nous lui accordons sur le soleil, et il ne serait pas poli de la trop faire attendre.

— Avec la permission de Votre Altesse, madame, dit Laval, il faut cependant que je vous retienne encore un instant pour vous soumettre l'embarras où je me trouve.

— Parlez, comte, reprit la duchesse, de quoi s'agit-il ?

— Il s'agit de nos requêtes, de nos protestations, de nos mémoires ; il a été convenu, vous le savez, que nous ferions imprimer toutes ces pièces par des ouvriers qui ne sauraient pas lire.

— Après ?

— Eh bien ! j'ai acheté une presse, je l'ai établie dans la cave d'une maison, derrière le Val-de-Grâce. J'ai enrôlé les ouvriers nécessaires, et nous avons eu jusqu'à présent, comme Votre Altesse a pu le voir, un résultat satisfaisant. Mais me voilà-t-il pas que le bruit de la machine a fait croire aux voisins que nos gens fabriquaient de la fausse monnaie, et qu'hier une descente de la police a eu lieu dans la maison. Heureusement, on a eu le temps d'arrêter le travail et de rouler un lit sur la trappe, de sorte que les alguazils de Voyer d'Argenson n'y ont rien vu. Mais comme pareille visite pourrait se renouveler et ne pas tourner si heureusement, aussitôt leur départ j'ai congédié les ouvriers, enterré la presse, et fait porter chez moi toutes les épreuves.

— Et vous avez bien fait, comte ! s'écria le cardinal de Polignac.

— Oui, mais maintenant comment allons-nous faire ? demanda madame du Maine.

— Transportons la presse chez moi, dit Pompadour.

— Ou chez moi, dit Valef.

— Non, non, dit Malezieux, une presse est un moyen trop dangereux, un homme de la police peut se glisser parmi les ouvriers et tout perdre. D'ailleurs, nous devons avoir bien peu de choses à imprimer maintenant.

— Oui, dit Laval, le plus fort est fait.

— Eh bien ! continua Malezieux, mon avis serait de recourir tout simplement, comme je l'avais proposé d'abord, à un copiste intelligent, discret et sûr, à qui on donnerait assez d'argent pour acheter son silence.

— Oh ! de cette façon, ce serait bien plus sûr, s'écria monsieur de Polignac.

— Oui, mais où trouver un pareil homme ? dit le prince ; vous comprenez que, pour une affaire de cette importance, il serait dangereux de prendre le premier venu.

— Si j'osais... dit l'abbé Brigaud.

— Osez, l'abbé, osez, dit la duchesse du Maine.

— Je dirais, continua l'abbé, que j'ai votre affaire sous la main.

— Eh bien ! quand je vous le disais, s'écria Pompadour, que l'abbé est un homme précieux.

— Mais véritablement ce qu'il nous faut ? demanda Polignac.

— Oh ! Votre Eminence le ferait faire exprès qu'elle ne

trouverait pas mieux. Une véritable machine, qui écrira tout sans rien lire.

— Puis, pour plus grande précaution, dit le prince, nous pourrions rédiger en espagnol les pièces les plus importantes, et comme ces pièces sont spécialement destinées à Sa Majesté Catholique, nous aurions le double avantage de procéder dans une langue inconnue à notre copiste, et comme naturellement cela lui donnera un peu plus de mal, ce sera une occasion de le payer plus cher, sans qu'il se doute lui-même de l'importance de ce qu'il copie.

— Alors, prince, dit Brigaud, j'aurai l'honneur de vous l'envoyer.

— Non pas, non pas, dit Cellamare, il ne faut pas que ce drôle mette le pied à l'ambassade d'Espagne. Tout cela se fera par intermédiaire, s'il vous plaît.

— Oui, oui, nous arrangerons tout cela, dit madame du Maine; l'homme est trouvé, c'est le principal; vous en répondez, Brigaud ?

— Oui, madame, j'en réponds.

— C'est tout ce qu'il faut; maintenant, rien ne nous retient plus, continua la duchesse. Monsieur d'Harmental, donnez-moi le bras, je vous prie.

Le chevalier s'empressa d'obéir à madame du Maine, qui, n'ayant pu jusque-là s'occuper de lui, ainsi qu'elle avait fait de tout le monde, saisissait cette occasion de lui exprimer, par cette faveur, sa reconnaissance pour le courage qu'il avait montré rue des Bons-Enfans et l'habileté dont il avait fait preuve en Bretagne.

A la porte du pavillon, les envoyés groënlandais, redevenus de simples invités de la fête de Sceaux, trouvèrent une petite galère pavoisée aux armes de France et d'Espagne, qui, à défaut du pont qui avait disparu, les attendait pour les conduire à l'autre bord. Madame du Maine y entra la première, fit asseoir d'Harmental près d'elle, laissant Malezieux faire les honneurs à Cellamare et à Richelieu; puis aussitôt, au signal donné par une musique cachée, la galère commença de voguer vers le rivage.

Comme l'avait dit la duchesse, la déesse de la Nuit, vêtue d'une longue robe de gaze noire, semée d'étoiles d'or, l'attendait de l'autre côté du petit lac, accompagnée des douze heures qui se partagent son empire; la galère se dirigea vers ce groupe, qui, aussitôt qu'il vit la duchesse à portée de l'entendre, commença à chanter une cantate appropriée au sujet. Cette cantate s'ouvrait par un chœur de quatre vers, auquel succédait un solo, suivi lui-même d'une seconde reprise en chœur, le tout d'un goût si exquis, que chacun se retourna vers Malezieux, le grand ordonnateur des fêtes, pour le féliciter sur ce divertissement. Seul au milieu de tous, et aux premières notes du solo, d'Harmental avait tressailli d'étrange façon, car la voix de la chanteuse avait, avec une autre voix bien connue de lui et bien chère à son souvenir, une affinité telle que, quelque improbable que fût à Sceaux la présence de Bathilde, le chevalier s'était levé tout debout, par un mouvement plus fort que lui-même, pour regarder la personne dont l'accent lui avait fait éprouver une si singulière émotion. Malheureusement, malgré les flambeaux que les Heures ses sujettes tenaient à la main, il ne pouvait apercevoir le visage de la déesse, couvert qu'il était par un voile pareil à la robe dont elle était revêtue. Il entendait seulement cette voix pure, flexible, sonore, monter et redescendre, avec cette large, savante et facile méthode qu'il avait tant admirée lorsque la première fois cette voix l'avait frappé rue du Temps-Perdu, et chaque accent de cette voix, plus distincte à mesure qu'il approchait du rivage, retentissait jusqu'au fond de son cœur et le faisait frissonner de la tête aux pieds. Enfin, la galère aborda, le solo cessa et le chœur reprit. Mais d'Harmental, toujours debout et insensible à toute autre pensée qu'à celle qui l'occupait, continuait de suivre, dans son souvenir, la voix éteinte et les notes envolées.

— Eh bien! monsieur d'Harmental, dit la duchesse du Maine, êtes-vous si accessible aux charmes de la musique qu'elle vous fasse oublier que vous êtes mon cavalier ?

— Oh! pardon, pardon, madame, dit d'Harmental en sautant sur le rivage et en tendant la main à la duchesse; mais il m'avait semblé reconnaître cette voix, et cette voix, je dois l'avouer, me rappelle des souvenirs si puissans....

— Cela prouve que vous êtes un habitué de l'Opéra, mon cher chevalier, dit la duchesse du Maine, et que vous appréciez comme il convient le talent de mademoiselle Bury.

— Comment! cette voix que je viens d'entendre est celle de mademoiselle Bury ? demanda d'Harmental avec étonnement.

— Elle-même, monsieur, et si vous n'en croyez point ma parole, reprit la duchesse d'un ton où perçait une légère nuance de dépit, permettez-moi de prendre le bras de Laval ou de Pompadour, et allez vous en assurer vous-même.

— Oh! madame, dit d'Harmental en retenant respectueusement la main que la duchesse avait fait un mouvement pour retirer, que Votre Altesse m'excuse. Nous sommes dans les jardins d'Armide, et un moment d'erreur est permis au milieu de pareils enchantemens.

Et présentant de nouveau son bras à la duchesse, il s'éloigna avec elle dans la direction du château.

En cet instant, un faible cri se fit entendre, et, si faible qu'il fût, il arriva au cœur de d'Harmental, qui se retourna presque malgré lui.

— Qu'y a-t-il? demanda la duchesse du Maine, avec une inquiétude mêlée d'impatience.

— Rien, rien, dit Richelieu, c'est la petite Bury qui a ses vapeurs; mais rassurez-vous, madame la duchesse, je connais la maladie: elle n'est point dangereuse... et même, si vous le désirez bien fort, j'irai prendre demain de ses nouvelles.

Deux heures après ce petit accident, qui du reste était trop peu de chose pour troubler en rien la fête, le chevalier d'Harmental, ramené à Paris par l'abbé Brigaud, rentrait dans sa petite mansarde de la rue du Temps-Perdu, de laquelle il était absent depuis six semaines.

XXIX.

JALOUSIE.

La première sensation qu'éprouva d'Harmental en rentrant chez lui fut un sentiment de bien-être indéfinissable de se retrouver dans cette petite chambre dont chaque meuble lui rappelait un souvenir. Quoique absent depuis six semaines de son appartement, on eût dit qu'il l'avait quitté la veille, tant, grâce aux soins presque maternels de la bonne madame Denis, chaque chose se retrouvait à sa place. D'Harmental resta un instant, sa bougie à la main, regardant tout autour de lui avec une expression qui ressemblait presque à de l'extase; c'est que toutes les autres impressions de sa vie s'étaient effacées devant celles qu'il avait ressenties dans ce petit coin du monde. Puis, ce premier moment passé, il courut à sa fenêtre, l'ouvrit et essaya de plonger un indicible regard d'amour à travers les vitres sombres de sa voisine. Sans doute Bathilde dormait de son sommeil d'ange, ignorant que d'Harmental était revenu, qu'il était là, regardant sa fenêtre, tout frissonnant d'amour et d'espérance, comme si, chose impossible, cette fenêtre allait s'ouvrir et lui parler!

D'Harmental demeura ainsi plus d'une demi-heure, respirant à pleine poitrine l'air de la nuit, qui ne lui avait jamais semblé si pur et si frais; et, reportant les yeux de cette fenêtre au ciel, et du ciel à cette fenêtre, d'Harmental alors seulement comprit combien Bathilde était devenue un besoin de sa vie, et combien l'amour qu'il éprouvait pour elle était profond et puissant.

Enfin d'Harmental comprit qu'il ne pouvait passer la nuit tout entière à sa fenêtre, et, refermant sa croisée, il entra chez lui ; mais ce fut pour se remettre à cette recherche de souvenirs qu'avait fait naître en son cœur son retour dans sa petite chambre. Il ouvrit son piano, un peu désaccordé par sa longue absence, et fit rouler ses doigts sur les touches, au risque d'exciter de nouveau la colère du locataire du troisième. Du piano, il passa au carton où était renfermé le portrait inachevé de Bathilde. Le pastel en était un peu effacé, mais c'était bien toujours la belle et chaste jeune fille, et la folle et capricieuse petite tête de Mirza. Tout était comme il l'avait quitté, à cette légère touche de destruction près que laisse toujours le temps sur les objets qu'en passant il effleure du bout de l'aile. Enfin, après s'être arrêté encore une dernière fois devant chaque objet, pressé par ce sommeil toujours si puissant à une certaine époque de la vie, il se coucha et s'endormit en repassant dans sa mémoire l'air de la cantate chantée par mademoiselle Bury, dont il finit par faire, dans ce vague crépuscule de la pensée qui précède un complet assoupissement, une seule et même personne avec Bathilde.

En s'éveillant, d'Harmental bondit hors de son lit et courut à la fenêtre. La journée paraissait assez avancée : le soleil était magnifique ; et cependant, malgré ces séductions si puissantes, la fenêtre de Bathilde était hermétiquement fermée. D'Harmental regarda à sa montre : il était dix heures.

Le chevalier se mit à sa toilette. Nous avons déjà avoué qu'il n'était point exempt d'une certaine coquetterie un peu féminine ; ce n'était point sa faute, mais celle de l'époque, où tout était maniéré, même la main. Mais cette fois ce n'était pas sur l'expression de mélancolie de son visage qu'il comptait ; c'était sur la franche joie du retour, qui donnait à tous ses traits un caractère de bonheur admirable : il était évident que d'Harmental n'attendait qu'un regard de Bathilde pour se couronner roi de la création.

Ce regard il vint le chercher à la fenêtre ; mais celle de Bathilde était toujours fermée. D'Harmental ouvrit alors la sienne, espérant que le bruit attirerait les regards de sa voisine : rien ne bougea. Il y resta une heure : pendant cette heure aucun souffle ne vint même agiter les rideaux ; on eût dit que la chambre de la jeune fille était abandonnée. D'Harmental toussa, d'Harmental ferma et rouvrit la fenêtre, d'Harmental détacha de petites parcelles de plâtre du mur et les jeta contre les carreaux : tout fut inutile.

Alors, à la surprise succéda l'inquiétude ; cette fenêtre, si obstinément close, devait indiquer au moins une absence, sinon un malheur. Bathilde absente, où pouvait être Bathilde ? quel événement avait eu l'influence de déplacer de son centre cette vie si calme, si douce, si régulière ? A qui demander ? à qui s'informer ? Il n'y avait que la bonne madame Denis qui pût savoir quelque chose. Il était tout simple que d'Harmental, de retour dans la nuit, fît le lendemain une visite à sa propriétaire : d'Harmental descendit chez madame Denis.

Madame Denis n'avait pas vu son locataire depuis le jour du déjeuner ; elle n'avait point oublié les soins que d'Harmental avait donnés à son évanouissement : elle le reçut donc comme l'enfant prodigue.

Heureusement pour d'Harmental, mesdemoiselles Denis étaient occupées à leur leçon de dessin, et monsieur Boniface était chez son procureur ; de sorte qu'il n'eut affaire qu'à sa respectable hôtesse. La conversation tomba tout naturellement sur l'ordre, le soin, la propreté, maintenus dans la petite chambre en l'absence de celui qui l'occupait. De là à demander si pendant cette absence le logement d'en face avait changé de locataire, la transition était simple et facile : aussi la question, posée sans affectation, amena-t-elle une réponse exempte de doute. La veille, au matin, madame Denis avait encore vu Bathilde à sa fenêtre, et la veille, au soir, monsieur Boniface avait rencontré Buvat rentrant de son bureau ; seulement le troisième clerc de Me Joulu avait remarqué sur la figure du digne écrivain un air de majestueuse hauteur, que l'héritier du nom des De-

nis avait d'autant plus remarqué que cet air était d'autant moins habituel à la physionomie de son digne voisin.

C'était tout ce que d'Harmental voulait savoir, Bathilde était à Paris, Bathilde était chez elle. Sans doute le hasard n'avait point encore dirigé les regards de la jeune fille vers cette fenêtre que depuis si longtemps elle avait vue fermée, vers cette chambre que depuis si longtemps elle savait vide. D'Harmental remercia de nouveau madame Denis pour toutes les bontés de son absence, qu'il espérait bien lui voir reporter sur son retour, et prit congé de sa bonne propriétaire avec une effusion de reconnaissance que celle-ci fut bien loin d'attribuer à sa véritable cause.

Sur le palier, d'Harmental rencontra l'abbé Brigaud qui venait faire sa visite quotidienne à madame Denis. L'abbé demanda au chevalier s'il remontait chez lui, et, sur sa réponse affirmative, lui annonça qu'en sortant de chez madame Denis, il grimperait jusqu'à son quatrième étage. D'Harmental, qui ne comptait pas sortir de la journée, lui promit de l'attendre.

En rentrant chez lui, d'Harmental alla droit à la fenêtre. Rien n'était changé chez sa voisine : les rideaux scrupuleusement tirés interceptaient jusqu'à la plus petite ouverture par laquelle le regard pouvait pénétrer. Décidément c'était un parti pris. D'Harmental résolut d'employer un dernier moyen qu'il avait réservé pour sa suprême ressource : il se mit à son piano, et, après un brillant prélude, chanta, sur un accompagnement de sa façon, l'air de la cantate de la Nuit, qu'il avait entendue la veille, et qui, depuis la première jusqu'à la dernière note, était restée dans son souvenir. Mais quoique, tout en chantant, son regard ne perdît point de vue l'inexorable fenêtre, tout resta muet et immobile : la chambre d'en face n'avait plus d'écho.

Mais en manquant l'effet auquel il s'attendait, d'Harmental en avait produit un autre auquel il ne s'attendait pas. En achevant la dernière mesure, il entendit des applaudissements retentir derrière lui, il se retourna et aperçut l'abbé Brigaud.

— Ah ! c'est vous, l'abbé ! dit d'Harmental en se levant et en allant fermer vivement sa fenêtre. Diable ! je ne vous savais pas si grand mélomane.

— Ni vous si bon musicien. Peste ! mon cher pupille, une cantate que vous avez entendue une fois, c'est merveilleux !

— L'air m'a paru fort beau, l'abbé, voilà tout, dit d'Harmental ; et, comme j'ai au plus haut degré la mémoire des sons, je l'ai retenu.

— Et puis, il était si admirablement chanté, n'est-ce pas, reprit l'abbé.

— Oui, dit d'Harmental, cette demoiselle Bury a une admirable voix, et la première fois que son nom sera sur l'affiche, je me suis déjà promis d'aller incognito à l'Opéra.

— Est-ce la voix que vous désirez entendre ? demanda Brigaud.

— Oui, dit d'Harmental.

— Alors, il ne faut point aller à l'Opéra pour cela.

— Et où faut-il aller ?

— Nulle part : restez ici, vous êtes aux premières loges.

— Comment ! la déesse de la Nuit ?

— C'était votre voisine.

— Bathilde ! s'écria d'Harmental, je ne m'étais donc pas trompé, je l'avais reconnue ! Oh ! mais c'est impossible, l'abbé ; comment se fait-il que Bathilde ait été cette nuit chez madame la duchesse du Maine ?

— D'abord, mon cher pupille, rien n'est impossible dans le temps où nous vivons, répondit Brigaud ; mettez-vous bien d'abord cela dans la tête avant de rien nier ou de rien entreprendre ; croyez à la possibilité de tout, c'est le moyen sûr d'arriver à tout.

— Mais enfin, comment la pauvre Bathilde ?...

— Oui, n'est-ce pas que cela paraît étrange au premier abord ? Eh bien ! cependant, rien n'est plus simple au fond. Mais l'histoire ne doit pas autrement vous intéresser, n'est-ce pas, chevalier ? Ainsi parlons d'autre chose.

— Si fait, l'abbé, si fait, dit d'Harmental ; vous vous trompez étrangement, et l'histoire au contraire m'intéresse au suprême degré.

— Eh bien ! mon cher pupille, puisque vous êtes si curieux, voilà toute l'affaire. L'abbé de Chaulieu connaît mademoiselle Bathilde ; n'est-ce pas ainsi que vous appelez votre voisine ?

— Oui ; mais comment l'abbé de Chaulieu la connaît-il ?

— Oh ! d'une façon toute naturelle. Le tuteur de cette charmante enfant est, comme vous le savez ou comme vous ne le savez pas, un des copistes de la capitale qui possèdent un des plus beaux points d'écriture.

— Bon ! après.

— Eh bien ! après, comme monsieur de Chaulieu a besoin de quelqu'un qui recopie ses poésies, attendu que, devenant aveugle, comme vous avez pu le voir, il est forcé de les dicter, à mesure qu'elles lui viennent, à un petit laquais qui ne sait pas même l'orthographe, il s'est adressé au bonhomme Buvat pour lui confier cette importante besogne, et par le bonhomme Buvat il a fait la connaissance de mademoiselle Bathilde.

— Mais tout cela ne me dit pas comment mademoiselle Bathilde se trouvait chez madame la duchesse du Maine.

— Attendez donc, toute histoire a son commencement, son nœud et sa péripétie, que diable !

— L'abbé, vous me faites damner.

— Patience, mon Dieu ! patience !

— J'en ai. Allez, je vous écoute.

— Eh bien ! ayant fait la connaissance de mademoiselle Bathilde, le bon Chaulieu a subi, comme les autres , l'influence du charme universel, car vous saurez qu'il y a une espèce de magie attachée à la jeune personne en question, et qu'on ne peut la voir sans l'aimer.

— Je le sais, murmura d'Harmental.

— Donc, comme mademoiselle Bathilde est pleine de talens, et que non-seulement elle chante comme un rossignol, mais encore qu'elle dessine comme un ange, le bon Chaulieu a parlé d'elle avec tant d'enthousiasme à mademoiselle Delaunay, que celle-ci a pensé à lui faire faire les costumes des différens personnages qui jouaient un rôle dans la fête qu'elle préparait, et à laquelle nous avons assisté hier soir.

— Tout cela ne me dit pas que c'était Bathilde et non mademoiselle Bury qui chantait la cantate de la Nuit.

— Nous y sommes.

— Enfin !

— Or, il est arrivé pour mademoiselle Delaunay ce qui arrive pour tout le monde : mademoiselle Delaunay a pris en amitié la petite magicienne. Au lieu de la renvoyer après lui avoir fait dessiner les costumes en question, elle l'a gardée trois jours à Sceaux. Elle y était donc encore avant-hier, enfermée avec mademoiselle Delaunay, dans sa chambre, lorsqu'on vint d'un air tout effaré annoncer à votre chauve-souris que le régisseur de l'Opéra la faisait demander pour une chose de la première importance. Mademoiselle Delaunay sortit, laissant Bathilde seule. Bathilde , restée seule, s'ennuya, et, comme mademoiselle Delaunay tardait à rentrer, Bathilde, pour se distraire, se mit au piano, commença par quelques accords, chanta deux ou trois gammes ; puis, trouvant le piano juste et se sentant en voix, commença un grand air, je ne sais plus de quel opéra, et cela avec tant de perfection, que mademoiselle Delaunay, en entendant ce chant, auquel elle ne s'attendait pas, entr'ouvrit doucement la porte, écouta le grand air jusqu'au bout, et lorsqu'il fut fini, vint se jeter au cou de la belle chanteuse en lui criant qu'elle pouvait lui sauver la vie. Bathilde étonnée demanda en quoi et de quelle façon elle pouvait lui rendre un si grand service. Alors mademoiselle Delaunay lui raconta comme quoi mademoiselle Bury de l'Opéra s'était engagée à venir chanter le lendemain à Sceaux la cantate de la Nuit, et comme quoi s'étant trouvée gravement indisposée le jour même, elle faisait dire, à son grand regret, à Son Altesse Royale madame du Maine, qu'elle la suppliait de ne pas compter sur elle ; si bien qu'il

n'y avait plus de Nuit, et par conséquent plus de fête si Bathilde n'avait l'extrême obligeance de se charger de la susdite cantate. Bathilde, comme vous devez bien le penser, se défendit de toutes ses forces ; elle déclara qu'elle ne pouvait chanter ainsi de la musique qu'elle ne connaissait pas. Mademoiselle Delaunay posa la cantate devant elle. Bathilde dit que cette musique lui paraissait horriblement difficile. Mademoiselle Delaunay répondit que rien n'était difficile pour une musicienne de sa force. Bathilde voulut se lever, mademoiselle Delaunay la força de se rasseoir. Bathilde joignit les mains, mademoiselle Delaunay les lui sépara et les posa sur le piano ; le piano touché rendit un son. Bathilde, malgré elle, déchiffra la première mesure, puis la seconde, puis toute la cantate. A la seconde fois, elle attaqua le chant et le chanta jusqu'au bout avec une justesse d'intonation et un caractère d'expression admirable. Mademoiselle Delaunay était dans le délire. Madame du Maine arriva à son tour, désespérée de ce qu'elle venait d'apprendre à l'endroit de mademoiselle Bury. Mademoiselle Delaunay pria Bathilde de recommencer la cantate. Bathilde n'osa refuser ; elle joua et chanta comme un ange. Madame du Maine joignit ses prières à celles de mademoiselle Delaunay. Le moyen de refuser quelque chose à madame du Maine ! vous le savez, chevalier, c'est impossible. La pauvre Bathilde fut donc forcée de se rendre, et toute honteuse, toute confuse, moitié riant, moitié pleurant, elle consentit à ce qu'on voulut, à deux conditions : la première, c'est qu'elle irait dire elle-même à son bon ami Buvat la cause de son absence passée et de son absence future ; la seconde qu'elle resterait chez elle toute la soirée du jour et toute la matinée du lendemain, afin d'étudier la malheureuse cantate qui venait faire un si malencontreux déplacement dans toutes ses habitudes. Ces clauses furent débattues de part et d'autre, et accordées sous serment réciproque : serment de la part de Bathilde qu'elle serait de retour le lendemain à sept heures du soir ; serment de la part de mademoiselle Delaunay et de madame du Maine, que tout le monde continuerait de croire que c'était mademoiselle Bury qui avait chanté.

— Mais alors, demanda d'Harmental, comment ce secret a-t-il été trahi ?

— Ah ! par une circonstance parfaitement inattendue, reprit Brigaud avec cet air d'étrange bonhomie qui faisait qu'on ne pouvait jamais deviner s'il raillait ou s'il parlait sérieusement. Tout avait été à merveille, comme vous avez pu le voir, jusqu'à la fin de la cantate, et la preuve, c'est que ne l'ayant entendue qu'une fois, vous l'avez cependant retenue depuis un bout jusqu'à l'autre ; lorsqu'au moment où la galère qui nous ramenait du pavillon de l'Aurore au rivage touchant terre, soit émotion d'avoir ainsi chanté pour la première fois en public ; soit qu'elle eût reconnu parmi les suivans de madame du Maine quelqu'un qu'elle ne s'attendait pas à voir en si bonne compagnie ; sans que personne pût deviner pourquoi enfin, la pauvre déesse de la nuit poussa un cri et s'évanouit dans les bras des Heures ses compagnes. Dès lors tous les sermens faits furent oubliés, toutes les promesses engagées mises à néant. On la débarrassa de son voile pour lui jeter de l'eau au visage ; de sorte que lorsque j'accourus, tandis que vous vous éloigniez, vous, en donnant le bras à Son Altesse, je fus fort étonné, au lieu et place de mademoiselle Bury, de reconnaître votre jolie voisine. J'interrogeai alors mademoiselle Delaunay, et, comme il n'y avait plus moyen de garder l'incognito, elle me raconta ce qui s'était passé, toujours sous le sceau du secret, que je trahis pour vous seul, mon cher pupille, et parce que, je ne sais pourquoi, je ne sais rien vous refuser.

— Et cette indisposition ? demanda d'Harmental avec inquiétude.

— Ce n'était rien, un éblouissement momentané, une émotion passagère qui n'a pas eu de suite, puisque, quelque prière qu'on ait pu lui faire, Bathilde n'a pas même voulu rester une demi-heure de plus à Sceaux, et qu'elle a demandé avec tant d'instances à revenir chez elle, qu'on a mis une voiture à sa disposition, et qu'une heure avant nous elle devait être de retour.

— De retour? Ainsi vous êtes sûr qu'elle est de retour? Merci, l'abbé; voilà tout ce que je voulais savoir, voilà tout ce que je voulais vous demander.

— Et maintenant, dit Brigaud, je peux m'en aller, n'est-ce pas? vous n'avez plus besoin de moi, vous savez tout ce que vous vouliez savoir?

— Je ne dis pas cela, mon cher Brigaud; au contraire, restez, vous me ferez plaisir.

— Non, merci; j'ai moi-même un tour à faire par la ville. Je vous laisse à vos réflexions, mon très cher pupille.

— Et quand vous reverrai-je, l'abbé? demanda machinalement d'Harmental.

— Mais demain, probablement, répondit l'abbé.

— A demain, alors.

— A demain.

Sur quoi l'abbé, riant de ce rire qui n'appartenait qu'à lui, gagna la porte de la chambre, tandis que d'Harmental rouvrait sa fenêtre, décidé à y rester en sentinelle jusqu'au lendemain s'il le fallait, ne dût-il, pour prix d'une longue station, entrevoir Bathilde qu'un instant, une seconde.

Le pauvre gentilhomme était amoureux comme un étudiant.

XXX.

UN PRÉTEXTE.

A quatre heures et quelques minutes, d'Harmental aperçut Buvat qui tournait le coin de la rue du Temps-Perdu, du côté de la rue Montmartre. Le chevalier crut remarquer que l'honnête écrivain marchait d'une allure plus pressée que d'habitude, et qu'au lieu de tenir sa canne perpendiculairement comme fait un bourgeois qui marche, il la tenait horizontalement, comme un coureur qui trotte. Quant à cet air de majesté qui avait tant frappé la veille monsieur Boniface, il avait entièrement disparu pour faire place à une légère expression d'inquiétude. Il n'y avait pas à s'y tromper, Buvat ne revenait si diligemment que parce qu'il était inquiet de Bathilde: Bathilde était donc souffrante!

Le chevalier suivit des yeux le digne écrivain jusqu'au moment où il disparut sous la porte de l'allée qui donnait entrée à la maison qu'il habitait. D'Harmental, avec raison, présumait qu'il entrerait chez Bathilde au lieu de remonter chez lui, et il espérait qu'il ouvrirait enfin la fenêtre aux derniers rayons du soleil, qui depuis le matin venait la caresser. Mais d'Harmental se trompait; Buvat se contenta de soulever le rideau et de venir coller sa grosse face sur une vitre, tout en tambourinant avec les deux mains sur les deux vitres voisines; encore son apparition fut-elle de bien courte durée, car au bout d'un instant il se retourna vivement comme fait un homme qu'on appelle; et, laissant retomber le rideau de mousseline qu'il avait rejeté derrière lui, il disparut. D'Harmental présuma que la disparition était motivée par un appel à l'appétit de son voisin; cela lui rappela que, préoccupé de l'obstination que mettait cette malheureuse fenêtre à ne pas s'ouvrir, il avait oublié le déjeuner, ce qui, il faut le dire à la honte de la sentimentalité de d'Harmental, était une bien grande infraction à ses habitudes.

Or, comme il n'y avait pas de chance que la fenêtre s'ouvrît tant que ses voisins seraient occupés à dîner, le chevalier résolut de mettre à profit en dînant lui-même. En conséquence, il sonna son concierge, lui ordonna d'aller chercher chez le rôtisseur le poulet le plus gras et chez le fruitier les plus beaux fruits qu'il pourrait trouver. Quant au vin, il lui en restait encore quelques

vieilles bouteilles de l'envoi que lui avait fait l'abbé Brigaud.

D'Harmental mangea avec un certain remords: il ne comprenait pas qu'il put être à la fois si tourmenté et avoir tant d'appétit. Heureusement il se rappela avoir lu, dans je ne sais quel moraliste, que la tristesse creusait affreusement l'estomac. Cette maxime mit sa conscience en repos, et il en résulta que le malheureux poulet fut dévoré jusqu'à la carcasse.

Quoique l'action de dîner fût fort naturelle en elle-même et n'offrît, certes, rien de répréhensible, d'Harmental, avant de se mettre à table, avait fermé sa fenêtre tout en se ménageant, par l'écartement du rideau, un petit jour au moyen duquel il découvrait les étages supérieurs de la maison qui faisait face à la sienne. Grâce à cette précaution, au moment où il achevait son repas, il aperçut Buvat qui, sans doute, après avoir terminé le sien, apparaissait à la fenêtre de sa terrasse. Comme nous l'avons dit, il faisait un temps magnifique, aussi Buvat parut-il très disposé à en profiter; mais comme Buvat était de ces êtres à part pour qui le plaisir n'existe qu'à la condition qu'il sera partagé, d'Harmental le vit se retourner, et à son geste, il présuma qu'il invitait Bathilde, qui sans doute l'avait accompagné chez lui, à le suivre sur la terrasse. En conséquence, un instant d'Harmental espéra qu'il allait voir paraître la jeune fille, et se leva le cœur bondissant; mais il se trompait. Si tentante que fût cette belle soirée, si éloquente que fût la prière par laquelle Buvat invitait sa pupille à en jouir, tout fut inutile; mais il n'en fut pas de même de Mirza, qui, sautant sur la fenêtre sans y être invitée, se mit à bondir joyeusement sur la terrasse, en tenant à sa gueule le bout d'un ruban gorge de pigeon qu'elle faisait flotter comme une banderole, et que d'Harmental reconnut pour celui qui serrait le bonnet de nuit de son voisin. Celui-ci le reconnut aussi, car se lançant aussitôt à la poursuite de Mirza, il fit, en la poursuivant de toute la force de ses petites jambes, trois ou quatre fois le tour de la terrasse, exercice qui se fût sans doute indéfiniment prolongé, si Mirza n'avait eu l'imprudence de se réfugier dans la fameuse caverne de l'hydre dont nous avons donné à nos lecteurs une si pompeuse description. Buvat hésita un instant à plonger son bras dans l'antre, mais enfin, faisant un effort de courage, il y poursuivit la fugitive, et au bout d'un instant, le chevalier le vit retirer sa main armée du bienheureux ruban, que Buvat passa et repassa sur son genou pour en effacer les froissures, après quoi il le plia proprement, et rentra dans sa chambre pour le serrer sans doute en quelque tiroir où il fût à l'abri de l'espièglerie de Mirza.

C'était ce moment que le chevalier attendait. Il ouvrit sa fenêtre, passa sa tête entre les deux battans entr'ouverts, et attendit. Au bout d'un instant Mirza sortit à son tour sa tête de la caverne, regarda autour d'elle, bâilla, secoua les oreilles et sauta sur la terrasse. En ce moment le chevalier l'appela du ton le plus caressant et le plus séducteur qu'il put prendre. Mirza tressaillit au son de la voix; puis guidés par la voix, ses yeux se dirigèrent vers le chevalier. Au premier regard elle reconnut l'homme aux morceaux de sucre, poussa un petit grognement de joie, puis, avec une pensée d'instinctive gastronomie aussi rapide que l'éclair, elle s'élança d'un seul bond par la fenêtre de Buvat, comme fait le cerf Coco à travers son tambour, et disparut. D'Harmental baissa la tête, et presque au même instant entrevit Mirza qui traversait la rue comme une vision, et qui, avant que le chevalier eût eu le temps de refermer sa fenêtre, grattait déjà à sa porte. Heureusement pour d'Harmental, Mirza avait la mémoire du sucre développée à un degré égal où il avait, lui, celle des sons.

On devine que le chevalier ne fit point attendre la charmante petite porte, qui s'élança toute bondissante dans la chambre, en laissant échapper des signes non équivoques de la joie que lui donnait ce retour inattendu. Quant à d'Harmental, il était presque aussi heureux que s'il eût vu Bathilde. Mirza, c'était quelque chose de la jeune fille, c'était sa levrette bien-aimée, tant caressée, tant baisée par elle, qui le jour allongeait sa tête sur ses genoux, qui le soir couchait sur le pied de son lit ; c'était la confidente de ses chagrins et de son bonheur, c'était en outre une messagère sûre, rapide, excellente, et c'est à ce dernier titre surtout que d'Harmental l'avait attirée chez lui et venait de si bien la recevoir.

Le chevalier mit Mirza à même du sucrier, s'assit à son secrétaire, et laissant parler son cœur et courir sa plume, écrivit la lettre suivante :

« Chère Bathilde, vous me croyez bien coupable, n'est-ce
» pas? mais vous ne pouvez pas savoir les étranges cir-
» constances dans lesquelles je me trouve, et qui sont mon
» excuse ; si j'étais assez heureux pour vous voir un ins-
» tant, un seul instant, vous comprendriez comment il y a
» en moi deux personnages si différents, le jeune étudiant
» de la mansarde et le gentilhomme des fêtes de Sceaux;
» ouvrez-moi donc ou votre fenêtre, pour que je puisse
» vous voir, ou votre porte, pour que je puisse vous par-
» ler ; permettez-moi d'aller vous demander mon pardon à
» genoux. Je suis sûr que lorsque vous saurez combien je
» suis malheureux, et surtout combien je vous aime, vous
» aurez pitié de moi.

» Adieu, ou plutôt au revoir, chère Bathilde ; je donne à
» notre charmante messagère tous les baisers que je vou-
» drais déposer sur vos jolis pieds.

» Adieu encore, je vous aime plus que je ne puis le dire,
» plus que vous ne pouvez le croire, plus que vous ne vous
» en douterez jamais.

                                               » RAOUL. »

Ce billet, qui eût paru bien froid à une femme de notre époque, parce qu'il ne disait juste que ce que celui qui écrivait voulait dire, parut fort suffisant au chevalier, et véritablement était fort passionné pour l'époque; aussi d'Harmental le plia-t-il sans y rien changer, et l'attacha-t-il comme le premier sous le collier de Mirza ; puis enlevant alors le sucrier, que la gourmande petite bête suivit des yeux jusqu'à l'armoire où d'Harmental le renferma, le chevalier ouvrit la porte de sa chambre et indiqua du geste à Mirza ce qui lui restait à faire. Soit fierté, soit intelligence, Mirza ne se le fit point redire à deux fois, s'élança dans l'escalier comme si elle avait des ailes, ne s'arrêta que le temps juste de donner en passant un coup de dent à monsieur Boniface qui rentrait de chez son procureur, traversa la rue comme un éclair, et disparut dans l'allée de la maison de Bathilde. Un instant encore d'Harmental demeura avec inquiétude à la fenêtre, car il craignait que Mirza n'allât rejoindre Buvat sous le berceau de chèvrefeuille, et que la lettre ne se trouvât détournée ainsi de sa véritable destination. Mais Mirza n'était point bête à commettre de pareilles méprises, et comme au bout de quelques secondes d'Harmental ne la vit point paraître à la fenêtre de la terrasse, il en augura avec beaucoup de sagacité qu'elle s'était intelligemment arrêtée au quatrième. En conséquence, pour ne point effaroucher la pauvre Bathilde, il ferma sa fenêtre, espérant qu'à l'aide de cette concession, il obtiendrait quelque signe qui lui indiquerait qu'on était en voie de lui pardonner.

Mais il n'en fut point ainsi : d'Harmental attendit vainement toute la soirée et une partie de la nuit. A onze heures, la lumière, à peine visible à travers les doubles rideaux toujours hermétiquement fermés, s'éteignit tout à fait. Une heure encore d'Harmental veilla à sa fenêtre ouverte pour saisir la moindre apparence de rapprochement; mais rien ne parut, tout resta muet, tout était sombre, et force fut à d'Harmental de renoncer à l'espoir de revoir Bathilde avant le lendemain.

Mais le lendemain ramena les mêmes rigueurs: c'était un parti pris de défense qui, pour un homme moins amoureux que d'Harmental, eût purement et simplement indiqué la crainte de la défaite ; mais le chevalier, ramené par un sentiment véritable à la simplicité de l'âge d'or, n'y vit,

lui, qu'une froideur à l'éternité de laquelle il commença de croire ; il est vrai qu'elle durait depuis vingt-quatre heures.

D'Harmental passa la matinée à rouler dans sa tête mille projets plus absurdes les uns que les autres. Le seul qui eût le sens commun était tout bonnement de traverser la rue, de monter les quatre étages de Bathilde, d'entrer chez elle et de lui tout dire; il lui vint à l'esprit comme les autres, mais comme c'était le seul qui fût raisonnable, d'Harmental se garda bien de s'y arrêter. D'ailleurs, c'était une hardiesse bien grande que de se présenter ainsi chez Bathilde, sans y être autorisé par le moindre signe, ou tout au moins sans y être conduit par quelque prétexte. Une pareille façon de faire pouvait blesser Bathilde, et elle n'était déjà que trop irritée ; mieux valait donc attendre, et d'Harmental attendit.

A deux heures, Brigaud entra et trouva d'Harmental d'une humeur massacrante. L'abbé jeta un coup d'œil de côté sur la fenêtre, toujours hermétiquement fermée, et devina tout. Il prit une chaise, s'assit en face de d'Harmental, et tournant ses pouces l'un autour de l'autre comme il voyait faire au chevalier :

— Mon cher pupille, lui dit-il après un instant de silence, ou je suis mauvais physionomiste, ou je lis sur votre visage qu'il vous est arrivé quelque chose de profondément triste.

— Et vous lisez bien, mon cher abbé, dit le chevalier. Je m'ennuie.

— Ah! vraiment!

— Et si bien, continua d'Harmental, qui avait le soin d'épancher la bile qu'il avait faite la veille, que je suis tout prêt à envoyer votre conspiration à tous les diables.

— Oh! chevalier, il ne faut pas jeter ainsi le manche après la cognée. Comment! envoyer la conspiration à tous les diables quand elle va comme sur des roulettes. Allons donc! et que diraient les autres?

— Vous êtes charmant, vous et les autres ; les autres, mon cher, ils courent le monde, ils vont au bal, à l'Opéra, ils ont des duels, des maîtresses, de la distraction enfin, et ils ne sont pas forcés de se tenir comme moi renfermés dans une mauvaise mansarde.

— Eh bien ! mais ce piano, ces pastels ?

— Avec cela que c'est encore bien distrayant, votre musique et votre dessin !

— Ce n'est pas distrayant quand on dessine ou qu'on chante seul; mais enfin quand on peut dessiner et chanter en compagnie, cela commence déjà à mieux faire.

— Et avec qui diable voulez-vous que je dessine et que je chante?

— Vous avez d'abord les deux demoiselles Denis.

— Ah oui! avec cela qu'elles chantent juste et qu'elles dessinent bien, n'est-ce pas?

— Mon Dieu ! je ne vous les donne pas comme des virtuoses et comme des artistes, et je sais bien qu'elles ne sont pas de la force de votre voisine. Eh bien ! mais à propos, votre voisine?

— Eh bien ! ma voisine?

— Pourquoi ne faites-vous pas de la musique avec elle, par exemple? elle qui chante si bien : cela vous distrairait.

— Est-ce que je la connais, ma voisine? est-ce qu'elle ouvre seulement sa fenêtre? Voyez, depuis hier matin, elle est barricadée chez elle. Ah ! oui, ma voisine, elle est aimable !

—Eh bien ! voyez, on m'avait dit qu'elle était charmante, à moi.

— D'ailleurs, comment voulez-vous que nous chantions chacun dans notre chambre? cela ferait un singulier duo !

— Non pas; chez elle.

— Chez elle! Est-ce que je lui suis présenté? est-ce que je la connais?

— Eh bien ! mais on prend un prétexte.

— Eh ! depuis hier j'en cherche un.

— Et vous ne l'avez pas encore trouvé? un homme d'imagination comme vous! Ah! mon cher pupille! je ne vous reconnais pas là.

— Tenez, l'abbé, trève de plaisanterie, je ne suis pas en train aujourd'hui; que voulez-vous, on a ses jours, et aujourd'hui je suis stupide.

— Eh bien! ces jours-là on s'adresse à ses amis.

— A ses amis; pour quoi faire?

— Pour trouver le prétexte qu'on cherche vainement soi-même.

— Eh bien! l'abbé, mon ami, trouvez-moi ce prétexte. Allons, j'attends.

— Rien n'est plus facile.

— Vraiment!

— Le voulez-vous?

— Faites attention à quoi vous vous engagez.

— Je m'engage à vous ouvrir la porte de votre voisine.

— D'une façon convenable?

— Comment donc, est-ce que j'en connais d'autres?

— L'abbé, je vous étrangle si votre prétexte est mauvais.

— Et s'il est bon?

— S'il est bon, l'abbé, s'il est bon, vous êtes un homme adorable.

— Vous rappelez-vous ce qu'a dit le comte de Laval, de la descente que la justice a faite dans sa maison du Val-de-Grâce, et de la nécessité où il a été de renvoyer ses ouvriers et de faire enterrer sa presse?

— Parfaitement.

— Vous rappelez-vous la délibération qui a été prise à la suite de cela?

— Oui, que l'on se servirait d'un copiste.

— Enfin, vous rappelez-vous encore que je me suis chargé de trouver ce copiste, moi?

— Je me le rappelle.

— Eh bien! ce copiste sur lequel j'ai jeté les yeux, cet honnête homme que j'ai promis de découvrir, il est tout découvert; mon cher chevalier, c'est le tuteur de Bathilde.

— Buvat?

— Lui-même. Eh bien! je vous passe mes pleins pouvoirs; vous montez chez lui, vous lui offrez des rouleaux d'or à gagner: la porte vous est ouverte à deux battans, et vous chantez tant que vous voulez avec Bathilde.

— Ah! mon cher Brigaud, s'écria d'Harmental en sautant au cou de l'abbé, vous me sauvez la vie, parole d'honneur!

Et d'Harmental prit son chapeau et s'élança vers la porte. Maintenant qu'il avait un prétexte, il ne redoutait plus rien.

— Eh bien! eh bien! dit Brigaud, vous ne me demandez même pas où le bonhomme doit aller chercher les copies en question.

— Chez vous, pardieu!

— Non pas! non pas! jeune homme; non pas!

— Et chez qui?

— Chez le prince de Listhnay, rue du Bac, 110.

— Chez le prince de Listhnay!... Qu'est-ce que ce prince là, l'abbé?

— Un prince de notre façon, d'Avranches, le valet de chambre de madame du Maine.

— Et vous croyez qu'il jouera bien son rôle!

— Pas pour vous, peut-être, qui avez l'habitude de voir de vrais princes; mais pour Buvat...

— Vous avez raison. Au revoir, l'abbé!

— Vous trouvez donc le prétexte bon?

— Excellent.

— Allez donc, en ce cas, et que Dieu vous garde!

D'Harmental descendit les marches de l'escalier quatre à quatre; puis arrivé au milieu de la rue, et voyant à sa fenêtre l'abbé Brigaud qui le regardait, il lui fit un dernier signe de la main, et disparut sous la porte de l'allée qui conduisait chez Bathilde.

XXXI.

CONTRE-PARTIE.

De son côté, comme on le comprend bien, Bathilde n'a pas fait un pareil effort sans que son cœur en souffrît: la pauvre enfant aimait d'Harmental de toutes les forces de son âme, comme on aime à dix-sept ans, comme on aime pour la première fois. Pendant le premier mois de son absence, elle avait compté tous les jours; pendant la cinquième semaine, elle avait compté les heures; pendant les huit derniers jours, elle avait compté les minutes. C'était alors que l'abbé de Chaulieu était venu la chercher pour la conduire à mademoiselle Delaunay, et comme il avait eu le soin, non-seulement de parler de ses talens, mais encore de dire qui elle était, Bathilde avait été reçue avec toutes les prévenances qui lui étaient dues, et que la pauvre Delaunay lui rendait d'autant plus volontiers qu'on les avait longtemps oubliées à son propre égard. Au reste, ce déplacement, qui avait rendu momentanément Buvat si fier, avait été reçu par Bathilde comme une distraction qui devait lui aider à passer les derniers momens de l'attente; mais lorsqu'elle vit que mademoiselle Delaunay comptait disposer d'elle le jour même où, d'après son calcul, Raoul devait arriver, elle maudit de grand cœur l'instant où l'abbé de Chaulieu l'avait conduite à Sceaux, et elle eût certes refusé, qu'elles qu'eussent été ses instances, si madame du Maine n'était intervenue. Il n'y avait pas moyen de refuser à madame du Maine une chose qu'elle demandait à titre de service, elle qui, à la rigueur et avec l'idée qu'on se faisait à cette époque de la suprématie des rangs, aurait eu le droit d'ordonner. Bathilde, forcée dans ses derniers retranchemens, avait donc accepté; mais comme elle se serait fait un reproche éternel, si Raoul fût venu en son absence, et si en revenant il eût trouvé sa fenêtre fermée, elle avait, comme nous l'avons dit, demandé à revenir, pour étudier à son aise la cantate et pour rassurer Buvat. Pauvre Bathilde! elle avait inventé deux faux prétextes pour cacher sous un double voile le véritable motif de son retour.

On devine que si Buvat avait été fier de ce que Bathilde avait été appelée pour dessiner les costumes de la fête, ce fut bien autre chose lorsqu'il apprit qu'elle était destinée à y jouer un rôle. Buvat avait constamment rêvé pour Bathilde un retour de fortune qui lui rendrait la position sociale que la mort d'Albert et de Clarice lui avait fait perdre, et tout ce qui pouvait la rapprocher du monde pour lequel elle était née lui paraissait un acheminement à cette heureuse et inévitable réhabilitation.

Cependant l'épreuve lui avait paru dure; les trois jours qu'il avait passés sans voir Bathilde lui avaient semblé trois siècles. Pendant ces trois jours le pauvre écrivain avait été comme un corps sans âme. A son bureau la chose allait encore, quoiqu'il fût visible pour tous qu'il s'était opéré quelque grand cataclysme dans la vie du bonhomme; cependant là il avait sa besogne indiquée, ses cartes à écrire, ses étiquettes à poser, le temps s'écoulait donc encore tant bien que mal. Mais c'était une fois rentré que le pauvre Buvat se trouvait tout à fait isolé. Aussi, le premier jour il n'avait pu manger en se trouvant seul à cette table où depuis treize ans il avait l'habitude de voir en face de lui sa petite Bathilde. Le lendemain, comme Nanette lui faisait des reproches de s'abandonner ainsi, et prétendait qu'il se détériorait la santé par une diète si absolue, il fit un effort sur lui-même; mais l'honnête écrivain, qui jusqu'à ce jour ne s'était jamais même aperçu qu'il eût un estomac, eut à peine achevé son repas, qu'il lui sembla avoir avalé du plomb, et qu'il lui fallut avoir recours aux digestifs les

22

plus puissans pour précipiter vers les voies inférieures ce malencontreux dîner qui paraissait résolu à demeurer dans l'œsophage. Aussi le troisième jour Buvat ne se mit-il pas à table, et Nanette eut-elle toutes les peines du monde à le déterminer à prendre un bouillon, dans lequel elle prétendit même toujours avoir vu rouler deux grosses larmes ; enfin, le troisième jour au soir, Bathilde était revenue et avait ramené à son pauvre tuteur son sommeil enlevé et son appétit absent. Buvat, qui depuis trois nuits dormait fort mal, et qui depuis trois jours mangeait plus mal encore, dormit comme une souche et mangea comme un ogre, certain qu'il était que l'absence de son enfant chéri touchait à son terme et que, la prochaine nuit passée, il allait rentrer en possession de celle sans laquelle il venait de s'apercevoir qu'il lui serait désormais impossible de vivre.

De son côté, Bathilde était bien joyeuse ; si elle comptait bien, ce devrait être le dernier jour d'absence de Raoul. Raoul lui avait écrit qu'il partait pour six semaines. Elle avait compté, les unes après les autres, quarante-six longues journées : les six semaines étaient donc parfaitement écoulées, et Bathilde, jugeant Raoul par elle, n'admettait pas qu'il pût y avoir désormais un instant de retard. Aussi, Buvat parti pour son bureau, Bathilde avait-elle ouvert sa fenêtre, et, tout en étudiant sa cantate, n'avait-elle point perdu de vue un instant la fenêtre de son voisin. Les voitures étaient rares dans la rue du Temps-Perdu ; cependant, par un hasard inouï, il était passé trois voitures de dix heures à quatre, et à chacune, Bathilde avait couru regarder avec un tel bondissement de cœur qu'à chaque fois qu'elle s'était aperçue qu'elle se trompait et que la voiture ne ramenait point encore Raoul, elle était tombée sur une chaise, haletante et prête à étouffer. Enfin, quatre heures avaient sonné ; quelques minutes après, Bathilde avait entendu le pas de Buvat dans l'escalier. Elle avait alors fermé en soupirant sa fenêtre, et cette fois, c'était elle qui, quelque effort qu'elle fît pour tenir bonne compagnie à son tuteur, n'avait pu avaler un seul morceau. L'heure de partir pour Sceaux était arrivée ; Bathilde avait été une dernière chose tirer le rideau : tout était fermé chez Raoul. L'idée que cette absence pouvait se prolonger au-delà du terme fixé lui était alors venue pour la première fois, et elle était partie le cœur serré et maudissant plus que jamais cette fête qui l'empêchait de passer la nuit à attendre encore celui qu'elle attendait déjà depuis si longtemps.

Cependant, lorsque Bathilde arriva à Sceaux, les illuminations, le bruit, la musique, et surtout la préoccupation de chanter pour la première fois devant tant et de si grand monde, éloignèrent un peu de la pensée de Bathilde le souvenir de Raoul. De temps en temps, une pensée triste lui traversait bien l'esprit et lui serrait bien le cœur lorsqu'elle songeait qu'à cette heure peut-être son beau voisin était arrivé, et, voyant sa fenêtre fermée, la croyait indifférente à son tour ; mais elle avait le lendemain devant elle. Elle avait fait promettre à mademoiselle Delaunay qu'on la reconduirait avant le jour, et avec ses premiers rayons elle serait à sa fenêtre, et la première chose que Raoul verrait en ouvrant la sienne, ce serait elle. Elle lui raconterait alors comment elle avait été forcée de s'éloigner pour une soirée ; elle lui laisserait soupçonner ce qu'elle a souffert, et, si elle en jugeait par elle-même, Raoul serait si heureux qu'il lui pardonnerait.

Bathilde se berçait de toutes ces pensées en attendant madame du Maine au bord du lac, et ce fut au milieu du discours qu'elle préparait pour Raoul, que l'approche de la petite galère la surprit. Au premier moment, Bathilde, toute à son émotion de chanter ainsi en si grande et si haute compagnie, crut que la voix allait lui manquer ; mais elle était trop artiste pour ne pas être encouragée par l'admirable instrumentation qui la soutenait, et qui se composait des meilleurs musiciens de l'Opéra. Elle résolut donc de ne regarder personne pour ne point se laisser intimider, et s'abandonnant à toute la puissance de l'inspi-

ration, elle avait chanté avec une perfection qui avait fait qu'on avait parfaitement pu la prendre, grâce à son voile, pour la personne même qu'elle remplaçait, quoique cette personne fût le premier sujet de l'Opéra, et passât pour n'avoir pas de rivale, comme étendue de voix et sûreté de méthode.

Mais l'étonnement de Bathilde fut grand lorsque, le solo fini, et soulagée par la reprise du chœur, elle baissa les yeux, et qu'en baissant les yeux elle aperçut au milieu du groupe qui s'avançait vers elle, assis sur le même banc que madame la duchesse du Maine, un jeune seigneur qui ressemblait si fort à Raoul que, si cette apparition se fût présentée à elle au milieu de sa cantate, la voix lui eût certes manqué tout à coup. Un instant elle douta encore, mais plus la galère gagnait le rivage, moins il était permis à la pauvre Bathilde de conserver ses doutes ; deux ressemblances pareilles ne pouvaient se rencontrer, même chez deux frères, et il était trop visible que le beau seigneur de Sceaux et le jeune étudiant de la mansarde étaient un seul et même individu. Mais ce n'était point encore ce qui blessait Bathilde. Le degré auquel montait tout à coup Raoul, au lieu de l'éloigner de la fille d'Albert du Rocher, le rapprochait d'elle, et à la première vue elle avait reconnu Raoul pour être de la noblesse, comme il l'avait devinée lui-même pour être de race. Ce qui la blessait profondément, ce qui était une insulte à sa bonne foi, une trahison à son amour, c'était cette prétendue absence pendant laquelle Raoul, oubliant la rue du Temps-Perdu, laissait solitaire sa petite chambre pour venir se mêler aux fêtes de Sceaux. Ainsi Raoul avait eu un caprice d'un instant pour Bathilde, ce caprice avait été jusqu'à passer une semaine ou deux dans une mansarde ; mais Raoul s'était lassé bien vite de cette vie qui n'était pas la sienne. Pour ne pas trop humilier Bathilde il avait prétexté un voyage ; pour ne pas trop la désoler, il avait feint que ce voyage était pour lui un malheur ; mais rien de tout cela n'était vrai. Raoul n'avait point quitté Paris sans doute, ou, s'il l'avait quitté, sa première visite à son retour avait été pour d'autres lieux que pour ceux qui devaient lui être si chers ! Il y avait dans cette accumulation de griefs de quoi blesser un amour moins susceptible que ne l'était celui de Bathilde. Aussi, lorsqu'au moment où Raoul descendit sur le rivage, la pauvre enfant se trouva à quatre pas de lui, lorsqu'il lui fut impossible de douter davantage que le jeune étudiant et le beau seigneur fussent le même homme, lorsqu'elle vit celui qu'elle avait pris jusque-là pour un jeune et naïf provincial offrir d'un air élégant et dégagé son bras à la fière madame du Maine, toute force l'abandonna et, sentant ses genoux fléchir sous elle, elle poussa un cri douloureux qui avait répondu jusqu'au fond du cœur de d'Harmental, et elle s'évanouit.

En rouvrant les yeux, elle trouva près d'elle mademoiselle Delaunay, qui lui prodiguait avec inquiétude les soins les plus empressés ; mais comme il était impossible de se douter de la véritable cause de l'évanouissement de Bathilde, et que d'ailleurs cet évanouissement n'avait duré qu'un instant, la jeune fille, en prétextant l'émotion qu'elle avait éprouvée, n'eut point de peine à faire prendre le change aux personnes qui l'entouraient. Mademoiselle Delaunay seulement insista un instant pour qu'au lieu de retourner à Paris, elle demeurât à Sceaux : mais Bathilde avait hâte de quitter ce palais où elle venait de tant souffrir, et où elle avait vu Raoul sans que Raoul la vît. Elle pria donc, avec cet accent qui ne permet pas de refuser, que toutes choses demeurassent dans le même état, et comme la voiture qui devait la ramener à Paris aussitôt qu'elle aurait chanté était prête, elle monta dedans, et partit.

En arrivant, comme Nanette était prévenue de son retour, ce fut Nanette qui l'attendait. Buvat aussi avait bien voulu veiller pour embrasser Bathilde à son retour et avoir des nouvelles de la grande fête. Mais Buvat était, comme on le sait, un homme de mœurs réglées : minuit était sa plus grande veille, et jamais il n'avait dépassé cette heure ; de sorte que lorsque minuit arriva, il eut beau se pincer les mollets, se frotter le nez avec la barbe d'une plume et chanter sa chanson favorite, le sommeil l'emporta sur tous les réactifs, et force lui avait été d'aller se coucher, ce qu'il avait fait en recommandant à Nanette de se prévenir le lendemain aussitôt que Bathilde serait visible.

Comme on le pense bien, Bathilde fut fort aise de trouver Nanette seule : la présence de Buvat, dans la situation d'esprit où était la jeune fille, l'eût gênée au plus haut degré : il y a dans le cœur des femmes, à quelque âge que le cœur soit arrivé, une sympathie pour les chagrins amoureux qu'on ne trouve jamais dans le cœur d'un homme, si bon et si consolant que soit ce cœur. Devant Buvat, Bathilde n'eût point osé pleurer ; devant Nanette, Bathilde fondit en larmes.

Nanette fut bien désolée de voir sa jeune maîtresse, qu'elle s'attendait à retrouver toute fière et toute joyeuse du triomphe qu'elle ne pouvait manquer d'obtenir, dans l'état où elle était : aussi hasarda-t-elle les questions les plus pressantes ; mais, à toutes ces questions, Bathilde se contenta de répondre, en secouant la tête, que ce n'était rien, absolument rien. Nanette vit bien que le mieux était de ne pas insister dans un moment où sa jeune maîtresse paraissait si bien décidée à se taire, et elle se retira dans sa chambre, qui, comme nous l'avons dit, était contiguë à celle de Bathilde.

Mais là, la pauvre Nanette ne put résister à cette curiosité qui pousse le cœur qui la poussait à voir ce qu'allait devenir sa maîtresse ; et, regardant par le trou de la serrure, elle la vit d'abord s'agenouiller en sanglotant devant le crucifix où elle l'avait trouvé si souvent en prières, puis se lever, et, comme cédant à une impulsion plus forte qu'elle, aller ouvrir sa fenêtre et regarder la fenêtre en face d'elle. Dès lors il n'y eut plus de doute pour Nanette. Le chagrin de Bathilde était un chagrin d'amour, et ce chagrin lui venait de la part du beau jeune homme qui habitait de l'autre côté de la rue.

Dès lors, Nanette fut un peu tranquillisée ; les femmes plaignent les chagrins d'amour au-dessus de tous les autres chagrins, mais aussi elles savent par expérience qu'ils peuvent tourner à bonne fin ; de sorte que tout chagrin de ce genre se compose de moitié douleur et de moitié espérance. Nanette se coucha donc plus tranquille qu'elle ne l'eût été si elle n'eût point pénétré la cause des larmes de Bathilde.

Bathilde dormit peu et dormit mal ; les premières douleurs et les premières joies de l'amour ont le même résultat. Elle se réveilla donc les yeux battus et toute brisée. Elle eût bien voulu se dispenser de voir Buvat, sous un prétexte quelconque ; mais déjà Buvat, inquiet, avait fait demander deux fois par Nanette si Bathilde était visible. Bathilde rappela donc tout son courage et alla en souriant présenter son front à baiser à son bon tuteur.

Mais Buvat avait trop l'instinct du cœur pour se laisser prendre à un sourire ; il vit ses yeux battus, il vit ce teint pâle, et le chagrin de Bathilde lui fut révélé. Comme on le comprend bien, Bathilde nia qu'elle ne fût point dans son état naturel ; Buvat fit semblant de la croire, car il vit qu'en ayant l'air de douter il la contrarierait, mais il ne s'en alla pas moins à son bureau tout préoccupé de savoir ce qui avait ainsi attristé sa pauvre Bathilde.

Lorsqu'il fut parti, Nanette s'approcha de Bathilde, qui, une fois seule, s'était laissée tomber dans un fauteuil, la tête appuyée sur une main et l'autre bras pendant, tandis que Mirza, couchée à ses pieds et ne comprenant rien à cet abattement, gémissait tout doucement. La bonne femme resta un instant debout devant la jeune fille à la contempler avec un amour presque maternel, puis au bout d'un instant, voyant que Bathilde restait muette, elle rompit le silence.

— Mademoiselle souffre toujours ? dit-elle.

— Oui, ma bonne Nanette, toujours.

— Si mademoiselle voulait ouvrir la fenêtre, cela lui ferait peut-être du bien.

— Oh ! non, non, Nanette, merci ; cette fenêtre doit rester fermée.

— C'est que mademoiselle ignore peut-être...

— Non, Nanette ; je le sais.

— Que le beau jeune homme d'en face est revenu depuis ce matin.

— Eh bien ! Nanette, dit Bathilde en relevant la tête et en regardant la bonne femme avec une légère nuance de sévérité, qu'a affaire ce beau jeune homme avec moi ?

— Pardon, mademoiselle, dit Nanette ; mais je croyais... je pensais...

— Que pensiez-vous ?... que croyiez-vous ?...

— Que vous regrettiez son absence et que vous seriez heureuse de son retour.

— Vous aviez tort.

— Pardon, mademoiselle ; mais c'est qu'il paraît si distingué !

— Trop, Nanette ; beaucoup trop pour la pauvre Bathilde.

— Trop, mademoiselle, trop distingué pour vous ! s'écria Nanette. Ah bien ! par exemple, est-ce que vous ne valez pas tous les beaux seigneurs du monde ? D'ailleurs, tiens, vous êtes noble.

— Je suis ce que je parais être, Nanette, c'est-à-dire une pauvre fille, de la tranquillité, de l'amour et de l'honneur de laquelle tout grand seigneur croirait pouvoir impunément se jouer. Tu vois bien, Nanette, qu'il faut que cette fenêtre reste fermée et que je ne revoie pas ce jeune homme.

— Jour de Dieu ! mademoiselle Bathilde, mais vous voulez donc le faire mourir de chagrin, le pauvre garçon. Depuis ce matin il ne bouge pas de sa fenêtre, et avec un air triste, si triste, que c'est vraiment à fendre le cœur.

— Eh bien ! que m'importe son air triste à moi ; que me fait ce jeune homme ! je ne le connais pas, je ne sais pas même son nom ; c'est un étranger, qui c'est venu demeurer là quelques jours seulement, qui demain s'en ira peut-être, comme il s'en est allé déjà. Si j'y avais fait attention, j'aurais eu tort, Nanette, et au lieu de m'encourager dans un amour qui serait de la folie, tu devrais, au contraire, en supposant que cet amour existât, m'en faire comprendre tout le ridicule et surtout tout le danger.

— Mon Dieu ! mademoiselle, pourquoi donc cela ; il faudra toujours bien que vous aimiez un jour ou l'autre, les pauvres femmes sont condamnées à passer par là. Eh bien ! puisqu'il faut absolument aimer, au bout du compte, autant aimer un beau jeune homme qui a l'air noble comme le roi, et qui doit être riche, puisqu'il ne fait rien.

— Eh bien ! Nanette, qu'est-ce que tu dirais, si ce jeune homme qui te paraît si simple, si loyal et si bon, n'était autre chose qu'un méchant, qu'un traître, qu'un menteur ?

— Ah ! bon Dieu ! mademoiselle, je dirais que c'est impossible.

— Si je te disais que ce jeune homme qui habite une mansarde, qui se montre à la fenêtre, couvert d'habits si simples, était hier à Sceaux, et donnait le bras à madame du Maine en habit de colonel ?

— Ce que je dirais, mademoiselle, je dirais qu'enfin le bon Dieu est juste en vous envoyant quelqu'un digne de vous. Sainte Vierge ! un colonel, un ami de la duchesse du Maine ! Oh ! mademoiselle Bathilde, vous serez comtesse, c'est moi qui vous le dis, et ce n'est pas trop pour vous, et c'est bien juste encore ce que vous méritez ; et si la Providence donnait à chacun son lot, ce n'est pas comtesse que vous seriez, c'est duchesse, c'est princesse, c'est reine ; oui, reine de France. Tiens ! madame de Maintenon l'a bien été.

— Je ne voudrais pas l'être comme elle, ma bonne Nanette.

— Comme elle, je ne dis pas. D'ailleurs, ce n'est pas le roi que vous aimez, n'est-ce pas, notre demoiselle ?

— Je n'aime personne, Nanette.

— Je suis trop honnête pour vous démentir, mademoisol . Mais n'importe, voyez-vous, vous avez l'air malade, et le premier remède pour une jeunesse qui souffre, c'est l'air, c'est le soleil. Voyez les pauvres fleurs, quand on les enferme, elles font comme vous, elles pâlissent. Laissez-moi ouvrir la fenêtre, mademoiselle.

— Nanette, je vous le défends. Allez à vos affaires, et laissez-moi.

— Je m'en vais, mademoiselle, je m'en vais, puisque vous me chassez, dit Nanette en portant le coin de son tablier au coin de son œil. Mais à la place de ce jeune homme, je sais bien ce que je ferais.

— Et que feriez-vous ?

— Je viendrais m'expliquer moi-même, et je suis bien sûre que, quand même il aurait un tort, vous l'excuseriez.

— Nanette, dit Bathilde en tressaillant, s'il vient, je vous défends de le recevoir, entendez-vous ?

— C'est bien, mademoiselle, on ne le recevra point, quoique ce ne soit pas très poli de mettre les gens à la porte.

— Poli ou non, vous ferez ce que j'ai ordonné, dit Bathilde, à qui la contradiction donnait les forces qui lui eussent manqué si l'on eût abondé dans son sens, et maintenant, je veux rester seule, allez.

Nanette sortit.

Restée seule, Bathilde fondit en larmes ; sa force n'était que de l'orgueil, mais elle était blessée au cœur, et la fenêtre resta fermée.

Nous ne suivrons pas ce pauvre cœur dans tous ses tressaillemens, dans toutes ses angoisses, dans toutes ses souffrances. Bathilde se croyait la femme la plus malheureuse de la terre, comme d'Harmental se trouvait l'homme le plus infortuné du monde.

A quatre heures quelques minutes, Buvat rentra, comme nous l'avons dit : Bathilde reconnut les traces que l'inquiétude avait laissées sur sa bonne grosse figure, et fit tout ce qu'elle put pour le tranquilliser. Elle sourit, elle plaisanta, elle lui tint compagnie à table, mais tout cela ne tranquillisa point Buvat; aussi après dîner proposa-t-il à sa pupille, comme une distraction à laquelle rien ne devait résister, une promenade sur sa terrasse. Bathilde, pensant que, si elle refusait, Buvat resterait près d'elle, fit semblant d'accepter, et monta avec Buvat dans sa chambre, mais là elle prétexta une lettre de remercîment à écrire à monsieur de Chaulieu, pour l'obligeance qu'il avait mise à la présenter à madame du Maine, et laissant son tuteur aux prises avec Mirza, elle redescendit.

Dix minutes après elle entendit Mirza qui grattait à la porte, et elle alla ouvrir.

Mirza entra en bondissant, avec des démonstrations de si folle joie, que Bathilde comprit qu'il venait de lui arriver quelque chose d'extraordinaire ; elle regarda alors avec plus d'attention, et elle vit la lettre attachée à son collier. Comme c'était la seconde qu'elle apportait, Bathilde n'eut point besoin de chercher d'où elle venait et de qui était la lettre

La tentation était trop forte pour que Bathilde essayât même d'y résister. A la vue de ce papier, qui lui semblait renfermer le destin de sa vie, la jeune fille crut qu'elle allait se trouver mal. Elle le détacha en tremblant, le froissant d'une main, tandis que de l'autre elle caressait Mirza, qui, debout sur ses pattes de derrière, dansait toute joyeuse d'être devenue un personnage si important.

Bathilde ouvrit la lettre et la regarda deux fois, sans pouvoir en déchiffrer une seule ligne ; elle avait comme un nuage sur les yeux.

La lettre, tout en disant beaucoup, ne disait point assez encore. La lettre protestait de l'innocence, et demandait pardon. La lettre parlait de circonstances étranges qui demandaient le secret. Mais la lettre sur toutes choses disait que celui qui l'avait écrite était amoureux fou. Il en résulta que, sans rassurer complètement Bathilde, la lettre lui fit un grand bien.

Bathilde cependant, par un reste de fierté toute féminine, n'en résolut pas moins de tenir rigueur jusqu'au len-

demain. Puisque Raoul s'avouait coupable, il fallait bien qu'il fût puni. La pauvre Bathilde ne songeait pas que la moitié de la punition qu'elle infligeait à son voisin retombait sur elle-même.

Néanmoins l'effet de la lettre, tout incomplet qu'il était encore, avait déjà une telle efficacité que, lorsque Buvat descendit de la terrasse, il trouva Bathilde infiniment mieux que lorsqu'il l'avait quittée une heure auparavant : ses couleurs étaient revenues, sa gaîté était plus franche, et ses paroles avaient cessé d'être saccadées et fiévreuses comme elles l'étaient depuis la veille. Buvat alors commença à croire ce que lui avait assuré sa pupille le matin même, c'est-à-dire que l'état d'agitation où elle se trouvait venait de l'émotion de la veille. En conséquence, le soir, comme il allait travailler, il remonta chez lui à huit heures, et laissa Bathilde, qui se plaignait de s'être couchée la veille à trois heures du matin, libre de se coucher ce soir-là à l'heure qui lui conviendrait.

Bathilde veilla ; car , malgré son insomnie de la veille, elle n'avait pas la moindre envie de dormir. Bathilde veilla tranquille, contente et heureuse, car elle savait que la fenêtre de son voisin était ouverte, et à sa persistance elle devinait son anxiété. Deux ou trois fois elle eut bien envie de la faire cesser, en allant annoncer au coupable que, moyennant une explication quelconque, son pardon lui serait accordé ; mais il lui sembla qu'aller ainsi d'elle-même en quelque sorte au devant de Raoul, c'était plus que ne devait faire une jeune fille de son âge et dans sa position ; elle remit donc la chose au lendemain.

Le soir, Bathilde fit sa prière comme d'habitude, et comme d'habitude Raoul se retrouva de moitié dans sa prière.

La nuit, Bathilde rêva que Raoul était à ses genoux, et qu'il lui donnait de si bonnes raisons, que c'était elle qui lui avouait qu'elle était coupable, et qui lui demandait pardon.

Aussi le matin se réveilla-t-elle bien convaincue qu'elle avait été d'une sévérité affreuse, et ne comprenant pas comment elle avait eu le courage de faire souffrir ainsi le pauvre Raoul.

Il en résulta que son premier mouvement fut d'aller à la fenêtre et de l'ouvrir ; mais y allant, elle aperçut, à travers une imperceptible trouée, le beau jeune homme à la sienne. Cette vue l'arrêta tout court. Ne serait-ce pas un aveu bien complet que cette fenêtre ouverte par elle-même ? Mieux valait attendre l'arrivée de Nanette. Nanette ouvrirait la fenêtre tout naturellement, et de cette façon le voisin n'aurait pas trop à se prévaloir de son influence.

Nanette arriva ; mais Nanette avait été trop vivement grondée la veille à l'endroit de la malheureuse fenêtre pour qu'elle risquât une seconde représentation de la même scène. Il en résultat qu'elle n'eut garde d'en approcher, et qu'elle tourna et vira dans la chambre sans parler le moins du monde de lui donner de l'air. Au bout d'une heure à peu près employée à faire le petit ménage, Nanette sortit sans avoir touché même les rideaux.— Bathilde était prête à pleurer.

Buvat descendit prendre son café avec Bathilde, ainsi que c'était son habitude Bathilde espérait qu'en entrant Buvat lui demanderait pourquoi elle se tenait ainsi enfermée chez elle, et que ce serait pour elle une occasion de lui dire d'ouvrir la fenêtre ; mais Buvat avait reçu la veille du conservateur de la Bibliothèque un nouvel ordre de classement pour les manuscrits, et Buvat était si préoccupé de ses étiquettes, qu'il ne fit attention à rien qu'à la bonne mine de Bathilde, mangea son café tout en chantonnant sa petite chanson, et sortit sans faire la plus petite remarque sur ces rideaux si tristement fermés. Pour la première fois, Bathilde eut contre Buvat un mouvement d'impatience qui ressemblait presque à de la colère, et il lui sembla que son tuteur avait bien peu d'attention pour elle, de ne pas s'apercevoir qu'elle devait étouffer dans une chambre ainsi calfeutrée.

Restée seule, Bathilde tomba sur une chaise; elle s'était mise elle-même dans une impasse dont il lui devenait impossible de sortir. Il lui fallait ordonner à Nanette d'ouvrir la fenêtre; elle ne le voulait pas; — il lui fallait ouvrir la fenêtre elle-même; elle ne le pouvait pas.

Il lui fallait donc attendre; mais jusqu'à quand? Attendre jusqu'au lendemain, jusqu'au surlendemain peut-être, et jusque là qu'allait penser Raoul? Raoul ne s'impatienterait-il pas de cette sévérité exagérée? Si Raoul allait quitter cette chambre de nouveau pour quinze jours, pour un mois, pour six semaines... pour toujours... peut-être... Bathilde mourrait. Bathilde ne pouvait plus se passer de Raoul.

Deux heures s'écoulèrent ainsi, — deux siècles! Bathilde essaya de tout: elle se mit à sa broderie, à son clavecin, à ses pastels; elle ne put rien faire. Nanette entra alors, et un peu d'espoir lui revint. Mais Nanette ne fit qu'entr'ouvrir la porte: elle venait demander la permission de faire une course indispensable. Bathilde lui fit signe de la main qu'elle pouvait s'en aller.

Nanette allait dans le faubourg Saint-Antoine: son absence devait donc durer deux heures au moins. Que faire pendant ces deux heures? Il eût été si doux de les passer à la fenêtre: il faisait un si beau soleil, à en juger du moins par les rayons qui pénétraient à travers les rideaux. Bathilde s'assit, tira sa lettre de son corset; elle la savait par cœur, mais n'importe, elle la relut. Comment, en recevant une pareille lettre, ne s'était-elle pas rendue à l'instant même. Elle était si tendre, si passionnée; on sentait si bien que celui qui l'avait écrite l'avait écrite avec les paroles de son cœur. Oh! si elle pouvait seulement recevoir une seconde lettre.

C'était une idée. Bathilde jeta les yeux sur Mirza, Mirza la gentille messagère! elle la prit dans ses bras, baisa tendrement sa petite tête fine et spirituelle; puis, toute tremblante, la pauvre enfant, comme si elle commettait un crime, alla ouvrir la porte du carré.

Un jeune homme était debout devant cette porte, allongeant la main vers la sonnette.

Bathilde jeta un cri de joie, et le jeune homme un cri d'amour.

Ce jeune homme c'était Raoul.

XXXII.

LE TROISIÈME CIEL.

Bathilde fit quelques pas en arrière, car elle sentit qu'elle allait tomber dans les bras de Raoul.

Raoul, après avoir fermé vivement la porte, fit quelques pas en avant et vint tomber aux pieds de Bathilde.

Les deux jeunes gens se regardèrent avec un indicible regard d'amour; puis leurs deux noms, échangés dans un double cri, s'échappèrent de leurs bouches; leurs mains se réunirent dans un serrement électrique, et tout fut oublié.

Ces deux pauvres cœurs, à qui il semblait qu'ils avaient tant de choses à se dire, battaient presque l'un contre l'autre et restaient muets: toute leur âme était passée dans leurs yeux, et ils se parlaient avec cette grande voix du silence qui, en amour, dit tant de choses, et qui a sur l'autre l'avantage de ne mentir jamais.

Ils demeurèrent ainsi quelques minutes. Enfin Bathilde sentit les larmes qui lui venaient aux yeux; puis, avec un soupir, et se renversant en arrière comme pour retrouver la respiration dans sa poitrine oppressée:

— Oh! mon Dieu! mon Dieu! que j'ai souffert! dit-elle.

— Et moi donc! dit d'Harmental, moi qui ai envers vous l'apparence de tous les torts, et qui cependant suis innocent.

— Innocent, dit Bathilde, à qui, par une réaction toute naturelle, ses premiers doutes revenaient.

— Oui, innocent, reprit le chevalier.

Et alors il raconta à Bathilde tout ce que de sa vie il avait le droit de lui raconter, c'est-à-dire son duel avec Lafare; comment, à la suite de ce duel, il était venu se cacher dans la rue du Temps-Perdu; comment il avait vu Bathilde, comment il l'avait aimée; son étonnement en découvrant successivement en elle la femme distinguée, le peintre habile la musicienne de premier ordre; sa joie lorsqu'il crut voir qu'il ne lui était pas tout à fait indifférent; son bonheur lo... qu'il commença à croire qu'il était aimé; enfin il lui dit combien il était heureux lorsqu'il avait reçu, comme colonel des carabiniers, l'ordre de se rendre en Bretagne; et comment cet ordre portait qu'à son retour il eût à venir rendre compte de sa mission à S. A. S. madame la duchesse du Maine avant de se rendre à Paris. Il était donc arrivé directement à Sceaux, ignorant ce qui s'y passait et croyant n'avoir que des dépêches à y déposer en passant, lorsqu'il était au contraire tombé au milieu d'une fête à laquelle il avait été, bien malgré lui, mais à cause de la position qu'il occupait près du monsieur le duc du Maine, forcé de prendre part. Ce récit fut terminé par des expressions de regret, par des paroles d'amour et par des protestations de fidélité telles, que Bathilde ne fit presque pas attention aux parties premières du discours pour ne s'occuper et ne se souvenir que de la fin.

C'était le tour de Bathilde. Bathilde aussi avait une longue histoire à raconter à d'Harmental; mais dans cette histoire il n'y avait ni réticences ni obscurités. Ce n'était pas l'histoire d'une époque de sa vie, mais de toute sa vie. Bathilde, avec une certaine fierté d'apprendre à son amant qu'elle était digne de lui, se prit donc tout enfant entre les caresses d'un père et d'une mère; puis elle se montra orpheline, puis abandonnée. C'est alors qu'apparut Buvat, cet homme au visage vulgaire et au cœur sublime, et elle dit toutes ses attentions, toutes ses bontés, tout son amour pour sa pauvre pupille. Elle passa en revue sa jeunesse insoucieuse et son adolescence pensive. Enfin elle arriva au moment où, pour la première fois, elle avait vu d'Harmental, et, arrivée là, elle sourit en rougissant, car elle sentait bien qu'elle n'avait plus rien à lui apprendre.

Mais il n'en était pas ainsi. C'était surtout ce que Bathilde croyait n'avoir pas besoin d'apprendre au chevalier que le chevalier voulait absolument savoir de sa bouche; aussi ne lui fit-il grâce d'aucun détail. La pauvre enfant eut beau s'arrêter, rougir, baisser les yeux, il lui fallut ouvrir son pauvre cœur virginal, tandis que d'Harmental, à genoux devant elle, recueillait ses moindres paroles; puis, quand elle eut fini, recommencer encore, car d'Harmental ne pouvait se lasser de l'entendre, tant il était heureux de se sentir aimé par Bathilde, et tant il était fier de pouvoir l'aimer.

Deux heures s'étaient écoulées comme deux secondes, et les jeunes gens étaient encore là, d'Harmental aux genoux de Bathilde, incliné sur lui, leurs mains dans leurs mains, leurs yeux sur leurs yeux, lorsqu'on sonna tout à coup à la porte. Bathilde jeta les yeux sur la pendule accrochée dans un coin de la chambre. Il était qua 1 heures six minutes: il n'y avait pas à s'y tromper, c'était Buvat qui rentrait.

Le premier mouvement de Bathilde fut tout à la crainte mais aussitôt Raoul la rassura en souriant: il avait le pr texte que lui avait fourni l'abbé Brigaud. Les deux ama échangèrent donc encore un dernier serrement de main un dernier coup d'œil, puis Bathilde alla ouvrir la porte son tuteur, qui commença, comme d'habitude, par l'embrasser au front, et qui, après l'avoir embrassée, aperçut seulement d'Harmental.

La stupéfaction de Buvat fut grande: c'était la première fois qu'un autre homme que lui entrait chez sa pupille. Il fixa sur d'Harmental deux gros yeux étonnés, et attendit, levant et baissant sa canne en mesure, mais sans en toucher la terre. Il lui semblait vaguement connaître ce jeune homme.

D'Harmental s'avança vers lui avec cette aisance dont les gens d'une certaine classe n'ont pas même l'idée.

— C'est à monsieur Buvat, lui dit-il, que j'ai l'honneur de parler ?

— A moi-même, monsieur, répondit Buvat en s'inclinant et en tressaillant au son de cette voix qu'il croyait reconnaître, comme il avait cru reconnaître aussi ce visage, et tout l'honneur est de mon côté, je vous prie de croire.

— Vous connaissez l'abbé Brigaud ? continua d'Harmental.

— Oui, monsieur, parfaitement, le... la... le... de madame Denis, n'est-ce pas ?

— Oui, reprit en souriant d'Harmental, le directeur de madame Denis.

— Je le connais, un homme de beaucoup d'esprit, monsieur, de beaucoup d'esprit.

— C'est cela même. Ne vous étiez-vous pas adressé à lui, dans le temps, monsieur Buvat, pour avoir des copies à faire ?

— Oui, monsieur, car je suis copiste, pour vous servir ; Buvat s'inclina.

— Eh bien ! dit d'Harmental en lui rendant son salut, ce cher abbé Brigaud, qui est mon tuteur, afin que vous sachiez, monsieur, à qui vous parlez, vous a découvert une excellente pratique.

— Ah ! vraiment ! Asseyez-vous donc, monsieur.

— Merci, je vous rends grâces.

— Et quelle est cette pratique, s'il vous plaît ?

— Le prince de Listhnay, rue du Bac, n° 110.

— Un prince ! monsieur, un prince ?

— Oui, un Espagnol, je crois, qui est en correspondance avec le *Mercure de Madrid*, et qui lui envoie toutes les nouvelles de Paris.

— Mais, c'est une trouvaille, cela, monsieur !

— Une véritable trouvaille, vous l'avez dit, qui vous donnera un peu de mal, c'est vrai, car toutes ses dépêches sont en espagnol.

— Diable ! diable ! fit Buvat.

— Savez-vous l'espagnol ? demanda d'Harmental.

— Non, monsieur ; je ne le crois pas, du moins.

— N'importe, continua le chevalier, souriant du doute de Buvat ; vous n'avez pas besoin de savoir une langue pour faire des copies dans cette langue.

— Moi, monsieur, je copierais du chinois, pourvu que les pleins et les déliés fussent assez convenablement tracés pour former des lettres. Poussée à un certain point, monsieur, la calligraphie est un art d'imitation comme le dessin.

— Et je sais que, sous ce rapport, monsieur Buvat, reprit d'Harmental, vous êtes un grand artiste.

— Monsieur, dit Buvat, vous me confusionnez. Maintenant, sans indiscrétion, puis-je vous demander à quelle heure je trouverai Son Altesse ?

— Quelle Altesse ?

— Son Altesse le prince de... je ne me rappelle plus le nom... que vous avez dit, monsieur... que vous m'avez fait l'honneur de me dire, ajouta Buvat en se reprenant.

— Ah ! le prince de Listhnay !

— Lui-même.

— Il n'est pas Altesse, mon cher monsieur Buvat.

— Pardon, c'est qu'il me semblait que tous les princes...

— Oh ! il y a prince et prince... Celui-ci est un prince du troisième ordre, et pourvu que vous l'appeliez monseigneur, il sera fort satisfait.

— Vous croyez ?

— J'en suis sûr.

— Et je le trouverai, s'il vous plaît ?

— Mais dans une heure, si vous voulez : après votre dîner, par exemple, de cinq heures à cinq heures et demie. Vous vous rappelez l'adresse ?

— Oui, rue du Bac, n° 110. Très bien ! monsieur. Très bien ! j'y serai.

— Ainsi donc, dit d'Harmental, à l'honneur de vous revoir. Et vous, mademoiselle, ajouta-t-il en se retournant vers Bathilde, recevez tous mes remercîmens pour la bonté que vous avez eue de me tenir compagnie en attendant monsieur Buvat, bonté de laquelle je vous garderai, je vous le jure, une reconnaissance éternelle.

Et à ces mots, laissant Bathilde interdite de cette puissance que lui avait donnée sur lui-même l'habitude de situations pareilles, d'Harmental, par un dernier salut, prit congé de Buvat et de sa pupille.

— Ce jeune homme est vraiment fort aimable, dit Buvat.

— Oui, fort aimable, répondit machinalement Bathilde.

— Seulement, c'est une chose extraordinaire ; il me semble que je l'ai déjà vu.

— C'est possible, dit Bathilde.

— C'est comme sa voix, continua Buvat ; je suis convaincu que sa voix ne m'est point étrangère.

Bathilde tressaillit, car elle se rappela le soir où Buvat était rentré tout effaré, après son aventure de la rue des Bons-Enfans, et d'Harmental ne lui avait rien dit qui eût rapport à cette aventure.

En ce moment Nanette entra, annonçant que le dîner était servi. Buvat, qui était pressé de se rendre chez le prince de Listhnay, passa le premier dans la petite salle à manger.

— Eh bien ! mademoiselle, dit tout bas Nanette, il est donc venu, le beau jeune homme ?

— Oui, Nanette, oui, répondit Bathilde en levant les yeux au ciel avec une expression de gratitude infinie ; oui, et je suis bien heureuse.

Elle passa dans la salle à manger, où, après avoir posé son chapeau et sa canne et sa canne dans un coin, Buvat l'attendait, en frappant, comme c'était son habitude dans ses momens de satisfaction, ses mains sur ses cuisses.

Quant à d'Harmental, il ne se trouvait pas moins heureux que Bathilde : il était aimé, il en était sûr, Bathilde le lui avait dit avec le même plaisir qu'elle avait eu à entendre dire elle-même à d'Harmental qu'il l'aimait. Il était aimé, non plus d'une pauvre orpheline, d'une petite grisette, mais par une jeune fille de noblesse, dont le père et la mère avaient occupé, à la cour de Monsieur et de son fils, de ces charges qui, à cette époque, étaient d'autant plus honorables qu'elles rapprochaient davantage des princes. Rien n'empêchait donc Bathilde et d'Harmental d'être l'un à l'autre ; s'il restait un intervalle social entre eux, c'était si peu de chose que Bathilde n'avait qu'un pas à faire pour monter et d'Harmental qu'un pas à faire pour descendre, et que tous deux se rencontraient à moitié chemin. Il est vrai que d'Harmental oubliait une chose, une seule chose : c'était ce secret qu'il s'était cru obligé de taire à Bathilde comme n'étant pas le sien, c'était cette conspiration qui creusait sous ses pieds un abîme qui d'un moment à l'autre pouvait l'engloutir. Mais d'Harmental était loin de voir les choses ainsi ; d'Harmental était sûr d'être aimé, et le soleil de l'amour fait à la vie la plus triste et la plus abandonnée un horizon couleur de rose.

De son côté, Bathilde n'avait aucun doute fâcheux sur l'avenir ; le mot de mariage n'avait point été prononcé entre elle et d'Harmental, c'est vrai, mais leurs deux cœurs s'étaient montrés l'un à l'autre dans toute leur pureté, et il n'y avait point de contrat écrit qui valût un regard des yeux, qui égalât un serrement de mains de Raoul. Aussi, lorsqu'après le dîner, Buvat, se félicitant de la bonne aubaine qui venait de lui arriver, prit sa canne et son chapeau pour se rendre chez le prince de Listhnay, à peine Bathilde fut-elle seule dans sa chambre, qu'elle tomba à genoux pour remercier Dieu, et que, sa prière finie, elle s'en alla, joyeuse et confiante, ouvrir elle-même, sans hésitation comme sans honte, cette malheureuse fenêtre si longtemps fermée. Quant à d'Harmental, depuis qu'il était rentré, il n'avait pas quitté la sienne.

Au bout d'un instant, les amans furent convenus de tous

leurs faits : la bonne Nanette serait mise entièrement dans la confidence. Tous les jours, quand Buvat serait parti, d'Harmental monterait, demeurerait deux heures près de Bathilde : le reste du temps, on se parlerait par la fenêtre, et quand par hasard on serait obligé de tenir les fenêtres fermées, on s'écrirait.

Vers les sept heures du soir on vit poindre Buvat au coin de la rue Montmartre; il marchait de son pas le plus grave et le plus majestueux, tenant un rouleau de papier d'une main et sa canne de l'autre; on voyait à son œil qu'il s'était passé quelque chose de grand dans sa vie ; Buvat avait été introduit près du prince, et avait parlé à monseigneur en personne.

Les deux jeunes gens n'aperçurent Buvat que lorsqu'il fut au-dessous d'eux : d'Harmental ferma aussitôt sa fenêtre.

Bathilde avait eu un instant d'inquiétude. Lorsque d'Harmental avait parlé à Buvat du prince de Listhnay, elle avait pensé que Raoul, surpris chez elle, inventait une seconde histoire pour expliquer sa présence. N'ayant point eu le temps de lui demander une explication, et n'osant dissuader Buvat d'aller rue du Bac, elle avait vu partir ce dernier avec un certain remords. Bathilde aimait Buvat avec toute la reconnaissance du cœur. Buvat était pour Bathilde quelque chose de sacré, que son respect devait éternellement garantir du ridicule ; elle attendit donc avec anxiété son apparition pour juger d'après son visage de ce qui s'était passé : le visage de Buvat était resplendissant.

— Eh bien! petit père ? dit Bathilde avec un reste de crainte.

— Eh bien! dit Buvat, j'ai vu Son Altesse.

Bathilde respira.

— Mais pardon, petit père, dit-elle en souriant, vous savez bien que monsieur Raoul vous a dit que le prince de Listhnay n'avait pas droit à ce titre, n'étant prince que de troisième ordre.

— Je le garantis du premier, et je maintiens l'altesse, dit Buvat. Un prince de troisième ordre, sabre de bois ! un homme de cinq pieds huit pouces, plein de majesté, et qui remue les louis à la pelle! un homme qui paie la copie quinze livres la page, et qui m'a donné vingt-cinq louis d'avance!... Un prince de troisième ordre!... Ah bien oui!

Alors il passa une autre crainte dans l'esprit de Bathilde, c'est que cette prétendue pratique, que Raoul procurait à Buvat, ne fût un moyen détourné de faire accepter au bonhomme un argent qu'il croirait avoir gagné. Cette crainte emportait avec elle quelque chose d'humiliant qui serra le cœur de Bathilde. Elle tourna les yeux vers la fenêtre de d'Harmental, et elle vit le jeune homme qui la regardait avec tant d'amour par un coin du carreau, qu'elle ne pensa plus à autre chose qu'à le regarder elle-même, et cela avec tant d'abandon, que Buvat lui-même, quelque peu habile qu'il fût à surprendre chez les autres ce genre de sentiment, s'aperçut de la préoccupation de sa pupille, et s'approcha sans malice pour voir ce qui attirait ainsi son attention. Mais d'Harmental vit paraître Buvat, et laissa retomber le rideau, de sorte que le bonhomme en fut pour ses frais de curiosité.

— Ainsi donc, petit père, dit vivement Bathilde, qui craignait que Buvat ne se fût aperçu de quelque chose, et qui voulait détourner son attention, vous êtes content?

— Très satisfait. Mais il faut que je te dise une chose.

— Laquelle ?

— Mon Dieu ! ce que c'est que de nous, et comme nous avons l'esprit faible !

— Que vous est-il donc arrivé?

— Il est arrivé, tu te le rappelles, que je t'ai dit que je croyais reconnaître la figure et la voix de ce jeune homme, mais que je ne pouvais pas me souvenir où je les avais vues et entendues.

— Oui, vous m'avez dit cela.

— Eh bien ! il m'est arrivé qu'en traversant la rue des Bons-Enfans pour gagner le pont Neuf, il m'est passé, en arrivant en face le n° 24, comme une illumination subite,

et il m'a semblé que ce jeune homme était le même que j'avais vu pendant cette fameuse nuit à laquelle je ne pense jamais sans frissonner!

— Vrai, petit père? dit Bathilde en frissonnant elle-même. Oh! quelle folie!

— Oui , quelle folie! car je fus sur le point de revenir. Je pensai que ce prince de Listhnay pourrait bien être quelque chef de brigands, et qu'on voulait peut-être m'attirer dans une caverne; mais, comme je ne porte jamais d'argent sur moi, je réfléchis que mes craintes étaient exagérées, et heureusement je les combattis par le raisonnement.

— Et maintenant, petit père, vous êtes bien convaincu, n'est-ce pas, reprit Bathilde, que ce pauvre jeune homme, qui est venu ici cette après-midi de la part de l'abbé Brigaud, n'a aucune affinité avec celui à qui vous avez parlé dans la rue des Bons-Enfans?

— Sans doute. Un capitaine de voleurs, car je maintiens que telle est sa position sociale, un capitaine de voleurs ne serait pas en relation avec Son Altesse.

— Oh! cela n'aurait pas de sens, dit Bathilde.

— Non, cela n'aurait pas le moindre sens. Mais je m'oublie : mon enfant, tu m'excuseras si je ne reste pas ce soir avec toi ; j'ai promis à Son Altesse de me mettre ce soir à sa copie, et je ne veux pas lui manquer de parole. Bonsoir, mon enfant chéri.

— Bonsoir, petit père.

Et Buvat remonta dans sa chambre, où il se mit incontinent à la besogne que lui avait si généreusement payée le prince de Listhnay.

Quant aux amans, ils reprirent leur conversation interrompue par le retour de Buvat, et Dieu seul sait à quelle heure les deux fenêtres furent fermées.

XXXIII.

LE SUCCESSEUR DE FÉNÉLON.

Grâce aux conventions arrêtées entre les jeunes gens, et qui donnaient à leur amour si longtemps contenu toute l'expansion possible, trois ou quatre jours s'écoulèrent, pareils à des instans, et pendant lesquels ils furent les êtres les plus heureux du monde.

Mais la terre, qui semblait s'être arrêtée pour eux, n'en continuait pas moins de tourner pour les autres, et les événemens qui devaient les réveiller au moment où ils s'y attendaient le moins se préparaient en silence.

Monsieur le duc de Richelieu avait tenu sa promesse; le maréchal de Villeroy, absent des Tuileries pour une semaine seulement, comme nous l'avons vu, y avait été rappelé le quatrième jour par une lettre de la maréchale qui lui écrivait que sa présence était plus que jamais nécessaire auprès du roi, la rougeole venant de se déclarer à Paris et ayant déjà attaqué quelques personnes du Palais-Royal.

M. de Villeroy était revenu aussitôt; car, on se le rappelle, toutes ces morts successives qui, trois ou quatre ans auparavant, avaient affligé le royaume, avaient été mises sur le compte de la rougeole, et le maréchal ne voulait point perdre cette occasion de faire parade de sa vigilance, dont il exagérait l'importance et surtout les résultats. En effet, comme gouverneur du roi, il avait le privilége de ne le quitter jamais un seul instant, même de lui-même, et de rester chez lui quelque personne qui y entrât, même le régent. Or, c'était surtout vis-à-vis du régent que le duc affectait des précautions étranges, et comme ces précautions servaient la haine de madame du Maine et de son parti, on louait beaucoup M. de Villeroy, et on allait répandant partout qu'il avait trouvé sur la cheminée de Louis XV des bonbons empoisonnés qui y avaient été déposés on ne savait par qui. Le résultat de tout cela était un surcroît de calomnie contre le duc d'Orléans, et partant un surcroît d'importance de la part du maréchal, qui avait fini par persuader au jeune roi que c'était à lui qu'il devait la vie. Grâce à cette conviction, il avait acquis une grande influence sur le cœur de ce pauvre enfant royal, qui, habitué à tout craindre, n'avait de confiance et d'amitié que pour M. de Villeroy et M. de Fréjus.

M. de Villeroy était donc bien l'homme qu'il fallait pour le message dont on venait de le charger, et, grâce à l'irrésolution ordinaire à son caractère, il avait cependant hésité quelque temps à prendre une détermination. Il fut donc convenu que le lundi suivant, jour pendant lequel, à cause de ses soupers du dimanche, M. le régent voyait très rarement le roi, les deux lettres de Philippe V seraient remises à Louis XV; puis, M. de Villeroy profiterait de toute cette solitude avec son élève pour lui faire signer l'ordre de convocation des états généraux, qu'on expédierait séance tenante, et qu'on rendrait public le lendemain, avant l'heure de la visite du régent à Sa Majesté; de sorte que, si inattendue que fût cette mesure, il n'y aurait point à revenir dessus.

Pendant que ces choses se tramaient contre lui, le régent suivait sa vie ordinaire au milieu de ses travaux, de ses études, de ses plaisirs et surtout de ses tracasseries intérieures. Comme nous l'avons dit, trois de ses filles lui donnaient des chagrins sérieux et réels : madame de Berry, qu'il aimait avant toutes les autres parce qu'il l'avait sauvée d'une maladie dans laquelle l'avaient condamnée tous les plus célèbres médecins, oubliant toute retenue, vivait publiquement avec Riom, qu'elle menaçait d'épouser à chaque observation que lui faisait son père : menace étrange, et qui à cette époque cependant, au respect que l'on conservait encore pour la hiérarchie des rangs, devait en s'accomplissant produire un plus grand scandale que n'en produisaient les amours qu'en tout autre temps ce mariage eût sanctifiés.

De son côté, mademoiselle de Chartres avait maintenu sa résolution de se faire religieuse, sans qu'on eût pu découvrir si cette résolution était, comme l'avait pensé le régent, la suite d'un dépit amoureux, ou, comme le soutenait sa mère, le résultat d'une vocation réelle. Il est vrai qu'elle continuait, toute novice qu'elle était, à se livrer à tous les plaisirs mondains que l'on peut introduire dans le cloître, et qu'elle avait fait transporter dans sa cellule ses fusils, ses pistolets, et surtout un magnifique assortiment de fusées, de soleils, de pétards et de chandelles romaines, grâce auxquels elle donnait tous les soirs un divertissement pyrotechnique aux jeunes amies; au reste, elle ne quittait pas le seuil du couvent de Chelles, où son père venait la visiter tous les mercredis.

La troisième personne de la famille qui, après ses deux sœurs, donnait le plus de tablature au régent, était mademoiselle de Valois, qu'il soupçonnait fort d'être la maîtresse de Richelieu, sans que jamais cependant il en eût pu obtenir une preuve certaine, quoiqu'il eût mis sa police à la piste des deux amans, et que, plus d'une fois, soupçonnant mademoiselle de Valois de recevoir le duc chez elle, il y fût entré aux heures où il était le plus probable qu'il l'y rencontrerait. Ses soupçons s'étaient encore augmentés de la résistance qu'elle avait opposée à sa mère qui avait voulu lui faire épouser son neveu le prince de Dombes, devenu un excellent parti, enrichi qu'il était par les dépouilles de la grande Mademoiselle; aussi le régent avait-il saisi une nouvelle occasion de s'assurer si ce refus était causé par l'antipathie que lui inspirait le jeune prince ou par l'amour qu'elle portait à son beau duc, en accueillant les ouvertures que lui avait faites Pléneuf, son ambassadeur à Turin, sur un mariage entre la belle Charlotte-Aglaé et le prince de Piémont. Mademoiselle de Valois s'était fort rebellée à cette nouvelle conspiration contre son propre cœur; mais elle avait eu beau gémir et pleurer, le régent, mal-

gré la facile bonté de son caractère, s'était cette fois prononcé positivement, et les pauvres amans n'avaient plus aucun espoir, lorsqu'un événement inattendu était venu tout rompre. Madame, mère du régent, avec sa franchise toute allemande, avait écrit à la reine de Sicile, l'une de ses correspondantes les plus assidues, qu'elle aimait trop pour ne pas la prévenir que la princesse que l'on destinait au jeune prince de Piémont avait un amant, et que cet amant était le duc de Richelieu. On devine que, si avancées que fussent les choses, une pareille déclaration venant d'une personne de mœurs aussi austères que la Palatine, avait tout rompu. Le duc d'Orléans, au moment où il croyait avoir éloigné de lui mademoiselle de Valois, avait donc appris tout à coup la rupture, puis, quelques jours après, la cause de cette rupture; il en avait boudé quelques jours Madame en envoyant au diable cette manie d'écrire qui possédait la pauvre princesse palatine; mais comme le duc d'Orléans était du caractère le moins boudeur qui existât au monde, il avait bientôt ri lui-même de cette nouvelle escapade épistolaire de Madame, détourné qu'il avait été d'ailleurs de ce sujet par un sujet bien autrement important : il s'agissait de Dubois, qui voulait à toute force être archevêque.

Nous avons vu comment, au retour de Dubois de Londres, la chose avait déjà été emmanchée sous forme de plaisanterie, et comment le régent avait reçu la recommandation du roi Guillaume; mais Dubois n'était pas homme à se laisser abattre par un premier refus. Cambrai vaquait par la mort, à Rome, du cardinal la Trémouille. C'était un des plus riches archevêchés et un des plus grands postes de l'Église : 150.000 livres de rentes y étaient attachées, et comme avec Dubois l'argent ne gâtait jamais rien, et qu'au contraire il s'en procurait par tous les moyens possibles, il serait difficile de dire s'il était plus tenté par le titre de successeur de Fénélon que par le riche bénéfice qui y était attaché. Aussi, à la première occasion, Dubois remit-il l'archevêché sur le tapis. Cette fois, comme la première, le régent voulut tourner la chose au comique; mais Dubois devint plus positif et plus pressant. Le régent ne savait pas supporter un ennui, et Dubois commençait à l'ennuyer avec sa persistance; de sorte que, croyant mettre Dubois au pied du mur, il lui porta le défi de trouver un prélat qui voulût le sacrer.

— N'est-ce que cela? s'écria Dubois tout joyeux, j'ai notre affaire sous la main.

— Impossible, dit le régent qui ne croyait pas que la courtisanerie humaine pût aller jusque-là.

— Vous allez voir, dit Dubois. Et il sortit en courant.

Au bout de cinq minutes il rentra.

— Eh bien ! demanda le régent.

— Eh bien ! répondit Dubois, j'ai notre affaire.

— Eh ! quel est le sacre, s'écria le régent, qui consent à sacrer un sacre comme toi ?

— Votre premier aumônier en personne, monseigneur.

— L'évêque de Nantes?

— Ni plus ni moins.

— Tressan ?

— Lui-même !

— Impossible !

— Tenez, le voilà.

En ce moment la porte s'ouvrit, et l'huissier annonça monseigneur l'évêque de Nantes.

— Venez, monseigneur, venez! cria Dubois en allant au-devant de lui. Son Altesse Royale vient de nous honorer tous les deux, en me nommant, comme je vous l'ai dit, moi archevêque de Cambrai, et, en vous choisissant, vous, pour me sacrer.

— Monsieur de Nantes, demanda le régent, est-ce que vous consentez réellement à vous charger de faire de l'abbé un archevêque ?

— Les désirs de Votre Altesse sont des ordres pour moi monseigneur.

— Mais vous savez qu'il est simple tonsuré, et n'a ni le sous-diaconat, ni le diaconat, ni la prêtrise.

— Qu'importe, monseigneur, interrompit Dubois, voici monsieur de Nantes qui vous dira que tous ces ordres peuvent se conférer en un jour.

— Mais il n'y a pas d'exemple d'une pareille escalade.

— Si fait, saint Ambroise.

— Alors, mon cher abbé, dit en riant le régent, si tu as pour toi les Pères de l'Église, je n'ai plus rien à dire, et je t'abandonne à monsieur de Tressan.

— Je vous le rendrai avec la crosse et la mitre, monseigneur.

— Mais il te faut le grade de licencié, continua le régent, qui commençait à s'amuser de cette discussion.

— J'ai parole de l'université d'Orléans.

— Mais il te faut des attestations, des démissoires.

— Est-ce que Besons n'est pas là ?

— Un certificat de bonne vie et mœurs ?

— J'en aurai un signé de Noailles.

— Ah ! pour cela, je t'en défie, l'abbé.

— Eh bien ! Votre Altesse m'en donnera un alors. Eh ! que diable ! la signature du régent de France aura bien autant de crédit à Rome que celle d'un méchant cardinal.

— Dubois, dit le régent, un peu plus de respect, s'il te plaît, pour les princes de l'Église.

— Vous avez raison, monseigneur, on ne sait pas ce qu'on peut devenir.

— Toi, cardinal ! Ah ! par exemple ! s'écria le régent en éclatant de rire.

— Puisque Votre Altesse ne veut pas me donner le bleu (1), dit Dubois, il faut bien que je me contente du rouge, en attendant mieux.

— Mieux ! cardinal !

— Tiens, pourquoi ne serais-je point un jour pape ?

— Au fait, Borgia l'a bien été.

— Dieu nous donne bonne vie à tous les deux, monseigneur, et vous verrez cela, et bien d'autres choses encore.

— Pardieu ! dit le régent, tu sais que je me moque de la mort.

— Hélas ! que trop.

— Eh bien ! tu vas me rendre poltron par curiosité.

— Il n'y aurait pas de mal ; et pour commencer, monseigneur ne ferait pas mal de supprimer ses courses nocturnes.

— Pourquoi cela ?

— Parce que sa vie y court des risques, d'abord.

— Que m'importe !

— Puis pour une autre raison encore.

— Laquelle ?

— Parce qu'elles sont, dit Dubois en prenant son air hypocrite, un sujet de scandale pour l'Église !

— Va-t'en au diable.

— Vous voyez, monseigneur, dit Dubois en se retournant vers Tressan, au milieu de quels libertins et de quels pécheurs endurcis je suis forcé de vivre. J'espère que Votre Éminence aura égard à ma position et ne sera pas trop sévère pour moi.

— Nous ferons de notre mieux, monseigneur, répondit Tressan.

— Et quand cela ? dit Dubois, qui ne voulait pas perdre une heure.

— Aussitôt que vous serez en règle.

— Je vous demande trois jours.

— Eh bien ! le quatrième je suis à vos ordres.

— Nous sommes aujourd'hui samedi. À mercredi donc !

— À mercredi, répondit Tressan.

— Seulement, je dois te prévenir d'avance, l'abbé, reprit le régent, qu'il manquera une personne de quelque importance à ton sacre.

— Et qui oserait me faire cette injure ?

— Moi !

(1) Le cordon bleu, qu'on ne pouvait avoir qu'en faisant ses preuves.

— Vous, monseigneur, vous y serez, et dans votre tribune officielle.

— Je te réponds que non.

— Je parie mille louis.

— Et moi je te donne ma parole d'honneur.

— Je parie le double.

— Insolent !

— À mercredi, monsieur de Tressan ; à mon sacre, monseigneur.

Et Dubois sortit tout joyeux pour aller crier partout sa nomination.

Cependant Dubois s'était trompé sur un point, c'était l'adhésion du cardinal de Noailles ; quelque menace ou quelque promesse qu'on pût lui faire, on ne parvint point à lui arracher l'attestation de bonne vie et mœurs que Dubois s'était flatté d'obtenir de sa main. Il est vrai que ce fut le seul qui osât faire cette sainte et noble opposition au scandale qui menaçait l'Église ; l'Université d'Orléans donna les licences ; Besons, l'archevêque de Rouen, le démissoire ; et, tout étant prêt au jour dit, Dubois partit à cinq heures du matin, en habit de chasse, pour Pontoise, où il trouva monsieur de Nantes, qui, selon la promesse qu'il avait faite, lui administra le sous-diaconat, le diaconat et la prêtrise. À midi tout était fini, et à quatre heures, après avoir passé au conseil de régence, qui se tenait au vieux Louvre à cause des rougeoles qui, comme nous l'avons dit, régnaient aux Tuileries, Dubois rentrait chez lui en habit d'archevêque. La première personne qu'il aperçut dans sa chambre fut la Fillon. En sa double qualité d'attachée à la police secrète et aux amours publiques, elle avait ses entrées à toute heure chez le ministre, et malgré la solennité du jour, comme elle avait affirmé avoir des choses de la plus haute importance à lui communiquer, on n'avait point osé lui refuser la porte.

— Ah ! s'écria Dubois en apercevant sa vieille amie, la rencontre est bonne.

— Pardieu ! mon compère, répondit la Fillon, si tu es assez ingrat pour oublier tes anciens amis, je ne suis pas assez bête pour oublier les miens, surtout lorsqu'ils montent en grade.

— Ah ça ! dis-moi, reprit Dubois en commençant à dépouiller ses ornements sacerdotaux, est-ce que tu comptes continuer à m'appeler ton compère à présent que me voilà archevêque ?

— Plus que jamais, et j'y tiens si fort que je compte, la première fois que le régent viendra chez moi, lui demander une abbaye, afin que nous marchions toujours de pair l'un avec l'autre.

— Il y va donc toujours, chez toi, le libertin ?

— Hélas ! plus pour moi, mon pauvre compère. Ah ! le bon temps est passé ; mais j'espère que, grâce à toi, il va revenir, et que la maison se ressentira de ton élévation.

— Oh ! ma pauvre commère, dit Dubois en se baissant pour que la Fillon lui dégrafât son camail, tu sais bien que maintenant les choses sont changées, et que je ne puis plus te faire de visites comme par le passé.

— Tu es bien fier ; Philippe y vient bien toujours, lui.

— Philippe n'est que régent de France, et je suis archevêque, moi. Tu comprends ? Il me faut une maîtresse à domicile, où je puisse aller sans scandale, comme madame de Tencin, par exemple.

— Oui, qui vous trompe pour Richelieu.

— Et qui est-ce qui te dit que ce n'est pas Richelieu qu'elle trompe pour moi, au contraire ?

— Ouais ! est-ce qu'elle cumulerait, par hasard, et qu'elle ferait à la fois l'amour et la police ?

— Peut-être. Mais à propos de police, reprit Dubois en continuant de se déshabiller, sais-tu bien que la Fillon s'endort diablement depuis trois ou quatre mois, et que si cela continue, je serai forcé de te retirer ta subvention ?

— Ah ! pleutre ! s'écria la Fillon, voilà comme tu traites tes anciennes connaissances ! Je venais te faire une révélation ; eh bien ! tu ne la sauras pas.

— Une révélation à propos de quoi ?

— Tarare! ôte-moi ma subvention, voyons, cuistre que tu es!

— Serait-il question de l'Espagne? demanda en fronçant le sourcil le nouvel archevêque, qui sentait instinctivement que le danger venait de là.

— Il n'est question de rien du tout, compère, que d'une belle fille que je voulais te présenter; mais, comme tu te fais ermite, bonsoir.

Et la Fillon fit quatre pas vers la porte.

— Allons, viens ici, dit Dubois en faisant de son côté quatre pas vers son secrétaire.

Et les deux vieux amis, si bien dignes de se comprendre, s'arrêtèrent et se regardèrent en riant.

— Allons, allons, dit la Fillon, je vois que tout n'est pas perdu et qu'il y a encore du bon en toi, compère. Voyons; ouvre ce bon petit secrétaire, montre-moi un peu ce qu'il a dans le ventre, et j'ouvrirai la bouche, et je te montrerai ce que j'ai dans le cœur, moi.

Dubois tira un rouleau de cent louis et le fit voir à la Fillon.

— Qu'est-ce que contient le saucisson? dit-elle. Voyons, ne mens pas; d'ailleurs je compterai après toi pour être plus sûre.

— Deux mille quatre cents livres, c'est un joli denier, ce me semble.

— Oui, pour un abbé; mais pas pour un archevêque.

— Mais, malheureuse, dit Dubois, tu ne sais donc pas à quel point les finances sont obérées?

— Eh bien! en quoi cela t'inquiète-t-il, farceur, puisque Law va nous refaire des millions?

— Veux-tu, en échange de ce rouleau, dix mille livres d'actions sur le Mississipi?

— Merci, l'amour, je préfère les cent louis; donne, je suis bonne femme, moi; et un autre jour tu seras plus généreux.

— Eh bien! maintenant, qu'as-tu à me dire? Voyons!

— D'abord, compère, promets-moi une chose.

— Laquelle?

— C'est que comme il s'agit d'un vieil ami, il ne lui sera fait aucun mal.

— Mais si ton vieil ami est un gueux qui mérite d'être pendu, pourquoi diable veux-tu lui faire tort de la potence?

— C'est comme cela. J'ai mes idées, moi.

— Va te promener. Je ne puis rien te promettre.

— Allons, bonsoir, compère, voilà tes cent louis.

— Ah çà! mais tu deviens donc bégueule à présent?

— Non; mais je lui ai des obligations, à cet homme. C'est lui qui m'a lancée dans le monde.

— Eh bien! il peut se vanter d'avoir rendu ce jour-là à la société un joli service.

— Un peu, mon neveu, et il n'aura pas à s'en repentir, puisque je ne dis rien aujourd'hui, s'il n'a pas la vie sauve.

— Eh bien! il aura la vie sauve. Je te le promets, es-tu contente?

— Et sur quoi me promets-tu cela?

— Foi d'honnête homme!

— Compère, tu veux me voler.

— Mais sais-tu que tu m'ennuies, à la fin.

— Ah! je t'ennuie! Eh bien! adieu!

— Ma commère, je vais te faire arrêter.

— Qu'est-ce que cela me fait!

— Je vais te faire conduire en prison.

— Je m'en moque pas mal.

— Et je t'y laisse pourrir.

— Jusqu'à ce que tu pourrisses toi-même : ça ne sera pas long.

— Eh bien! voyons, que veux-tu?

— Je veux la vie de mon capitaine.

— Tu l'auras.

— Foi de quoi?

— Foi d'archevêque!

— Autre chose.

— Foi d'abbé!

— Autre chose encore.

— Foi de Dubois!

— A la bonne heure. Eh bien! il faut te dire d'abord que mon capitaine est bien le capitaine le plus râpé qui existe dans le royaume.

— Diable! il y a pourtant concurrence.

— Eh bien! à lui le pompon.

— Continue.

— Or, tu sauras que mon capitaine est depuis quelque temps riche comme Crésus.

— Il aura volé quelque fermier général!

— Incapable. Tué, bon! mais volé... pour qui le prends-tu!

— Eh bien! alors, d'où penses-tu que lui vient cet argent?

— Connais-tu la monnaie, toi?

— Oui.

— D'où vient celle-ci, alors?

— Ah! ah! des doublons d'Espagne.

— Et sans alliage... A l'effigie du roi Charles II...; des doublons qui valent 48 livres comme un liard... et qui coulent de ses poches comme une source, pauvre cher homme!

— Et à quelle époque a-t-il commencé à suer l'or comme cela, ton capitaine?

— A quelle époque? La surveille du jour où le régent a manqué d'être enlevé dans la rue des Bons-Enfans. Comprends-tu l'apologue, compère?

— Oui-dà, et pourquoi est-ce d'aujourd'hui seulement que tu viens me prévenir?

— Parce que les poches commencent à se vider, et que c'est le bon moment de savoir où il va les remplir.

— Oui, n'est-ce pas, et que tu voulais lui donner tout le temps d'en arriver là?

— Tiens! il faut bien que tout le monde vive!

— Eh bien! tout le monde vivra, commère, même ton capitaine. Mais tu comprends, il faut que je sache tout ce qu'il fait.

— Jour par jour.

— Et de laquelle de tes demoiselles est-il amoureux?

— De toutes quand il a de l'argent.

— Et quand il n'en a pas?

— De la Normande. C'est son amie de cœur.

— Je la connais : c'est une fine mouche.

— Oui; mais il ne faut pas compter sur elle.

— Et pourquoi cela?

— Elle l'aime, la petite sotte.

— Ah çà! mais sais-tu que voilà un gaillard bien heureux!

— Et il peut dire qu'il le mérite. Un vrai cœur d'or! qui n'a rien à lui. Ce n'est pas comme toi, vieil avare!

— C'est bon! c'est bon! Tu sais bien qu'il y a des occasions où je suis pis que l'enfant prodigue; et il ne dépend que de toi de les faire naître, ces occasions-là.

— On y fera son possible, alors.

— Ainsi, jour par jour, je saurai ce que fait ton capitaine?

— Jour par jour, c'est dit!

— Foi de quoi?

— Foi d'honnête femme!

— Autre chose!

— Foi de Fillon!

— A la bonne heure!

— Adieu, monseigneur l'archevêque.

— Adieu, commère.

La Fillon s'avança vers la porte, mais au moment où elle s'apprêtait à sortir, l'huissier entra.

— Monseigneur, dit-il, c'est un brave homme qui demande à parler à Votre Éminence.

— Et quel est ce brave homme, imbécile?

— Un employé de la Bibliothèque royale, qui dans ses momens perdus fait des copies.

— Et que veut-il?

— Il dit qu'il a une révélation de la plus grande importance à faire à Votre Éminence.

— C'est quelque pauvre diable qui demande un secours?

— Non, monseigneur, il dit que c'est pour affaire politique.

— Diable! Relative à quoi?

— Relative à l'Espagne.

— Fais entrer alors. Et toi, ma commère, passe dans ce cabinet.

— Pour quoi faire?

— Eh bien! si mon écrivain et ton capitaine allaient se connaître, par hasard.

— Tiens, dit la Fillon, ce serait drôle.

— Allons, entre vite.

La Fillon entra dans le cabinet que lui indiquait Dubois. Un instant après, l'huissier ouvrit la porte et annonça monsieur Jean Buvat.

Maintenant, disons comment cet important personnage de notre histoire avait l'honneur d'être reçu en audience particulière par monseigneur l'archevêque de Cambrai.

XXXIV.

LE COMPLICE DU PRINCE DE LISTHNAY.

Nous avons quitté Buvat remontant chez lui son rouleau de papiers à la main, pour accomplir la promesse qu'il avait faite au prince de Listhnay. Cette promesse avait été religieusement tenue, et, malgré la difficulté qu'il y avait pour Buvat à écrire dans une langue étrangère, le lendemain la copie attendue avait été portée dans la rue du Bac, nº 110, à sept heures du soir. Buvat avait alors reçu des mêmes mains augustes de nouvelle besogne, qu'il avait rendue avec la même ponctualité; de sorte que le prince de Listhnay, prenant confiance dans un homme qui lui avait déjà donné de pareilles preuves d'exactitude, avait pris sur son bureau une liasse de papiers plus considérable que les deux premières, et, afin de ne pas déranger Buvat tous les jours, et sans doute pour ne pas être dérangé lui-même, lui avait ordonné de rapporter le tout ensemble, ce qui supposait trois ou quatre jours d'intervalle entre l'entrevue présente et l'entrevue à venir.

Buvat était rentré chez lui plus fier et plus honoré que jamais de cette marque de confiance, et il avait trouvé Bathilde si gaie et si heureuse, qu'il était remonté dans sa chambre dans un état de satisfaction intérieure qui se rapprochait de la béatitude. Il s'était mis aussitôt au travail, et il est inutile de dire que le travail s'était ressenti de cette disposition de l'esprit. Quoique Buvat, malgré l'espérance qu'il avait un instant conçue, ne comprît point le moins du monde l'espagnol, il était parvenu à le lire couramment; de sorte que ce travail tout mécanique, lui épargnant même la peine de suivre une pensée étrangère, lui permettait de chantonner sa petite chanson tout en copiant son long mémoire. Ce fut donc presque un désappointement pour lui lorsque, la première copie terminée, il trouva, entre cette première et la seconde, une pièce entièrement française. Buvat s'était habitué depuis cinq jours au pur castillan, et tout dérangement dans les habitudes du brave homme était une fatigue; mais Buvat, esclave de son devoir, ne se prépara pas moins à l'accomplir scrupuleusement; et quoique la pièce n'eût point de numéro d'ordre et qu'elle eût tout l'air de s'être glissée là par mégarde, il n'en résolut pas moins de la copier, à son tour, de fait sinon de droit, en vertu de cette maxime: *Quod abundat non vitiat*. Il rafraîchit donc sa plume d'un léger coup de canif, et passant de l'écriture bâtarde à l'écriture renversée, il commença à copier les lignes suivantes:

« Confidentielle.

» Pour Son Excellence Monseigneur Alberoni en personne.

» Rien n'est plus important que de s'assurer des places voisines des Pyrénées, et des seigneurs qui font leur résidence dans ces cantons. »

— Dans ces cantons, répéta Buvat après avoir écrit; puis enlevant un cheveu qui s'était glissé dans la fente de sa plume, il continua:

« Gagner la garnison de Bayonne ou s'en rendre maître. »

— Qu'est-ce à dire? murmura Buvat: gagner la garnison de Bayonne. Est-ce que Bayonne n'est pas une ville française? Voyons, voyons un peu, et il reprit:

« Le marquis de P... est gouverneur de D... On connaît les intentions de ce seigneur: quand il sera décidé, il doit tripler sa dépense pour attirer la noblesse, il doit répandre des gratifications.

» En Normandie, Carentan est un poste important. Se conduire avec le gouverneur de cette ville comme avec le marquis de P...; aller plus loin, assurer à ces officiers les récompenses qui leur conviennent.

» Agir de même dans toutes les provinces. »

— Ouais! dit Buvat en relisant ce qu'il venait d'écrire. Qu'est-ce que cela signifie? Il me semble qu'il serait prudent de lire la chose entière avant d'aller plus loin. Et il lut:

« Pour fournir à cette dépense, on doit compter au moins sur trois cent mille livres le premier mois, et dans la suite cent mille livres par mois payées exactement. »

— Payées exactement, murmura Buvat en s'interrompant. Il est évident que ce n'est point par la France que ces payemens doivent être faits, puisque la France est si gênée, que depuis cinq ans elle ne peut pas me payer mes neuf cents livres d'appointemens. Voyons! voyons! Et il reprit:

« Cette dépense, qui cessera à la paix, met le roi catholique à même d'agir sûrement en cas de guerre.

» L'Espagne ne sera qu'une auxiliaire. L'armée de Philippe V est en France. »

— Tiens, tiens, tiens! dit Buvat, et moi qui ne savais pas même qu'elle eût passé la frontière.

« L'armée de Philippe V est en France: une tête d'environ dix mille Espagnols est plus que suffisante avec la présence du roi.

» Mais il faut compter d'enlever au moins la moitié de l'armée du duc d'Orléans (Buvat tressaillit). C'est ici le point décisif; cela ne peut s'exécuter sans argent. Une gratification de 100,000 livres est nécessaire par bataillon et par escadron.

» Vingt bataillons, c'est deux millions: avec cette somme on forme une armée sûre; on détruit celle de l'ennemi.

» Il est presque certain que les sujets les plus dévoués du roi d'Espagne ne seront pas employés dans l'armée qui marchera contre lui; qu'ils se dispersent dans les provinces: là ils agiront utilement; les revêtir d'un caractère, s'ils n'en ont pas: dans ce cas, il est nécessaire que Sa Majesté Catholique envoie des ordres en blanc, que son ministre à Paris puisse remplir.

» Attendu la multiplicité des ordres à donner, il convient que l'ambassadeur ait pouvoir de signer pour le roi d'Espagne.

» Il convient encore que Sa Majesté Catholique signe ses ordres comme fils de France: c'est là son titre.

» Faire un fonds pour une armée de trente mille hommes que Sa Majesté trouvera ferme, aguerrie et disciplinée.

» Ce fonds, arrivé en France à la fin de mai ou au commencement de juin, doit être distribué immédiatement dans les capitales des provinces, telles que Nantes, Bayonne, etc., etc.

» No pas laisser sortir d'Espagne l'ambassadeur de France ; sa présence répondra de la sûreté de ceux qui se déclareront (1). »

— Sabre de bois ! s'écria Buvat en se frottant les yeux, mais c'est une conspiration ! une conspiration contre la personne du régent et contre la sûreté du royaume. Oh ! oh !

Et Buvat tomba dans une méditation profonde.

En effet, la position était critique : Buvat mêlé à une conspiration ! Buvat chargé d'un secret d'Etat ! Buvat tenant dans sa main peut-être le sort des nations ! Il n'en fallait pas tant pour jeter le brave homme dans une étrange perplexité.

Aussi les secondes, les minutes, les heures s'écoulèrent sans que Buvat, la tête renversée sur son fauteuil et ses gros yeux fixés au plafond, fît le moindre mouvement. De temps en temps seulement une bouffée de respiration bruyante sortait de sa poitrine, comme l'expression d'un étonnement indéfini.

Dix heures, onze heures, minuit, sonnèrent ; Buvat pensa que la nuit portait conseil, et se détermina enfin à se coucher ; il va sans dire qu'il en était resté à l'endroit de sa copie où il s'était aperçu que l'original prenait une tournure illicite.

Mais Buvat ne put dormir ; le pauvre diable eut beau se tourner et se retourner de tous côtés, à peine fermait-il les yeux, qu'il voyait le malheureux plan de conspiration écrit en lettres de feu sur la muraille. Une ou deux fois, vaincu par la fatigue, il sentit le sommeil venir ; mais à peine eut-il perdu connaissance, qu'il rêva, la première fois, qu'il était arrêté par le guet comme complice de la conjuration ; et la seconde fois, qu'il était poignardé par les conjurés. La première fois, Buvat se réveilla tout tremblant, et la seconde fois tout baigné de sueur. Ces deux impressions avaient été si cruelles, que Buvat battit le briquet, ralluma sa chandelle, et résolut d'attendre le jour sans plus longtemps essayer de dormir.

Le jour vint ; mais le jour, loin de chasser les fantômes de la nuit, ne fit que leur donner une plus effrayante réalité. Au moindre bruit qui se faisait dans la rue, Buvat tressaillait ; on frappa à la porte de la rue, et Buvat pensa s'évanouir. Nanette ouvrit la porte de la chambre, et Buvat jeta un cri. Nanette accourut à lui et lui demanda ce qu'il avait ; mais Buvat se contenta de secouer la tête et de répondre en poussant un soupir :

— Ah ! ma pauvre Nanette, nous vivons dans un temps bien triste !

Et il s'arrêta aussitôt, craignant d'en avoir trop dit.

Buvat était trop préoccupé pour descendre déjeuner avec Bathilde ; d'ailleurs, il craignait que la jeune fille ne s'aperçût de son inquiétude et ne lui en demandât la cause. Or, comme il ne savait rien cacher à Bathilde, cette cause, il la lui eût dite, et Bathilde aussi alors devenait complice. Il se fit donc monter son café sous prétexte qu'il avait un surcroît de besogne et qu'il allait travailler tout en déjeunant. Comme Bathilde trouvait son compte à cette absence, la pauvre amitié ne s'en plaignit point.

A dix heures moins quelques minutes, Buvat partit pour son bureau ; si ses craintes avaient été grandes chez lui, comme on le pense bien, une fois dans la rue, elles se changèrent en terreur. A chaque carrefour, au fond de chaque impasse, derrière chaque angle, il croyait voir des exempts de police embusqués et attendant son passage pour lui mettre la main sur le collet. Au coin de la place des Victoires un mousquetaire déboucha, venant de la rue Pagevin, et Buvat fit en l'apercevant un tel saut de côté, qu'il pensa se jeter sous les roues d'un carrosse qui venait de la rue du Mail. Au commencement de la rue Neuve-des-Petits-Champs, Buvat entendit marcher vivement derrière lui, et Buvat se mit à courir sans tourner la tête jusqu'à la rue de Richelieu, où il fut forcé de s'arrêter, vu que ses

(1) Cette pièce est copiée textuellement sur la pièce originale déposée aux archives des affaires étrangères.

jambes, peu habituées à ce surcroît d'excitation, menaçaient de ne le point mener plus loin ; enfin, tant bien que mal, il arriva à la Bibliothèque, salua jusqu'à terre le factionnaire qui montait la garde à la porte, et, s'étant glissé vivement sous la galerie de droite, il prit le petit escalier qui conduit à la section des manuscrits, gagna son bureau, et tomba épuisé sur son fauteuil de cuir, enferma dans son tiroir tout le paquet du prince de Listhnay, qu'il avait apporté, de peur que la police ne fît une visite chez lui en son absence ; et, reconnaissant enfin qu'il était à peu près en sûreté, poussa un soupir qui n'eût point manqué de dénoncer Buvat à ses collègues comme en proie à une grande agitation, si, selon son habitude, Buvat n'était point arrivé avant tous ses collègues.

Buvat avait un principe, c'est qu'il n'y avait aucune préoccupation particulière, que cette préoccupation fût gaie ou triste, qui dût détourner un employé de son service. Or, il se mit à sa besogne, en apparence, comme si rien ne s'était passé, mais, en réalité, dans un état de perturbation morale impossible à décrire.

Cette besogne consistait, comme d'habitude, à classer et à étiqueter des livres ; le feu ayant pris quelques jours auparavant dans une des salles de la Bibliothèque, on avait jeté pêle-mêle dans des tapis, et transporté hors de la portée des flammes, trois ou quatre mille volumes, qu'il s'agissait maintenant de réinstaller sur leurs rayons respectifs. Or, comme c'était une besogne fort longue et surtout fort ennuyeuse, Buvat en avait été chargé de préférence, et s'en était acquitté jusque-là avec une intelligence et surtout une assiduité qui lui avaient mérité l'éloge de ses supérieurs et la raillerie de ses collègues. Deux ou trois cents volumes restaient donc seulement à classer et à ajouter à la série de leurs confrères en langage, sens, moralité et nous pourrions même dire immoralité, car une des deux chambres déménagées était remplie de volumes fort peu chastes, qui plus d'une fois avaient, soit par leurs titres, soit par leurs dessins, fait rougir jusqu'au blanc des yeux le pudique écrivain, qui, au milieu de ces piles de romans licencieux et de mémoires effrontés, parmi lesquels s'étaient égarés quelques livres d'histoire, étonnés de se trouver en pareille compagnie, semblait un autre Loth debout sur les ruines des vieilles cités corrompues.

Malgré l'urgence du travail, Buvat resta quelques instans à se remettre ; mais à peine vit-il la porte s'ouvrir et un de ses collègues entrer et prendre sa place, qu'instinctivement il se leva, saisit sa plume, la trempa dans l'encre, et, faisant provision dans sa main gauche d'un certain nombre de petits carrés de parchemin, s'achemina vers les derniers volumes empilés les uns sur les autres ou gisans sur le parquet, en prit, pour continuer son classement, le premier qui lui tomba sous la main, tout en marmottant entre ses dents, comme il avait l'habitude de le faire en pareille circonstance.

— Le Bréviaire des Amoureux, imprimé à Liége en 1712, chez... pas de nom d'imprimeur. Ah ! mon Dieu ! encore des nudités, mais quel amusement les chrétiens peuvent-ils trouver à lire de pareils livres, et que l'on ferait bien mieux de les faire brûler en Grève par la main du bourreau ! Par la main du bourreau ! prrrou ! quel diable de nom ai-je prononcé là, moi !... Mais aussi qu'est-ce que cela peut être que ce prince de Listhnay qui me fait copier de pareilles choses ? et ce jeune homme qui, sous prétexte de me rendre service, vient me faire faire connaissance avec un pareil coquin ! Allons, allons, il ne s'agit pas de cela ici ; c'est égal, c'est bien agréable d'écrire sur du parchemin, la plume glisse comme sur de la soie, les déliés sont fins, les pleins sont gras, et véritablement c'est se mirer dans son écriture. Passons à autre chose : Angélique ou les Plaisirs secrets, avec gravures, et quelles gravures encore ! Londres. On devrait défendre à de pareils livres de passer la frontière. D'ici à quelques jours nous allons en voir de belles sur la frontière. « S'assurer des places voisines des Pyrénées et des seigneurs qui font leur résidence dans ces cantons. » Il faut espérer que les places ne se laisse-

ront pas prendre comme cela, que diable ! et il y a encore
des sujets fidèles en France. Allons, voilà que j'écris
Bayonne au lieu de Londres, et France au lieu d'Angleterre. Ah ! maudit prince ! voilà ! puisses-tu être pris, pendu, écartelé. Mais si on le prend et qu'il me dénonce ! Sabre de bois ! c'est possible.

— Eh bien ! monsieur Buvat, dit le commis d'ordre, que
faites-vous là les bras croisés depuis cinq minutes, à rouler vos gros yeux effarés ?

— Rien, monsieur Ducoudray, rien. Je rumine dans ma
tête un nouveau mode de classement.

— Un nouveau mode de classement ? Qu'est-ce qu'un
perturbateur comme vous ? Vous voulez donc faire une
révolution, monsieur Buvat ?

— Moi, une révolution ? s'écria Buvat avec terreur. Une
révolution ! Jamais, monsieur, au grand jamais ! Dieu
merci ! on connaît mon dévouement à monseigneur le
régent, dévouement bien désintéressé, puisque depuis cinq
ans, comme vous le savez. on ne nous paie plus, et si un
jour j'avais le malheur d'être accusé d'une pareille chose,
j'espère, monsieur, que je trouverais des témoins, des amis
qui répondraient de moi.

— C'est bien, c'est bien. En attendant, monsieur Buvat,
continuez votre besogne. Vous savez qu'elle est pressée ;
tous ces livres nous encombrent notre bureau, et il faut
que demain, à quatre heures au plus tard, ils soient sur
leurs rayons.

— Ils y seront, monsieur ; ils y seront, quand je devrais
passer la nuit.

— Il est bon enfant, le père Buvat, dit un employé qui
était arrivé depuis une demi-heure et qui n'avait pas encore
fini de tailler sa plume ; il propose de passer la nuit depuis
qu'il sait qu'il y a une ordonnance qui défend de veiller de
pour du feu ; mais c'est égal, ça fait toujours du bien, on
a l'air d'avoir de la bonne volonté, ça flatte les chefs. Oh !
câlin que tu es, va, père Buvat !

Buvat était trop habitué à de pareilles apostrophes pour
s'en inquiéter ; aussi, ayant classé les deux premiers livres
qu'il venait d'inscrire et d'étiqueter, il en prit un troisième
et continua.

— *Bibi*, ou *Mémoires inédits de l'épagneul de mademoiselle de Champmeslé*. Peste ! voici un livre qui doit être fort
intéressant... Mademoiselle de Champmeslé, une grande
actrice ! orné du portrait de la maîtresse de l'auteur, une
fort belle femme, ma foi ! des cheveux magnifiques. Ce
chien a dû connaître M. Racine, et une foule d'autres
grands, et s'il dit la vérité, je le répète, ces mémoires doivent être fort curieux : — *à Paris, chez Barbin, 1604...*
Ah !... *Conjuration de M. de Cinq-Mars...* diable! diable!...
j'ai entendu parler de cela : c'était un beau gentilhomme
qui était en correspondance avec l'Espagne... cette maudite Espagne, qu'a-t-elle besoin de se mêler éternellement
de nos affaires ? Il est vrai que cette fois-ci, il est que
l'Espagne *ne sera qu'une auxiliaire ;* mais une auxiliaire
qui s'empare de nos villes et qui débauche nos soldats, cela
ressemble beaucoup à une ennemie... *Conjuration de M. de
Cinq-Mars, suivie de la relation de sa mort, et de celle de
M. de Thou, condamné pour non révélation, par un témoin
oculaire...* Pour non révélation... oh ! la la !... c'est juste...
la loi est positive... celui qui ne révèle pas est complice...
Ainsi, moi, par exemple, moi, je suis complice du prince
de Listhnay, et si on lui coupe la tête, on me la coupera
aussi... non, c'est-à-dire on se contentera de me pendre,
attendu que je ne suis pas noble... Pendu !... c'est impossible qu'on se porte à un tel excès à mon égard... D'ailleurs,
je suis décidé, je déclarerai tout ; mais en déclarant tout,
je suis un dénonciateur... Un dénonciateur ! fi donc ! mais
pendu... oh ! oh !...

— Mais que diable avez-vous donc aujourd'hui, père
Buvat ? dit le collègue du bonhomme en achevant de tailler sa plume ; vous défaites votre cravate. Est-ce qu'elle
vous étrangle, par hasard ? Eh bien ! vous ne vous gênez
pas ! Otez votre habit, maintenant ! à votre aise, père Buvat ! à votre aise !

— Pardon, messieurs, dit Buvat ; mais c'était sans y faire
attention... machinalement... Je n'avais pas l'intention de
vous offenser.

— A la bonne heure !

Et Buvat, après avoir resserré sa cravate, classa la *Conjuration de M. Cinq-Mars* et étendit en tremblant la main
vers un autre volume.

— *Art de plumer la poule sans la faire crier*. Ceci est
sans doute un livre de cuisine. Si j'avais le temps de m'occuper du ménage, je copierais quelque bonne recette que
je donnerais à Nanette pour ajouter quelque chose à notre
ordinaire des dimanches, car maintenant que l'argent revient... oui, il revient, malheureusement il revient, et par
quelle source, mon Dieu ! Oh ! je le lui rendrai, son argent,
et ses papiers aussi, jusqu'à la dernière ligne. Oui, mais
j'aurai beau les lui rendre, il ne me rendra pas les miens,
lui... plus de quarante pages de mon écriture... Et le cardinal de Richelieu qui ne demandait que cinq lignes de la
main d'un homme pour le faire pendre ! Ils ont de quoi
me faire pendre cent fois, moi !... Et encore c'est qu'il n'y
aura pas moyen de la nier, cette écriture, cette superbe
écriture, elle est connue, c'est bien la mienne... Oh ! les
misérables ! ils ne savent donc pas lire, qu'ils ont besoin
de manifestes moulés ! Et quand je pense que lorsqu'on
lira mes étiquettes et qu'on me demandera : « Oh ! oh !
quel est l'employé qui a classé ces volumes? » On répondra : « Mais, vous savez bien, c'est ce gueux de Buvat, qui
était de la conspiration du prince de Listhnay... » Voyons,
ce n'est pas tout cela.

— *Art de plumer la poule sans la faire crier*. Paris, 1709,
chez Comon, rue du Bac, n° 110. Allons, voilà que je
mets l'adresse du prince, maintenant. Ah ! ma parole
d'honneur, ma tête se perd, je deviens fou ! Mais si j'allais
tout déclarer, on refusant de nommer celui qui m'a donné
ces papiers à copier... Oui, mais ils me forceront à tout
dire, ils ont des moyens pour cela. C'est incroyable comme
je bats la campagne. Allons, Buvat, mon ami, à ton affaire !

— *Conspiration du chevalier Louis de Rohan*. Ah çà !
mais je ne tombe donc que sur des conspirations ! Qu'est-
ce qu'il avait donc fait celui-là ?... Il avait voulu soulever
la Normandie. Mais, je me rappelle, c'est ce pauvre garçon
qui a été exécuté en 1674, quatre années avant celle de ma
naissance. Ma mère l'a vu mourir. Pauvre garçon !... Elle
m'a souvent raconté cela. Oh ! mon Dieu ! qui est-ce qui
lui aurait dit à ma pauvre mère !... Et puis on en a pendu
un autre en même temps, un grand maigre habillé tout en
noir. Comment s'appelait-il donc ?... Ah ! bien, je le livre
là !... je suis bien bête !... Ah ! oui, Van den Enden. C'est
cela. *Copie d'un plan de gouvernement trouvé dans les papiers de monsieur de Rohan et entièrement écrit de la main
de Van den Enden*. Ah ! mon Dieu !... eh bien ! c'est justement mon affaire : pendu ! pour avoir copié un plan... Oh !
la la ! j'ai le ventre qui se retourne.

— *Procès-verbal de torture de François-Affinius Van
den Enden*. Miséricorde ! si on allait lire un jour à la fin de
la conjuration du prince de Listhnay : *Procès-verbal de
torture de Jean Buvat*. Ouf ! « L'an mil six cent soixante-
quatorze, etc. : nous, Claude Bazin, chevalier de Bezons, et
Auguste-Robert de Pomereu, nous sommes transportés au
château de la Bastille, assistés de Louis Le Mazier, conseil-
ler et secrétaire du roi, etc., etc., et, étant dans une des
tours d'icelui château, avons fait mander et venir François-
Affinius Van den Enden, condamné à mort par ledit arrêt,
et à être appliqué à la question ordinaire et extraordinaire,
et après serment fait par lui de dire la vérité, lui avons re-
montré qu'il n'avait pas tout dit ce qu'il savait des conspirations et desseins de révolte des sieurs Rohan et Latréau-
mont.

» A répondu qu'il avait dit tout ce qu'il savait, et qu'é-
tranger à la conspiration et n'ayant fait qu'en copier différentes pièces, il ne pouvait en dire davantage.

» Alors lui avons fait appliquer les brodequins. »

— Monsieur, vous qui êtes instruit, dit Buvat à son commis d'ordre, pourrai-je sans indiscrétion vous demander ce que c'était que l'instrument de torture appelé brodequin ?

— Mon cher monsieur Buvat, répondit l'employé, visiblement flatté du compliment que lui adressait le bonhomme, je puis vous en parler savamment, j'ai vu donner la question l'année passée à Duchauffour.

— Alors, monsieur, je serais curieux de savoir...

— Les brodequins, mon cher Buvat, reprit d'un ton important monsieur Ducoudray, ne sont rien autre chose que quatre planches à peu près pareilles à des douves de tonneaux,

— Très bien !

— On vous met (quand je dis *vous*, vous comprenez, mon cher Buvat, que c'est à titre de généralité et non pas pour vous faire une application personnelle), on vous met donc la jambe droite d'abord entre deux planches, puis on assure les planches avec deux cordes, puis on en fait autant à la jambe gauche, puis on rassemble les deux jambes, et entre les planches du milieu on introduit des coins qu'on enfonce à coups de maillet : cinq pour la question ordinaire, dix pour la question extraordinaire.

— Mais, dit Buvat d'une voix altérée, mais, monsieur Ducoudray, cela doit vous mettre les jambes dans un état déplorable.

—C'est-à-dire que cela vous les broie tout bonnement. Au sixième coin, par exemple, les jambes de Duchauffour ont crevé, et au huitième, la moelle des os coulait avec le sang par les ouvertures.

Buvat devint pâle comme la mort et s'assit sur l'échelle double pour ne pas tomber.

— Jésus ! murmura-t-il, que me dites-vous là, monsieur Ducoudray !

— L'exacte vérité, mon cher Buvat. Lisez le supplice d'Urbain Grandier ; vous trouverez son procès-verbal de torture, et alors vous verrez si je vous en impose.

— J'en tiens un. Je tiens celui de ce pauvre monsieur Van den Enden.

— Eh bien ! lisez alors.

Buvat reporta les yeux sur le livre et lut :

« AU PREMIER COIN :

» Affirme qu'il a dit la vérité, qu'il n'a rien à dire davantage, qu'il endure innocemment.

» AU DEUXIÈME COIN :

» Dit qu'il a avoué tout ce qu'il savait.

» AU TROISIÈME COIN :

» A crié : Ah ! mon Dieu, mon Dieu ! J'ai dit tout ce que j'ai su.

» AU QUATRIÈME COIN :

» A dit qu'il ne pouvait rien avouer autre chose que ce que l'on savait déjà, c'est-à-dire qu'il avait copié un plan de gouvernement qui lui était donné par le chevalier de Rohan. »

Buvat s'essuya le front avec son mouchoir.

« AU CINQUIÈME COIN :

» A dit : Aïe, aïe, mon Dieu ! mais n'a point voulu dire autre chose.

» AU SIXIÈME COIN :

» A crié : Aïe, mon Dieu !

» AU SEPTIÈME COIN :

» A crié : Je suis mort !

» AU HUITIÈME COIN :

» A crié : Ah ! mon Dieu ! je ne puis parler, puisque je n'ai rien à dire.

» AU NEUVIÈME COIN, qui est l'enfoncement d'un gros coin :

» A dit : Mon Dieu ! mon Dieu ! à quoi bon me martyriser ainsi ! vous savez bien que je ne puis rien dire ; et puisque je suis condamné à mort, faites-moi mourir.

» AU DIXIÈME COIN :

» A dit : Oh ! messieurs, que voulez-vous que je dise ? Oh ! merci, mon Dieu ! je me meurs ! je me meurs ! »

— Eh bien ! eh bien ! qu'est-ce que vous avez donc, Buvat ? s'écria Ducoudray en voyant le bonhomme pâlir et chanceler. Eh bien ! voilà que vous vous trouvez mal !

— Ah ! monsieur Ducoudray, dit Buvat, laissant tomber le livre en se traînant jusqu'à son fauteuil, comme si ses jambes brisées ne pouvaient plus le soutenir ; ah ! monsieur Ducoudray, je sens que je m'en vais !

— Voilà ce que c'est que de faire la lecture au lieu de travailler, dit l'employé ; si vous vous contentiez d'inscrire vos titres sur votre registre et de coller vos étiquettes sur le dos de vos volumes, cela ne vous arriverait pas. Mais monsieur Buvat lit ! monsieur Buvat veut s'instruire !

— Eh bien ! père Buvat, cela va-t-il mieux ? dit Ducoudray.

— Oui, monsieur, car ma résolution est prise, prise irrévocablement ; il ne serait pas juste, ma foi ! que je portasse la peine d'un crime que je n'ai pas commis. Je me dois à la société, à ma pupille, à moi-même. Monsieur Ducoudray, si monsieur le conservateur me demande, vous direz que je suis sorti pour une affaire indispensable.

Et Buvat, tirant le rouleau de papier de son bureau, enfonça son chapeau sur sa tête, prit sa canne à pleine main, et sortit sans se retourner et avec la majesté du désespoir.

— Savez-vous où il va ? dit l'employé lorsqu'il fut parti.

— Non, répondit Ducoudray.

— Eh bien ! il va jouer au cochonnet aux Champs-Élysées ou aux Porcherons.

L'employé se trompait. Buvat n'allait ni aux Champs-Élysées ni aux Porcherons.

Il allait chez Dubois.

XXXV.

BERTRAND ET RATON.

— Monsieur Jean Buvat ! dit l'huissier.

Dubois allongea sa tête de vipère, plongea le regard dans la mince ouverture qui restait entre le corps de l'huissier et le panneau de la porte, et, derrière l'introducteur officiel, aperçut un gros petit homme pâle, dont les jambes flageolaient sous lui et qui toussait pour se donner de l'assurance. Un coup d'œil suffit à Dubois pour lui apprendre à qui il avait affaire.

— Faites entrer, dit Dubois.

L'huissier s'effaça, et Jean Buvat parut sur le seuil de la porte.

— Venez ! venez ! dit Dubois.

— Vous me faites honneur, monsieur, balbutia Buvat sans bouger de place.

— Fermez la porte et laissez-nous, dit Dubois à l'huissier.

L'huissier obéit, et le panneau venant frapper la partie postérieure de Buvat d'un coup inattendu, lui fit faire un petit bond en avant. Buvat, un instant ébranlé, se raffermit sur ses jambes et redevint immobile, regardant Dubois de ses deux gros yeux étonnés.

En effet, Dubois était curieux à voir. De son costume épiscopal il n'avait conservé que la partie inférieure, de sorte qu'il était en chemise, avec une culotte noire et des bas violets. C'était à démonter toutes les prévisions de Buvat, ce qu'il avait devant les yeux n'étant ni un ministre ni un archevêque, et ressemblant beaucoup plus à un orang-outang qu'à un homme.

— Eh bien, monsieur ? dit Dubois en s'asseyant, en croisant sa jambe droite sur sa jambe gauche, et en prenant son pied dans ses mains, vous avez demandé à me parler; me voilà.

— C'est-à-dire, monsieur, dit Buvat, j'ai demandé à parler à monseigneur l'archevêque de Cambrai.

— Eh bien ! c'est moi.

—Comment, c'est vous, monseigneur! dit Buvat, en prenant son chapeau à deux mains et en s'inclinant jusqu'à terre. Excusez-moi, mais je n'avais pas reconnu Votre Éminence; il est vrai que c'est la première fois que j'ai l'honneur de la voir. Cependant... hum! à cet air de majesté... hum! hum!... j'aurai dû comprendre...

— Vous vous appelez? dit Dubois, interrompant les salamalecs du bonhomme.

— Jean Buvat, pour vous servir.

— Vous êtes?

— Employé à la Bibliothèque.

— Et vous avez à me faire des révélations relatives à l'Espagne?

— C'est-à-dire, monseigneur, voici la chose : comme mon bureau me laisse six heures le soir et quatre heures le matin, et que Dieu m'a doué d'une fort belle écriture, je fais des copies.

— Oui, je comprens, dit Dubois, et l'on vous a donné à copier des choses suspectes, de sorte que ces choses suspectes, vous me les apportez, n'est-ce pas?

— Dans ce rouleau, monseigneur, dans ce rouleau, dit Buvat en étendant la main vers Dubois.

Dubois fit un bond de sa chaise à Buvat, prit le rouleau désigné, alla s'asseoir à un bureau, et, en un tour de main ayant enlevé la ficelle et l'enveloppe, il se trouva en face des papiers en question. Les premiers sur lesquels il tomba étaient écrits en espagnol; mais comme Dubois avait été envoyé deux fois en Espagne, il parlait quelque peu la langue de Calderon et de Lope de Vega, de sorte qu'il vit au premier coup d'œil de quelle importance étaient ces papiers. En effet, ce n'était rien moins que la protestation de la noblesse, la liste nominative des officiers qui demandaient du service au roi d'Espagne, et le manifeste composé par le cardinal de Polignac et le marquis de Pompadour pour soulever le royaume. Ces différentes pièces étaient adressées directement à Philippe V, et une petite note que Dubois reconnut pour être de la main même de Cellamare annonçait que le dénoûment de la conspiration étant très prochain, il entretiendrait jour par jour Sa Majesté Catholique de tous les événemens considérables qui pourraient en hâter ou retarder le résultat. Puis enfin venait comme complément le fameux plan des conjurés, que nous avons mis sous les yeux de nos lecteurs, et qui, resté par mégarde au milieu des autres pièces traduites en espagnol, avait donné l'éveil à Buvat. Près du plan, de la plus belle écriture du bonhomme, était la copie qu'il avait commencé d'en faire, et qui était interrompue à ces mots :
« Agir de même dans toutes les provinces. »

Buvat avait suivi avec une certaine anxiété tous les mouvemens de la figure de Dubois; il l'avait vue passer de l'étonnement à la joie, puis de la joie à l'impassibilité. Dubois, à mesure qu'il continuait de lire, avait bien passé successivement une jambe sur l'autre, s'était bien mordu les lèvres, s'était bien pincé le bout du nez, mais tout cela était à peu près intraduisible pour Buvat, et à la fin de la lecture, il n'avait pas plus compris la physionomie de l'archevêque, qu'à la fin de la copie il n'avait compris l'original espagnol. Quant à Dubois, il comprenait que cet homme venait de lui livrer le commencement d'un secret de la plus haute importance, et il rêvait au moyen de s'en faire livrer la fin. Voilà ce que signifiaient au fond ces jambes croisées, ces lèvres mordues et ce nez pincé. Enfin, il parut avoir pris sa résolution, son visage s'éclaira d'une bienveillance charmante, et se retournant vers le bonhomme, qui jusque-là s'était tenu respectueusement debout :

—Asseyez-vous donc, mon cher monsieur Buvat, lui dit-il.

—Merci, monseigneur, répondit Buvat en tressaillant, je ne suis pas fatigué.

—Pardon, pardon, dit Dubois, je vois vos jambes qui tremblent.

En effet, depuis qu'il avait lu le procès-verbal de question de Van den Enden, Buvat avait conservé dans les jam-

bes un tremblement nerveux à peu près semblable à celui qu'on remarque dans les chiens quand ils viennent d'avoir la maladie.

— Le fait est, monseigneur, dit Buvat, que je ne sais pas ce que j'ai depuis deux heures, mais j'éprouve une véritable difficulté à me tenir debout.

— Asseyez-vous donc alors, et causons comme deux bons amis.

Buvat regarda Dubois d'un air de stupéfaction qui, dans tout autre moment, l'eût fait éclater de rire. Mais Dubois n'eut pas l'air de s'apercevoir de son étonnement, et, tirant une chaise qui était à sa portée, il lui renouvela du geste l'invitation qu'il venait de lui faire de la voix. Il n'y avait pas moyen de reculer. Le bonhomme s'approcha en chancelant, s'assit sur le bord de sa chaise, posa son chapeau à terre, serra sa canne entre ses jambes, appuya ses deux mains sur la pomme d'ivoire, et attendit. Mais cette action ne s'était pas accompli sans une violente commotion intérieure, ainsi que pouvait l'attester son visage, qui, de blanc comme un lis qu'il était en entrant, était devenu rouge comme une pivoine.

— Ainsi, mon cher monsieur Buvat, dit Dubois, vous dites donc que vous faites des copies?

—Oui, monseigneur.

—Et cela vous rapporte?

— Bien peu de chose, monseigneur, bien peu de chose.

— Vous avez cependant une superbe écriture, monsieur Buvat.

—Oui, mais tout le monde n'apprécie pas comme Votre Éminence ce talent à sa valeur.

—C'est vrai; mais, en outre, vous êtes employé à la Bibliothèque.

—J'ai cet honneur.

—Et votre place vous rapporte?

— Oh! ma place, c'est autre chose, monseigneur : elle ne me rapporte rien du tout, vu que, depuis cinq ans, le caissier nous dit à la fin de chaque mois que le roi est trop gêné pour qu'on nous paie.

—Et vous n'en restez pas moins au service de Sa Majesté? C'est très bien, monsieur Buvat, c'est très bien.

Buvat se leva, salua monseigneur, et se rassit.

— Et peut-être avec cela, continua Dubois, que vous avez encore une famille, une femme, des enfans?

—Non, monseigneur, jusqu'à présent j'ai vécu dans le célibat.

—Mais des parens au moins?

— Une pupille, monseigneur, une jeune personne charmante, pleine de talent, qui chante comme mademoiselle Bury, et qui dessine comme monsieur Greuze.

—Ah! ah! monsieur Buvat, et comment s'appelle cette pupille?

—Bathilde... Bathilde du Rocher, monseigneur; c'est une jeune demoiselle de noblesse, fille d'un écuyer de monsieur le régent, du temps qu'il était encore duc de Chartres, et qui a eu le malheur d'être tué à la bataille d'Almanza.

— Ainsi, je vois que vous avez des charges, mon cher Buvat?

— Est-ce de Bathilde que vous voulez parler, monseigneur? Oh! non, Bathilde n'est pas une charge; au contraire, pauvre chère enfant et elle rapporte plus à la maison qu'elle ne coûte. Bathilde une charge! D'abord, tous les mois, monsieur Papillon, vous savez, monseigneur, le marchand de couleurs au coin de la rue de Cléry, lui compte quatre-vingt livres pour deux dessins; ensuite...

— Je veux dire, mon cher Buvat que vous n'êtes pas riche.

— Oh! cela, riche, non, monseigneur, je ne le suis pas. Mais je voudrais bien l'être pour ma pauvre Bathilde, et si vous vouliez obtenir de monseigneur, qu'au premier argent qui rentrera dans les coffres de l'État, on me paye mon arriéré ou au moins un à-compte...

— Et à quoi cela peut-il se monter, votre arriéré?

— A quatre mille sept cents livres douze sous huit deniers, monseigneur.

— Peuh! qu'est-ce que c'est que cela, dit Dubois.

— Comment! qu'est-ce que c'est que cela, monseigneur!

— Oui... ce n'est rien.

— Si fait, monseigneur, si fait, c'est beaucoup, et la preuve, c'est que le roi ne peut pas le payer.

— Mais cela ne vous fera pas riche.

— Cela me mettrait à mon aise, et je ne vous cache pas, Monseigneur, que si, aux premiers fonds qui rentreront dans les caisses de l'État...

— Mon cher Buvat, dit Dubois, j'ai mieux que cela à vous offrir.

— Offrez, Monseigneur.

— Vous avez votre fortune au bout des doigts.

— Ma mère me l'a toujours dit, monseigneur.

— Cela prouve, mon cher Buvat, que c'était une femme de grand sens que madame votre mère.

— Eh bien! monseigneur, me voilà tout prêt, que faut-il que je fasse pour cela?

— Ah! mon Dieu! la chose la plus simple. Vous allez me faire, séance tenante, une copie de tout ceci.

— Mais, monseigneur...

— Ce n'est pas tout, mon cher monsieur Buvat. Vous reporterez à la personne qui vous a donné ces papiers les copies et les originaux, comme s'il n'était rien arrivé; vous prendrez tout ce que cette personne vous donnera; vous me l'apporterez aussitôt, afin que je le lise, puis vous en ferez autant des autres papiers que de ceux-ci, et cela indéfiniment, jusqu'à ce que je vous dise: Assez.

— Mais, monseigneur, dit Buvat, il me semble qu'en agissant ainsi je trompe la confiance du prince.

— Ah! ah! c'est un prince à qui vous avez affaire, mon cher monsieur Buvat? et comment s'appelle ce prince?

— Mais, monseigneur, il me semble qu'en vous disant son nom, je le dénonce...

— Ah ça! mais... et qu'êtes-vous donc venu faire ici?

— Monseigneur, je suis venu vous prévenir du danger que courait Son Altesse monseigneur le régent, et voilà tout.

— Vraiment, dit Dubois d'un ton goguenard, et vous comptez en rester là.

— Mais je le désire, monseigneur.

— Il n'y a qu'un malheur, c'est que c'est impossible, mon cher monsieur Buvat.

— Comment, impossible?

— Tout à fait.

— Monseigneur l'archevêque, je suis un honnête homme!

— Monsieur Buvat, vous êtes un niais.

— Monseigneur, je voudrais cependant bien me taire.

— Mon cher monsieur, vous parlerez.

— Mais si je parle, je suis le dénonciateur du prince.

— Mais si vous ne parlez pas, vous êtes complice.

— Complice, monseigneur! et de quel crime?

— Du crime de haute trahison!... Ah! il y a longtemps que la police a l'œil sur vous, monsieur Buvat.

— Sur moi, monseigneur?

— Oui, sur vous... Sous prétexte qu'on ne vous paie point vos appointemens, vous tenez des propos fort séditieux contre l'État.

— Oh! monseigneur, peut-on dire!...

— Sous prétexte qu'on ne vous paie pas vos appointemens, vous faites des copies d'actes incendiaires, et cela depuis quatre jours.

— Monseigneur, je ne m'en suis aperçu qu'hier, je ne sais pas l'espagnol.

— Vous le savez, monsieur!

— Je vous jure, monseigneur...

— Je vous dis que vous le savez, et la preuve, c'est qu'il n'y a pas une faute dans vos copies. Mais ce n'est pas le tout.

— Comment, ce n'est pas le tout?

— Non, ce n'est pas le tout. Est-ce de l'espagnol, ceci, monsieur? voyez...

« Rien n'est plus important que de s'assurer des places voisines des Pyrénées et des seigneurs qui font leur résidence dans ces cantons. »

— Mais, monseigneur, c'est justement ce qui fait que j'ai découvert...

— Monsieur Buvat, on en a envoyé aux galères qui en avaient fait moins que vous.

— Monseigneur!

— Monsieur Buvat, on en a pendu qui étaient moins coupables que vous ne l'êtes.

— Monseigneur! monseigneur!

— Monsieur Buvat, on en a écartelé...

— Grâce! monseigneur, grâce!

— Grâce! grâce à un misérable comme vous, monsieur Buvat! Je vais vous faire mettre à la Bastille, et envoyer mademoiselle Bathilde à Saint-Lazare.

— A Saint-Lazare! Bathilde à Saint-Lazare, monseigneur! Bathilde à Saint-Lazare! Et qui a le droit de cela?

— Moi, monsieur Buvat!

— Non, monseigneur, vous n'en avez pas le droit! s'écria Buvat, qui pouvait tout craindre et tout souffrir pour lui-même, mais qui, à l'idée d'une pareille infamie, de ver devenait serpent; Bathilde n'est pas une fille du peuple, monseigneur! Bathilde est une demoiselle, une demoiselle de noblesse, la fille d'un homme qui a sauvé la vie au régent, et quand je devrais aller trouver Son Altesse...

— Vous irez d'abord à la Bastille, monsieur Buvat, dit Dubois en sonnant à casser la sonnette, et puis après nous verrons ce que nous déciderons de mademoiselle Bathilde.

— Monseigneur, que faites-vous?

— Vous allez le voir. (L'huissier entra.) Un exempt et un fiacre.

— Monseigneur, dit Buvat, monseigneur, tout ce que vous voudrez!

— Faites ce que j'ai ordonné, reprit Dubois. L'huissier sortit.

— Monseigneur, dit Buvat en joignant les mains, monseigneur, j'obéirai.

— Non pas, monsieur Buvat. Ah! vous voulez un procès! on vous en fera un. Ah! vous voulez de la corde! eh bien! vous en tâterez.

— Monseigneur, s'écria Buvat en tombant à genoux, que faut-il que je fasse?

— Pendu! pendu!! pendu!!! continua Dubois.

— Monseigneur, dit l'huissier en rentrant, le fiacre est à la porte et l'exempt dans l'antichambre.

— Monseigneur, reprit Buvat en tordant ses petits bras et en s'arrachant le peu de cheveux jaunes qui lui restaient, monseigneur, serez-vous sans pitié?

— Ah! vous ne voulez pas me dire le nom du prince?

— C'est le prince de Listhnay, monseigneur.

— Ah! vous ne voulez pas me dire son adresse?

— Il demeure rue du Bac, n° 110, monseigneur.

— Ah! vous ne voulez pas me faire une copie de ces papiers?

— Je m'y mets, monseigneur, je m'y mets à l'instant même, dit Buvat, et il alla s'asseoir devant le bureau, saisit une plume, la trempa dans l'encre, et prenant un cahier de papier blanc, tira sur la première page une superbe majuscule. M'y voilà, m'y voilà; seulement, monseigneur, vous me permettez d'écrire à Bathilde que je ne rentrerai pas dîner. Bathilde à Saint-Lazare! murmura Buvat entre ses dents. Sabre de bois! c'est qu'il le ferait comme il le dit.

— Oui, monsieur, je le ferais, et bien pis encore, pour le salut de l'État, et vous le saurez si vous dépens si vous ne reportez pas ces papiers, si vous ne prenez pas les autres, et si vous ne venez pas m'en faire ici même, chaque soir, une copie.

— Mais, monseigneur, dit Buvat désespéré, je ne puis pas venir ici et aller à mon bureau, cependant.

— Eh bien ! vous n'irez pas à votre bureau ! le beau malheur !

— Comment, je n'irai pas à mon bureau ! Mais voilà douze ans, monseigneur, que j'y vais sans manquer un seul jour.

— Eh bien ! je vous donne congé pour un mois, moi.

— Mais je perdrai ma place, monseigneur.

— Que vous importe, puisqu'on ne vous paie pas ?

— Mais l'honneur, monseigneur, l'honneur d'être fonctionnaire public ! et puis j'aime mes livres, moi ; j'aime ma table, moi ; j'aime mon fauteuil de cuir ! s'écria Buvat prêt à pleurer, en songeant qu'il pouvait perdre tout cela.

— Eh bien ! alors, si vous voulez garder vos livres, votre table et votre fauteuil, obéissez donc.

— Est-ce que je ne vous ai pas dit que j'étais à vos ordres, monseigneur ?

— Alors vous ferez tout ce que je voudrai ?

— Tout.

— Sans en souffler le mot à personne ?

— Je serai muet.

— Pas même à mademoiselle Bathilde ?

— Oh ! à elle moins qu'à personne, monseigneur !

— C'est bon, à cette condition je te pardonne.

— Oh ! monseigneur !

— J'oublierai ta faute.

— Monseigneur est trop bon.

— Et même... et même peut-être irai-je jusqu'à te récompenser.

— Oh ! monseigneur ! tant de magnanimité !

— C'est bien ! c'est bien ! A la besogne.

— M'y voilà ! monseigneur, m'y voilà !

Et Buvat se mit à écrire de son écriture coulée qui était la plus rapide, sans lever l'œil autrement que pour le porter de la copie à l'original et le reporter de l'original à la copie, et sans s'arrêter que pour essuyer de temps en temps son front, dont la sueur coulait à grosses gouttes.

Dubois profita de son application pour aller ouvrir le cabinet à la Fillon, et lui faisant signe du doigt de se taire, il la conduisit vers la porte de la chambre.

— Eh bien ! compère, dit tout bas celle-ci, qui malgré la défense à elle exprimée ne pouvait retenir sa curiosité, eh bien ! ton écrivain, où est-il ?

— Le voilà, dit Dubois en montrant Buvat qui, couché sur son papier, piochait d'ardeur.

— Que fait-il ?

— Ce qu'il fait ?

— Oui, je te le demande.

— Ce qu'il fait ? devine.

— Comment diable veux-tu que je sache cela, moi ?

— Tu veux donc que je te le dise ?

— Oui.

— Eh bien ! il expédie...

— Quoi ?

— Il expédie mon bref de cardinal. Es-tu contente, maintenant ?

La Fillon poussa une telle exclamation de surprise, que Buvat en tressaillit et se retourna malgré lui.

Mais déjà Dubois avait poussé la Fillon hors de la chambre, en lui recommandant de nouveau de le tenir au courant jour par jour de ce que ferait son capitaine.

Mais, demandera peut-être le lecteur, que faisaient pendant tout ce temps Bathilde et d'Harmental ?

Rien : ils étaient heureux.

XXXVI.

UN CHAPITRE DE SAINT-SIMON.

Les choses durèrent ainsi quatre jours, pendant lesquels Buvat, cessant d'aller à son bureau sous prétexte d'indisposition, parvint à force de travail à faire les deux copies commandées, l'une par le prince de Listhnay, l'autre par Dubois. Pendant ces quatre jours, certes les plus agités de toute la vie du pauvre écrivain, il demeura si sombre et si taciturne, que plusieurs fois Bathilde, malgré sa préoccupation toute contraire, lui demanda ce qu'il avait ; mais à chaque fois que cette question lui fut faite, Buvat, rappelant à lui toute sa force morale, répondit qu'il n'avait absolument rien, et comme à la suite de cette réponse Buvat se remettait incontinent à chantonner sa petite chanson, il parvint à tromper Bathilde d'autant plus facilement que, partant à son ordinaire comme s'il continuait d'aller à son bureau, Bathilde ne voyait de fait aucun dérangement matériel dans ses habitudes. Quant à d'Harmental, il avait tous les matins la visite de l'abbé Brigaud, qui lui annonçait que toutes choses marchaient à souhait ; de sorte que, comme d'un autre côté, ses affaires d'amour allaient à merveille, d'Harmental commençait à trouver que l'état de conspirateur était l'état le plus heureux de la terre.

Quant au duc d'Orléans, comme il ne se doutait de rien, il continuait de mener sa vie ordinaire, et il avait convié comme d'habitude, à son souper du dimanche, ses roués et ses maîtresses, lorsque, vers les deux heures de l'après-midi, Dubois entra dans son cabinet.

— Ah ! c'est toi, l'abbé ? J'allais envoyer chez toi pour te demander si tu étais des nôtres ce soir, dit le régent.

— Vous allez donc souper aujourd'hui, monseigneur ? demanda Dubois.

— Ah ça ! mais d'où sors-tu donc avec ta figure de carême ? Est-ce que ce n'est plus aujourd'hui dimanche ?

— Si fait, monseigneur.

— Eh bien ! alors, viens nous revoir ; voilà la liste de nos convives, tiens : Nocé, Lafare, Fargy, Ravanne, Broglie. Je n'invite pas Brancas ; il devient assommant depuis quelques jours. Je crois qu'il conspire, ma parole d'honneur ! Et puis la Phalaris et la d'Averne ; elles ne peuvent pas se sentir ; elles s'arracheront les yeux, et cela nous amusera. Nous aurons de plus la Souris, et peut-être madame de Sabran, si elle n'a pas quelque rendez-vous avec Richelieu.

— C'est votre liste, monseigneur ?

— Oui.

— Eh bien ! maintenant Votre Altesse veut-elle jeter un coup d'œil sur la mienne ?

— Tu en as donc fait une aussi ?

— Non ; on me l'a apportée toute faite.

— Qu'est-ce que c'est que cela ? reprit le régent en jetant les yeux sur un papier que lui présenta Dubois.

« Liste nominative des officiers qui demandent du service au roi d'Espagne : Claude-François de Ferrette, chevalier de Saint-Louis, maréchal de camp et colonel de la cavalerie de France ; Boschet, chevalier de Saint-Louis et colonel d'infanterie ; de Sabran, de Larochefoucauld-Gondral, de Villeneuve, de Lescure, de Laval. » Eh bien ! après ?

— Après, en voilà une autre, et il présenta un second papier au duc.

« Protestation de la noblesse. »

— Faites vos listes, monseigneur, faites ; vous voyez que vous n'êtes pas le seul, et que le prince de Cellamare fait aussi les siennes.

— « Signé sans distinction de rangs et de maisons, afin que personne n'y puisse trouver à redire : De Vieux Pont, de la Pailleterie, de Beauffremont, de Latour-du-Pin, de Montauban, Louis de Caumont, Claude de Polignac, Charles de Laval, Antoine de Chastellux, Armand de Richelieu ! » Et où diable as-tu pêché tout cela, sournois ?

— Attendez, monseigneur, nous ne sommes pas au bout. Veuillez jeter un coup d'œil sur ceci.

— « *Plan des conjurés*. Rien n'est plus important que de s'assurer des places fortes voisines des Pyrénées ; gagner la garnison de Bayonne. » Livrer nos villes, mettre aux mains de l'Espagnol les clefs de la France ! Qui veut faire cela, Dubois ?

— Allons, de la patience, monseigneur, nous avons mieux que cela à vous offrir. Tenez, voilà des lettres de Sa Majesté Philippe V en personne.

— « *Au roi de France*. » Mais ce ne sont que des copies ?

— Je vous dirai tout à l'heure où sont les originaux !

— Voyons cela, mon cher abbé, voyons. « Depuis que la Providence m'a placé sur le trône d'Espagne, etc., etc. De quel œil vos fidèles sujets peuvent-ils regarder le traité qui se signe contre moi, etc., etc. Je prie Votre Majesté de convoquer les états généraux de son royaume. » Convoquer les états généraux ! au nom de qui ?

— Vous le voyez bien, monseigneur, au nom de Philippe V.

— Philippe V est roi d'Espagne et non pas roi de France. Qu'il n'intervertisse pas les rôles : j'ai déjà franchi une fois les Pyrénées pour le rasseoir sur le trône, je pourrais bien les franchir une seconde fois pour le renverser.

— Nous y songerons plus tard, je ne dis pas non ; mais pour le moment, s'il vous plaît, monseigneur, nous avons une cinquième pièce à lire, et ce n'est pas la moins importante, comme vous allez en juger. Et Dubois présenta au régent un dernier papier, que celui-ci ouvrit avec une telle impatience qu'il le déchira en l'ouvrant.

— Allons ! murmura le régent.

— N'importe, monseigneur, n'importe ; les morceaux en sont bons, répondit Dubois ; rapprochez-les et lisez.

— Le régent rapprocha les deux morceaux et lut :

— « Très chers et bien aimés. »

— Oui, c'est cela ! continuation de la métaphore : il ne s'agit de rien moins que de ma déposition. Et ces lettres, sans doute, devaient être remises au roi ?

— Demain, monseigneur.

— Par qui ?

— Par le maréchal.

— Par Villeroy ?

— Par lui-même.

— Et comment a-t-il pu se décider à une pareille chose ?

— Ce n'est pas lui, c'est sa femme, monseigneur.

— Encore un tour de Richelieu.

— Votre Altesse a mis le doigt dessus.

— Et de qui tiens-tu tous ces papiers ?

— D'un pauvre diable d'écrivain, à qui on les a donnés à copier, attendu que, grâce à une descente qu'on a faite dans la petite maison du comte de Laval, une presse qu'il cachait dans sa cave a cessé de fonctionner.

— Et cet écrivain était en relation directe avec Cellamare ? Les imbéciles !

— Non point, monseigneur, non point. Oh ! les mesures étaient mieux prises : le bonhomme n'avait affaire qu'au prince de Listhnay !

— Au prince de Listhnay ! Qu'est-ce que celui-là encore ?

— Rue du Bac, **110**.

— Je ne le connais pas.

— Si fait, monseigneur, vous le connaissez.

— Et où l'ai-je vu ?

— Dans votre antichambre.

— Comment ! ce prétendu prince de Listhnay...

— N'est autre que ce grand coquin de d'Avranches, le valet de chambre de madame du Maine.

— Ah ! ah ! cela m'étonnait aussi qu'elle n'en fût pas, la petite guêpe !

— Oh ! elle y est en plein. Et si monseigneur veut être

débarrassé cette fois-ci d'elle et de sa clique, nous les tenons tous.

— Voyons d'abord au plus pressé.

— Oui, occupons-nous de Villeroy. Êtes-vous décidé à un coup d'autorité ?

— Parfaitement ; tant qu'il n'a fait que piaffer et parader en personnage de théâtre et de carrousel, très bien ; tant qu'il s'est borné à des calomnies et même à des impertinences contre moi, très bien encore ; mais quand il s'agit du repos et de la tranquillité de la France, ah ! monsieur le maréchal, vous les avez assez compromis déjà par votre ineptie militaire, sans que nous vous les laissions compromettre de nouveau par votre fatuité politique.

— Ainsi, dit Dubois, nous lui mettons la main dessus ?

— Oui, mais avec certaines précautions : il faut le prendre en flagrant délit.

— Rien de plus facile ; il entre tous les matins à huit heures chez le roi ?

— Oui.

— Soyez demain matin à sept heures et demie à Versailles.

— Après ?

— Vous le précéderez chez Sa Majesté.

— Et là je lui reproche en face du roi...

— Non pas, non pas, monseigneur, il faut... En ce moment l'huissier ouvrit la porte.

— Silence, dit le régent. Puis se retournant vers l'huissier : Que veux-tu ?

— Monsieur le duc de Saint-Simon.

— Demande-lui si c'est pour affaire sérieuse.

L'huissier se retourna et échangea quelques paroles avec le duc ; puis s'adressant de nouveau au régent :

— Des plus sérieuses, monseigneur.

— Eh bien ! qu'il entre.

Saint-Simon entra.

— Pardon, duc, dit le régent ; je termine une petite affaire avec Dubois, et dans cinq minutes je suis à vous.

Et tandis que Saint-Simon entrait, le duc et Dubois se retirèrent dans un coin, où effectivement ils demeurèrent cinq minutes à causer bas, après quoi Dubois prit congé du régent.

— Il n'y a pas de souper ce soir, dit-il en sortant à l'huissier de service. Faites prévenir les personnes invitées. Monseigneur le régent est malade.

Et il sortit.

— Serait-ce vrai, monseigneur ? demanda Saint-Simon avec une inquiétude réelle, car le duc, quoique fort avare de son amitié, avait, soit calcul, soit affection réelle, une grande prédilection pour le régent.

— Non, mon cher duc, dit Philippe, pas de manière du moins à m'inquiéter. Mais Chirac prétend que si je ne suis pas sage je mourrai d'apoplexie, et, ma foi ! je suis décidé, je me range.

— Ah ! monseigneur ! Dieu vous entende ! dit Saint-Simon ; quoique en vérité ce soit un peu tard.

— Comment cela, mon cher duc ?

— Oui, la facilité de Votre Altesse n'a déjà donné que trop de prise à la calomnie.

— Ah ! si ce n'est que cela, mon cher duc, il y a si longtemps qu'elle mord sur moi, qu'elle doit commencer à se lasser.

— Au contraire, monseigneur, reprit Saint-Simon ; il faut qu'elle se machine quelque chose de nouveau contre vous, car elle se redresse plus sifflante et plus venimeuse que jamais.

— Eh bien ! voyons, qu'y a-t-il encore ?

— Il y a que tout à l'heure, en sortant de vêpres, il y avait sur les degrés de Saint-Roch un pauvre qui demandait l'aumône en chantant, et qui, tout en chantant, offrait à ceux qui lui sortaient des apparences de complaintes. Or, savez-vous ce que c'était que ces complaintes, monseigneur ?

— Non, quelque noël, quelque pamphlet contre Law, contre cette pauvre duchesse de Berry, contre moi-même, peut-être. Oh! mon cher duc, il faut les laisser chanter : si seulement ils payaient!

— Tenez, monseigneur, lisez! dit Saint-Simon.

Et il présenta au duc d'Orléans un papier grossier, imprimé à la manière des chansons qui se chantent dans les rues. Le prince le prit en haussant les épaules, et y jetant les yeux avec un inexprimable sentiment de dégoût, il commença de lire :

> Vous dont l'éloquence rapide
> Contre deux tyrans inhumains
> Eut jadis l'audace intrépide
> D'armer les Grecs et les Romains,
> Contre un monstre encor plus farouche
> Mettez votre fiel dans ma bouche ;
> Je brûle de suivre vos pas,
> Et je vais tenter cet ouvrage,
> Plus charmé de votre courage
> Qu'effrayé de votre trépas !

— Votre Altesse reconnaît le style? dit Saint-Simon.

— Oui, répondit le régent, c'est de Lagrange-Chancel. Puis il continua :

> A peine ouvrit-il ses paupières,
> Que tel qu'il se montre aujourd'hui,
> Il fut indigné des barrières
> Qu'il voit entre le trône et lui.
> Dans ces détestables idées
> De l'art des Circés, des Médées,
> Il fit ses uniques plaisirs,
> Croyant cette voie infernale
> Digne de remplir l'intervalle
> Qui s'opposait à ses désirs.

— Tenez, duc, dit le régent en tendant le papier à Saint-Simon, c'est si méprisable, que je n'ai pas le courage de lire jusqu'au bout.

— Lisez, monseigneur, lisez, au contraire. Il faut que vous sachiez de quoi sont capables vos ennemis. Du moment où ils se montrent au jour, tant mieux. C'est une guerre. Ils vous offrent la bataille ; acceptez la bataille, et prouvez-leur que vous êtes le vainqueur de Nerwinde, de Steinkerque et de Lérida.

— Vous le voulez donc, duc?

— Il le faut, monseigneur.

Et le régent, avec un sentiment de répugnance presque insurmontable, reporta les yeux sur le papier, et lut, en sautant une strophe pour arriver plus tôt à la fin :

> Ainsi les fils pleurant leur père
> Tombent frappés des mêmes coups ;
> Le frère est suivi par le frère,
> L'épouse devance l'époux ;
> Mais, ô coups toujours plus funestes!
> Sur deux fils, nos uniques restes,
> La faux de la Parque s'étend ;
> Le premier a rejoint sa race,
> L'autre dont la couleur s'efface,
> Penche vers son dernier instant !

Le régent avait lu cette strophe en s'arrêtant vers par vers et d'un accent qui s'altérait à mesure qu'il approchait de la fin ; mais au dernier vers son indignation fut plus forte que lui, et, froissant le papier dans ses mains, il voulut parler, mais la voix lui manqua, et deux grosses larmes seulement roulèrent de ses yeux sur les joues.

— Monseigneur, dit Saint-Simon, en regardant le régent avec un accent d'un accent plein de vénération, monseigneur, je voudrais que le monde entier fût là et vît couler ces généreuses larmes ; je ne vous donnerais plus le conseil de vous venger de vos ennemis, car, comme moi, le monde entier serait convaincu de votre innocence.

— Oui , mon innocence, murmura le régent ; oui, et la vie de Louis XV en fera foi. Les infâmes ! ils savent mieux que personne quels sont les vrais coupables. Ah ! madame de Maintenon, ah ! madame du Maine, ah ! monsieur de Villeroy ! Car ce misérable Lagrange-Chancel n'est que leur scorpion ; et quand je pense, Saint-Simon, qu'en ce moment-ci même, je les tiens sous mes pieds ! que je n'ai qu'à appuyer le talon et que je les écrase.

— Écrasez, monseigneur, écrasez ! ce sont des occasions qui ne se présentent pas tous les jours, et quand on les tient, il faut les saisir.

Le régent réfléchit un instant, et pendant cet instant son visage décomposé reprit peu à peu l'expression de bonté qui lui était naturelle.

— Allons, dit Saint-Simon, qui suivait sur la physionomie du régent la réaction qui s'opérait, je vois que ce ne sera pas encore pour aujourd'hui.

— Non, monsieur le duc, dit Philippe, car pour aujourd'hui, j'ai quelque chose de mieux à faire que de venger les injures du duc d'Orléans : j'ai à sauver la France.

Et tendant la main à Saint-Simon, le prince rentra dans sa chambre.

Le soir, à neuf heures, monseigneur le régent quitta le Palais-Royal, et, contre son habitude alla coucher à Versailles.

XXXVII.

UN PIÉGE.

Le lendemain, vers les sept heures du matin, au moment où on levait le roi, monsieur le Premier entra chez Sa Majesté, et lui annonça que S. A. R. monseigneur le duc d'Orléans sollicitait l'honneur d'assister à sa toilette. Louis XV, qui n'était encore habitué à rien faire par lui-même, se retourna vers monsieur de Fréjus, qui était assis dans le coin le moins apparent de la chambre, comme pour lui demander ce qu'il avait à faire, et à cette interrogation muette, monsieur de Fréjus, non-seulement fit un signe de tête qui voulait dire qu'il fallait recevoir Son Altesse Royale, mais encore, se levant aussitôt, il alla de sa personne lui ouvrir la porte. Le régent s'arrêta un instant sur le seuil pour remercier Fleury, puis s'étant assuré d'un coup d'œil rapide autour de la chambre que le maréchal de Villeroy n'était pas encore arrivé, il s'avança vers le roi.

Louis XV était à cette époque un bel enfant de neuf à dix ans, aux longs cheveux châtains, aux yeux noirs comme de l'encre, à la bouche pareille à une cerise, et au teint rosé, qui, comme celui de sa mère, Marie de Savoie, duchesse de Bourgogne, était sujet à de subites pâleurs. Quoique son caractère fût encore fort irrésolu, à cause du tiraillement auquel le soumettait perpétuellement le double gouvernement du maréchal de Villeroy et de monsieur de Fréjus, il avait dans toute la physionomie quelque chose d'ardent et de résolu qui dénotait l'arrière-petit-fils de Louis XIV, et il avait l'habitude de mettre son chapeau comme lui. D'abord prévenu contre monsieur le duc d'Orléans, qu'on avait fait tout au monde pour représenter comme l'homme de France qui lui voulait le plus de mal, il avait senti cette prévention céder peu à peu aux entrevues qu'il avait eues avec le régent, dans lequel, avec cet instinct juvénile qui trompe si rarement les enfans, il avait reconnu un ami.

De son côté, il faut le dire aussi, monsieur le duc d'Orléans avait pour le roi, outre le respect qui lui était dû, les prévenances les plus attentives et les plus tendres. Le peu d'affaires qui pouvaient être soumises à sa jeune intelligence lui étaient toujours présentées avec tant de lucidité et d'esprit, que, d'un travail politique qui eût été une fatigue avec tout autre, il avait fait une sorte de récréation que l'enfant royal voyait toujours arriver avec plaisir. Il faut dire aussi que presque toujours ce travail était récompensé par les plus beaux jouets qui se pussent voir, et que Dubois, pour faire sa cour au roi, tirait d'Allemagne ou d'Angleterre. Sa Majesté accueillit donc le régent avec son plus doux sourire, et lui donna sa petite main à baiser avec une grâce toute particulière, tandis que monseigneur l'évêque de Fréjus, fidèle à son système d'humilité, s'en était allé se rasseoir dans le même petit coin où l'avait surpris l'arrivée de Son Altesse.

— Je suis bien content de vous voir, monsieur, dit Louis XV de sa douce petite voix et avec son sourire enfantin auquel l'étiquette qu'on lui imposait n'avait pu ôter toute sa grâce ; d'autant plus content que, comme ce n'est pas votre heure habituelle, je présume que vous venez m'annoncer une bonne nouvelle.

— Deux, sire, répondit le régent. La première, c'est qu'il vient de m'arriver une énorme caisse de Nuremberg, qui m'a tout l'air de contenir...

— Oh ! des joujoux ! beaucoup de joujoux ! n'est-ce pas monsieur le régent ? s'écria le roi, en sautant joyeusement et en battant les mains sans s'inquiéter du son valet de chambre qui demeurait debout derrière lui, tenant à la main la petite épée à poignée d'acier qu'il allait lui agrafer à la ceinture. Oh ! de beaux joujoux ! de beaux joujoux ! oh ! que vous êtes gentil ! oh ! que je vous aime, monsieur le régent !

— Sire, je ne fais que mon devoir, répondit le duc d'Orléans en s'inclinant avec respect, et vous ne me devez aucune reconnaissance pour cela.

— Et où est-elle, monsieur, où est-elle, cette bienheureuse caisse ?

— Chez moi, sire, et si Votre Majesté le veut, je la ferai transporter ici dans le courant de la journée, ou demain matin.

— Oh ! non, tout de suite, monsieur, tout de suite, je vous prie !

— Mais c'est qu'elle est chez moi.

— Eh bien ! allons chez vous, s'écria l'enfant en courant vers la porte sans faire attention qu'il lui manquait encore, pour que sa toilette fût achevée, son épée, sa petite veste de satin et son cordon bleu.

— Sire, dit monsieur de Fréjus en s'avançant, je ferai observer à Votre Majesté qu'elle s'abandonne trop passionnément au plaisir que lui cause la possession d'objets qu'elle devrait déjà regarder comme des futilités.

— Oui, monsieur, oui, vous avez raison, dit Louis XV en faisant un effort pour se contenir ; oui, mais il faut me pardonner : je n'ai pas encore dix ans, et j'ai bien travaillé hier.

— C'est vrai, dit monsieur de Fréjus en souriant. Aussi, Votre Majesté s'occupera de ses joujoux lorsqu'elle aura demandé à monsieur le régent quelle est la seconde nouvelle qu'il avait à lui annoncer.

— Ah ! oui, monsieur, à propos, quelle est cette seconde nouvelle ?

— Un travail qui doit être profitable à la France, sire, et qui est d'une telle importance, que je tiens à le soumettre à Votre Majesté.

— L'avez-vous ici ? demanda le jeune roi.

— Non, sire, je ne savais pas trouver Votre Majesté si bien disposée à ce travail, et je l'ai laissé dans mon cabinet.

— Eh bien ! dit Louis XV en se tournant moitié vers monsieur de Fréjus et moitié vers le régent, et en les regardant tous deux tour à tour avec un œil suppliant, ne pourrions-nous concilier tout cela ? Au lieu de faire ma promenade du matin, j'irais chez vous voir les beaux joujoux de Nuremberg ; et quand je les aurais vus, nous passerions dans votre cabinet où nous travaillerions.

— C'est contre l'étiquette, sire, répondit le régent ; mais si Votre Majesté le veut...

— Oui, je le veux, dit Louis XV, c'est-à-dire, ajouta-t-il en se tournant vers M. de Fréjus et en le regardant d'un œil si doux qu'il n'y avait pas moyen d'y résister, si mon bon précepteur le permet.

— Monsieur de Fréjus y verrait-il quelque inconvénient? dit le régent en se retournant vers Fleury, et en prononçant ces paroles avec un accent qui indiquait que le précepteur le blesserait souverainement en repoussant la requête que lui présentait son royal élève.

— Non, monseigneur, au contraire, dit Fleury ; il est bon que Sa Majesté s'habitue à travailler, et si les lois de l'étiquette peuvent être violées, c'est lorsque de cette violation doit ressortir pour le peuple un heureux résultat. Seulement, je demanderai à monseigneur la permission d'accompagner Sa Majesté.

— Comment donc, monsieur ! dit le régent ; mais avec le plus grand plaisir.

— Oh ! quel bonheur, quel bonheur ! s'écria Louis XV. Vite, ma veste, mon épée, mon cordon bleu. Me voilà, monsieur le régent, me voilà ! Et il s'avança pour prendre la main du régent ; mais au lieu de se laisser aller à cette familiarité, le régent s'inclina, et ouvrant lui-même la porte au roi, il lui fit signe de marcher devant, et le suivit à trois ou quatre pas avec monsieur de Fréjus, et le chapeau à la main.

Les appartemens du roi, situés au rez-de-chaussée, étaient de plain-pied avec ceux de monseigneur le duc d'Orléans, et n'étaient séparés que par une antichambre qui donnait chez le roi, et une petite galerie qui conduisait à une autre antichambre donnant chez le régent. Le passage fut donc court, et comme le roi était pressé d'arriver, on se trouva en un instant dans un grand cabinet éclairé par quatre fenêtres s'ouvrant toutes quatre en portes, et par lesquelles, à l'aide de deux marches, on descendait dans le jardin. Ce grand cabinet donnait dans un autre plus petit où M. le régent avait l'habitude de travailler et de faire entrer les intimes ou les favorisés. Toute la cour de Son Altesse attendait là, et c'était chose naturelle, puisque c'était l'heure du lever. Aussi, le jeune roi ne remarqua-t-il ni monsieur d'Artagan, capitaine des mousquetaires gris, ni monsieur le marquis de Lafare, capitaine des gardes, ni un nombre assez considérable de chevau-légers qui se promenaient en dehors des fenêtres. Il est vrai que, sur une table, au beau milieu du cabinet, il avait vu la bienheureuse caisse, dont la taille exorbitante lui avait, malgré l'exhortation à peine refroidie de monsieur de Fréjus, fait pousser un cri de joie.

Cependant il fallut encore se contenir et recevoir en roi les hommages de messieurs d'Artagan et de Lafare ; mais pendant ce temps, monseigneur le régent avait fait appeler deux valets de chambre, armés de ciseaux, lesquels firent en un instant voler le couvercle de bois blanc qui fermait la caisse, et mirent à découvert la plus splendide collection de joujoux qui aient jamais ébloui l'œil d'un roi de neuf ans.

A cette vue tentatrice, il n'y eut plus ni précepteur, ni étiquette, ni capitaine de gardes, ni capitaine de mousquetaires gris ; le roi se précipita vers le paradis qui lui était ouvert, et, comme d'une mine inépuisable, comme d'une corbeille de fée, comme d'un trésor des Mille et une Nuits, il en tira successivement des clochers, des vaisseaux à trois ponts, des escadrons de cavalerie, des bataillons d'infanterie, des colporteurs chargés de leurs balles, des escamoteurs avec leurs gobelets, enfin ces mille merveilles du premier âge qui, dans la soirée de Noël, font tourner la tête à tous les enfans d'Outre-Rhin ; et cela avec des transports de joie si francs et si roturiers, que monsieur de Fréjus lui-même respecta le moment de bonheur qui illuminait la vie de son royal élève. Les assistans le regardaient avec le silence religieux qui entoure les grandes douleurs et les grandes joies. Mais au plus profond de ce silence, on entendit un bruit violent dans les antichambres.

La porte s'ouvrit ; un huissier annonça le duc de Villeroy, et le maréchal parut sur le seuil, la canne à la main, effaré, secouant sa perruque, et demandant à grands cris le roi. Comme on était habitué à ces façons de faire, monsieur le régent se contenta de lui montrer Sa Majesté qui continuait de vider sa caisse, couvrant les meubles et le

parquet des splendides joujoux qu'elle tirait de son inépuisable récipient. Le maréchal n'avait rien à dire ; il était
en retard de près d'une heure. Le roi était avec monsieur
de Fréjus, cet autre lui-même, mais il ne s'en approcha
pas moins en grommelant, et en jetant autour de lui des
regards qui semblaient dire que, si Sa Majesté courait
quelque danger, il était là pour la défendre. Le régent
échangea un regard d'intelligence avec Lafare, et un sourire imperceptible avec d'Artagan ; les choses allaient que
c'était merveille.

La caisse vide, et après avoir laissé un instant le roi jouir
de la possession visuelle de tous ses trésors, monsieur le
régent s'approcha de lui, et, le chapeau toujours à la main,
lui rappela la promesse qu'il lui avait faite de consacrer une
heure avec lui au travail des choses de l'État. Louis XV, avec
cette ponctualité de parole qui lui fit dire depuis que l'exactitude était la politesse des rois, jeta un dernier coup d'œil
sur ses joujoux, demanda la permission de les faire emporter dans ses appartemens, permission qui lui fut aussitôt accordée, et s'avança vers le petit cabinet, dont monsieur
le régent lui ouvrit la porte. Alors, selon leurs caractères
différens, ou plutôt selon l'adroite politique de l'un et la
brutale inconvenance de l'autre, monsieur de Fleury, qui,
sous prétexte de sa répugnance à se mêler des affaires po-
litiques, n'assistait presque jamais au travail du roi, fit
quelques pas en arrière et alla s'asseoir dans un coin, tandis qu'au contraire le maréchal s'élança en avant, et, voyant
le roi entrer dans le cabinet, voulut le suivre. C'était ce
moment qu'avait préparé le régent et qu'il attendait avec
impatience.

— Pardon, monsieur le maréchal, dit-il alors en barrant
le passage au duc de Villeroy, mais les affaires dont j'ai à
entretenir Sa Majesté demandant le secret le plus absolu,
je vous prierai de vouloir bien me laisser un instant avec
elle en tête-à-tête.

— En tête-à-tête ! s'écria Villeroy, en tête-à-tête ! Mais
vous savez bien, monseigneur, que c'est impossible.

— Impossible, monsieur le maréchal ! répondit le régent
avec le plus grand calme ; impossible ! Et pourquoi, je
vous prie ?

— Parce qu'en ma qualité de gouverneur de Sa Majesté,
j'ai le droit de l'accompagner partout.

— D'abord, monsieur, reprit le régent, ce droit ne me
paraît reposer sur aucune preuve bien positive, et si j'ai
bien voulu tolérer jusqu'à cette heure, non pas ce droit,
mais cette prétention, c'est que l'âge du roi le rendait sans
importance. Mais maintenant que Sa Majesté va atteindre
sa dixième année, maintenant qu'elle commence à permettre que je l'initie à la science du gouvernement, science
pour laquelle la France m'a conféré le titre de son précepteur, vous trouverez bon, comme monsieur le maréchal, que,
comme monsieur de Fréjus et vous, j'aie avec Sa Majesté
mes heures de tête-à-tête. Cela vous sera d'autant moins
pénible à accorder, monsieur le maréchal, ajouta le régent avec un sourire à l'expression duquel il était difficile
de se tromper, que vous êtes trop savant sur ces sortes de
matières pour qu'il vous reste quelque chose à y apprendre.

— Mais, monsieur, répliqua le maréchal en s'échauffant selon son habitude et en oubliant toute convenance à
mesure qu'il s'échauffait, monsieur, je vous ferai observer
que le roi est mon élève.

— Je le sais, monsieur, dit le régent du même ton rail-
leur qu'il avait commencé de prendre avec lui, et faites de
Sa Majesté un grand capitaine, je ne vous en empêche
point. Vos campagnes d'Italie et de Flandre font témoignage qu'on ne pouvait lui choisir un meilleur maître ;
mais dans ce moment, monsieur le maréchal, il ne s'agit
aucunement de science militaire, il s'agit tout simplement
d'un secret d'État qui ne peut être confié qu'à Sa Majesté.
Ainsi vous trouverez bon que je vous renouvelle l'expression du désir que j'ai d'entretenir le roi en particulier.

— Impossible, monseigneur, impossible ! s'écria le maréchal perdant de plus en plus la tête.

— Impossible ! reprit le régent, et pourquoi ?

— Pourquoi ? continua le maréchal, pourquoi ?... parce
que mon devoir est de ne point perdre le roi de vue un
seul instant, et que je ne permettrai pas...

— Prenez garde, monsieur le maréchal, interrompit le
duc d'Orléans avec une indéfinissable expression de hauteur, je crois que vous allez me manquer de respect !

— Monseigneur, reprit le maréchal s'échauffant de plus
en plus, je sais le respect que je dois à Votre Altesse Royale
pour le moins autant que ce que je dois à ma charge et au
roi, et c'est pour cela que Sa Majesté ne restera pas un
instant hors de ma vue, attendu... Le duc hésita.

— Attendu ? reprit monsieur le régent, attendu ?... Achevez, monsieur.

— Attendu que je réponds de sa personne, dit le maréchal, qui, poussé par cette espèce de défi, ne voulait pas
avoir l'air de reculer.

A ce dernier manque de toute retenue, il se fit parmi
tous les spectateurs de cette scène un moment de silence
pendant lequel on n'entendit rien que les grommelemens
du maréchal et les soupirs étouffés de monsieur de Fleury.
Quant au duc d'Orléans, il releva la tête avec un sourire
de souverain mépris, et, prenant peu à peu cet air de dignité qui faisait de lui, lorsqu'il le voulait, un des princes
les plus imposans du monde :

— Monsieur de Villeroy, dit-il, vous vous méprenez
étrangement, ce me semble, et vous croyez parler à quelque autre. Mais puisque vous oubliez qui je suis, c'est à
moi de vous en faire souvenir. Marquis de Lafare, continua le régent en s'adressant à son capitaine des gardes,
faites votre devoir.

Alors seulement le maréchal de Villeroy, comme si le
plancher manquait sous lui, comprit dans quel précipice il
glissait, et ouvrit la bouche pour balbutier une excuse ;
mais le régent ne lui laissa pas même le temps d'achever
sa phrase, et lui ferma la porte du cabinet au nez.

Aussitôt, et avant qu'il fût revenu de sa surprise, le
marquis de Lafare s'approcha du maréchal et lui demanda
son épée.

Le maréchal demeura un instant interdit. Depuis si long
temps qu'il se berçait dans son impertinence sans que personne prît la peine de l'en tirer, il avait fini par se croire
inviolable ; il voulut parler, mais la voix lui manqua, et,
sur une seconde demande plus impérative que la première,
il détacha son épée et la donna au marquis de Lafare.

En même temps une porte s'ouvre, et une chaise s'approche, deux mousquetaires gris y poussent le maréchal ;
la chaise se referme, d'Artagan et Lafare se placent à
chaque portière, et, en un clin d'œil, le prisonnier est emporté par une des fenêtres latérales dans les jardins. Les
chevau-légers, qui ont le mot d'ordre, se mettent à sa
suite ; la marche se presse, on descend le grand escalier,
on tourne à gauche, on entre dans l'Orangerie ; là, dans
une première pièce, on laisse toute la suite, et la chaise,
ses porteurs et ce qu'elle contient, entrent dans une seconde
chambre accompagnés seulement de Lafare et de d'Artagan.

Toutes ces choses s'étaient passées si rapidement, que le
maréchal, dont la première qualité n'était point le sang-
froid, n'avait pas eu le temps de se remettre. Il s'était vu
désarmer, il s'était senti emporter, et se trouvait enfermé
avec deux hommes qu'il savait ne pas professer pour lui
une grande amitié, et, s'exagérant toujours son importance, il se crut perdu.

— Messieurs ! s'écria-t-il en pâlissant, et tandis que la
sueur et la poudre lui coulaient sur le visage, messieurs,
j'espère qu'on ne veut pas m'assassiner.

— Non, monsieur le maréchal, tranquillisez-vous, lui dit
Lafare, tandis que d'Artagan, en voyant la figure grotesque que faisait au maréchal sa perruque toute effarou-
chée, ne pouvait s'empêcher de rire. Non, monsieur, il s'a-
git d'une chose beaucoup plus simple et infiniment moins
tragique.

— Et de quoi s'agit-il donc alors? demanda le maréchal à qui cette assurance rendait un peu de tranquillité.

— Il s'agit, monsieur, de deux lettres que vous comptiez remettre ce matin au roi, et que vous devez avoir dans quelqu'une des poches de votre habit.

Le maréchal, qui, préoccupé jusqu'alors de sa propre affaire, avait oublié celle de madame du Maine, tressaillit, et porta vivement la main à la poche où étaient ces lettres.

— Pardon, monsieur le duc, dit d'Artagan en arrêtant la main du maréchal, mais nous sommes autorisés à vous prévenir que, dans le cas où vous chercheriez à nous soustraire les originaux de ces lettres, monsieur le régent en a les copies.

— Puis, j'ajouterai, dit Lafare, que nous sommes autorisés à vous les prendre de force, et que nous sommes absous d'avance de tout accident que pourrait amener une lutte, en supposant, ce qui n'est pas probable, que vous poussiez la rébellion, monsieur le maréchal, jusqu'à vouloir lutter.

— Et vous m'assurez, messieurs, dit le maréchal, que monseigneur le régent a les copies de ces lettres?

— Sur ma parole d'honneur! dit d'Artagan.

— Foi de gentilhomme! dit Lafare.

— En ce cas, messieurs, reprit Villeroy, je ne vois pas pourquoi j'essayerais de soustraire ces lettres, qui d'ailleurs ne me regardent aucunement, et que je ne m'étais chargé de remettre que par complaisance.

— Nous savons cela, monsieur le maréchal, dit Lafare.

— Seulement, ajouta le maréchal, j'espère, messieurs, que vous ferez valoir près de Son Altesse Royale la facilité avec laquelle je me suis soumis à ses ordres, et le regret bien sincère que j'ai de l'avoir offensée.

— N'en doutez pas, monsieur le maréchal, toute chose sera rapportée comme elle s'est passée; mais ces lettres?

— Les voici, monsieur, dit le maréchal en donnant les deux lettres à Lafare.

Lafare leva un cachet volant aux armes d'Espagne, et s'assura que c'était bien les papiers qu'il avait mission de prendre; puis, après s'être assuré également qu'il n'y avait pas d'erreur,

— Mon cher d'Artagan, dit-il, conduisez maintenant monsieur le maréchal à sa destination, et recommandez, je vous prie, au nom de monseigneur le régent, aux personnes qui auront l'honneur de l'accompagner, avec vous, d'avoir pour lui tous les égards dus à son mérite.

Aussitôt la chaise se referma, et les porteurs se mirent en marche. Le maréchal, allégé de ses deux lettres, et commençant à soupçonner le piége dans lequel il était tombé, repassa dans la première pièce, où l'attendaient les chevau-légers. Le cortège se dirigea vers la grille, où il arriva au bout d'un instant. Un carrosse à six chevaux attendait; on y porta le maréchal; d'Artagan se plaça près de lui; un officier des mousquetaires et du Libois, un des gentilshommes du roi, se mirent sur le devant; vingt mousquetaires se placèrent, quatre à chaque portière, douze à la suite; on fit signe au cocher, et le carrosse partit au galop.

Quant au marquis de Lafare, qui s'était arrêté au haut de l'escalier de l'Orangerie pour assister à ce départ, à peine l'eut-il vu effectuer sans accident, qu'il reprit la route du château, les deux lettres de Philippe V à la main.

XXXVIII.

LE COMMENCEMENT DE LA FIN.

Le même jour, vers les deux heures de l'après-midi, et comme d'Harmental, profitant de l'absence de Buvat, que l'on croyait à la Bibliothèque, répétait pour la millième fois, couché aux pieds de Bathilde, qu'il l'aimait, qu'il n'aimait qu'elle et n'aimerait jamais une autre qu'elle, Nanette entra et annonça au chevalier que quelqu'un l'attendait chez lui pour affaire d'importance. D'Harmental, curieux de savoir quel était l'importun qui le poursuivait ainsi jusque dans le paradis de son amour, alla vers la fenêtre et aperçut l'abbé Brigaud qui se promenait de long en large dans son appartement. Alors il rassura d'un sourire Bathilde inquiète, prit le chaste baiser que lui tendait le front virginal de la jeune fille, et remonta chez lui.

— Eh bien! lui dit l'abbé en l'apercevant, tandis que vous êtes bien tranquille à faire l'amour à votre voisine, il se passe de belles choses, mon cher pupille!

— Et que se passe-t-il donc? demanda d'Harmental.

— Alors, vous ne savez rien?

— Rien, absolument rien, sinon que si ce que vous avez à m'apprendre n'est pas de la plus haute importance, je vous défends de m'avoir dérangé. Ainsi, tenez-vous bien, et si vous n'avez pas de nouvelles dignes de la circonstance, faites-en.

— Malheureusement, mon cher pupille, reprit l'abbé Brigaud, la réalité laissera peu de chose à faire à mon imagination.

— En effet, mon cher Brigaud, dit d'Harmental en regardant l'abbé avec plus d'attention, vous avez la mine tout encharibottée! Voyons qu'est-il arrivé? Contez-moi cela.

— Ce qu'il est arrivé? Oh! mon Dieu! presque rien, si ce n'est que nous avons été vendus je ne sais par qui; que monsieur le maréchal de Villeroy a été arrêté ce matin à Versailles, et que les deux lettres de Philippe V, qu'il devait remettre au roi, sont entre les mains du régent.

— Répétez donc, l'abbé, dit d'Harmental, qui, du troisième ciel où il était monté, avait toutes les peines du monde à redescendre sur la terre. Répétez donc, s'il vous plaît; je n'ai pas bien entendu.

Et l'abbé répéta mot pour mot la triple nouvelle qu'il annonçait en pesant par chaque syllabe.

D'Harmental écouta la complainte de Brigaud d'un bout à l'autre, et comprit à son tour la gravité de la situation. Mais quelles que fussent les sombres pensées que cette situation fit naître en lui, son visage ne manifesta d'autre sentiment que cette expression de fermeté calme qui lui était habituelle au moment du danger; puis lorsque l'abbé eut fini:

— Est-ce tout? demanda le chevalier d'une voix où il était impossible de reconnaître la moindre altération.

— Oui, pour le moment, répondit l'abbé, et il me semble même que c'est bien assez, et que si vous n'êtes pas content comme cela, vous êtes difficile.

— Mon cher abbé, quand nous nous sommes mis à jouer à la conspiration, reprit d'Harmental, c'était avec chances à peu près égales de perdre ou de gagner. Nos chances avaient haussé, nos chances baissent. Hier, nous avions quatre-vingt-dix chances sur cent; aujourd'hui nous n'en avons plus que trente: voilà tout.

— Allons, dit Brigaud, je vois avec plaisir que vous ne vous démontez pas facilement.

— Que voulez-vous, mon cher abbé! reprit d'Harmental, je suis heureux en ce moment, et je vois les choses en homme heureux. Si vous m'aviez pris dans un moment de tristesse, je verrais tout en noir, et je répondrais Amen à votre De profundis.

— Ainsi donc, votre avis?

— Est que le jeu s'embrouille, mais que la partie n'est point perdue. Monsieur le maréchal de Villeroy n'est point de la conjuration; monsieur le maréchal de Villeroy ne sait pas les noms des conjurés. Les lettres de Philippe V, autant que je puis m'en souvenir, ne désignent personne, et il n'y a de véritablement compromis dans tout cela que le prince de Cellamare. Or, l'inviolabilité de son caractère le garantit de tout danger réel. D'ailleurs, monsieur de Saint-Aignan, si notre plan est parvenu au cardinal Alberoni, doit à cette heure lui servir d'otage.

Il y a du vrai dans ce que vous dites là, reprit Brigaud en se rassurant.

— Et de qui tenez-vous ces nouvelles ? demanda le chevalier.

— De Valef, qui les tenait de madame du Maine, et qui est allé aux nouvelles chez le prince de Cellamare lui-même.

— Eh bien ! il faudrait voir Valef.

— Je lui ai donné rendez-vous ici, et comme j'ai passé, avant de venir vous voir, chez le marquis de Pompadour, je m'étonne même qu'il ne soit pas encore arrivé.

— Raoul ! dit une voix dans l'escalier ; Raoul !

— Et tenez, c'est lui, s'écria d'Harmental en courant à la porte et en l'ouvrant.

— Merci, très cher, dit le baron de Valef, et vous venez fort à propos à mon aide, car, sur mon honneur ! j'allais m'en aller convaincu que Brigaud s'était trompé d'adresse, et qu'un chrétien ne pouvait demeurer à une pareille hauteur et dans un semblable pigeonnier. Ah ! mon cher, continua Valef en pirouettant sur le talon et en regardant la mansarde de d'Harmental, il faut que je vous y amène madame du Maine, et qu'elle sache tout ce qu'elle vous doit.

— Dieu veuille, baron, dit Brigaud, que vous, le chevalier et moi ne soyons pas plus mal logés encore d'ici à quelques jours !

— Ah ! vous voulez dire la Bastille ? C'est possible, l'abbé ; mais au moins, à la Bastille, il y a force majeure ; puis c'est un logement royal, ce qui le rehausse toujours un peu et en fait une demeure qu'un gentilhomme peut habiter sans déchoir. Mais ce logement ! fi donc, l'abbé ! Je sens le clerc de procureur à une lieue : parole d'honneur !

— Eh bien ! si vous saviez ce que j'y ai trouvé, Valef, dit d'Harmental piqué malgré lui du mépris que le baron faisait de sa demeure, vous seriez comme moi, vous ne voudriez plus le quitter.

— Bah ! vraiment ? quelque petite bourgeoise ? une madame Michelin peut-être ? Prenez garde, chevalier, il n'y a qu'à Richelieu que ces choses-là soient permises. A vous et moi qui valons mieux que lui peut-être, mais qui pour le moment avons le malheur de ne point être si fort à la mode que lui, cela nous ferait le plus grand tort.

— Au reste, baron, dit Brigaud, quelque frivoles que soient vos observations, je les écoute avec le plus grand plaisir, attendu qu'elles me prouvent que nos affaires ne sont point en si mauvais état que nous le pensions.

— Au contraire. A propos, la conspiration est à tous les diables.

— Que dites-vous là, baron ? s'écria Brigaud.

— Je dis que j'ai bien cru qu'on ne me laisserait pas même le loisir de venir vous apporter la nouvelle que je vous apporte.

— Vous avez failli être arrêté, mon cher Valef ? demanda d'Harmental.

— Il ne s'en est pas fallu de l'épaisseur d'un cheveu.

— Et comment cela, baron ?

— Comment cela ? vous savez bien, l'abbé, que je vous ai quitté pour aller chez le prince de Cellamare.

— Oui.

— Eh bien ! j'y étais quand on est venu pour saisir ses papiers.

— On a saisi les papiers du prince ? s'écria Brigaud.

— Moins ceux que nous avons brûlés, et malheureusement ce n'est pas la majeure partie.

— Mais nous sommes tous perdus alors, dit l'abbé.

— Oh ! mon cher Brigaud, comme vous jetez le manche après la cognée ! Que diable ! est-ce qu'il ne nous reste pas la ressource de faire une petite Fronde, et croyez-vous que madame du Maine ne vaille pas la duchesse de Longueville ?

— Mais enfin, mon cher Valef, comment cela s'est-il passé ? demanda d'Harmental.

— Mon cher chevalier, imaginez-vous la scène la plus bouffonne du monde. J'aurais voulu pour beaucoup que vous fussiez là. Nous aurions ri comme des dératés. Cela aurait fait enrager ce croquant de Dubois.

— Comment ! Dubois lui-même, demanda Brigaud, Dubois est venu chez l'ambassadeur ?

— En personne naturelle, l'abbé. Imaginez-vous que nous étions en train de causer tranquillement au coin du feu de nos petites affaires, le prince de Cellamare et moi, fouillant dans une cassette pleine de lettres plus ou moins importantes, et brûlant toutes celles qui nous paraissaient mériter les honneurs de l'auto da-fé, lorsque tout à coup son valet de chambre entre et nous annonce que l'hôtel de l'ambassade est cerné par un cordon de mousquetaires, et que Dubois et Leblanc demandent à lui parler. Le but de la visite n'était pas difficile à deviner. Le prince, sans se donner la peine de choisir, vide la cassette tout entière au feu, me pousse dans un cabinet de toilette, et ordonne de faire entrer. L'ordre était inutile : Dubois et Leblanc étaient déjà sur la porte. Heureusement ni l'un ni l'autre ne m'avait vu.

— Jusqu'ici, je ne vois rien de bien drôle dans tout cela, dit Brigaud en secouant la tête.

— Justement, voilà où cela commence, reprit Valef. Imaginez-vous d'abord que j'étais là dans mon cabinet voyant et entendant tout. Dubois parut sur la porte, suivi de Leblanc, allongeant sa tête de fouine dans la chambre, et cherchant du regard le prince de Cellamare, qui, enveloppé de sa robe de chambre, se tenait devant la cheminée pour donner aux papiers en question le temps de brûler.

— Monsieur, dit le prince avec ce flegme que vous lui connaissez, puis-je savoir à quel événement je dois la bonne fortune de votre visite ?

— Oh ! mon Dieu ! monseigneur, dit Dubois, à une chose bien simple, au désir qui nous est venu, à monsieur Leblanc et à moi, de prendre connaissance de vos papiers, dont, ajouta-t-il en montrant les lettres du roi Philippe V, ces deux échantillons nous ont donné un avant-goût.

— Comment ! dit Brigaud, ces lettres, saisies à dix heures seulement à Versailles sur la personne de monsieur de Villeroy, étaient déjà à une heure entre les mains de Dubois ?

— Comme vous dites, l'abbé ; vous voyez qu'elles ont fait plus de chemin que si on les avait mises tout bonnement à la poste.

— Et qu'a dit alors le prince ? demanda d'Harmental.

— Oh ! le prince a voulu hausser la voix, le prince a voulu invoquer le droit des gens ; mais Dubois, qui ne manque pas d'une certaine logique, lui a fait observer qu'il avait quelque peu violé lui-même ce droit en couvrant la conspiration de son manteau d'ambassadeur. Bref, comme il était le moins fort, il lui fallut bien souffrir ce qu'il ne pouvait empêcher. D'ailleurs Leblanc, sans lui en demander la permission, avait déjà ouvert le secrétaire et visité ce qu'il contenait, tandis que Dubois tirait les tiroirs d'un bureau et furetait de son côté. Tout à coup Cellamare quitta son fauteuil, et arrêtant Leblanc qui venait de mettre la main sur un paquet de lettres liées avec un ruban rose :

— Pardon, monsieur, lui dit-il, à chacun ses attributions. Ces lettres sont des lettres de femmes : cela regarde l'ami du prince.

— Merci de votre confiance, dit Dubois sans se déconcerter, en se levant et en allant recevoir le paquet des mains de Leblanc ; j'ai l'habitude de ces sortes de secrets, et le vôtre sera bien gardé.

En ce moment ses yeux se portèrent sur la cheminée, et au milieu des cendres des lettres brûlées, Dubois aperçut un papier encore intact, et se précipitant vers la cheminée, il le saisit au moment où les flammes allaient l'atteindre. Le mouvement fut si rapide que l'ambassadeur ne put l'empêcher, et que le papier était aux mains de Dubois avant qu'il eût deviné quelle était son intention.

— Peste ! dit le prince en regardant Dubois qui se secouait les doigts, je savais bien que monsieur le régent avait des espions habiles, mais je ne les savais pas assez braves pour aller au feu.

— Et, ma foi ! prince, dit Dubois, qui avait déjà ouvert le

papier, ils sont grandement récompensés de leur bravoure. Voyez...

Le prince jeta les yeux sur le papier. Je ne sais pas ce qu'il contenait; ce que je sais, c'est que le prince devint pâle comme la mort, et que, comme Dubois éclatait de rire, Cellamare, dans un moment de colère, brisa en mille morceaux une charmante petite statue de marbre qui se trouva sous sa main.

— J'aime mieux que ce soit elle que moi, dit froidement Dubois en regardant les morceaux qui roulaient jusqu'à ses pieds, et en mettant le papier dans sa poche.

— Chacun aura son tour, monsieur; le ciel est juste, dit l'ambassadeur.

— En attendant, reprit Dubois avec son ton goguenard, comme nous avons à peu près ce que nous désirions avoir, et qu'il ne nous reste pas de temps à perdre aujourd'hui, nous allons mettre les scellés chez vous.

— Les scellés chez moi! s'écria l'ambassadeur exaspéré.

— Avec votre permission, dit Dubois. Monsieur Leblanc, procédez.

Leblanc tira d'un sac des bandes et de la cire toutes préparées.

Il commença l'opération par le secrétaire et le bureau; puis, les cachets appliqués sur ces deux meubles, il s'avança vers la porte de mon cabinet.

— Messieurs, s'écria le prince, je ne souffrirai jamais...

— Messieurs, dit Dubois en ouvrant la porte et en introduisant dans la chambre de l'ambassadeur deux officiers de mousquetaires, voilà monsieur l'ambassadeur d'Espagne qui est accusé de haute trahison contre l'État; ayez la bonté de l'accompagner à la voiture qui l'attend, et de le conduire où vous savez. S'il fait résistance, appelez huit hommes et emportez-le.

— Et que fit le prince? dit Brigaud.

— Le prince fit ce que vous auriez fait à sa place, je le présume, mon cher abbé: il suivit les deux officiers, et cinq minutes après, votre serviteur se trouva sous le scellé.

— Pauvre baron! s'écria d'Harmental, et comment diable t'en es-tu retiré?

— Ah! voilà justement le beau de la chose. A peine le prince sorti, et moi sous bande, comme ma porte se trouvait la dernière à cacheter, et que, par conséquent, la besogne était finie, Dubois appela le valet de chambre du prince.

— Comment vous nommez-vous? demanda Dubois.

— Lapierre, monseigneur, pour vous servir, répondit le valet tout en tremblant.

— Mon cher Leblanc, reprit Dubois, expliquez, je vous prie, à monsieur Lapierre quelles sont les peines que l'on encourt pour bris de scellés.

— Les galères, répondit Leblanc avec cet accent aimable que vous lui connaissez.

— Mon cher monsieur Lapierre, continua Dubois d'un ton doux comme miel, vous comprenez: s'il vous convient d'aller ramer pendant quelques années sur les vaisseaux de Sa Majesté le roi de France, touchez du bout du doigt seulement à l'une de ces petites bandes ou à un de ces gros cachets, et votre affaire sera faite. Si, au contraire, une centaine de louis vous sont agréables, gardez fidèlement les scellés que nous venons de poser, et dans trois jours les cent louis vous seront comptés.

— Je préfère les cent louis, dit ce gredin de Lapierre.

— Eh bien! alors, signez ce procès-verbal; nous vous constituons gardien du cabinet du prince.

— Je suis à vos ordres, monseigneur, répondit Lapierre, et il signa.

— Maintenant, dit Dubois, vous comprenez toute la responsabilité qui pèse sur vous.

— Oui, monseigneur.

— Et vous vous y soumettez?

— Je m'y soumets.

— A merveille. Mon cher Leblanc, nous n'avons plus rien à faire ici, dit Dubois, et j'ai, ajouta-t-il en montrant le papier qu'il avait tiré de la cheminée, tout ce que je désirais avoir.

Et à ces mots il sortit suivi de son acolyte. Lapierre les regarda s'éloigner, puis, lorsqu'il les eut vus monter en voiture:

— Eh! vite, monsieur le baron, dit-il en se retournant du côté du cabinet, il s'agit de profiter de ce que nous sommes seuls pour vous en aller.

— Tu savais donc que j'étais ici, maraud?

— Pardieu! est-ce que j'aurais accepté la place de gardien sans cela? Je vous avais vu entrer dans le cabinet, et j'ai pensé que vous ne seriez pas curieux de rester là trois jours.

— Et tu as raison. Cent louis pour toi en récompense de ta bonne idée.

— Mon Dieu! que faites-vous donc! s'écria Lapierre.

— Tu le vois bien, j'essaye de sortir.

— Pas par la porte, monsieur le baron, pas par la porte! Vous ne voudriez pas envoyer un pauvre père de famille aux galères. D'ailleurs, pour plus de sûreté, ils ont emporté la clef avec eux.

— Et par où diable alors veux-tu que je m'en aille maroufle?

— Levez la tête.

— Elle est levée.

— Regardez en l'air.

— J'y regarde.

— A votre droite.

— J'y suis.

— Ne voyez-vous rien?

— Ah! si fait; un œil-de-bœuf.

— Eh bien! montez sur une chaise, sur un meuble, sur la première chose venue. L'œil-de-bœuf donne dans l'alcôve. Là, laissez-vous glisser maintenant, vous tomberez sur le lit. Voilà. Vous ne vous êtes pas fait de mal, monsieur le baron?

— Non. Le prince était fort bien couché, ma foi. Je souhaite qu'il ait un aussi bon lit où on le mène.

— Et j'espère maintenant que monsieur le baron n'oubliera pas le service que je lui ai rendu?

— Les cent louis, n'est-ce pas?

— C'est monsieur le baron qui me les a offerts.

— Tiens, drôle, comme je ne me soucie pas de me dessaisir en ce moment de mon argent, prends cette bague, elle vaut trois cents pistoles: c'est six cents livres que tu gagnes au marché.

— Monsieur le baron est le plus généreux seigneur que je connaisse.

— C'est bien. Et maintenant par où faut-il que je m'en aille?

— Par ce petit escalier. Monsieur le baron se trouvera dans l'office, il traversera la cuisine, descendra dans le jardin et sortira par la petite porte, car peut-être la grande est-elle gardée.

— Merci de l'itinéraire.

Je suivis les instructions de monsieur Lapierre de point en point; je trouvai l'office, la cuisine, le jardin, la petite porte; je ne fis qu'un bond de la rue des Saints-Pères ici, et me voilà.

— Et le prince de Cellamare, où est-il? demanda le chevalier.

— Est-ce que je le sais, moi? dit Valef. En prison, sans doute.

— Diable! diable! diable! fit Brigaud.

— Eh bien! que dites-vous de mon odyssée, l'abbé?

— Je dis que ce serait fort drôle, sans ce maudit papier que ce damné de Dubois est allé ramasser dans les cendres.

— Oui, en effet dit Valef, cela gâte la chose.

— Et vous n'avez aucune idée de ce que ce pouvait être?

— Aucune. Mais soyez tranquille, l'abbé, il n'est pas perdu, et un jour ou l'autre nous saurons bien ce que c'était.

En ce moment on entendit quelqu'un qui montait l'escalier. La porte s'ouvrit, et Boniface passa sa tête joufflue.

— Pardon, excuse, monsieur Raoul, dit l'héritier présomptif de madame Denis, mais ce n'est pas vous que je cherche, c'est le papa Brigaud.

— N'importe, monsieur Boniface, dit Raoul, soyez le bienvenu. Mon cher baron, je vous présente mon prédécesseur dans cette chambre, le fils de ma digne propriétaire, madame Denis, le filleul de notre bon ami l'abbé Brigaud.

— Tiens, vous avez des amis barons, monsieur Raoul ! Peste ! Quel honneur pour la maison de la mère Denis ! Ah ! vous êtes baron, vous ?

— C'est bien, c'est bien, petit drôle, dit l'abbé, qui ne se souciait pas qu'on le sût en si bonne compagnie. C'est moi que tu cherchais, as-tu dit ?

— Vous-même.

— Que me veux-tu ?

— Moi, rien. C'est la mère Denis qui vous réclame.

— Que me veut-elle ? le sais-tu ?

— Tiens, si je le sais ! Elle veut vous demander pourquoi le parlement s'assemble demain.

— Le parlement s'assemble demain ! s'écrièrent Valef et d'Harmental.

— Et dans quel but ? demanda Brigaud.

— Eh bien ! c'est justement ce qui l'intrigue, cette pauvre femme.

— Et d'où ta mère a-t-elle su que le parlement s'assemblait ?

— C'est moi qui le lui ai dit.

— Et où l'as-tu appris, toi ?

— Chez mon procureur, pardieu ! Maître Joullu était justement chez monsieur le premier président, quand l'ordre lui est arrivé des Tuileries. Aussi, si le feu prend demain à l'étude, ce n'est pas moi qui l'y aurai mis, vous pourrez être parfaitement tranquille, père Brigaud. Oh ! dites donc, ils vont venir tous en robe rouge ! ça va faire une fameuse baisse dans les écrevisses !

— C'est bon ! garnement ; dis à ta mère que je passerai chez elle en descendant.

— Suffit ! on vous attendra. Adieu, monsieur Raoul ; adieu, monsieur le baron. Oh ! à deux sous les homards ! à deux sous !

Et monsieur Boniface sortit, fort éloigné de se douter de l'effet qu'il venait de produire sur ses trois auditeurs.

— C'est quelque coup d'État qui se machine, murmura d'Harmental.

— Je cours chez madame du Maine pour l'en prévenir, dit Valef.

— Et moi, chez Pompadour, pour savoir des nouvelles, dit Brigaud.

— Et moi, je reste, dit d'Harmental. Si vous avez besoin de moi, l'abbé, vous savez où je suis.

— Mais, où vous n'étiez pas chez vous, chevalier ?

— Oh ! je ne serais pas loin ; vous n'auriez qu'à ouvrir la fenêtre, et à frapper trois fois dans vos mains ; on accourrait.

L'abbé Brigaud et le baron de Valef prirent leur chapeau et descendirent ensemble pour aller chacun où il avait dit.

Cinq minutes après eux, d'Harmental descendit à son tour, et monta chez Bathilde, qu'il trouva fort inquiète.

Il était cinq heures de l'après-midi, et Buvat n'était pas encore rentré.

C'était la première fois que pareille chose arrivait depuis que la jeune fille avait l'âge de connaissance.

XXXIX.

LE LIT DE JUSTICE.

Le lendemain, à sept heures du matin, Brigaud vint prendre d'Harmental, et trouva le jeune homme habillé et l'attendant. Tous deux s'enveloppèrent de leurs manteaux, rabattirent leurs chapeaux sur leurs yeux, et s'acheminèrent par la rue de Cléry, la place des Victoires et le jardin du Palais-Royal.

En approchant de la rue de l'Échelle, ils commencèrent à apercevoir un mouvement inaccoutumé ; toutes les avenues des Tuileries étaient gardées par des détachemens nombreux de chevau-légers et de mousquetaires, et les curieux, exilés de la cour et du jardin des Tuileries, se pressaient sur la place du Carrousel. D'Harmental et Brigaud se mêlèrent à la foule.

Arrivés à l'endroit où se trouve aujourd'hui l'arc de triomphe, ils furent accostés par un officier de mousquetaires gris enveloppé comme eux d'un grand manteau. C'était Valef.

— Eh bien ! baron, demanda Brigaud, qu'y a-t-il de nouveau ?

— Ah ! c'est vous, l'abbé ! dit Valef. Nous vous cherchions, Laval, Malezieux et moi. Je les quitte à l'instant même, et ils doivent être aux environs. Ne nous éloignons pas d'ici, et ils ne tarderont pas à nous rejoindre. Savez-vous quelque chose vous-même ?

— Non, rien ; je suis passé chez Malezieux, mais il était déjà sorti.

— Dites qu'il n'était pas encore rentré. Nous sommes restés toute la nuit à l'Arsenal.

— Et aucune démonstration hostile n'a été faite ? demanda d'Harmental.

— Aucune. Monsieur le duc du Maine et monsieur le comte de Toulouse étaient convoqués pour le conseil de régence qui devait se tenir ce matin avant le lit de justice. A six heures et demie ils étaient tous deux aux Tuileries, ainsi que madame du Maine, qui, pour se tenir plus près des nouvelles, est venue s'installer dans ses appartemens de la surintendance.

— Sait-on ce qu'est devenu le prince de Cellamare ? demanda d'Harmental.

— On l'a acheminé sur Orléans, dans une voiture à quatre chevaux, accompagné d'un gentilhomme de la chambre du roi et escorté de douze chevau-légers.

— Et on n'a rien appris du papier saisi par Dubois dans les cendres ? demanda Brigaud.

— Rien.

— Que pense madame du Maine ?

— Qu'il se brasse quelque chose contre les princes légitimés, et qu'on va profiter de tout ceci pour leur enlever encore quelques-uns de leurs priviléges. Aussi ce matin elle a vertement chapitré son mari, qui lui a promis de tenir ferme : mais elle n'y compte pas.

— Et monsieur de Toulouse ?

— Nous l'avons vu hier soir ; mais vous le savez, mon cher abbé, il n'y a rien à en faire avec sa modestie, ou plutôt son humilité. Il trouve toujours qu'on fait trop pour eux, et il est sans cesse prêt à abandonner au régent ce qu'il lui demande.

— A propos, le roi ?

— Eh bien ! le roi...

— Oui, comment a-t-il pris l'arrestation de son gouverneur ?

— Ah ! vous ne savez pas : il paraît qu'il y avait un pacte entre le maréchal et monsieur de Fréjus, et que si l'on éloi-

25

gnait l'un de Sa Majesté, l'autre devait se retirer aussitôt. Hier, dans la matinée, monsieur de Fréjus a disparu.

— Et où est-il ?

— Dieu le sait ! De sorte que le roi, qui avait assez bien pris la perte de son maréchal, est inconsolable de celle de son évêque.

— Et par qui savez-vous tout cela ?

— Par le duc de Richelieu, qui est venu hier, vers les deux heures, à Versailles pour faire sa cour au roi, et qui a trouvé Sa Majesté au désespoir, au milieu des porcelaines et des carreaux qu'elle avait cassés. Malheureusement vous connaissez Richelieu : au lieu de pousser le roi à la tristesse, il l'a fait rire en lui contant cinquante balivernes, et l'a presque consolé en cassant avec lui le reste de ses porcelaines et de ses carreaux.

En ce moment, un individu vêtu d'une longue robe d'avocat et coiffé d'un bonnet carré passa près du groupe que formaient Brigaud, d'Harmental et Valef, en fredonnant le refrain d'une chanson faite sur le maréchal après la bataille de Ramillies, et qui était :

> Villeroy, Villeroy,
> A fort bien servi le roi...
> Guillaume, Guillaume, Guillaume.

Brigaud se retourna, et sous ce déguisement crut reconnaître Pompadour. De son côté, l'avocat s'arrêta et s'approcha du groupe en question ; l'abbé n'eut plus de doute : c'était bien le marquis.

— Eh bien ! maître Clément, lui dit-il, quelle nouvelle au palais ?

— Mais, répondit Pompadour, une grande nouvelle, surtout si elle se confirme : on dit que le Parlement refuse de se rendre aux Tuileries.

— Vive Dieu ! cria Valef, voilà qui me raccommodera avec les robes rouges ; mais il n'osera.

— Dame ! vous savez que M. de Mesme est des nôtres ; il a été nommé président par le crédit de monsieur du Maine.

— Oui, c'est vrai, mais il y a bien longtemps de cela, dit Brigaud, et si vous n'avez pas d'autre certitude, maître Clément, je vous conseille de ne pas trop compter sur lui.

— D'autant plus, reprit Valef, que, comme vous le savez, il vient d'obtenir du régent qu'il lui fasse payer les 500,000 livres de son billet de retenue.

— Oh ! oh ! dit d'Harmental, voyez donc : il me semble qu'il se passe quelque chose de nouveau. Est-ce que l'on sortirait déjà du conseil de régence ?

En effet, un grand mouvement s'opérait dans la cour des Tuileries, et les deux voitures du duc du Maine et du comte de Toulouse, quittant leur poste, s'approchaient du pavillon de l'Horloge. Au même instant, on vit paraître les deux frères. Ils échangèrent quelques mots ; chacun monta dans son carrosse, et les deux voitures s'éloignèrent rapidement par le guichet du bord de l'eau.

Pendant dix minutes, Brigaud, Pompadour, d'Harmental et Valef se perdirent en conjectures sur cet événement, qui, remarqué par beaucoup d'autres que par eux, avait fait sensation dans la foule, mais sans pouvoir se rendre compte de sa véritable cause, lorsqu'ils aperçurent Malezieux qui paraissait les chercher. Ils allèrent à lui, et, à sa figure décomposée, ils jugèrent que les renseignemens, s'il en avait, devaient être peu rassurans.

— Eh bien ! demanda Pompadour, avez-vous quelque idée de ce qui se passe ?

— Hélas! reprit Malezieux, j'ai bien peur que tout ne soit perdu.

— Vous savez que le duc du Maine et le comte de Toulouse ont quitté le conseil de régence? reprit Valef.

— J'étais sur le quai comme il passait en voiture ; il m'a reconnu, a fait arrêter le cocher et m'a envoyé par son valet de chambre ce petit billet au crayon.

— Voyons, dit Brigaud. Et il lut :

« Je ne sais ce qui se trame contre nous, mais le régent » nous a fait inviter, Toulouse et moi, à quitter le conseil. » Cette invitation m'a paru un ordre, et comme toute ré- » sistance eût été inutile, attendu que nous n'avons dans » le conseil que quatre ou cinq voix, sur lesquelles je ne » sais même pas trop si nous pouvons compter, j'ai dû » obéir. Tâchez de voir la duchesse, qui doit être aux Tui- » leries, et dites-lui que je me retire à Rambouillet, où » j'attendrai les événemens.

» Votre affectionné,

» LOUIS-AUGUSTE. »

— Le lâche ! dit Valef.

— Et voilà les gens pour lesquels nous risquons notre tête ! murmura Pompadour.

— Vous vous trompez, mon cher marquis, dit Brigaud : nous risquons notre tête pour nous-mêmes, je l'espère bien, et non pas pour d'autres. N'est-il pas vrai, chevalier? Eh bien ! à qui diable en avez-vous?

— Attendez donc, l'abbé, répondit d'Harmental ; c'est qu'il me semble reconnaître... mais oui, le diable m'emporte ! c'est lui-même ! Vous ne vous éloignez pas d'ici, messieurs?

— Non, pas pour mon compte, du moins, dit Pompadour.

— Ni moi, dit Valef.

— Ni moi, dit Malezieux.

— Ni moi, dit l'abbé.

— Eh bien ! en ce cas, je vous rejoins dans un instant.

— Où allez-vous? demanda Brigaud.

— Ne faites pas attention, l'abbé, dit d'Harmental; c'est pour affaire qui m'est personnelle.

Et quittant le bras de Valef, d'Harmental se mit aussitôt à fendre la foule dans la direction d'un individu que depuis quelque temps il suivait du regard avec la plus grande attention, et qui, grâce à sa force musculaire, ce grand porte-respect de la multitude, s'était approché de la grille, lui et les deux donzelles avinées qui pendaient à ses bras.

— Voyez-vous, mes princesses, disait l'individu en question, en accompagnant ses paroles de lignes architecturales qu'il traçait sur le sable avec le bout de sa canne, tandis qu'à chacun de ses mouvemens sa longue épée frétillait dans les jambes de ses voisins, voici ce que c'est qu'un lit de justice. Je connais cela, moi; j'ai vu celui qui a eu lieu à la mort du feu roi; quand on a cassé le testament et qu'on a déclaré, sauf le respect dû à Sa Majesté Louis XIV, que des bâtards étaient toujours des bâtards. Voyez-vous, ça se passe dans une grande salle, longue ou carrée, ça n'y fait rien ; le lit du roi est ici, les pairs sont là, le parlement est en face.

— Dis donc, Honorine, interrompit l'une des deux demoiselles, est-ce que cela t'amuse, ce qu'il te conte là ?

— Mais je le moindrement ; ce n'était pas la peine de nous emmener du quai Saint-Paul ici, en nous promettant le spectacle, pour nous montrer cinquante mousquetaires à cheval et une douzaine de chevau-légers qui courent les uns après les autres.

— Dis-donc, mon vieux, reprit la première interlocutrice, il me semble que si nous allions manger une matelotte à la Râpée, ça serait plus nourrissant que ton lit de justice, hein?

— Mademoiselle Honorine, reprit celui à qui cette astucieuse invitation était faite, j'ai déjà remarqué, quoiqu'il y ait à peine douze heures que j'ai l'honneur de vous connaître, que vous êtes fort portée sur votre bouche, ce qui est un bien vilain défaut chez une femme. Tâchez donc de vous en corriger, du moins pour tout le temps que vous avez encore à rester avec moi.

— Dis-donc, dis-donc, Phémie, est-ce qu'il voudrait nous mener comme cela jusqu'à cinq heures du soir, avec son omelette au lard et ses trois bouteilles de vin blanc, ce vieux reître! D'abord, je te préviens, mon bel homme, que je file si on n'est pas nourri en restant.

— Tout beau ! ma passion, comme dit monsieur Pierre

Corneille, tout beau! reprit le personnage à la vanité duquel on faisait cet appel gastronomique, en saisissant de chacune de ses mains le poignet de chacune de ces demoiselles, et en les assurant sous ses bras comme avec des tenailles; il n'est point question ici de discuter sur un plat de plus ou de moins; vous m'appartenez jusqu'à quatre heures du soir, d'après convention faite avec madame Chose, comment l'appelez-vous? cela m'est égal!

— Oui, mais nourries, nourries!

— Il n'a pas été un seul instant question de nourriture dans le traité, mes poulettes, et s'il y a quelqu'un de lésé dans l'affaire, c'est moi.

— Toi, vilain ladre!

— Oui, moi; j'ai demandé deux femmes.

— Eh bien! tu les as.

— Pardon, pardon; je répète : j'ai demandé deux femmes, ce qui veut dire une blonde et une brune, et l'on a profité de l'obscurité pour me donner deux blondes, ce qui est exactement comme si on ne m'en avait donné qu'une, vu que c'est bonnet blanc, blanc bonnet. C'est donc moi qui aurais le droit de réclamer des dommages-intérêts. Aussi, taisons-nous, mes amours, taisons-nous!

— Mais c'est une injustice! crièrent ensemble les deux donzelles.

— Que voulez-vous? le monde est plein d'injustice. Tenez, on en fait probablement une dans ce moment-ci à ce pauvre monsieur du Maine, et si vous aviez un peu de cœur, vous ne penseriez qu'au chagrin qu'on prépare à ce pauvre prince. Quant à moi, j'en ai l'estomac si serré qu'il me serait impossible d'avaler la moindre chose. D'ailleurs, vous demandiez du spectacle : tenez, en voilà, et un beau! regardez. Qui regarde dîne.

— Capitaine, dit en frappant sur l'épaule de Roquefinette le chevalier, qui espérait, grâce au mouvement qu'occasionnait l'approche du parlement, pouvoir, sans être remarqué, échanger quelques paroles avec cette vieille connaissance qu'il retrouvait là par hasard, est-ce que je pourrais vous dire deux mots en particulier?

— Quatre, chevalier, quatre, et avec le plus grand plaisir. Restez-là, mes petites chattes, ajouta-t-il en plaçant les deux demoiselles au premier rang; et si quelqu'un vous insulte, faites-moi signe. Je suis ici à deux pas. Me voilà, chevalier, me voilà, continua-t-il en le tirant hors de la foule qui se pressait sur le passage du parlement. Je vous avais reconnu depuis cinq minutes, mais il ne m'appartenait pas de vous parler le premier.

— Je vois avec plaisir, dit d'Harmental, que le capitaine Roquefinette est toujours prudent.

— Prudentissime, chevalier; ainsi, si vous avez quelque nouvelle ouverture à me faire, allez de l'avant.

— Non, capitaine, non; pour le moment du moins. D'ailleurs, le lieu n'est pas propre à une conférence de cette nature. Seulement, je voulais savoir de vous, le cas échéant, si vous logiez toujours en même endroit.

— Toujours, chevalier. Je suis comme le lierre, moi : je meurs où je m'attache; seulement, comme lui je grimpe : ce qui veut dire qu'au lieu de me trouver comme la dernière fois au premier ou au second, il vous faudra, si vous me faites l'honneur de me visiter, me venir chercher cette fois au cinquième ou au sixième, attendu que, par un mouvement de bascule que vous comprendrez sans être un grand économiste, à mesure que les fonds baissent, moi, je monte. Or, les fonds étant au plus bas, je me trouve naturellement au plus haut.

— Comment, capitaine, dit d'Harmental en riant et en portant la main à la poche de sa veste, vous êtes gêné et vous ne vous adressez point à vos amis.

— Moi, emprunter de l'argent! reprit le capitaine en arrêtant tout à coup les dispositions libérales du chevalier. Fi donc! Quand je rends un service, qu'on me fasse un cadeau, très bien. Quand je conclus un marché, qu'on en exécute les conditions, à merveille! Mais que je demande sans avoir le droit de demander? c'est bon pour un rat d'église, et non pour un homme d'épée. Quoiqu'on soit gentilhomme tout juste, on est fier comme un duc et pair. Mais pardon, pardon, j'aperçois mes drôlesses qui s'esbignent, et je ne veux pas être fait au même par de pareilles espèces. Si vous avez besoin de moi, vous savez où me trouver. Ainsi, au revoir, chevalier, au revoir.

Et sans attendre ce que d'Harmental pouvait encore avoir à lui dire, Roquefinette se mit à la poursuite de mesdemoiselles Honorine et Euphémie, qui, se croyant hors de la vue du capitaine, avaient voulu profiter de cette circonstance pour chercher ailleurs la matelotte à laquelle l'honorable miquelet eût sans doute tenu autant qu'elles, si par fortune il eût eu le gousset mieux garni.

Cependant, comme il n'était que onze heures du matin à peine, comme selon toute probabilité le lit de justice ne devait finir que vers les quatre heures du soir, et que jusque-là il n'y aurait sans doute rien de décidé, le chevalier songea qu'au lieu de rester sur la place du Carrousel, il ferait bien mieux d'utiliser au profit de son amour les trois ou quatre heures qu'il avait devant lui. D'ailleurs, plus il approchait d'une catastrophe quelconque, plus il éprouvait le besoin de voir Bathilde. Bathilde était devenue un des élémens de sa vie, un des organes nécessaires à son existence, et au moment d'en être séparé pour toujours peut-être, il ne comprenait pas comment il pourrait vivre éloigné d'elle un jour. En conséquence et pressé par ce besoin éternel de la présence de celle qu'il aimait, le chevalier, au lieu de se mettre à la recherche de ses compagnons, s'achemina du côté de la rue du Temps-Perdu.

D'Harmental trouva la pauvre enfant fort inquiète. Buvat n'avait point reparu depuis la veille à neuf heures et demie du matin. Nanette avait alors été s'informer à la Bibliothèque, et à sa grande stupéfaction et au grand scandale de ses confrères, elle avait appris que depuis cinq ou six jours on n'y avait point aperçu le digne employé. Un pareil dérangement dans les habitudes de Buvat indiquait l'imminence de graves événemens. D'un autre côté la jeune fille avait remarqué la veille dans Raoul une espèce d'agitation fébrile qui, quoique comprimée par la force de son caractère, dénonçait quelque crise sérieuse. Enfin, en joignant ses anciennes craintes à ses nouvelles angoisses, Bathilde sentait instinctivement qu'un malheur invisible mais inévitable planait au-dessus d'elle, et d'une heure à l'autre pouvait s'abattre sur sa tête.

Mais quand Bathilde voyait Raoul, toute crainte passée ou à venir disparaissait dans le bonheur présent. De son côté Raoul, soit puissance sur lui-même, soit qu'il ressentît une influence pareille à celle qu'il faisait éprouver, ne pensait plus qu'à une seule chose, à Bathilde. Cependant, cette fois, les préoccupations de part et d'autre devenaient si graves, que Bathilde ne put s'empêcher d'exprimer à d'Harmental ses inquiétudes, qui furent d'autant plus mal combattues, que cette absence de Buvat se rattachait dans l'esprit du jeune homme à des soupçons qui lui étaient déjà venus et qu'il s'était empressé d'éloigner de lui. Le temps ne s'en écoula pas moins avec sa rapidité ordinaire, et quatre heures sonnèrent que les deux amans croyaient encore être ensemble depuis cinq minutes à peine. C'était l'heure à laquelle ils avaient l'habitude de se quitter.

Si Buvat devait revenir, il devait revenir à cette heure. Après mille sermens échangés, les deux jeunes gens se séparèrent, en convenant que si quelque chose de nouveau arrivait à l'un des deux, à quelque heure du jour ou de la nuit que ce fût, l'autre en serait prévenu à l'instant même.

A la porte de la maison de madame Denis, d'Harmental rencontra Brigaud. Le lit de justice était fini; on ne savait encore rien de positif, mais des bruits vagues annonçaient que de terribles mesures avaient été prises. Au reste, les renseignemens allaient arriver; Brigaud avait pris rendez-vous avec Pompadour et Malezieux chez d'Harmental, qui, le moins connu de tous, devait être aussi le moins observé.

Au bout d'une heure, le marquis de Pompadour arriva. Le parlement avait d'abord voulu faire de l'opposition, mais tout avait plié sous la volonté du régent. Les lettres du roi d'Espagne avaient été lues et condamnées. Il avait été décidé que les ducs et pairs auraient séance immédiatement après les princes du sang. Les honneurs des princes légitimés étaient restreints au simple rang de leurs pairies. Enfin, le duc du Maine perdait la surintendance de l'éducation du roi, accordée à monsieur le duc de Bourbon. Le comte de Toulouse seul était, sa vie durant, maintenu par exception dans ses priviléges et prérogatives.

Malezieux arriva à son tour; il quittait la duchesse. Séance tenante, on lui avait fait signifier de quitter son logement des Tuileries qui appartenait désormais à monsieur le duc. Un pareil affront avait, comme on le comprend bien, exaspéré l'altière petite-fille du grand Condé. Elle était alors entrée dans une telle colère, qu'elle avait de sa main brisé toutes ses glaces et fait jeter les meubles par la fenêtre; puis, cette exécution terminée, elle était montée en voiture, en envoyant Laval à Rambouillet, afin de pousser monsieur du Maine à quelque acte de vigueur, et en chargeant Malezieux de convoquer tous ses amis pour la nuit même à l'Arsenal.

Pompadour et Brigaud se récrièrent sur l'imprudence d'une pareille convocation. Madame du Maine était évidemment gardée à vue. Aller à l'Arsenal le jour même où l'on devait la savoir le plus irritée, c'était se compromettre ostensiblement. Pompadour et Brigaud opinaient en conséquence pour faire supplier Son Altesse de choisir un autre jour et un autre lieu de rendez-vous. Malezieux et d'Harmental étaient du même avis sur l'imprudence de la démarche et sur le danger à courir. Mais tous deux étaient d'avis, le premier par dévouement, le second par devoir, que plus l'ordre était périlleux, plus il était de leur honneur d'y obéir.

La discussion, comme il arrive toujours en pareille circonstance, commençait à dégénérer en altercation assez vive, lorsqu'on entendit le pas de deux personnes qui montaient l'escalier. Comme les trois personnes qui avaient pris rendez-vous chez d'Harmental s'y trouvaient réunies, Brigaud, qui, l'oreille toujours au guet, avait le premier entendu le bruit, porta le doigt à sa bouche pour indiquer à ses interlocuteurs de faire silence. On entendit alors distinctement les pas se rapprocher. Un léger chuchotement, pareil à celui de deux personnes qui s'interrogent, leur succéda. Enfin la porte s'ouvrit et donna passage à un soldat aux gardes françaises et à une petite grisette.

Le soldat aux gardes était le baron de Valef.

Quant à la grisette, elle écarta le petit mantelet noir qui lui cachait la figure, et l'on reconnut madame la duchesse du Maine.

XL.

L'HOMME PROPOSE.

— Votre Altesse ici! Votre Altesse chez moi! s'écria d'Harmental. Qu'ai-je donc fait pour mériter tant d'honneur?

— Le moment est venu, chevalier, dit la duchesse, où il faut que nous laissions voir aux gens que nous estimons le cas que nous faisons d'eux. D'ailleurs, il ne sera pas dit que les amis de madame du Maine s'exposeront pour elle et qu'elle ne s'exposera point avec eux. Dieu merci! je suis la petite-fille du grand Condé, et je sens que je n'ai dégénéré en rien de mon aïeul.

— Que Votre Altesse soit deux fois la bienvenue, dit Pompadour, car elle nous tire d'un grand embarras. Tout décidés que nous étions à obéir à ses ordres, nous hésitions cependant à l'idée de ce qu'une pareille réunion à l'Arsenal avait de dangereux au moment où la police a les yeux sur elle.

— Et je l'ai pensé comme vous, marquis. Aussi, au lieu de vous attendre, je me suis résolue à venir vous trouver. Le baron m'accompagnait. Je me suis fait conduire chez la comtesse de Chavigny, une amie de Delaunay, qui demeure rue du Mail. Nous y avons fait apporter des habits, et comme nous n'étions qu'à deux pas d'ici, nous sommes venus à pied, et nous voilà. Ma foi! messire d'Argenson sera bien fin s'il nous a reconnus sous ce déguisement.

— Je vois avec plaisir, dit Malezieux, que Votre Altesse n'est point abattue par les événemens qu'a amenés cette horrible journée.

— Abattue, moi, Malezieux! J'espère que vous me connaissez assez pour ne pas le craindre un seul instant. Abattue! Ah! au contraire; jamais je ne me suis senti plus de force et plus de volonté! Oh! que ne suis-je un homme!

— Que Votre Altesse ordonne, dit d'Harmental, et tout ce qu'elle ferait, si elle pouvait agir elle-même, nous le ferons, nous, en son lieu et place.

— Non, non. Ce que je ferais, il est impossible que d'autres le fassent.

— Rien n'est impossible, madame, à cinq hommes dévoués comme nous le sommes. D'ailleurs, notre intérêt même réclame une résolution prompte et énergique. Il ne faut pas croire que le régent s'arrêtera là. Après-demain, demain, ce soir peut-être, nous serons tous arrêtés. Dubois prétend que le papier qu'il a tiré du feu chez le prince de Cellamare n'est rien autre chose que la liste des conjurés. En ce cas, il saurait notre nom à tous. Nous avons donc, à cette heure, chacun une épée au-dessus de la tête. N'attendons pas que le fil auquel elle est suspendue se brise : saisissons-la et frappons.

— Frappons, où, quoi, comment? demanda Brigaud. Ce misérable parlement a brisé tous nos projets. Avons-nous des mesures prises, un plan arrêté?

— Ah! le meilleur plan qui ait jamais été conçu, dit Pompadour, celui qui offrait le plus de chance de succès, c'était le premier; et la preuve, c'est que, sans une circonstance inouïe qui est venue le renverser, il réussissait.

— Eh bien! si le plan était bon, il l'est encore, dit Valef. Revenons-y alors.

— Oui, mais en échouant, dit Malezieux, ce plan a mis le régent sur ses gardes.

— Au contraire, dit Pompadour; il est d'autant meilleur, que l'on croira que, grâce à son insuccès, il est abandonné.

— Et la preuve, dit Valef, c'est que le régent, sous ce rapport, prend moins de précautions que jamais. Ainsi, par exemple, depuis que mademoiselle de Chartres est abbesse de Chelles, une fois par semaine il va la voir, et traverse seul et sans gardes dans sa voiture, avec un cocher et deux laquais seulement, le bois de Vincennes, et cela à huit ou neuf heures du soir.

— Et quel est le jour où il fait cette visite? demanda Brigaud.

— Le mercredi, répondit Malezieux.

— Mercredi? c'est demain, dit la duchesse.

— Brigaud, dit Valef, avez-vous toujours le passeport pour l'Espagne?

— Toujours.

— Les mêmes facilités pour la route?

— Les mêmes. Le maître de poste est à nous, et nous n'avons d'explication à avoir qu'avec lui. Quant aux autres, cela ira tout seul.

— Eh bien! dit Valef, que Son Altesse Royale m'y autorise, je réunis demain sept ou huit amis, j'attends le régent dans le bois de Vincennes, je l'enlève, et fouette cocher! en trois jours je suis à Pampelune.

— Un instant, mon cher baron, dit d'Harmental; je vous ferai observer que vous allez sur mes brisées, et que c'est à moi que l'entreprise revient de droit.

— Vous, mon cher chevalier, vous avez fait ce que vous aviez à faire. Au tour des autres!

— Non point, s'il vous plaît, Valef; il y va de mon honneur, car j'ai une revanche à prendre. Vous me désobligeriez donc infiniment en insistant sur ce sujet.

— Tout ce que je puis faire pour vous, mon cher d'Harmental, répondit Valef, c'est de laisser la chose au choix de Son Altesse. Elle sait qu'elle a en nous deux cœurs également dévoués. Qu'elle décide.

— Acceptez-vous mon arbitrage, chevalier? dit la duchesse.

— Oui, car j'espère en votre justice, madame, dit le chevalier.

— Et vous avez raison. Oui, l'honneur de l'entreprise vous appartient; oui, je remets entre vos mains le sort du fils de Louis XIV et de la petite-fille du grand Condé; oui, je m'en rapporte entièrement à votre dévouement et à votre courage, et j'espère d'autant plus que vous réussirez cette fois-ci que la fortune vous doit un dédommagement. A vous donc, mon cher d'Harmental, tout le péril; mais aussi à vous tout l'honneur!

— J'accepte l'un et l'autre avec reconnaissance, madame, dit d'Harmental en baisant respectueusement la main que lui tendait la duchesse; et demain, à pareille heure, ou je serai mort ou le régent sera sur la route d'Espagne.

— A la bonne heure, dit Pompadour, voilà ce qui s'appelle parler, et si vous avez besoin de quelqu'un pour vous donner un coup de main, mon cher chevalier, comptez sur moi.

— Et sur moi, dit Valef.

— Et nous donc, dit Malezieux, ne sommes-nous bons à rien?

— Mon cher chancelier, dit la duchesse, à chacun son lot : aux poëtes, aux gens d'église, aux magistrats, le conseil; aux gens d'épée, l'exécution. Chevalier, êtes-vous sûr de retrouver les mêmes hommes qui vous ont secondé la dernière fois?

— Je suis sûr de leur chef, du moins.

— Quand le verrez-vous?

— Ce soir.

— A quelle heure?

— Tout de suite, si Votre Altesse le désire.

— Le plus tôt sera le mieux.

— Dans un quart-d'heure, je serai chez lui.

— Où pourrons-nous savoir son dernier mot?

— Je le porterai à Votre Altesse partout où elle sera.

— Pas à l'Arsenal, dit Brigaud, c'est trop dangereux.

— Ne pourrions-nous attendre ici? demanda la duchesse.

— Je ferai observer à Votre Altesse, répondit Brigaud, que mon pupille est un garçon fort rangé, recevant peu de monde, et qu'une visite plus prolongée pourrait éveiller les soupçons.

— Ne pourrions-nous fixer un rendez-vous où nous n'ayons point pareille crainte? demanda Pompadour.

— Parfaitement, dit la duchesse; au rond-point des Champs-Elysées, par exemple. Malezieux et moi nous nous y rendons dans une voiture sans livrée et sans armoiries. Pompadour, Valef et Brigaud nous y joignent chacun de son côté. Là, nous attendons d'Harmental, et nous prenons nos dernières mesures.

— A merveille! dit d'Harmental, mon homme demeure justement rue Saint-Honoré.

— Vous savez, chevalier, reprit la duchesse, que vous pouvez promettre en argent tout ce que l'on voudra, et que nous nous chargeons de tenir.

— Je me charge de remplir le secrétaire, dit Brigaud.

— Et vous ferez bien, l'abbé, dit d'Harmental en souriant, car je sais qui se charge de le vider, moi.

— Ainsi, tout est convenu, reprit la duchesse. Dans une heure, au rond-point des Champs-Elysées.

— Dans une heure, dit d'Harmental.

— Dans une heure, répétèrent Pompadour, Brigaud et Malezieux.

Puis la duchesse, ayant rajusté son mantelet de manière à cacher son visage, reprit le bras de Valef et sortit la première. Malezieux la suivit à peu de distance et de façon à ne point la perdre de vue; enfin Brigaud, Pompadour et

d'Harmental descendirent ensemble. A la place des Victoires, le marquis et l'abbé se séparèrent, l'abbé prenant par la rue Pagevin et le marquis par la rue de la Vrillière. Quant au chevalier, il continua sa route par la rue Croix-des-Petits-Champs, qui le conduisit rue Saint-Honoré, à quelques pas de l'honorable maison où il savait trouver le digne capitaine.

Soit hasard, soit calcul de la part de la duchesse du Maine, qui avait apprécié d'Harmental et compris le fond que l'on pouvait faire sur lui, le chevalier se trouvait donc rejeté plus avant que jamais dans la conjuration; mais son honneur était engagé, il avait cru devoir faire ce qu'il avait fait, et quoiqu'il prévît les conséquences terribles de l'événement dont il avait pris la responsabilité, il marchait à ce résultat comme il l'avait fait déjà, la tête et le cœur hauts, bien résolu à tout sacrifier, même sa vie, même son amour, à l'accomplissement de la parole qu'il avait donnée.

Il se présenta donc chez la Fillon avec la même tranquillité et la même résolution qu'il avait fait la première fois, quoique depuis ce temps bien des choses fussent changées dans sa vie; et, comme la première fois, ayant été reçu par la maîtresse de la maison en personne, il s'informa d'elle si le capitaine Roquefinette était visible.

Sans doute la Fillon s'attendait à quelque interpellation moins morale que celle qui lui était faite, car, en reconnaissant d'Harmental, elle ne put réprimer un mouvement de surprise. Cependant, comme si elle eût douté encore de l'identité de celui qui lui parlait, elle s'informa si ce n'était point lui qui déjà, deux mois auparavant, était venu demander le capitaine. Le chevalier, qui vit dans cet antécédent un moyen d'aplanir les obstacles, en supposant qu'il en existât, répondit affirmativement.

D'Harmental ne s'était point trompé, car à peine édifiée sur ce point la Fillon appela une espèce de Marton assez élégante, et lui ordonna de conduire le chevalier chambre nº 72, au cinquième au-dessus de l'entresol. La péronnelle obéit, prit une bougie et monta la première en minaudant comme une soubrette de Marivaux. D'Harmental la suivit. Cette fois aucun chant joyeux ne le guida dans son ascension; tout était silencieux dans la maison. Les graves événements de la journée avaient sans doute éloigné de leur rendez-vous quotidien les pratiques de la digne hôtesse du capitaine, et comme, de son côté, le chevalier en ce moment avait sans doute l'esprit tourné aux choses sérieuses, il monta les six étages sans faire le moindre attention aux minauderies de sa conductrice, qui, arrivée au nº 72, se retourna et lui demanda avec un gracieux sourire s'il ne s'était point trompé et si c'était bien au capitaine qu'il avait affaire.

Pour toute réponse le chevalier frappa à la porte.

— Entrez, dit Roquefinette de sa plus belle voix de basse.

Le chevalier glissa un louis dans la main de sa conductrice pour la remercier de la peine qu'elle avait prise, ouvrit la porte et se trouva en face du capitaine.

Le même changement s'était opéré à l'intérieur qu'à l'extérieur; Roquefinette n'était plus, comme la première fois, le rival de monsieur de Bonneval, entouré de ses odalisques, en face des débris d'un festin, fumant sa longue pipe et comparant philosophiquement les biens de ce monde à la fumée qui s'en échappait. Il était seul, dans une petite mansarde sombre, éclairée par une chandelle qui, tirant à sa fin, commençait à faire plus de fumée que de flamme, et dont les tremblantes lueurs donnaient quelque chose d'étrangement fantastique à l'âpre physionomie du brave capitaine, qui se tenait debout appuyé contre la cheminée. Au fond, sur un lit de sangle, en face d'une fenêtre dont le rideau flottant au vent du soir accusait les solutions de continuité, était posé le feutre indicateur, et était couchée son épée, l'illustre Colichemarde.

— Ah! ah! dit Roquefinette d'un ton dans lequel perçait une légère teinte d'ironie; c'est vous, chevalier? Je vous attendais.

— Vous m'attendiez, capitaine ? Et qui pouvait vous faire croire à la probabilité de ma visite ?

— Les événemens, chevalier, les événemens.

— Que voulez-vous dire ?

— Je veux dire qu'on a cru pouvoir faire une guerre ouverte, et que par conséquent on a mis ce pauvre capitaine Roquefinette au rancart, comme un condottière, comme un miquelet, qui n'est bon que pour un coup de main nocturne, à l'angle d'une rue ou au coin d'un bois ; on a voulu refaire sa petite Ligue, recommencer sa petite Fronde, et voilà que l'ami Dubois a tout su, que les pairs sur lesquels on croyait pouvoir compter nous ont lâché d'un cran, et que le parlement a dit *Oui*, au lieu de dire *Non*. Alors, on revient au capitaine. « Mon cher capitaine par-ci, mon bon capitaine par-là ! » N'est-ce point exactement la chose comme elle se passe, chevalier ? Eh bien ! eh bien ! eh bien ! le voilà, le capitaine ; que lui veut-on ? parlez.

— Effectivement, mon cher capitaine, dit d'Harmental ne sachant trop de quelle façon il devait prendre le discours de Roquefinette, il y a quelque chose de vrai dans ce que vous dites là. Seulement vous êtes dans l'erreur lorsque vous croyez que je vous avais oublié. Si notre plan eût réussi, vous auriez eu la preuve que j'ai la mémoire plus longue que les événemens, et je serais venu alors pour vous offrir mon crédit, comme je viens aujourd'hui réclamer votre assistance.

— Hum ! fit le capitaine en secouant la tête, depuis trois jours que j'habite ce nouvel appartement, j'ai fait bien des réflexions sur la vanité des choses humaines, et l'envie m'a pris plus d'une fois de me retirer définitivement des affaires, ou, si j'en faisais encore une, de la faire assez brillante pour m'assurer un petit avenir.

— Eh bien ! justement, dit le chevalier, celle que je vous propose est votre fait. Il s'agit, mon cher capitaine, car après ce qui s'est passé entre nous, nous pouvons parler sans préambule, ce me semble ; il s'agit...

— De quoi ? demanda le capitaine, qui, voyant d'Harmental s'arrêter et regarder avec inquiétude autour de lui, avait attendu inutilement pendant deux ou trois secondes la fin de la phrase.

— Pardon, capitaine, mais il m'a semblé...

— Que vous a-t-il semblé, chevalier ?

— Entendre des pas... puis une espèce de craquement dans la boiserie...

— Ah ! ah ! dit le capitaine, il y a pas mal de rats dans l'établissement, je vous en préviens ; et pas plus tard que la nuit dernière, ces drôles-là sont venus grignoter mes hardes, comme vous pouvez le voir.

Et le capitaine montra au chevalier le pan de son habit festonné en dents de loup.

— Oui, ce sera cela, et je me serai trompé, dit d'Harmental .. Il s'agit donc, mon cher Roquefinette, de profiter de ce que le régent, en revenant sans gardes de Chelles, où sa fille est religieuse, traverse le bois de Vincennes, pour l'enlever en passant, et lui faire prendre définitivement la route d'Espagne.

— Pardon, mais avant d'aller plus loin, chevalier, reprit Roquefinette, je vous préviens que c'est un nouveau traité à faire, et que tout nouveau traité implique conditions nouvelles.

— Nous n'aurons point de discussions là-dessus, capitaine. Les conditions, vous les ferez vous-même. Seulement, pouvez-vous toujours disposer de vos hommes ? Voilà l'important.

— Je le puis.

— Seront-ils prêts demain, à deux heures ?

— Ils le seront.

— C'est tout ce qu'il faut.

— Pardon, il faut encore quelque chose : il faut encore de l'argent pour acheter un cheval et des armes.

— Il y a cent louis dans cette bourse, prenez-la.

— C'est bien, on vous en rendra bon compte.

— Ainsi, chez moi à deux heures.

— C'est dit.

— Adieu, capitaine.

— Au revoir, chevalier. Donc, il est convenu que vous ne vous étonnerez pas si je suis un peu exigeant.

— Je vous le permets ; vous savez que la dernière fois je ne me suis plaint que d'une chose : c'est que vous étiez trop modeste.

— Allons, dit le capitaine, vous êtes de bonne composition. Attendez que je vous éclaire ; il serait fâcheux qu'un brave garçon comme vous se rompît le cou.

Et le capitaine prit la chandelle, qui. parvenue au papier qui l'affermissait dans la bobèche, jetait alors, grâce à ce nouvel aliment, une splendide lumière à l'aide de laquelle d'Harmental descendit l'escalier sans accident. Arrivé sur la dernière marche, il renouvela au capitaine la recommandation d'être exact, ce que le capitaine promit du ton le plus affirmatif.

D'Harmental n'avait point oublié que madame la duchesse du Maine attendait avec anxiété le résultat de l'entrevue qu'il venait d'avoir ; il ne s'inquiéta donc point de ce qu'était devenue la Fillon, qu'il chercha vainement de l'œil en sortant, et, gagnant la rue des Feuillans, il s'achemina vers les Champs-Élysées, qui sans être tout à fait déserts, commençaient déjà cependant à se dépeupler. Arrivé au rond-point, il aperçut une voiture qui stationnait sur le revers de la route, tandis que deux hommes se promenaient à quelque distance dans la contre-allée ; il s'approcha d'elle ; une femme, en l'apercevant, sortit avec impatience sa tête par la portière. Le chevalier reconnut madame du Maine ; elle avait avec elle Malezieux et Valef. Quant aux deux promeneurs, qui, en voyant d'Harmental s'avancer vers la voiture, s'empressèrent de leur côté d'accourir, il est inutile de dire que c'étaient Pompadour et Brigaud.

Le chevalier, sans leur nommer Roquefinette, ni sans s'étendre aucunement sur le caractère de l'illustre capitaine, leur raconta en peu de mots ce qui s'était passé. Ce récit fut accueilli par une exclamation générale de joie. La duchesse donna sa petite main à baiser à d'Harmental ; les hommes serrèrent la sienne.

Il fut convenu que le lendemain, à deux heures, la duchesse, Pompadour, Laval, Valef, Malezieux et Brigaud, se rendraient chez la mère de d'Avranches, qui demeurait faubourg Saint-Antoine, n° 15, et qu'ils y attendraient le résultat de l'événement. Ce résultat devait leur être annoncé par d'Avranches lui-même, qui, à partir de trois heures, se tiendrait à la barrière du Trône avec deux chevaux, l'un pour lui, l'autre pour le chevalier. Il suivrait de loin d'Harmental, et reviendrait annoncer ce qui s'était passé. Cinq autres chevaux sellés et bridés seraient tout prêts dans les écuries de la maison du faubourg Saint-Antoine, afin que les conjurés pussent fuir sans retard en cas de non réussite du chevalier.

Ces différens points arrêtés, la duchesse força le chevalier de monter auprès d'elle. La duchesse voulait le ramener chez lui ; mais il lui fit observer que l'apparition d'une voiture à la porte de madame Denis produirait dans le quartier une trop grande sensation, et que, dans les circonstances présentes, cette sensation trop flatteuse qu'elle serait pour lui, pourrait devenir dangereuse pour tous. En conséquence, la duchesse jeta d'Harmental place des Victoires, après lui avoir exprimé vingt fois toute la reconnaissance qu'elle éprouvait pour son dévouement.

Il était dix heures du soir. D'Harmental avait à peine vu Bathilde dans la journée ; il voulait la revoir encore. Il était bien sûr de retrouver la jeune fille à sa fenêtre, mais cela n'était point suffisant ; ce qu'il avait à lui dire en pareille circonstance était trop sérieux et trop intime pour le jeter ainsi d'un côté à l'autre d'une rue. Il rêvait donc aux moyens, si avancée que fût l'heure, de se présenter chez Bathilde, lorsqu'en faisant quelques pas dans la rue, il crut voir une femme sur le seuil de la porte de l'allée qui conduisait chez elle. Il s'avança et reconnut Nanette.

Elle était là par ordre de Bathilde. La pauvre enfant était dans une inquiétude mortelle. Buvat n'avait point reparu,

Toute la soirée elle était restée à sa fenêtre pour voir rentrer d'Harmental, et d'Harmental n'était point rentré. Par suite de ces idées vagues qui avaient pris naissance dans son esprit pendant la nuit où le chevalier avait tenté d'enlever le régent, il lui semblait qu'il y avait quelque chose de commun entre cette disparition étrange de Buvat et l'assombrissement qu'elle avait remarqué la veille sur la figure de d'Harmental. Nanette attendait donc à la porte et Buvat et le chevalier. Le chevalier était de retour, Nanette resta pour attendre Buvat, et d'Harmental monta près de Bathilde.

Bathilde avait entendu et reconnu son pas; elle était donc à la porte quand le jeune homme y arriva. Au premier coup d'œil elle reconnut sur son visage cette expression pensive qu'elle lui avait déjà vue pendant la journée qui avait précédé cette nuit où elle avait tant souffert.

— Oh! mon Dieu, mon Dieu! s'écria-t-elle en entraînant le jeune homme dans sa chambre, et en refermant la porte derrière lui. Oh! mon Dieu! Raoul, vous serait-il arrivé quelque chose?

— Bathilde, dit d'Harmental avec un sourire triste, mais enveloppant la jeune fille d'un regard plein de confiance, Bathilde, vous m'avez souvent dit qu'il y avait en moi quelque chose d'inconnu et de mystérieux qui vous effrayait.

— Oh! oui, oui, s'écria Bathilde, et c'est le seul tourment de ma vie, c'est la seule crainte de mon avenir.

— Et vous avez raison; car, avant de vous connaître, Bathilde, avant de vous avoir vue, j'ai fait abandon d'une part de ma volonté, d'une portion de mon libre arbitre. Cette portion de moi-même ne m'appartient plus; elle subit une loi suprême, elle obéit à des événemens imprévus. C'est un point noir dans un beau ciel. Selon le côté dont le vent soufflera, il peut disparaître comme une vapeur, il peut grossir comme un orage. La main qui tient et qui guide la mienne peut me conduire à la plus haute faveur, peut me mener à la plus profonde disgrâce. Bathilde, dites-moi, êtes-vous disposée à partager la bonne comme la mauvaise fortune, le calme comme la tempête?

— Tout avec vous, Raoul, tout, tout!

— Songez à l'engagement que vous prenez, Bathilde. Peut-être est-ce une vie heureuse et brillante que celle qui vous est réservée; peut-être est-ce l'exil, peut-être est-ce la captivité, peut-être... peut-être serez-vous veuve avant d'être femme.

Bathilde devint si pâle et si chancelante, que Raoul crut qu'elle allait s'évanouir et tomber, et qu'il étendit les bras pour la retenir; mais Bathilde était pleine de force et de volonté; elle reprit donc sa puissance sur elle-même, et tendant la main à d'Harmental:

— Raoul, lui dit-elle, ne vous ai-je pas dit que je vous aimais, que je n'avais jamais aimé, que je n'aimerais jamais que vous? Il me semblait que toutes les promesses que vous demandez de moi étaient renfermées dans ces mots. Vous en voulez de nouvelles, je vous les fais; mais elles étaient inutiles. Votre vie sera ma vie, Raoul; votre mort sera ma mort. L'une et l'autre sont entre les mains de Dieu. La volonté de Dieu soit faite sur la terre comme au ciel!

— Et moi, Bathilde, dit d'Harmental en conduisant la jeune fille devant le Christ qui pendait au pied de son lit, et moi, je jure en face de ce Christ, qu'à compter de ce moment vous êtes ma femme devant Dieu et devant les hommes, et que, puisque les événemens qui disposeront peut-être de ma vie ne m'ont laissé à vous offrir que mon amour, cet amour est à vous, profond, inaltérable, éternel. Bathilde, un premier baiser à ton épeux.

Et en face du Christ, les deux jeunes gens tombèrent dans les bras l'un de l'autre, et échangèrent leur premier baiser dans un dernier serment.

Quand d'Harmental quitta Bathilde, Buvat n'était pas encore rentré.

XLI.

DAVID ET GOLIATH.

Vers les dix heures du matin, l'abbé Brigaud entra chez d'Harmental; il lui apportait une vingtaine de mille livres, partie en or, partie en papier sur l'Espagne. La duchesse avait passé la nuit chez la comtesse de Chavigny, rue du Mail. Rien n'était changé aux conventions de la veille, et elle comptait sur le chevalier, qu'elle continuait de regarder comme son sauveur. Quant au régent, on s'était assuré que, selon son habitude, il devait se rendre à Chelles dans la journée.

A dix heures, Brigaud et d'Harmental descendirent; Brigaud, pour rejoindre Pompadour et Valef, avec lesquels il avait rendez-vous sur le boulevard du Temple, et d'Harmental pour aller chez Bathilde.

L'inquiétude était à son comble dans le pauvre petit ménage. Buvat était toujours absent, et il était facile de voir aux yeux de Bathilde qu'elle avait peu dormi et beaucoup pleuré. De son côté, au premier regard qu'elle jeta sur d'Harmental, elle comprit que quelque expédition pareille à celle qui l'avait tant effrayée se préparait. D'Harmental avait ce même costume sombre qu'elle ne lui avait vu qu'une seule fois, le soir, où, en rentrant, il avait jeté son manteau sur une chaise, et était apparu à ses yeux avec des pistolets à sa ceinture; de plus, ses longues bottes collantes armées d'éperons indiquaient que, dans la journée, il comptait monter à cheval. Tous ces indices eussent été insignifians en temps ordinaire; mais après la scène de la veille, après les fiançailles nocturnes et solitaires que nous avons racontées, ils prenaient une grande importance et acquéraient une suprême gravité.

Bathilde essaya d'abord de faire parler le chevalier, mais d'Harmental lui ayant dit que le secret qu'elle lui demandait n'était point à lui, et, l'ayant priée de parler d'autre chose, la pauvre enfant n'osa point insister davantage. Une heure environ après l'arrivée de d'Harmental, Nanette ouvrit la porte et parut avec une figure consternée. Elle venait de la Bibliothèque. Buvat n'y avait point reparu, et personne n'avait pu lui en donner de nouvelles. Bathilde ne put se contenir plus longtemps; elle se jeta dans les bras de Raoul et fondit en larmes.

Raoul alors lui avoua ses craintes: les papiers que le prétendu prince de Listhnay avait donnés à copier à Buvat étaient des papiers d'une assez grande importance politique. Buvat avait pu être compromis et arrêté. Mais Buvat n'avait rien à redouter: le rôle tout passif qu'il avait joué dans cette affaire éloignait de lui toute crainte de danger. Comme Bathilde, dans son incertitude, avait rêvé un malheur plus grand encore que celui-là, elle s'attacha avidement à cette idée qui lui laissait du moins quelque espérance. Puis, la pauvre enfant ne s'avouait pas elle-même que la plus grande partie de son inquiétude n'était peut-être point pour Buvat, et que les pleurs qu'elle venait de verser n'étaient point tous pour l'absent.

Quand d'Harmental était près de Bathilde, le temps ne marchait plus, il volait. Il croyait donc être monté chez la jeune fille depuis quelques minutes à peine, lorsqu'une heure et demie sonna. Raoul se rappela qu'à deux heures Roquefinette devait être chez lui pour arrêter les nouvelles bases de son nouveau traité. Il se leva. Bathilde pâlit; d'Harmental comprit tout ce qui ce qui se passait en elle, et lui promit de venir après le départ de la personne qu'il attendait, et pour laquelle il était forcé de la quitter. Cette promesse tranquillisa quelque peu la pauvre enfant, qui essaya de sourire en voyant quelle impression profonde sa tristesse faisait sur Raoul. Au reste, les sermens de la veille

avaient été renouvelés vingt fois, et vingt fois les jeunes
gens s'étaient juré d'être l'un à l'autre. Ils se quittaient
donc tristes, mais confians en eux-mêmes et sûrs de leurs
cœurs. D'ailleurs, comme nous l'avons dit, ils croyaient ne
se quitter que pour une heure.

Le chevalier était depuis quelques instans à peine à sa
fenêtre, lorsqu'il vit paraître au coin de la rue Montmartre
le capitaine Roquefinette. Il était monté sur un cheval gris
pommelé, évidemment choisi par un connaisseur, et propre à la fois à la course et à la fatigue. Il s'avançait au pas,
comme un homme à qui il est également indifférent qu'on
le regarde ou qu'on le laisse passer inaperçu. Seulement,
à cause sans doute des mouvemens du cheval, son chapeau avait pris une inclinaison moyenne qui n'eût rien
laissé soupçonner, même à ses plus intimes, sur la situation secrète de ses finances.

Arrivé à la porte, Roquefinette descendit en trois temps,
avec la même précision qu'il eût mise à accomplir ce mouvement dans un manége. Il attacha son cheval au volet de
la maison, s'assura que les fontes étaient garnies de leurs
pistolets, et disparut dans l'allée : un instant après, d'Harmental l'entendit monter d'un pas égal, puis enfin la porte
s'ouvrit et le capitaine parut.

Comme la veille, sa figure était grave et pensive. Ses
yeux fixes et les lèvres serrées indiquaient une résolution
arrêtée, et d'Harmental l'accueillit avec un sourire, sans
que ce sourire eût le pouvoir de rien éveiller de corres-
pondant sur sa physionomie.

— Allons, mon très cher capitaine, dit d'Harmental en
résumant d'un coup d'œil rapide ces différens signes qui,
chez un homme comme Roquefinette, ne laissaient pas de
lui inspirer quelque inquiétude, je vois que vous êtes toujours l'exactitude en personne.

— C'est une habitude militaire, chevalier; et cela n'a rien
d'étonnant chez un vieux soldat.

— Aussi n'avais-je point douté de vous; mais vous pouviez ne pas rencontrer vos hommes.

— Je vous avais dit que je savais où les trouver.

— Et ils sont à leur poste?

— Ils y sont.

— Où cela?

— Au marché aux chevaux de la porte Saint-Martin.

— Et n'avez-vous pas peur qu'on les remarque?

— Comment voulez-vous qu'au milieu de trois cents
paysans qui vendent ou qui marchandent des chevaux, on
reconnaisse douze ou quinze hommes vêtus comme les
autres paysans? C'est, comme on dit, une aiguille dans
une botte de foin, et il n'y a que moi qui puisse retrouver
l'aiguille.

— Mais, comment ces hommes peuvent-ils vous accompagner, capitaine?

— C'est la chose du monde la plus simple. Chacun d'eux
a marchandé le cheval qui lui convient; chacun d'eux en
a offert un prix auquel le vendeur a répondu par un autre.
J'arrive, je donne à chacun vingt-cinq ou trente louis;
chacun paie son cheval, le fait seller, monte dessus, glisse
dans ses fontes les pistolets qu'il a à sa ceinture, tire par
un bout différent, et, à cinq heures, se trouve au bois de
Vincennes, à un endroit donné. Là seulement je lui ex-
plique pour quelle cause il est convoqué; je fais une nouvelle distribution d'argent, je me mets à la tête de mon escadron, et nous faisons le coup, en supposant que nous
tombions d'accord sur les conditions.

— Eh bien! ces conditions, capitaine, dit d'Harmental,
nous allons les discuter comme deux braves compagnons,
et je crois avoir pris d'avance toutes mes mesures pour
que vous soyez content de celles que je puis vous offrir.

— Voyons-les, dit Roquefinette en s'asseyant devant la
table, en y appuyant ses coudes, en posant son menton sur
ses deux poings, et en regardant d'Harmental qui était debout devant lui, le dos tourné à la cheminée.

— D'abord, je double la somme que vous avez touchée
la dernière fois, dit le chevalier.

— Ah! dit Roquefinette, je ne tiens pas à l'argent.

— Comment! vous ne tenez pas à l'argent, capitaine?

— Non, pas le moins du monde.

— Et à quoi tenez-vous donc, alors?

— A une position.

— Que voulez-vous dire?

— Je veux dire, chevalier, que tous les jours je me fais
plus vieux de vingt-quatre heures, et qu'avec l'âge la philosophie arrive.

— Eh bien! capitaine, dit d'Harmental, commençant à
s'inquiéter sérieusement de toutes les circonlocutions de
Roquefinette, voyons, parlez; qu'ambitionne votre philosophie?

— Je vous l'ai dit, chevalier, une position convenable,
un grade qui soit en harmonie avec mes longs services;
pas en France, vous comprenez. En France, j'ai trop d'ennemis, à commencer par monsieur le lieutenant de police;
mais en Espagne, par exemple, tenez; ah! en Espagne,
cela m'irait bien; un beau pays, de belles femmes, des
doublons à remuer à la pelle! décidément, je veux un
grade en Espagne.

— La chose est possible, et c'est selon le grade que vous
désirez.

— Dame! vous savez, chevalier, lorsqu'on désire, autant désirer quelque chose qui en vaille la peine.

— Vous m'inquiétez, monsieur, dit d'Harmental, car je
n'ai pas les sceaux du roi Philippe V pour signer les bre-
vets en son nom; mais, n'importe, dites toujours.

— Eh bien! dit Roquefinette, je vois tant de blancs-becs
à la tête de régimens, qu'à moi aussi il m'a passé par la
tête d'être colonel.

— Colonel! impossible! s'écria d'Harmental.

— Et pourquoi donc cela? demanda Roquefinette.

— Parce que, si l'on vous fait colonel, vous qui n'avez
qu'une position secondaire dans l'affaire, que voulez-vous
que je demande, moi, par exemple, qui suis à la tête?

— Eh bien! voilà justement la chose; c'est que je voudrais
que nous intervertissions momentanément les positions.
Vous vous rappelez ce que je vous ai dit certain soir dans
la rue de Valois?

— Aidez mes souvenirs, capitaine, j'ai le malheur de n'a-
voir pas de mémoire.

— Je vous ai dit que, si j'avais une affaire comme celle-
là à mon compte, les choses iraient mieux qu'elles n'a-
vaient été. J'ai ajouté que je vous en reparlerais, et je vous
en reparle.

— Que diable me dites-vous donc là, capitaine?

— Mais rien que de bien simple, chevalier. Nous avons
fait ensemble et de compte à demi une première tentative
qui a échoué. Alors vous avez changé de batteries : vous
avez cru pouvoir vous passer de moi, et vous avez échoué
encore. La première fois, vous aviez échoué nuitamment et
sans bruit; nous avons tiré chacun de notre côté, et il n'a
plus été question de rien. La seconde fois, au contraire,
vous avez échoué en plein jour et avec un éclat qui vous
a compromis tous; si bien que, si vous ne vous tirez pas
de là par un coup de Jarnac, vous êtes tous perdus, attendu que l'ami Dubois sait vos noms, et que demain, ce soir
peut-être, vous serez tous arrêtés, chevaliers, barons, ducs
et princes. Or, il y a au monde un homme, un seul homme,
qui peut vous tirer tous d'embarras; cet homme, c'est ce
bon capitaine Roquefinette. Et voilà que vous lui offrez la
même place qu'il occupait dans la première affaire! Allons
donc! Voilà que vous marchandez avec lui! Fi, chevalier!
Que diable! vous comprenez : les prétentions s'accroissent
en raison des services qu'on peut rendre. Or, me voilà devenu un personnage fort important, moi. Traitez-moi en
conséquence, ou je mets mes mains dans mes poches et je
laisse faire Dubois.

D'Harmental se mordit les lèvres jusqu'au sang, mais il
comprit qu'il avait affaire à un vieux condottière, habitué
à vendre ses services le plus cher possible, et comme ce
que le capitaine venait d'exposer du besoin qu'on avait de
lui était littéralement vrai, il comprima son impatience et
fit taire son orgueil.

— Ainsi donc, reprit d'Harmental, vous voulez être colonel ?

— C'est mon idée, reprit Roquefinette.

— Mais supposez que je vous fasse cette promesse, qui peut répondre que j'aurai l'influence de la faire ratifier ?

— Aussi, chevalier, je compte bien manipuler mes petites affaires moi-même.

— Où cela ?

— A Madrid, donc.

— Qui vous dit que je vous y mène ?

— Je ne sais pas si vous m'y menez, mais je sais que j'y vais.

— Vous, à Madrid ? et qu'allez-vous y faire ?

— Conduire le régent.

— Vous êtes fou !

— Allons, allons, chevalier, pas de gros mots ! Vous me demandez mes conditions, je vous les dis ; elles ne vous conviennent pas, bonsoir ! Nous n'en serons pas plus mauvais amis pour cela.

Et Roquefinette se leva, prit son chapeau qu'il avait posé sur la commode, et il fit un pas vers la porte.

— Comment ! vous vous en allez ? dit d'Harmental.

— Sans doute, je m'en vais.

— Mais vous oubliez, capitaine...

— Ah ! c'est juste, répondit Roquefinette, faisant semblant de se tromper à l'intention de d'Harmental, c'est juste ; vous m'avez donné cent louis, et je dois vous rendre mes comptes. Il tira la bourse de sa poche. Un cheval gris-pommelé, de l'âge de quatre à cinq ans, trente louis ; une paire de pistolets à deux coups, dix louis ; une selle, une bride, etc., etc., deux louis : total, quarante-deux louis. Il y en a cinquante-huit dans cette bourse ; le cheval, les pistolets, la selle et la bride sont à vous. Comptez, nous sommes quittes. Et il jeta la bourse sur la table.

— Mais ce n'est pas cela que je vous dis, capitaine.

— Et que dites vous donc ?

— Je dis qu'il est impossible qu'on vous confie, à vous, une mission de cette importance.

— Ce sera cependant ainsi, ou cela ne sera pas. Je conduirai le régent à Madrid, je le conduirai seul, ou régent restera au Palais-Royal.

— Et vous croyez assez bon gentilhomme, dit d'Harmental, pour arracher des mains de Philippe d'Orléans l'épée qui a renversé les murailles de Lérida la Pucelle, et qui a reposé près du sceptre de Louis XIV sur le coussin de velours à glands d'or !

— Je me suis laissé dire en Italie, répondit Roquefinette, qu'à la bataille de Pavie, François Ier avait rendu la sienne à un boucher.

Et le capitaine fit un nouveau pas vers la porte en enfonçant son chapeau sur sa tête.

— Voyons, capitaine, dit d'Harmental d'un ton plus conciliateur, trêve d'arguties et de citations ; partageons le différend par la moitié : je conduirai le régent en Espagne, et vous viendrez avec moi.

— Oui, n'est-ce pas, pour que le pauvre capitaine se perde dans la poussière que fera le beau chevalier ? pour que le brillant colonel efface le vieux miquelet ? Impossible, chevalier, impossible ! J'aurai la conduite de l'affaire ou je ne m'en mêlerai point.

— Mais c'est une trahison ! s'écria d'Harmental.

— Une trahison, chevalier ! Et où avez-vous vu, s'il vous plaît, que le capitaine Roquefinette était un traître ? Où sont les conventions faites que je n'ai pas tenues ? où sont les secrets que j'ai divulgués ? Moi, un traître ! mille dieux ! chevalier. Pas plus tard qu'avant-hier, on m'a offert gros comme moi d'or pour être un traître, et j'ai refusé. Non, non ! Vous êtes venu me demander hier de vous seconder une deuxième fois ; je vous ai dit que je ne demandais pas mieux, mais à de nouvelles conditions. Eh bien ! ces conditions, ce sont celles que je viens de vous dire. C'est à prendre ou à laisser. Où voyez-vous une trahison dans tout cela ?

— Et quand je serais assez lâche pour les accepter, ces conditions, monsieur, croyez-vous que la confiance que le chevalier d'Harmental inspire à Son Altesse Royale la duchesse du Maine se reporterait sur le capitaine Roquefinette?

— Que diable la duchesse du Maine a-t-elle à voir dans tout ceci? Vous vous êtes chargé d'une affaire ; il y a des empêchemens matériels à ce que vous l'accomplissiez par vous-même ; vous me passez procuration, voilà tout.

— C'est-à-dire, n'est-ce pas, reprit d'Harmental en secouant la tête, que vous voulez être maître de lâcher le régent, si le régent vous offre pour le laisser en France le double de ce que je vous donne, moi, pour le conduire en Espagne?

— Peut-être, dit Roquefinette d'un ton goguenard.

— Tenez, capitaine, dit d'Harmental en faisant un nouvel effort sur lui-même pour conserver son sang-froid, et en essayant de renouer les négociations, tenez, je vous donne vingt mille livres comptant.

— Chanson ! reprit Roquefinette.

— Je vous emmène avec moi en Espagne.

— Tarare ! dit le capitaine.

— Et je m'engage sur l'honneur à vous faire obtenir un régiment.

Roquefinette se mit à siffloter un petit air.

— Prenez garde, dit d'Harmental : il y a plus de danger pour vous maintenant, au point où nous en sommes et avec les secrets terribles que vous connaissez, à refuser qu'à accepter !

— Et que m'arrivera-t-il donc si je refuse? demanda Roquefinette.

— Il arrivera, capitaine, que vous ne sortirez pas de cette chambre!

— Et qui m'en empêchera ? dit le capitaine.

— Moi ! s'écria d'Harmental en s'élançant devant la porte un pistolet de chaque main.

— Vous? dit Roquefinette en faisant un pas vers le chevalier, en croisant les bras et en le regardant fixement.

— Un pas encore, capitaine, reprit le chevalier, et je vous donne ma parole d'honneur que je vous brûle la cervelle !

— Vous me brûlerez la cervelle, vous ? Il faudrait d'abord pour cela que vous ne tremblassiez pas comme une vieille femme. Savez-vous ce que vous allez faire? Vous allez me manquer ; le bruit du coup attirera les voisins, ils appelleront la garde, on me demandera pourquoi vous avez tiré sur moi, et il faudra bien que je le dise.

— Oui, vous avez raison, capitaine, s'écria le chevalier, en désarmant les pistolets et en les passant à sa ceinture, et je vous tuerai plus honorablement que vous ne le méritez. Flamberge au vent, monsieur, flamberge au vent!

Et d'Harmental, appuyant son pied gauche contre la porte, tira son épée et se mit en garde.

C'était une épée de cour, un mince filet d'acier monté dans une garde d'or. Roquefinette se mit à rire.

— Et avec quoi me défendrai-je? dit-il en regardant autour de lui? N'avez-vous pas ici par hasard les aiguilles à tricoter de votre maîtresse, chevalier?

— Défendez-vous avec l'épée que vous portez au côté, monsieur ! répondit d'Harmental. Si longue qu'elle soit, vous voyez que je me suis posé de façon à ne pas faire un pas pour m'en éloigner.

— Que penses-tu de cela, Colichemarde, dit le capitaine s'adressant d'un ton goguenard à l'illustre lame qui avait gardé le nom que lui avait donné Ravanne.

— Elle pense que vous êtes un lâche, capitaine, s'écria d'Harmental, puisqu'il faut vous couper la figure pour vous faire battre.

Alors, d'un mouvement rapide comme l'éclair, d'Harmental sangla le visage du capitaine avec son carrelet, lui laissant sur la joue une trace bleuâtre pareille à la marque d'un coup de fouet.

Roquefinette poussa un cri qu'on eût pu prendre pour le rugissement d'un lion ; puis, faisant un bond en arrière, il retomba en garde et l'épée à la main.

Alors commença entre ces deux hommes un duel terrible, acharné, silencieux, car tous deux s'étaient vus à l'œuvre, et chacun savait à qui il avait à faire. Par une réaction facile à comprendre, c'était maintenant d'Harmental qui avait retrouvé son calme, c'était Roquefinette qui avait le sang au visage. A tout moment il menaçait d'Harmental de sa longue épée ; mais le frêle carrelet la suivait ainsi que le fer suit l'aimant, se tortillant en sifflant autour d'elle comme une vipère. Au bout de cinq minutes le chevalier n'avait pas encore porté une seule botte, mais il les avait parées toutes. Enfin, sur un dégagement plus rapide encore que les autres, il arriva trop tard à la parade et sentit la pointe du fer qui lui effleurait la poitrine. En même temps une tache rouge s'étale de sa chemise à son jabot de dentelle. D'Harmental la voit, bondit et s'engage de si près avec Roquefinette que les deux gardes se touchent. Le capitaine comprend aussitôt le désavantage que, dans une position pareille, lui donne sa longue épée. Un coupé sur les armes et il est perdu. Il fait aussitôt un saut en arrière ; mais son talon gauche glisse sur le carreau nouvellement ciré, et la main dont il tient son épée se lève malgré lui. Par un mouvement naturel, d'Harmental en profite, se fend à fond, et crève la poitrine du capitaine, où le fer de son épée disparaît jusqu'à la garde. D'Harmental fait à son tour un saut dans les armes pour éviter la riposte, mais la précaution est inutile; le capitaine reste un instant immobile à sa place, ouvre de grands yeux hagards, laisse échapper son épée, et, appuyant ses deux mains sur sa blessure qui le brûle, il tombe de toute sa hauteur sur le carreau.

— Diable de carrelet ! murmura-t-il. Et il expira à l'instant même : le mince filet d'acier avait traversé le cœur du géant.

Cependant d'Harmental était resté en garde et les yeux fixés sur le capitaine, abaissant seulement son épée à mesure que la mort s'emparait de lui. Enfin, il se trouva en face d'un cadavre ; mais ce cadavre avait les yeux ouverts et continuait de le regarder. Appuyé contre la porte, le chevalier, à ce spectacle, demeure un instant épouvanté. Ses cheveux se hérissent, il sent la sueur qui pointe à son front, il n'ose risquer un mouvement, il n'ose faire un geste, sa victoire lui semble un rêve. Tout à coup, dans une dernière convulsion, la bouche du moribond se crispe avec ironie : le partisan est mort en emportant son secret.

Comment reconnaître au milieu des trois cents paysans qui sont au marché aux Chevaux les douze ou quinze faux-sauniers qui doivent enlever le régent ?

D'Harmental pousse un cri sourd ; il voudrait, au prix de dix ans de son existence, rendre dix minutes de vie au capitaine. Il prend le cadavre dans ses bras, le soulève, l'appelle, tressaille en voyant ses mains rougies, et laisse retomber le cadavre dans une mare de sang qui, suivant l'inclinaison du plancher, s'écoule par une rigole, court en grossissant vers la porte et commence à glisser sous le seuil.

En ce moment, le cheval attaché au volet s'impatienta et hennit.

D'Harmental fait trois pas vers la porte, mais tout à coup il pense que Roquefinette a peut-être sur lui quelque papier, quelque billet qui pourra le guider. Malgré sa répugnance pour le cadavre du capitaine, il s'en rapproche, visite les unes après les autres les poches de son habit et de sa veste; mais les seuls papiers qu'il y trouve sont trois ou quatre vieilles cartes de restaurateur, et une lettre d'amour de la Normande.

Alors, comme il n'a plus rien à faire dans cette chambre, il va au secrétaire, bourre ses poches d'or et de lettres de change, tire la porte après lui, descend rapidement l'escalier, saute sur le cheval impatient, s'élance au galop vers la rue du Gros-Chenet, et disparaît en tournant l'angle le plus rapproché du boulevard.

XLII.

LE SAUVEUR DE LA FRANCE.

Pendant que cette terrible catastrophe s'accomplissait dans la mansarde de madame Denis, Bathilde, inquiète de voir la fenêtre de son voisin si longtemps fermée, avait ouvert la sienne, et la première chose qu'elle avait aperçue était le cheval gris-pommelé attaché au volet. Or, comme elle n'avait pas vu entrer le capitaine chez d'Harmental, elle pensa que cette monture était pour Raoul; et cette vue lui rappela aussitôt ses terreurs passées et présentes.

Bathilde resta donc à la fenêtre, regardant de tous côtés et cherchant à lire dans la physionomie de chaque individu qui passait, si cet individu était acteur dans le drame mystérieux qui se préparait et où elle devinait instinctivement que d'Harmental jouait le premier rôle. Elle était donc, le cœur palpitant, le cou tendu et les yeux errans de çà et là, lorsque tout à coup ses regards inquiets se fixèrent sur un point. Au même moment la jeune fille poussa un cri de joie : elle venait de voir déboucher Buvat à l'angle de la rue Montmartre. En effet, c'était le digne calligraphe en personne, qui, tout en regardant de temps en temps derrière lui comme s'il craignait d'être poursuivi, s'avançait, la canne horizontale, d'un pas aussi rapide que le lui permettaient ses petites jambes.

Pendant qu'il disparaît sous l'allée et s'engage dans l'escalier obscur qui y fait suite et au milieu duquel il rencontrera sa pupille, jetons un regard en arrière et disons les causes de cette absence qui, nous en sommes certain, n'a pas causé moins d'inquiétudes à nos lecteurs qu'à la pauvre Bathilde et à la bonne Nanette.

On se rappelle comment Buvat, conduit par la crainte de la torture à la révélation du complot, avait été forcé par Dubois de venir lui faire chaque jour chez lui une copie des pièces que lui remettait le prétendu prince de Listhnay. C'est ainsi que le ministre du régent avait successivement appris tous les projets des conjurés, qu'il avait déjoués par l'arrestation du maréchal de Villeroy et par la convocation du parlement.

Le lundi matin, Buvat était arrivé comme d'habitude avec de nouvelles liasses de papiers que d'Avranches lui avait remises la veille : c'était un manifeste rédigé par Malezieux et Pompadour, et les lettres des principaux seigneurs bretons qui adhéraient, comme nous l'avons vu, à la conspiration.

Buvat s'était mis comme d'habitude à son travail; mais vers les quatre heures, comme il venait de se lever et tenait son chapeau d'une main et sa canne de l'autre, Dubois était venu le prendre et l'avait conduit dans une petite chambre, au-dessus de celle dans laquelle il travaillait, et arrivé là, il lui avait demandé ce qu'il pensait de cet appartement. Flatté de cette déférence du premier ministre pour son jugement, Buvat s'était hâté de répondre qu'il le trouvait fort agréable.

— Tant mieux, reprit Dubois, et je suis fort aise qu'il soit de votre goût, car c'est le vôtre.

— Le mien ! dit Buvat atterré.

— Eh bien ! oui, le vôtre, qu'y a-t-il d'étonnant à ce que je désire avoir sous la main et surtout sous les yeux un homme aussi important que vous ?

— Mais alors, demanda Buvat, je vais donc demeurer au Palais-Royal, moi ?

— Pendant quelques jours du moins, répondit Dubois.

— Monseigneur, laissez-moi au moins prévenir Bathilde.

— Voilà justement l'affaire, c'est qu'il ne faut pas que Bathilde soit prévenue.

— Mais vous me permettez au moins que la première fois que je sortirai...

— Tout le temps que vous resterez ici, vous ne sortirez pas.

— Mais, s'écria Buvat avec terreur... mais je suis donc prisonnier?

— Prisonnier d'État, vous l'avez dit, mon cher Buvat; mais tranquillisez-vous, votre captivité ne sera pas longue, et tant qu'elle durera, l'on aura pour vous tous les égards qui sont dus au sauveur de la France; car vous avez sauvé la France, mon cher monsieur Buvat; il n'y a pas à vous en dédire maintenant.

— J'ai sauvé la France! s'écria Buvat, et me voilà prisonnier, me voilà sous les verrous, me voilà sous les barreaux!

— Et où diable voyez-vous des verrous et des barreaux, mon cher Buvat? dit Dubois en éclatant de rire, la porte ferme à un seul loquet et n'a pas même de serrure; quant à la fenêtre, voyez, elle donne sur le jardin du Palais-Royal, et pas le plus petit grillage ne vous en intercepte la vue, une vue superbe: vous serez ici comme le régent lui-même.

— O ma petite chambre! ô ma terrasse! murmura Buvat en se laissant tomber anéanti sur un fauteuil.

Dubois, qui avait autre chose à faire que de consoler Buvat, sortit et mit une sentinelle à sa porte.

L'explication de cette mesure était facile à comprendre: Dubois craignait qu'en voyant l'arrestation de Villeroy, on ne se doutât de quel côté venait la révélation, et que Buvat interrogé n'avouât qu'il avait tout dit. Or cet aveu eût sans doute arrêté les conjurés au milieu de leurs projets, et tout au contraire Dubois, éclairé désormais sur tous leurs desseins, voulait les laisser s'enferrer jusqu'au bout, pour en finir une bonne fois avec toutes ces petites conspirations.

Vers les huit heures du soir, et comme le jour commençait à tomber, Buvat entendit un grand bruit à sa porte et une espèce de froissement métallique qui ne laissa point de l'inquiéter; il avait entendu raconter bon nombre de lamentables histoires de prisonniers d'État assassinés dans leur prison, et il se leva tout frissonnant et courut à sa fenêtre. La cour et le jardin du Palais-Royal étaient pleins de monde; les galeries commençaient à s'illuminer, toute la vue qu'embrassait Buvat était pleine de mouvement, de gaîté et de lumière. Il poussa un profond gémissement en songeant qu'il allait peut-être lui falloir dire adieu à ce monde si animé et si vivant. En ce moment on ouvrit sa porte. Buvat se retourna en frissonnant, et aperçut deux grands valets de pied en livrée rouge qui apportaient une table toute servie. Ce bruit métallique qui avait inquiété Buvat était le froissement des plats et des couverts d'argent.

Le premier mouvement de Buvat fut d'abord une action de grâces au Seigneur de ce qu'un danger aussi imminent que celui dans lequel il avait cru être tombé se changeait en une situation en apparence si supportable; mais presque aussitôt l'idée lui vint que les projets funestes qu'on avait conçus contre lui étaient toujours les mêmes, et qu'on n'avait seulement fait qu'en changer le mode d'exécution, et que seulement, au lieu d'être assassiné comme Jean-sans-Peur ou le duc de Guise, il allait être empoisonné comme le grand Dauphin ou le duc de Bourgogne. Il jeta un coup d'œil rapide sur les deux valets de pied, et crut remarquer quelque chose de sombre qui dénonçait les agents d'une vengeance secrète. Dès lors le parti de Buvat fut pris, et malgré le fumet des plats, qui lui parut une amorce de plus, il refusa toute nourriture en disant majestueusement qu'il n'avait ni faim ni soif.

Les deux laquais se regardèrent en dessous: c'étaient deux fins escogriffes, qui avaient jugé Buvat du premier coup d'œil, et qui, ne comprenant pas qu'on n'eût pas faim en face d'un faisan truffé, et pas soif en face d'une bouteille de Chambertin, avaient pénétré les craintes de leur prisonnier. Ils échangèrent quelques mots à voix basse, et le

plus hardi des deux, comprenant qu'il y avait moyen de tirer parti de la situation, s'avança vers Buvat, qui recula devant lui jusqu'à ce que la cheminée l'empêchât d'aller plus loin.

— Monsieur, lui dit-il d'un ton pénétré, nous comprenons vos craintes, mais comme nous sommes d'honnêtes serviteurs, nous tenons à vous prouver que nous sommes incapables de prêter les mains à l'action dont vous nous soupçonnez. En conséquence, pendant tout le temps que vous serez ici, mon camarade et moi, chacun notre tour, goûterons de tous les plats qui vous seront servis, et de tous les vins qu'on vous apportera; heureux si, par notre dévouement, nous pouvons vous rendre quelque tranquillité.

— Monsieur, répondit Buvat tout honteux que ses sentimens secrets eussent été pénétrés ainsi, monsieur, vous êtes bien honnête, mais, en vérité Dieu! je n'ai ni faim ni soif; c'est comme j'ai l'honneur de vous le dire.

— N'importe, monsieur, dit le valet, comme nous désirons, mon camarade et moi, qu'il ne vous reste aucun doute dans l'esprit, nous maintenons l'épreuve que nous vous avons offerte. Comtois, mon ami, continua le valet en s'asseyant à la place que Buvat aurait dû occuper, faites-moi le plaisir de me servir quelques cuillerées de ce potage, une aile de cette poularde au riz, et deux doigts de ce romanée. Là, bien. A votre santé, monsieur.

— Monsieur, répondit Buvat en regardant de ses deux gros yeux étonnés le valet de pied qui s'impudemment mangeait à sa place, monsieur, c'est moi qui suis votre serviteur, et je voudrais savoir votre nom pour le conserver dans ma mémoire, accolé à celui de ce bon geôlier qui donna dans sa prison à Côme l'Ancien une preuve de dévouement pareille à celle que vous me donnez. Ce trait est dans la *Morale en action*, monsieur, continua Buvat, et je me permettrai de vous dire que vous mériteriez de figurer dans ce livre sous tous les rapports.

— Monsieur, répondit modestement le valet, je me nomme Bourguignon, et voilà mon camarade Comtois, dont ce sera le tour de se dévouer demain, et qui, le moment venu, ne restera point en arrière. Allons, Comtois, mon ami, un filet de ce faisan et un verre de champagne. Ne voyez-vous pas que pour rassurer monsieur plus complétement, je dois goûter tous les mets et déguster tous les vins: c'est une rude tâche, je le sais bien; mais où serait le mérite d'être honnête homme si on ne s'imposait pas de temps en temps de pareils devoirs? A votre santé, monsieur Buvat.

— Dieu vous le rende! monsieur Bourguignon.

— Maintenant, Comtois, passez-moi le dessert, afin qu'il ne reste aucun doute à monsieur Buvat.

— Monsieur Bourguignon, je vous prie de croire que si j'en avais eu, ils seraient complétement dissipés.

— Non, monsieur, non, je vous en demande pardon; il vous en reste encore; Comtois, mon ami, maintenez le café chaud, très chaud. Je veux le boire exactement comme l'aurait bu monsieur, et je présume que c'est comme cela que monsieur l'aime.

— Bouillant, monsieur, répondit Buvat en s'inclinant; je le bois bouillant, parole d'honneur!

— Ah! dit Bourguignon en sirotant sa demi-tasse et en levant béatiquement les yeux au plafond. Vous avez bien raison, monsieur. Ce n'est que comme cela que le café est bon; froid, c'est une boisson fort médiocre. Celui-ci, je dois le dire, est excellent. Comtois, mon ami, je vous fais mon compliment, et vous servez à ravir. Maintenant, aidez-moi à enlever la table. Vous devez savoir qu'il n'y a rien de désagréable comme l'odeur des vins et des mets pour ceux qui n'ont ni faim ni soif. Monsieur, continua Bourguignon en marchant à reculons vers la porte qu'il avait fermée avec soin pendant tout le repas et qu'il venait de rouvrir tandis que son compagnon poussait la table en avant; monsieur, si vous avez besoin de quelque chose, vous avez trois sonnettes: une à votre lit et deux à la cheminée. Celles de la cheminée sont pour nous, celle du lit pour le valet de chambre.

— Merci, monsieur, dit Buvat ; vous êtes trop honnête. Je désire ne déranger personne.

— Ne vous gênez pas, monsieur, ne vous gênez pas ; monseigneur désire que vous en usiez comme chez vous.

— Monseigneur est bien honnête.

— Monsieur ne désire plus rien ?

— Plus rien, mon ami, plus rien, dit Buvat pénétré de tant de dévouement ; plus rien que vous exprimer ma reconnaissance.

— Je n'ai fait que mon devoir, monsieur, répondit modestement Bourguignon en s'inclinant une dernière fois et en fermant la porte.

— Ma foi ! dit Buvat en suivant Bourguignon d'un œil attendri, il faut convenir qu'il y a des proverbes bien menteurs. On dit : insolent comme un laquais ; et certes voilà un individu exerçant cette profession et qui est cependant on ne peut plus poli. Ma foi ! je ne croirai plus aux proverbes, ou du moins je ferai une distinction entre eux.

Et en se faisant cette promesse à lui-même, Buvat se retrouva seul.

Rien n'excite l'appétit comme la vue d'un bon dîner dont on ne respire que l'odeur. Celui qui venait de passer sous les yeux de Buvat dépassait en luxe tout ce que le bonhomme avait rêvé jusqu'alors, et il commençait, tourmenté par des tiraillemens d'estomac réitérés, à se reprocher la trop grande défiance qu'il avait eue à l'endroit de ses persécuteurs ; mais il était trop tard. Buvat aurait bien pu, il est vrai, tirer la sonnette de monsieur Bourguignon ou la sonnette de monsieur Comtois, et demander un second service ; mais il était d'un caractère trop timide pour se livrer à un pareil acte de volonté : il en résulta qu'ayant cherché parmi la somme de proverbes auxquels il devait continuer d'ajouter foi celui qui était le plus consolant, et ayant trouvé entre sa situation et le proverbe qui dit *qui dort dîne* une analogie qui lui parut des plus directes, il résolut de s'en tenir à celui-là, et, ne pouvant dîner, d'essayer au moins de dormir.

Mais au moment de se livrer à la résolution qu'il venait de prendre, Buvat se trouva assailli par de nouvelles craintes ; ne pourrait-on pas profiter de son sommeil pour le faire disparaître ? La nuit est l'heure des embûches ; il avait bien entendu souvent raconter à madame Buvat la mère des histoires de baldaquins qui en s'abaissant étouffaient le malheureux dormeur, de lits qui s'enfonçaient d'eux-mêmes par une trappe, et cela si doucement que le mouvement n'éveillait pas même celui qui était couché ; enfin de portes secrètes s'ouvrant dans les boiseries et même dans les meubles pour donner passage à des assassins. Ce dîner si copieux, ces vins si excellens, ne lui avaient peut-être été servis que pour le conduire sans défiance à un sommeil plus profond. Tout cela était possible à la rigueur ; aussi, comme Buvat avait au plus haut degré le sentiment de sa conservation, commença-t-il, sa bougie à la main, une investigation des plus minutieuses. Après avoir ouvert toutes les portes des armoires, tiré tous les tiroirs des commodes, sondé tous les panneaux de la boiserie, Buvat en était au lit, et à quatre pattes sur le tapis allongeait craintivement la tête sous la couchette, lorsque tout à coup il crut entendre marcher derrière lui. La position dans laquelle il était ne lui permettait guère de songer à sa défense ; il demeura donc immobile, et attendant le cœur serré et la sueur au front.

— Pardon, dit au bout de quelques instans de morne silence une voix qui fit frissonner Buvat, pardon. mais n'est-ce pas son bonnet de nuit que monsieur cherche ?

Buvat était découvert. Il n'y avait pas moyen de se soustraire au danger, si le danger existait. Il retira donc sa tête de dessous le lit, prit sa bougie à la main, et, demeurant sur les deux genoux, comme dans une posture humble et désarmante, se retourna vers l'individu qui venait de lui adresser la parole, et se trouva en face d'un homme tout vêtu de noir et portant pliés sur l'avant bras plusieurs objets que Buvat crut reconnaître pour des vêtemens humains.

— Oui, monsieur, dit Buvat, saisissant avec une présence d'esprit dont il se félicita intérieurement l'échappatoire qui lui était ouverte ; oui, monsieur, je cherche mon bonnet de nuit lui-même. Cette recherche serait-elle défendue ?

— Pourquoi, monsieur, au lieu de prendre cette peine, n'a-t-il pas sonné ? c'est moi qui ai l'honneur d'avoir été désigné pour lui servir de valet de chambre, et je lui apportais son bonnet de nuit et sa robe de nuit.

Et à ces mots le valet étala sur le lit une robe de chambre à grands ramages, un bonnet de fine batiste, et un ruban du plus joli rose coquet. Buvat, toujours à genoux, le regardait faire avec le plus grand étonnement.

— Maintenant, dit le valet de chambre, monsieur veut-il que je l'aide à se déshabiller ?

— Non, monsieur, non ! s'écria Buvat, dont la pudeur était des plus faciles à s'alarmer, mais en accompagnant ce refus du sourire le plus agréable qu'il put faire. Non, j'ai l'habitude de me déshabiller tout seul. Merci, monsieur, merci.

Le valet de chambre se retira, et Buvat se trouva seul.

Comme la visite de la chambre était finie, et que la faim, qui gagnait de plus en plus, rendait le sommeil urgent, Buvat commença aussitôt en soupirant sa toilette de nuit, plaça, pour ne point rester sans lumière, une de ses bougies dans l'angle de la cheminée, et s'enfonça en poussant un profond gémissement dans le lit le plus doux et le plus moelleux qu'il eût jamais rencontré.

Mais le lit ne fait pas le sommeil, et c'est un axiome que Buvat put, par expérience, ajouter à la liste de ses proverbes véridiques. Soit terreur, soit vidulité de l'estomac, Buvat passa une nuit fort agitée, et ce ne fut que vers le matin qu'il commença à s'endormir ; encore son sommeil fut-il peuplé des cauchemars les plus terribles et les plus insensés. Il venait de rêver qu'il avait été empoisonné dans un gigot de mouton aux haricots, lorsque le valet de chambre entra et demanda à quelle heure monsieur voulait déjeuner.

Cette demande avait avec le rêve que Buvat venait d'accomplir une telle suite, que Buvat frissonna des pieds à la tête à l'idée d'avaler la moindre chose, et répondit que par une espèce de murmure sourd, qui parut sans doute au valet de chambre avoir une signification quelconque, car il sortit aussitôt en disant que monsieur allait être servi.

Buvat n'avait point l'habitude de déjeuner dans son lit, aussi sauta-t-il vivement en bas du sien et fit-il sa toilette en toute hâte : il venait de l'achever lorsque messieurs Bourguignon et Comtois entrèrent portant le déjeuner, comme ils étaient entrés la veille portant le dîner.

Alors eut lieu la seconde répétition de la scène que nous avons déjà racontée, à l'exception que cette fois ce fut monsieur Comtois qui mangea et que ce fut monsieur Bourguignon qui servit. Mais lorsqu'on arriva au café et que Buvat, qui n'avait rien pris depuis la veille à la même heure, vit son breuvage bien aimé, après avoir passé de la cafetière d'argent dans la tasse de porcelaine, passer dans l'œsophage de monsieur Comtois, il n'y put tenir plus longtemps et déclara que son estomac demandait à être amusé par quelque chose, et qu'en conséquence il désirait qu'on lui laissât le café et un petit pain. Cette déclaration parut contrarier quelque peu le dévouement de monsieur Comtois, mais force lui fut cependant de se borner à deux cuillerées de l'odorant liquide, lequel fut, avec le petit pain et le sucrier, déposé sur un guéridon, tandis que les deux drôles emportaient, en riant dans leur barbe, les restes du déjeuner à la fourchette. A peine la porte fut-elle fermée, que Buvat se précipita vers le guéridon, et, sans même se donner le temps de tremper l'un dans l'autre, mangea le pain et but le café ; puis, quelque peu réconforté par cette inglutition, si insuffisante qu'elle fût, il commença à envisager les choses sous un point de vue moins désastreux.

En effet, Buvat ne manquait pas d'un certain bon sens ;

et comme il avait traversé sans encombre la soirée de la
veille, la nuit qui venait de s'écouler, et qu'il entrait dans
la matinée présente d'une manière assez comfortable, il commençait à comprendre que si par un motif politique quelconque on en voulait à sa liberté, on était loin au moins
d'en vouloir à ses jours, que l'on entourait au contraire de
soins dont il n'avait jamais été l'objet ; puis Buvat, malgré
lui, ressentait cette bienfaisante influence du luxe qui s'introduit par tous les pores et dilate le cœur. Or, il avait jugé
que le dîner de la veille était meilleur que son dîner habituel ; il avait reconnu que le lit était fort moelleux ; il
trouvait que le café qu'il venait de boire possédait un
arôme que le mélange de la chicorée ôtait au sien. Bref,
il ne pouvait se dissimuler que les fauteuils élastiques
et les chaises rembourrées sur lesquelles il s'asseyait
depuis vingt-quatre heures avaient une supériorité in-
contestable sur son fauteuil de cuir et ses chaises de canne. La seule chose qui le tourmentât donc réellement
était l'inquiétude que devait éprouver Bathilde en ne le
voyant pas revenir. Il eut bien un instant l'idée, n'osant
pas renouveler la demande qu'il avait faite la veille à
Dubois, de donner de ses nouvelles à sa pupille ; il avait
bien eu un instant l'idée, disons-nous, à l'instar du Mas-
que-de-fer, qui avait jeté de la fenêtre de sa prison un plat
d'argent sur le rivage de la mer, de jeter de son balcon une
lettre dans la cour du Palais-Royal, mais il savait quel résultat funeste avait eu pour le malheureux prisonnier la
découverte de cette infraction aux volontés de monsieur
de Saint-Mars, de sorte qu'il tremblait, en essayant une
tentative pareille, de resserrer les rigueurs de sa captivité,
qui, telle qu'elle était, à tout prendre, lui paraissait tolérable.

Le résultat de toutes ces réflexions fut que Buvat passa
une matinée beaucoup moins agitée que ne l'avaient été
sa soirée et sa nuit ; d'un autre côté, son estomac, endormi
par le café et le petit pain, ne lui laissait éprouver que cette
légère pointe d'appétit qui n'est qu'une jouissance de plus
lorsqu'on est sûr de bien dîner. Ajoutez à cela la vue éminemment distrayante que le prisonnier avait de sa fenêtre,
et l'on comprendra qu'une heure de l'après-midi arriva
sans trop de douleurs et d'ennui.

A une heure juste la porte s'ouvrit, et la table reparut
toute dressée, pareille comme la veille et le matin par les
deux valets de pied. Mais cette fois ce ne fut ni monsieur
Bourguignon ni monsieur Comtois qui s'y assit : Buvat déclara que, parfaitement rassuré sur les intentions de son
hôte auguste, il remerciait messieurs Comtois et Bourguignon du dévouement dont chacun à son tour lui avait
donné la preuve, et les invitait de le servir à son tour. Les
deux valets firent la grimace, mais ils obéirent.

On devine que l'heureuse disposition d'esprit dans laquelle se trouvait Buvat devait se béatifier encore, grâce à
l'excellent dîner qui lui était servi : Buvat mangea de tous
les plats, Buvat but de tous les vins ; enfin Buvat, après
avoir siroté son café, luxe qu'il ne se permettait ordinairement que le dimanche, Buvat, après avoir avalé par dessus le nectar arabique un petit verre de liqueur de madame
Anfoux, Buvat, il faut le dire, était dans un état voisin de
l'extase.

Le soir, le souper eut le même succès ; mais comme
Buvat s'était un peu plus livré qu'au dîner à la dégustation
du chambertin et du sillery, Buvat, vers les huit heures du
soir, se trouvait dans un état de bien-être impossible à décrire. Il en résulta que, lorsque le valet de chambre entra
pour faire sa couverture, au lieu de le trouver, comme la
veille, à quatre pattes et la tête sous le lit, il le trouva assis
dans un bon fauteuil, les pieds sur les chenets, la tête renversée contre le dossier, les yeux clignotans, et chantonnant entre ses dents avec une inflexion de voix d'une tendresse infinie :

> Laissez-moi aller,
> Laissez-moi aller,
> Laissez-moi aller jouer sous la coudrette.

ce qui, comme on le voit, était une grande amélioration
sur l'état dans lequel le digne écrivain se trouvait vingt-
quatre heures auparavant. Il y eut plus : lorsque le valet
de chambre lui offrit, comme la veille, de l'aider à se déshabiller, Buvat, qui éprouvait une certaine difficulté à
exprimer ses pensées, se contenta de lui sourire en signe
d'approbation, puis de lui tendre les bras pour qu'il lui
tirât son habit, puis les jambes pour qu'il lui enlevât ses
souliers ; mais malgré l'état de jubilation extraordinaire
dans lequel se trouvait Buvat, il est cependant juste de dire
que sa retenue naturelle ne lui permit pas un plus complet
abandon, et que ce ne fut que lorsqu'il se trouva parfaitement seul qu'il dépouilla le reste de ses vêtemens.

Cette fois, tout au contraire de la veille, Buvat s'étendit
voluptueusement dans son lit, s'endormit cinq minutes
après être couché, rêva qu'il était le grand-turc, et qu'il
avait, comme le roi Salomon, trois cents femmes et cinq
cents concubines.

Hâtons-nous de dire que ce fut le seul rêve un peu égril-
lard que le pudique Buvat fit dans le cours de sa chaste
vie.

Buvat se réveilla frais comme une rose pompon, n'ayant
plus qu'une seule préoccupation au monde, celle de l'inquiétude où devait être Bathilde, mais du reste parfaitement heureux.

Le déjeuner, comme on le pense bien, ne lui ôta rien de
sa bonne humeur ; tout au contraire, s'étant informé s'il
pouvait écrire à monseigneur l'archevêque de Cambrai, et
ayant appris qu'aucun ordre ne s'y opposait, il demanda
du papier et de l'encre qu'on lui apporta, tira de sa poche
son canif qui ne le quittait jamais, tailla sa plume avec le
plus grand soin, et commença de sa plus belle écriture une
requête parfaitement touchante à l'effet d'obtenir de lui, si
sa captivité devait se prolonger, la permission de recevoir
Bathilde, ou tout au moins de la prévenir qu'à part sa liberté il ne lui manquait absolument rien, grâce aux bontés qu'avait pour lui monseigneur le premier ministre.

Cette requête, à l'exécution calligraphique de laquelle
Buvat attacha un grand soin, et dont toutes les majuscules
représentaient des figures différentes de plantes, d'arbres
ou d'animaux, occupa le digne écrivain depuis le déjeuner
jusqu'au dîner. En s'asseyant à table, il la remit à Bourguignon, qu'il chargea personnellement de la porter à monseigneur le premier ministre, déclarant que Comtois lui
suffirait momentanément pour son service. Un quart
d'heure après, Bourguignon revint et annonça à Buvat que
monseigneur était sorti, mais, qu'en son absence, la pétition avait été remise à la personne qui partageait le soin des
affaires publiques avec lui, et que cette personne avait
donné l'ordre de lui amener Buvat aussitôt qu'il aurait
dîné, lequel Buvat, cependant, était invité à n'en point
manger un seul morceau ni boire un verre de vin plus vite,
attendu que celui qui le faisait demander était lui-même à
table en ce moment. En vertu de cette permission, Buvat
prit son temps, écorna les meilleurs plats, dégusta les meilleurs vins, lampa son café, savoura son verre de liqueur,
et, cette dernière opération terminée, déclara d'un ton fort
résolu qu'il était prêt à paraître devant le substitut du premier ministre.

L'ordre avait été donné à la sentinelle de laisser sortir
Buvat : aussi Buvat, conduit par Bourguignon, passa-t-il
fièrement devant elle. Pendant quelque temps il suivit un
long corridor, puis il descendit un escalier ; puis enfin le
valet de pied ouvrit une porte et annonça monsieur Buvat.

Buvat se trouva alors dans une espèce de laboratoire situé au rez-de-chaussée, en face d'un homme de quarante
ou quarante-deux ans qui lui était pas tout à fait inconnu, et qui, dans le costume le plus simple, s'occupait à
suivre, sur un fourneau ardemment allumé, une opération
chimique à laquelle il paraissait attacher une grande importance : cet homme, en apercevant Buvat, releva la tête,
et l'ayant regardé avec curiosité :

— Monsieur, lui dit-il, c'est vous qui vous nommez Jean
Buvat.

— Pour vous servir, monsieur, répondit Buvat en s'inclinant.

— La requête que vous venez d'adresser à l'abbé est de votre main ?

— De ma propre main, monsieur.

— Vous avez une fort belle écriture, monsieur.

Buvat s'inclina avec un sourire orgueilleusement modeste.

— L'abbé, continua l'inconnu, m'a dit, monsieur, les services que nous vous devions.

— Monseigneur est trop bon, murmura Buvat, cela n'en vaut pas la peine.

— Comment, cela n'en vaut pas la peine! si fait, au contraire, monsieur Buvat, cela en vaut grandement la peine. Peste! et la preuve, c'est que si vous avez quelque chose à demander au régent, je me charge de lui transmettre votre demande.

— Monsieur, dit Buvat, puisque vous avez la bonté de vous offrir pour être l'interprète de mes sentimens pour Son Altesse Royale, ayez la bonté de lui dire que quand elle sera moins gênée, je la prie, ne la prive pas trop, de me faire payer mon arriéré.

— Comment, votre arriéré, monsieur Buvat? Que voulez-vous dire ?

— Je veux dire, monsieur, que j'ai l'honneur d'être employé à la Bibliothèque royale, mais que voilà bientôt six ans que l'on nous dit à chaque fin de mois qu'il n'y a pas d'argent en caisse.

— Et à combien se monte votre arriéré ?

— Monsieur, il me faudrait une plume et de l'encre pour vous dire le chiffre exact.

— Voyons, à peu près. Calculez cela de mémoire.

— Mais à cinq mille trois cents et quelques livres, à part les fractions de sous et de deniers.

— Et vous désireriez d'être payé, monsieur Buvat?

— Je ne vous cache pas, monsieur, que cela me ferait plaisir.

— Et voilà tout ce que vous demandez?

— Absolument tout.

— Mais enfin, pour le service que vous venez de rendre à la France, ne réclamez-vous rien?

— Si fait, monsieur, je réclame la permission de faire dire à ma pupille Bathilde, qui doit être fort inquiète de mon absence, qu'elle se tranquillise, et que je suis prisonnier au Palais-Royal. Je demanderais même, si ce n'était pas abuser de votre bonté, monsieur, qu'elle eût la permission de venir me faire une petite visite; mais si cette seconde demande était trop indiscrète, je me bornerais à la première.

— Nous ferons mieux que cela, monsieur Buvat; les causes pour lesquelles nous vous retenions n'existent plus, nous allons donc vous rendre votre liberté, et vous pourrez aller vous-même donner de vos nouvelles à votre pupille.

— Comment, monsieur! dit Buvat, comment! je ne suis plus prisonnier?

— Vous pouvez partir quand vous voudrez.

— Monsieur, je suis votre très humble, et j'ai bien l'honneur de vous présenter mes hommages.

— Pardon, monsieur Buvat, encore un mot.

— Deux, monsieur.

— Je vous répète que la France a envers vous des obligations qu'il faut qu'elle acquitte. Écrivez donc au régent, faites-lui le relevé de ce qui vous est dû ; exposez-lui votre situation, et si vous désirez particulièrement quelque chose, exposez hardiment votre désir. Je suis garant qu'il sera fait droit à votre requête.

— Monsieur, vous êtes trop bon, et je n'y manquerai pas. Je puis donc alors espérer qu'aux premiers fonds qui rentreront dans les caisses de l'État...

— Un rappel vous sera fait, je vous en donne ma parole.

— Monsieur, aujourd'hui même ma pétition sera adressée au régent.

— Et demain vous serez payé.

— Ah! monsieur, que de bontés!

— Allez, monsieur Buvat, allez, votre pupille vous attend.

— Vous avez raison, monsieur, mais elle n'aura rien perdu pour m'attendre, puisque je vais lui porter une si bonne nouvelle. A l'honneur de vous revoir, monsieur. Ah! pardon ; sans indiscrétion, comment vous appelez-vous, s'il vous plaît?

— Monsieur Philippe.

— A l'honneur de vous revoir, monsieur Philippe.

— Adieu, monsieur Buvat. Un instant, reprit Philippe, il faut que je donne des ordres pour que vous puissiez sortir.

A ces mots il sonna, un huissier parut.

— Faites venir Ravanne.

L'huissier sortit. Deux secondes après un jeune officier des gardes entra.

— Ravanne, dit monsieur Philippe, conduisez ce brave homme jusqu'à la porte du Palais-Royal. Il est libre d'aller où il voudra.

— Oui, monseigneur, dit le jeune officier.

Un éblouissement passa sur les yeux de Buvat, qui ouvrit la bouche pour demander quel était celui qu'on appelait ainsi monseigneur; mais Ravanne ne lui en laissa pas le temps.

— Venez, monsieur, lui dit-il, venez, je vous attends.

Buvat regarda d'un air hébété monsieur Philippe et le page, mais comme celui-ci ne comprenait rien à son hésitation, il lui renouvela une seconde fois l'invitation de le suivre. Il obéit en tirant son mouchoir de sa poche et en essuyant l'eau qui lui coulait à grosses gouttes du front.

A la porte, la sentinelle voulut arrêter Buvat.

— Par ordre de Son Altesse Royale monseigneur le régent, monsieur est libre, dit Ravanne.

— Le soldat présenta les armes et laissa passer.

Buvat crut qu'il allait avoir un coup de sang ; il sentit les jambes qui lui manquaient, et s'appuya contre la muraille.

— Qu'avez-vous donc, monsieur? lui demanda son guide.

— Pardon, monsieur, balbutia Buvat, mais est-ce que par hasard la personne à laquelle je viens d'avoir l'honneur de parler serait ?...

— Monseigneur le régent en personne, reprit Ravanne.

— Pas possible! s'écria Buvat.

— Très possible! au contraire, répondit le jeune homme, et la preuve, c'est que cela est ainsi.

— Comment, c'est monsieur le régent lui-même qui m'a promis que je serais payé de mon arriéré! s'écria Buvat.

— Je ne sais pas ce qu'il vous a promis, mais je sais que la personne qui m'a donné l'ordre de vous reconduire était monsieur le régent, répondit Ravanne.

— Mais il m'a dit qu'il s'appelait Philippe.

— Eh bien! c'est cela, Philippe d'Orléans.

— C'est vrai, monsieur, c'est vrai ; Philippe est son nom patronymique, c'est connu, cela. Mais c'est un très brave homme que le régent, et quand je pense qu'il y avait d'infâmes gueux qui conspiraient contre lui, contre un homme qui m'a donné sa parole de me faire payer mon arriéré ; mais ils méritent d'être pendus, ces gens-là, monsieur, d'être roués, écartelés, brûlés vifs ; n'est-ce pas votre avis, monsieur ?

— Monsieur, dit Ravanne en riant, je n'ai point d'avis sur les affaires de cette importance. Nous sommes à la porte de la rue, je voudrais avoir l'honneur de vous faire compagnie plus longtemps, mais monseigneur part dans une demi-heure pour l'abbaye de Chelles, et, comme il a quelques ordres à me donner avant son départ, je me vois, à mon grand regret, forcé de vous quitter.

— Tout le regret est pour moi, monsieur, dit gracieusement Buvat, et en répondant par une profonde inclination au léger salut du jeune homme qui, lorsque Buvat releva la tête, avait déjà disparu.

Cette disparition laissa Buvat parfaitement libre de ses mouvemens, il en profita en s'acheminant vers la place des Victoires, et de la place des Victoires vers la rue du Temps-Perdu, dont il tournait l'angle juste au moment où d'Harmental passait son épée au travers du corps de Roquefinette. C'était en ce moment encore que la pauvre Bathilde, qui était loin de se douter de ce qui se passait chez son voisin, avait aperçu son tuteur et s'était précipitée à sa rencontre dans l'escalier, où Buvat et elle s'étaient joints entre le second et le troisième étage.

— Oh ! petit père, cher petit père ! s'écria Bathilde tout en montant l'escalier au bras de Buvat et en l'arrêtant pour l'embrasser à chaque marche. D'où venez-vous donc? que vous est-il arrivé, et comment se fait-il que depuis lundi nous ne vous ayons pas vu ? Dans quelle inquiétude vous nous avez mises, mon Dieu, Nanette et moi ; mais il faut qu'il soit arrivé des événemens incroyables ?

— Ah oui ! bien incroyables, dit Buvat.

— Ah ! mon Dieu ! contez-moi cela, petit père. D'où venez-vous d'abord ?

— Du Palais-Royal.

— Comment, du Palais-Royal? Et chez qui étiez-vous, au Palais-Royal ?

— Chez le régent.

— Vous, chez le régent ! Et que faisiez-vous chez le régent ?

— J'étais prisonnier.

— Prisonnier ! vous !

— Prisonnier d'État.

— Et pourquoi ? Vous, prisonnier !

— Parce que j'ai sauvé la France.

— O mon Dieu ! mon Dieu ! petit père, est-ce que vous seriez devenu fou? s'écria Bathilde avec effroi.

— Non, mais il y aurait eu de quoi le devenir si je n'avais pas eu la tête solide.

— Mais je vous en prie, expliquez-vous?

— Imagine-toi qu'il y avait une conspiration contre le régent.

— O mon Dieu !

— Et que j'en étais.

— Vous !

— Oui, moi ; sans en être, c'est-à-dire. Tu sais bien, ce prince de Listhnay ?

— Après ?

— Un faux prince, mon enfant, un faux prince !

— Mais ces copies que vous faisiez pour lui?...

— Des manifestes, des proclamations, des actes incendiaires ; une révolte générale, la Bretagne... la Normandie... les états généraux... le roi d'Espagne... Et c'est moi qui ai découvert tout cela.

— Vous ! s'écria Bathilde épouvantée.

— Oui, moi, que monseigneur le régent vient d'appeler le sauveur de la France; moi à qui il va payer mes arriérés !

— Mon père, mon père, dit Bathilde, vous avez parlé de conspirateurs; savez-vous les noms de ces conspirateurs ?

— D'abord monsieur le duc du Maine ; comprends-tu ce misérable bâtard qui conspire contre un homme comme monseigneur le régent ! Puis un comte de Laval, un marquis de Pompadour, un baron de Valef, le prince de Cellamare, l'abbé Brigaud, ce malheureux abbé Brigaud, Imagine-toi que j'ai copié la liste...

— Mon père, dit Bathilde haletante de crainte, mon père, parmi tous ces noms-là, n'avez-vous pas lu le nom... le nom... du... chevalier... Raoul d'Harmental...

— Ah ! je crois bien, s'écria Buvat, le chevalier Raoul d'Harmental ! c'est le chef de la conjuration ; mais le régent les connaît tous. Ce soir ils seront tous arrêtés, et demain pendus, écartelés, roués vifs.

— Oh ! malheureux ! malheureux que vous êtes ! s'écria Bathilde en se tordant les bras, vous avez tué l'homme que j'aime. Mais je vous le jure par ma mère, monsieur, s'il meurt, je mourrai.

Et songeant qu'elle aurait peut-être encore le temps de prévenir Raoul du danger qui le menaçait, Bathilde, lais-

sant Buvat atterré, s'élança vers la porte de la chambre, descendit l'escalier comme si elle eût eu des ailes, traversa la rue en deux bonds, monta l'escalier presque sans toucher les marches, et, haletante, épuisée, mourante, vint heurter la porte de d'Harmental, qui, mal fermée par le chevalier, céda au premier effort de Bathilde, et en s'ouvrant lui laissa voir le cadavre du capitaine, étendu sur le carreau et nageant dans une mare de sang.

Cette vue était si loin d'être celle à laquelle s'attendait Bathilde, que, sans songer qu'elle allait peut-être achever de compromettre son amant, elle se précipita vers la porte en appelant du secours, mais en arrivant sur le palier, soit que les forces lui manquassent, soit que son pied eût glissé dans le sang, elle tomba à la renverse en poussant un cri terrible.

A ce cri les voisins accoururent et trouvèrent Bathilde évanouie; sa tête avait porté sur l'angle de la porte, et elle s'y était fait une grave blessure.

On descendit Bathilde chez madame Denis, qui s'empressa de lui offrir l'hospitalité.

Quant au capitaine Roquefinette, comme il avait déchiré l'adresse de la lettre qu'il avait dans sa poche pour allumer sa pipe, et qu'il ne possédait sur lui aucun autre papier qui indiquât son nom ou son domicile, on transporta son corps à la Morgue, où trois jours après il fut reconnu par la Normande.

XLIII.

DIEU DISPOSE.

Cependant d'Harmental, comme nous l'avons vu, était parti au galop, sentant bien qu'il n'y avait pas un instant à perdre pour faire face aux changemens qu'allait amener, dans l'entreprise hasardeuse dont il s'était chargé, la mort du capitaine Roquefinette. En conséquence, et dans l'espoir de reconnaître, à un signe quelconque, les individus qui devaient jouer le rôle de comparses dans ce grand drame, il avait suivi les boulevards jusqu'à la porte Saint-Martin, et arrivé là, tournant à gauche, était venu en un instant au milieu du marché aux chevaux : c'était là, on se le rappelle, que les douze ou quinze faux-sauniers enrôlés par Roquefinette attendaient les ordres de leur capitaine.

Mais, comme l'avait dit le pauvre défunt, aucun signe particulier ne pouvait désigner à l'œil étranger ces hommes mystérieux, vêtus qu'ils étaient comme les autres et se connaissant entre eux à peine. D'Harmental chercha donc vainement : tous les visages lui étaient inconnus; vendeurs et acheteurs lui paraissaient si parfaitement indifférens à toute autre idée qu'à celle des marchés qu'ils étaient en train de conclure, que deux ou trois fois, après s'être rapproché de personnages qu'il avait cru reconnaître pour de faux paysans, il s'éloigna sans même leur adresser la parole, tant la probabilité était grande que sur cinq ou six cents individus qui se trouvaient là, le chevalier commettrait quelque erreur, qui non-seulement pourrait être inutile, mais qui encore pouvait devenir dangereuse. La situation était désolante : d'Harmental incontestablement avait là sous la main tous les moyens d'exécution nécessaires à l'heureux accomplissement du complot, mais il avait, en tuant le capitaine, brisé lui-même le fil conducteur, et, l'anneau intermédiaire rompu, toute la chaîne était brisée. D'Harmental se mordait les lèvres jusqu'au sang, se déchirait la poitrine, allait et venait d'un bout à l'autre du marché, espérant toujours que quelque circonstance imprévue le tirerait d'embarras ; mais le temps s'écoulait. le marché conservait sa même physionomie, personne n'était venu lui parler, et les deux paysans auxquels il avait en désespoir de cause adressé quelques questions ambiguës, avaient, à ces questions, ouvert des yeux et une bouche si naïvement étonnés, que d'Harmental avait interrompu à l'instant même la conversation commencée, convaincu qu'il était d'avoir touché à faux.

Sur ces entrefaites, cinq heures sonnèrent.

C'était vers les huit ou neuf heures du soir que le régent devait revenir de Chelles. Il n'y avait donc pas de temps à perdre, d'autant plus que cette embuscade était le vatout des conjurés, qui s'attendaient bien à être arrêtés d'un moment à l'autre, et qui jouaient la seule chance qui leur restait sur le dernier coup de dé. D'Harmental ne se dissimulait aucune des difficultés de la situation : il avait réclamé pour lui l'honneur de l'entreprise, c'était donc sur lui que pesait toute la responsabilité, et cette responsabilité était terrible. D'un autre côté, il se trouvait pris dans une de ces situations où le courage ne peut rien, où la volonté humaine se brise devant une impossibilité, et où la seule chance qui reste est d'avouer son impuissance et de solliciter le secours de ceux qui en attendaient de vous.

D'Harmental était homme de résolution, son parti fut bientôt pris; il fit dans le marché, qu'il parcourait en tout sens depuis une heure et demie, un dernier tour, afin de voir enfin si quelque conjuré ne se trahissait pas comme lui par son impatience; mais voyant que tous les visages restaient dans leur impassible nullité, il mit son cheval au galop, longea les boulevards, gagna le faubourg Saint-Antoine, descendit à la maison n° 15, enfila l'escalier, grimpa au cinquième étage, ouvrit la porte d'une petite chambre, et se trouva en face de madame du Maine, du comte de Laval, de Pompadour et de Valef, de Ma'ezieux et de Brigaud.

Tous jetèrent un cri de surprise en l'apercevant.

D'Harmental raconta tout : les prétentions de Roquefinette, la discussion qui s'en était suivie, et le duel qui l'avait terminée. Il ouvrit son habit, montra sa chemise pleine de sang; puis il passa à l'espérance qu'il avait eue de reconnaître les faux-sauniers et de se mettre à leur tête à la place du capitaine; il dit ses espérances déçues, ses investigations inutiles au milieu du marché aux chevaux, et finit par faire un appel à Laval, à Pompadour et à Valef, qui y répondirent aussitôt en disant qu'ils étaient prêts à suivre le chevalier au bout du monde, et à lui obéir en tout ce qu'il ordonnerait.

Rien n'était donc perdu encore : quatre hommes résolus et agissant pour leur compte pouvaient parfaitement remplacer douze ou quinze vagabonds soudoyés, qui n'étaient mus par aucun autre intérêt que celui de gagner une vingtaine de louis par tête. Les chevaux étaient prêts dans l'écurie, chacun était venu armé : d'Avranches n'était point encore parti, ce qui renforçait la petite troupe d'un homme dévoué. On envoya chercher des masques de velours noir, pour cacher le plus longtems possible au régent la figure de ses ravisseurs; on laissa près de madame du Maine Malezieux qui, par son âge, et Brigaud qui, par sa profession, devaient naturellement être mis en dehors d'une pareille expédition; on se donna rendez-vous à Saint-Mandé, et l'on partit chacun isolément, afin de ne point donner de soupçons. Une heure après, les cinq conjurés étaient réunis et s'embusquaient sur la route de Chelles, entre Vincennes et Nogent-sur-Marne. Six heures et demie sonnaient à l'horloge du château.

D'Avranches s'était informé. Le régent était passé vers les trois heures et demie; il n'avait ni suite ni gardes, il était dans une voiture à quatre chevaux, menés par deux jockeys à la Daumont, et précédé par un seul coureur. Il n'y avait donc aucune résistance à craindre; on arrêtait le prince, on le dirigeait sur Charenton, dont le maître de poste, comme nous l'avons dit, était à la dévotion de madame du Maine; on le faisait entrer dans la cour, dont la porte se refermait sur lui; on le forçait à monter dans une voiture de voyage, qui attendait tout attelée et postillon en selle. D'Harmental et Valef se plaçaient près de lui; on repartait au galop; on traversait la Marne à Alfort, la Seine

à Villeneuve-Saint-Georges; on gagnait Grand-Vaux, et à Montlhéry on se trouvait sur la route d'Espagne. Si à l'un ou à l'autre des relais le régent voulait appeler, d'Harmental et Valef le menaçaient, et s'il appelait malgré les menaces, le fameux passeport était là pour prouver que celui qui réclamait assistance n'était pas le prince, mais un fou qui se croyait le régent, et que l'on reconduisait à sa famille, qui habitait Saragosse. Bref, tout cela était un peu hasardeux, il est vrai; mais, comme on le sait, ce sont ces sortes d'entreprises qui, d'ordinaire, réussissent d'autant mieux que ceux contre lesquels elles sont dirigées n'ont garde de les prévoir.

Sept heures et huit heures sonnèrent successivement. D'Harmental et ses compagnons voyaient avec plaisir la nuit s'approcher et devenir de plus en plus épaisse. Deux ou trois voitures, soit en poste, soit attelées de chevaux de maîtres, avaient déjà donné quelques fausses alertes, mais avaient eu en même temps pour résultat de les aguerrir à l'attaque véritable. A huit heures et demie la nuit était tout à fait obscure, et l'espèce de crainte bien naturelle que les conjurés avaient d'abord ressentie commençait à se changer en impatience.

A neuf heures, on crut entendre quelque bruit. D'Avranches se coucha à plat ventre et distingua plus clairement le roulement d'une voiture. Au même moment, à un millier de pas de distance à peu près à l'angle de la route, on vit poindre une lueur pareille à une étoile : les conjurés tressaillirent, c'était évidemment le coureur et sa torche. Bientôt il n'y eut plus de doute; on aperçut la voiture et ses deux lanternes. D'Harmental, Pompadour, Valef et Laval échangèrent une dernière poignée de main, se couvrirent le visage de leur masque, et chacun prit le poste qui lui était assigné.

Cependant la voiture s'avançait rapidement : c'était bien celle du duc d'Orléans. A la lueur de la torche qu'il portait, on voyait l'habit rouge du coureur, devançant les chevaux de vingt-cinq pas à peu près. La route était silencieuse et déserte; du reste, tout semblait d'accord avec les conjurés. D'Harmental jeta un dernier coup d'œil à ses compagnons; il vit d'Avranches au milieu de la route contrefaisant l'homme ivre; Laval en face de chaque côté du pavé, et en face de lui Valef qui regardait si ses pistolets jouaient bien dans leurs fontes. Quant au coureur, aux deux jockeys et au prince, il était évident qu'ils étaient tous dans la sécurité la plus parfaite, et qu'ils venaient se livrer d'eux-mêmes à ceux qui les attendaient.

La voiture avançait toujours : déjà le coureur avait dépassé d'Harmental et Valef. Tout à coup il alla se heurter contre d'Avranches, qui, se redressant, sauta à la bride de son cheval, lui arracha la torche des mains et l'éteignit. A cette vue, les jockeys voulurent faire tourner la voiture, mais il était trop tard; Pompadour et Laval s'étaient élancés et les tenaient en respect le pistolet à la main, tandis que d'Harmental et Valef se présentaient à chaque portière, éteignaient les lanternes, et signifiaient au prince qu'on n'en voulait point à sa vie s'il ne faisait aucune résistance, mais que si, au contraire, il se défendait, ou appelait, on était décidé à recourir aux dernières extrémités.

Contre l'attente de d'Harmental et de Valef, qui connaissaient le courage du régent, le prince se contenta de dire :

— C'est bien, messieurs, ne me faites pas de mal, j'irai partout où vous voudrez.

D'Harmental et Valef jetèrent alors les yeux sur la grande route : ils virent Pompadour et d'Avranches qui emmenaient dans l'épaisseur du bois le coureur, les deux jockeys, ainsi que le cheval du coureur et les deux chevaux de la voiture, qu'ils avaient dételés. Le chevalier sauta aussitôt à bas de son cheval, enfourcha celui que montait le premier postillon; Laval et Valef se placèrent à chaque portière; la voiture repartit au galop, se jeta dans la première route qu'elle trouva à sa gauche, enfila une contre-allée, et commença de rouler sans bruit et sans lumière dans la direction de Charenton. Toutes les mesures avaient été si bien prises, que l'enlèvement n'avait pas été plus de cinq minutes à s'accomplir, qu'aucune résistance n'avait été faite, que pas un cri n'avait été poussé. Décidément cette fois la fortune était pour les conjurés.

Mais, arrivé au bout de l'allée, d'Harmental trouva un premier obstacle : la barrière, soit hasard, soit préméditation, était fermée : force fut donc de rebrousser chemin pour en prendre un autre. Le chevalier fit tourner les chevaux, revint sur ses pas, prit une allée latérale, et la course, un instant ralentie, recommença avec une nouvelle vélocité.

La nouvelle allée que suivait le chevalier conduisait à un carrefour, une des routes de ce carrefour conduisait droit à Charenton. Il n'y avait donc pas de temps à perdre, puisqu'en tout cas, il fallait absolument traverser ce carrefour. Un instant il crut voir dans l'ombre s'agiter des hommes devant lui, mais cette espèce de vision disparut comme un brouillard, et la voiture continua son chemin sans empêchement. En approchant du carrefour, d'Harmental crut encore entendre le hennissement d'un cheval et une espèce de froissement de fer comme feraient des sabres que l'on tirerait du fourreau ; mais, soit qu'il crût que c'était le passage du vent dans les feuilles, soit qu'il pensât que c'était quelque autre bruit auquel il ne devait point s'arrêter, il continua son chemin avec la même vitesse, le même silence, et au milieu de la même obscurité.

Mais en arrivant au carrefour, d'Harmental vit une chose étrange : c'était une espèce de muraille fermant les routes qui venaient y aboutir : il était évident qu'il se passait là quelque chose de nouveau. D'Harmental arrêta aussitôt la voiture et voulut reprendre le chemin d'où il venait ; mais une muraille pareille s'était refermée derrière lui ; au même instant, il entendit la voix de Valef et de Laval qui criaient : « — Nous sommes cernés, sauve qui peut ! » Et tous deux, quittant aussitôt la portière et faisant sauter le fossé à leurs chevaux, se lancèrent dans la forêt et disparurent au milieu de la futaie. Mais il était impossible à d'Harmental, qui montait un cheval attelé, de suivre ses deux compagnons. Ne pouvant donc éviter cette muraille vivante qu'il commençait à reconnaître pour être un cordon de mousquetaires gris, le chevalier essaya de la renverser, enfonça les éperons dans le ventre de son cheval, et s'avança, tête baissée et un pistolet de chaque main, vers la route la plus proche de lui, sans s'inquiéter si c'était celle qu'il devait suivre ; mais à peine avait-il fait dix pas, qu'une balle de mousqueton cassa la tête à son porteur, qui s'abattit, le renversant du coup et lui engageant la jambe sous lui.

Aussitôt huit ou dix cavaliers mettant pied à terre s'élancèrent sur d'Harmental, qui tira un de ses pistolets au hasard, approchant l'autre de sa tête pour se faire sauter la cervelle ; mais il n'en eut pas le temps : deux mousquetaires lui saisirent le bras, quatre autres le tirèrent de dessous le cheval. On fit descendre de la voiture le prétendu prince, qui n'était qu'un valet déguisé, on y fit entrer d'Harmental, deux officiers se placèrent près de lui, on attela un autre cheval à la place de celui qui avait été tué : la voiture se remit en mouvement, reprit une nouvelle direction, escortée par un escadron de mousquetaires. Un quart d'heure après elle roulait sur un pont-levis, une lourde porte grinçait sur ses gonds, et d'Harmental passait sous un guichet sombre et voûté, de l'autre côté duquel l'attendait un officier en uniforme de colonel.

C'était monsieur de Launay, gouverneur de la Bastille.

Maintenant si nos lecteurs désirent savoir comment le complot avait été déjoué, qu'ils se rappellent la conversation de Dubois et de la Fillon. La commère du premier ministre, on s'en souvient, soupçonnait le capitaine Roquefinette d'être mêlé à quelque trame illicite, elle était venue le dénoncer, à la condition qu'il aurait la vie sauve. Quelques jours après elle avait vu d'Harmental entrer chez elle, l'avait reconnu pour le jeune seigneur qui avait déjà eu une conférence avec le capitaine, était montée derrière lui, et, d'une chambre voisine, à l'aide d'un trou pratiqué dans la boiserie, elle avait tout entendu.

Or, ce qu'elle avait entendu, c'était le projet d'enlever le régent à son retour de Chelles. Dubois avait été prévenu le soir même, et afin de prendre les coupables sur le fait, il avait fait endosser un habit du régent à monsieur Bourguignon, et avait enveloppé le bois de Vincennes d'un cordon de mousquetaires gris, de chevau légers et de dragons. On vient de voir quel avait été le résultat de sa ruse. Le chef du complot avait été pris en flagrant délit, et comme le premier ministre savait le nom de tous les autres conjurés, il était probable qu'il leur restait peu de chance d'échapper au vaste filet dans lequel à cette heure il les tenait tous enveloppés.

XLIV.

LE MÉMOIRE D'UN PREMIER MINISTRE.

Lorsque Bathilde rouvrit les yeux, elle se trouva couchée dans la chambre de mademoiselle Émilie ; Mirza était étendue sur le pied de son lit, les deux sœurs étaient de chaque côté de son chevet, et Buvat, écrasé de douleur, se tenait assis dans un coin, la tête inclinée sur sa poitrine et ses mains posées sur ses genoux.

D'abord toutes ses pensées furent confuses, et son premier sentiment fut celui de la douleur physique ; elle porta la main à sa tête, la blessure était derrière la tempe. Un médecin qu'on avait appelé avait posé le premier appareil, en prévenant qu'on eût à le rappeler si la fièvre se déclarait.

Étonnée de se trouver, au sortir d'un sommeil qui lui avait paru si lourd et si douloureux, couchée dans une maison étrangère, la jeune fille arrêta un regard interrogateur sur chacun des personnages qui se trouvaient là ; mais Athénais et Émilie détournèrent les yeux, Buvat poussa un gémissement sourd, Mirza seul allongea sa petite tête pour solliciter une caresse. Malheureusement pour la câline petite bête, les souvenirs commençaient à revenir à Bathilde, le voile qui avait passé entre sa mémoire et les événemens s'éclaircissait peu à peu, bientôt elle commença de rattacher les uns aux autres les fils brisés qui pouvaient l'aider à suivre de nouveau la route du passé : elle se rappela le retour de Buvat, ce qu'il lui avait raconté de la conspiration, le danger qui était résulté pour d'Harmental de la révélation qu'il lui avait faite. Elle se souvint alors de l'espoir qu'elle avait conçu d'arriver à temps pour le sauver, de la rapidité avec laquelle elle avait traversé la rue et monté l'escalier ; enfin, son entrée dans la chambre de Raoul lui revint en mémoire, et jetant un nouveau cri de terreur, comme si elle se trouvait une seconde fois en face du cadavre du capitaine :

— Et lui, s'écria-t-elle, et lui, qu'est-il devenu ?

Nul ne répondit, car aucune des trois personnes qui se trouvaient là ne savait que répondre : seulement Buvat, suffoqué par les larmes, se leva et s'achemina vers la porte. Bathilde comprit tout ce qu'il y avait de douleurs et de remords dans cette sortie muette. D'un regard, elle arrêta Buvat. Puis, étendant ses deux bras vers lui :

— Petit père, demanda-t-elle, n'aimez-vous plus votre pauvre Bathilde ?

— Moi, ne plus t'aimer, mon enfant chéri ! s'écria Buvat en tombant à genoux au pied du lit en baisant les pieds de Bathilde à travers les couvertures ; moi, ne plus t'aimer, mon Dieu ! c'est bien plutôt toi qui ne m'aimeras plus maintenant, et tu auras raison, car je suis un misérable. J'aurais dû deviner que ce jeune homme t'aimait, et tout risquer, tout souffrir, plutôt que de... Mais tu ne m'avais rien dit, tu n'as pas eu de confiance en moi, et, que veux-tu, moi, avec les meilleures intentions du monde, je ne fais que des sottises. Oh ! malheureux, malheureux que je suis ! s'écria Buvat en sanglotant, comment me pardonneras-tu jamais, et si tu ne me pardonnes pas, comment vivrai-je ?

— Petit père! s'écria Bathilde, petit père, tâchez seulement de savoir ce qu'il est devenu, je vous en supplie.

— Eh bien! mon enfant, eh bien! je vais m'informer. N'est-ce pas que tu me pardonneras, si je t'apporte de bonnes nouvelles? Et... si elles sont mauvaises... n'est-ce pas que tu me détesteras davantage encore, et ce sera trop juste, mais n'est-ce pas que tu ne mourras point?

— Allez, allez, dit Bathilde en jetant ses bras autour du cou de Buvat et en lui donnant un baiser dans lequel quinze ans de reconnaissance luttaient avec un jour de douleur, allez, mes jours sont entre les mains de Dieu; c'est lui qui décidera si je dois vivre ou mourir.

Buvat ne comprit dans tout cela que le baiser qu'il venait de recevoir; il lui sembla que si Bathilde lui en voulait beaucoup, elle ne l'embrasserait pas; et à demi consolé, il prit sa canne et son chapeau, s'informa à madame Denis du costume du chevalier, et se mit en quête de la route qu'il avait prise.

Ce n'était pas chose facile, surtout pour un investigateur aussi naïf que l'était Buvat, que de suivre la piste de Raoul : il apprit bien d'une voisine qu'on l'avait vu sauter sur un cheval gris qui était resté une demi-heure à peu près attaché au contrevent, et qu'il avait tourné par la rue du Gros-Chenet. Un épicier de sa connaissance, qui demeurait au coin de la rue des Jeûneurs, se rappela bien avoir vu passer, au grand galop d'un cheval pareil à celui que l'on désignait, un cavalier dont le signalement se rapportait à merveille avec celui donné par Buvat; enfin une fruitière qui tenait boutique au coin du boulevard, jurait bien ses grands dieux qu'elle avait remarqué celui dont on lui demandait des nouvelles, et qu'il avait disparu à la descente de la porte Saint-Denis; mais au-delà de ces trois renseignemens, toutes les données devenaient vagues, incertaines, insaisissables; de sorte qu'après deux heures de recherches Buvat rentra chez madame Denis sans avoir autre chose à apprendre à Bathilde que, quelque part que fût allé d'Harmental, il y était allé par le boulevard Bonne-Nouvelle.

Buvat retrouva sa pupille plus agitée; pendant son absence le mal avait fait des progrès, et la crise prévue par le docteur se préparait. Bathilde avait les yeux ardens, le teint animé, les paroles brèves. Madame Denis venait d'envoyer chercher le médecin.

La pauvre femme n'était pas sans inquiétude elle-même; depuis longtemps elle se doutait que l'abbé Brigaud était mêlé à quelque machination, ce qu'elle venait d'apprendre, que d'Harmental n'était point un étudiant, mais un beau colonel, la confirmait dans ses conjectures, puisque c'était Brigaud qui avait conduit d'Harmental chez elle. Cette parité dans la situation n'avait pas peu contribué à attendrir son âme, excellente d'ailleurs, en faveur de Bathilde. Elle écouta donc avec avidité le peu de renseignemens que Buvat rapportait à la malade, et comme ils étaient loin d'être assez positifs pour la calmer, elle lui promit, si, de son côté, elle apprenait quelque chose, de la tenir au courant.

Sur ces entrefaites le médecin arriva. Quelque puissance qu'il eût sur lui-même, il fut facile de voir qu'il trouvait l'état de Bathilde gravement empiré. Il pratiqua une saignée abondante, ordonna des boissons rafraîchissantes, et recommanda de faire veiller quelqu'un au chevet de la malade. Mesdemoiselles Émilie et Athénaïs, qui, à part leurs petits ridicules, étaient au fond d'excellentes filles, déclarèrent alors que ce soin les regardait, et qu'elles passeraient la nuit près de Bathilde chacune à son tour. Émilie, en sa qualité d'aînée, réclama la première veillée, qui lui fut accordée sans conteste. Quant à Buvat, comme, à cause des soins qu'il fallait rendre à Bathilde, il ne pouvait rester dans la chambre, et que d'ailleurs ses soupirs étouffés et ses gémissemens sourds n'étaient bons qu'à inquiéter la malade, on l'invita à remonter chez lui, ce qu'il ne consentit à faire que lorsque Bathilde elle-même l'en eût supplié.

La saignée avait un peu calmé Bathilde; elle paraissait donc éprouver du mieux: madame Denis avait quitté la chambre, mademoiselle Athénaïs était rentrée chez elle;

monsieur Boniface, après être revenu de la Morgue, où il avait été faire une visite au capitaine Roquefinette, était remonté à son cinquième; Émilie veillait au coin de la cheminée, lisant un petit livre qu'elle avait tiré de sa poche, lorsqu'on frappa à la porte deux coups assez pressés et assez forts pour dénoter une certaine agitation dans celui qui réclamait son introduction. Bathilde tressaillit et se leva sur son coude; Émilie fourra son livre dans sa poche, et, ayant entendu le mouvement de la malade, accourut à son lit; mais il y eut un moment de silence, pendant lequel on entendit ouvrir et fermer deux ou trois portes, enfin une voix se fit entendre, et avant même qu'Émilie eût dit : — Ce n'est pas la voix de monsieur Raoul, c'est celle de l'abbé Brigaud, Bathilde était retombée sur son oreiller.

Un instant après, madame Denis entr'ouvrit la porte, et d'une voix altérée appela Émilie. Émilie sortit et laissa Bathilde seule.

Tout à coup Bathilde tressaillit. L'abbé était dans une chambre attenante à la sienne, et il lui avait semblé entendre prononcer le nom de Raoul. En même temps elle s'était rappelée avoir plusieurs fois vu l'abbé chez d'Harmental; elle savait que l'abbé était des plus familiers de madame du Maine : elle pensa donc que l'abbé pouvait apporter des nouvelles. Son premier mouvement fut de descendre en bas du lit, de passer une robe et d'aller demander des nouvelles; mais elle pensa que si ces nouvelles étaient mauvaises, on ne les lui dirait pas, et que mieux valait tâcher d'entendre la conversation, qui paraissait des plus animées. En conséquence, elle appuya son oreille contre la boiserie, et, comme si toute sa vie était passée dans un seul sens, elle écouta ardemment ce qui se disait.

Brigaud rendait compte à madame Denis de ce qui s'était passé. Valef était accouru faubourg Saint-Antoine, 15, pour prévenir madame du Maine que tout avait échoué. Madame du Maine avait aussitôt rendu aux conjurés leur parole, invitant Malezieux et Brigaud à fuir chacun de son côté. Quant à elle, elle se fit retirée à l'Arsenal. Brigaud venait donc faire ses adieux à madame Denis; il quittait Paris et allait tâcher de gagner l'Espagne, déguisé en colporteur.

Au milieu de son récit, interrompu par les exclamations de la pauvre madame Denis et de mesdemoiselles Émilie et Athénaïs, il avait semblé à l'abbé, au moment où il avait raconté la catastrophe de d'Harmental, entendre pousser un cri dans la chambre voisine; mais comme personne n'avait fait attention à ce cri, comme il ignorait que Bathilde fût là, il n'avait point attaché d'autre importance à ce bruit, sur la nature duquel il avait cru se tromper; d'ailleurs Boniface, appelé à son tour, était entré juste dans ce moment-là, et comme l'abbé avait un faible tout particulier pour Boniface, son apparition avait dirigé les sentimens de Brigaud vers des impressions toutes personnelles.

Cependant ce n'était pas l'heure des longs adieux. Brigaud désirait que le jour le trouvât le plus loin possible de Paris. Il prit donc congé de la famille Denis, n'emmenant avec lui que Boniface, qui avait déclaré qu'il voulait conduire son ami Brigaud jusqu'à la barrière.

Comme ils ouvraient la porte qui donnait sur l'escalier, ils entendirent la voix du concierge qui semblait s'opposer au passage de quelqu'un; ils descendirent aussitôt pour s'informer de la cause de la discussion. Bathilde, les cheveux épars, les pieds nus, enveloppée dans une grande robe blanche, était debout sur l'escalier, essayant de sortir malgré les efforts du concierge. La pauvre enfant avait tout entendu; sa fièvre s'était changée en délire, elle voulait rejoindre Raoul, elle voulait le revoir, elle voulait mourir avec lui. Les trois femmes la prirent dans leurs bras. Un instant elle se débattit, articulant des mots sans suite, les joues brûlées par la fièvre, tandis que d'un autre côté elle grelottait de tous ses membres, et que ses dents se froissaient. Mais bientôt ses forces s'épuisèrent, elle renversa sa tête en arrière, murmura encore le nom de Raoul, et s'évanouit une seconde fois.

On envoya chercher de nouveau le médecin. Ce qu'il

avait craint arrivait, une fièvre cérébrale venait de se déclarer. En ce moment on frappa à la porte : c'était Buvat, que Brigaud et Boniface avaient trouvé errant comme une âme en peine devant la maison, et qui, ne pouvant résister à son inquiétude, venait demander à rester dans un coin quelconque de l'appartement, où l'on voudrait, pourvu que d'heure en heure il eût des nouvelles de Bathilde. La pauvre famille était trop affectée elle-même pour ne pas comprendre la douleur des autres. Madame Denis fit signe à Buvat de s'asseoir dans un coin, et se retira dans sa chambre avec Athénaïs, laissant de nouveau Emilie pour garder la malade. Vers le point du jour, Boniface rentra ; il avait accompagné Brigaud jusqu'à la barrière d'Enfer, où l'abbé l'avait quitté, espérant, grâce au bon cheval sur lequel il était monté et au déguisement dont il était revêtu, gagner la frontière d'Espagne.

Le délire de Bathilde continuait : toute la nuit elle avait parlé de Raoul. Plusieurs fois elle avait prononcé le nom de Buvat, et toujours en l'accusant d'avoir tué son amant. A chaque fois le pauvre écrivain, sans oser se défendre, sans oser répondre, sans oser se plaindre, avait silencieusement fondu en larmes, cherchant dans son esprit à réparer le mal qu'il avait fait ; enfin, le jour venu, il parut s'être arrêté à une résolution énergique. Il s'approcha du lit, baisa la main fiévreuse de Bathilde, qui le regarda sans le reconnaître, et sortit.

Buvat venait en effet de prendre un parti extrême : c'était celui d'aller trouver Dubois, de lui tout dire, et de lui demander pour toute récompense, au lieu de son rappel d'appointemens, au lieu de son avancement à la Bibliothèque, la grâce de d'Harmental. C'était bien le moins qu'on pût accorder à l'homme que le régent lui-même avait appelé le sauveur de la France. Buvat ne doutait donc point qu'il ne revînt bientôt avec cette bonne nouvelle, et que cette bonne nouvelle ne rendît la santé à Bathilde.

En conséquence, Buvat remonta chez lui pour réparer le désordre de sa toilette qui se ressentait fort des événemens de la veille et des émotions de la nuit ; d'ailleurs il n'osait point se présenter trop matin chez le premier ministre, de peur de le déranger. Sa toilette achevée, comme il n'était encore que neuf heures, il entra un instant dans la chambre de Bathilde ; elle était telle que la jeune fille l'avait laissée la veille. Buvat s'assit sur la chaise qu'elle avait quittée, toucha les objets qu'elle touchait de préférence, baisa les pieds du crucifix qu'elle baisait tous les soirs : on eût dit un amant qui revoyait les lieux abandonnés par sa maîtresse.

Dix heures sonnèrent à la petite pendule : c'était l'heure à laquelle Buvat, depuis plusieurs jours, se rendait au Palais-Royal. La crainte d'être importun fit donc place à l'espoir d'être reçu comme il l'avait toujours été. Buvat prit donc sa canne et son chapeau, monta chez madame Denis pour savoir comment allait Bathilde depuis qu'il l'avait quittée. Elle ne cessait d'appeler Raoul, et le médecin la saignait pour la troisième fois. Buvat poussa un profond soupir, leva ses gros yeux au ciel, comme pour le prendre à témoin qu'il allait faire tout ce qu'il pourrait pour apporter un prompt soulagement aux douleurs de sa pupille, et s'achemina vers le Palais-Royal.

Le moment était mal choisi : Dubois, qui depuis cinq ou six jours avait été constamment sur pied, souffrait horriblement de la maladie dont quelques mois après il devait mourir ; d'ailleurs il était de fort mauvaise humeur de ce que d'Harmental seul eût été pris, et il venait d'ordonner à Leblanc et à d'Argenson de mener le procès avec la plus grande activité, lorsque son valet de chambre, qui avait l'habitude de voir arriver tous les matins le digne copiste, annonça monsieur Buvat.

— Qu'est-ce que monsieur Buvat ? demanda Dubois.

— C'est moi, monseigneur, dit le pauvre écrivain en se hasardant à se glisser entre le valet de chambre et la porte, en inclinant sa bonne tête devant le premier ministre.

— Qui vous ? demanda Dubois comme s'il ne l'eût jamais vu.

— Comment, monseigneur, demanda Buvat étonné, ne me reconnaissez-vous point ? Je viens vous faire mes complimens sur la découverte de la conspiration.

— J'ai assez de complimens comme cela ; merci des vôtres, monsieur Buvat, dit Dubois d'un ton sec.

— Mais, monseigneur, je viens aussi vous demander une grâce.

— Une grâce ! Et à quel titre ?

— Mais, dit Buvat en balbutiant, mais, monseigneur, souvenez-vous donc que vous m'avez promis une récompense.

— Une récompense ! à toi, double drôle !

— Comment, monseigneur, vous ne vous rappelez point, reprit Buvat de plus en plus effrayé, que vous m'avez dit vous-même ici, dans ce cabinet, que j'avais ma fortune au bout des doigts ?

— Eh bien ! aujourd'hui, dit Dubois, tu as ta vie dans tes jambes ; car si tu ne décampes pas au plus vite...

— Mais, monseigneur...

— Ah ! tu raisonnes, drôle ! s'écria Dubois en se soulevant d'une main sur le bras de son fauteuil, et en étendant l'autre vers sa crosse d'archevêque. Attends ! attends ! tu vas voir...

Buvat en avait assez vu : au geste menaçant du premier ministre, il comprit ce qui allait se passer, et tourna les talons. Mais, si vite qu'il s'éloignât, il eut encore le temps d'entendre Dubois qui, avec des juremens horribles, ordonnait au valet de chambre de le faire périr sous le bâton s'il se représentait jamais au Palais-Royal.

Buvat comprit que de ce côté tout était fini, et qu'il lui fallait non-seulement renoncer à l'espoir d'être utile à d'Harmental, mais encore qu'il ne serait plus même question de ce payement d'arriéré qu'il avait déjà cru tenir ; cet enchaînement de pensées le conduisit tout naturellement à songer que depuis plus de huit jours il n'avait point mis le pied à la Bibliothèque ; il était dans le quartier, il résolut de faire une visite à son bureau, ne fût-ce que pour s'excuser auprès du conservateur en lui racontant la cause de son absence ; mais là une dernière douleur, plus terrible que les autres, attendait Buvat : en ouvrant la porte de son bureau, il vit son fauteuil occupé ; un étranger était à sa place.

Comme depuis quinze ans Buvat n'avait jamais été en retard d'une heure, le conservateur l'avait cru mort et l'avait remplacé. Buvat avait perdu sa place à la Bibliothèque pour avoir sauvé la France.

C'était trop d'événemens terribles les uns sur les autres. Buvat rentra à la maison presque aussi malade que Bathilde.

XLV.

BONIFACE.

Cependant, comme nous l'avons dit, Dubois pressait le procès de d'Harmental, espérant que ses révélations lui donneraient des armes contre ceux qu'il voulait atteindre ; mais d'Harmental se renfermait dans une dénégation absolue à l'égard des autres. Quant à ce qui lui était personnel à lui-même, il avouait tout, disant que la tentative qu'il avait essayée contre le régent était le résultat d'une vengeance particulière, vengeance excitée chez lui par l'injustice qu'on lui avait été faite lorsqu'on lui avait ôté son régiment. Quant aux hommes qui l'accompagnaient et qui lui avaient prêté main-forte dans cette entreprise, il déclarait que c'était deux pauvres diables de faux-sauniers, qui ne savaient pas eux-mêmes quel était le personnage qu'ils escortaient. Tout cela n'était pas fort probable : mais il n'y avait pas moyen cependant de consigner sur les interrogatoires autre chose que les réponses de l'accusé ; il en résultait, au grand désappointement de Dubois, que les véritables coupables échappaient à sa vengeance, à l'abri des éternelles dénégations du chevalier, qui avait déclaré n'avoir vu qu'une fois ou deux monsieur et madame du Maine, et qui affirmait n'avoir jamais été chargé ni par l'un ni par l'autre d'aucune mission politique.

On avait arrêté successivement Laval, Pompadour et Valef, et on les avait conduits à la Bastille ; mais comme ils savaient qu'ils pouvaient compter sur le chevalier, et que d'avance le cas dans lequel ils se trouvaient avait été préu, et que chacun était convenu de ce qu'il devait dire, ils s'étaient tous renfermés dans une dénégation absolue, avouant leurs relations avec monsieur et madame du Maine, mais soutenant que ces relations s'étaient bornées de leur part à celles d'une respectueuse amitié. — Quant à d'Harmental, ils le connaissaient, disaient-ils, pour un homme d'honneur qui avait à se plaindre d'une grande injustice qui lui avait été faite, voilà tout : on les confronta successivement avec le chevalier ; mais cette confrontation n'eut d'autres résultat que d'affermir chacun dans son système de défense, en apprenant à chacun que ce système était religieusement suivi par ses compagnons.

Dubois était furieux ; il regorgeait de preuves pour l'affaire des états généraux, mais cette affaire avait été coulée à fond par le lit de justice qui avait condamné les lettres de Philippe V, et dégradé les princes légitimés de leur rang ; chacun les regardait comme assez punis par ce jugement, sans que l'on sévît une seconde fois contre eux pour une même cause. Dubois avait espéré alors sur les révélations de d'Harmental pour envelopper monsieur et madame du Maine dans un nouveau procès, plus grave que le premier, car, cette fois, il était question d'attentat direct, sinon à la vie, du moins à la liberté du régent ; mais l'obstination du chevalier était venue détruire ses espérances. Sa colère s'était donc retournée tout entière contre d'Harmental, et, comme nous l'avons dit, il avait donné l'ordre à Leblanc et à d'Argenson de mener le procès avec la plus grande activité, ordre que ces deux magistrats suivaient avec leur ponctualité accoutumée.

Pendant ce temps, la maladie de Bathilde avait suivi un cours progressif, qui avait mis la pauvre enfant à deux doigts de la mort ; mais enfin la jeunesse et la force avaient triomphé du mal. A l'exaltation du délire avait succédé chez elle un abattement profond, une prostration complète : on eût dit que la fièvre seule la soutenait, et qu'en s'en allant elle avait emmené la vie avec elle.

Cependant chaque jour amenait une amélioration, faible, il est vrai, mais cependant sensible aux yeux des bonnes gens qui environnaient la pauvre malade. Peu à peu elle avait reconnu ceux qui l'entouraient, puis elle leur avait tendu la main, puis elle leur avait adressé la parole. Cependant, au grand étonnement de tout le monde, on avait remarqué que Bathilde n'avait pas prononcé le nom de d'Harmental ; c'était, au reste, un grand soulagement que ce silence pour ceux qui l'entouraient, car, comme ils n'avaient à l'endroit du chevalier que de fort tristes nouvelles à apprendre à Bathilde, ils préféraient, comme on le comprend bien, qu'elle gardât le silence sur ce sujet ; chacun croyait bien, et le médecin tout le premier, que la jeune fille avait complétement oublié ce qui s'était passé, ou que si elle s'en souvenait, elle confondait la réalité avec les rêves de son délire.

Tout le monde était dans l'erreur, même le médecin. Voici ce qui était arrivé.

Un matin qu'on croyait Bathilde endormie et qu'on l'avait laissée un instant seule, Boniface qui, malgré la sévérité de sa voisine, conservait toujours un grand fond de tendresse à son égard, avait, comme c'était son habitude tous les matins depuis qu'elle était malade, entr'ouvert la porte et passé la tête pour demander de ses nouvelles : au grognement de Mirza, Bathilde s'était retournée, et, apercevant Boniface, avait aussitôt songé qu'elle saurait probablement de lui ce qu'elle demanderait vainement aux au-

tres, c'est-à-dire ce qu'était devenu d'Harmental ; en conséquence, elle avait, tout en retenant Mirza, tendu sa main pâle et amaigrie à Boniface. Boniface l'avait prise, tout en hésitant, entre ses grosses mains rouges ; puis, regardant la jeune fille tout en hochant la tête :

— Oh ! oui, mademoiselle Bathilde, avait-il dit ; oui, vous avez bien eu raison : vous êtes une demoiselle, et moi, je ne suis qu'un gros paysan. C'était un beau seigneur qu'il vous fallait à vous, et vous ne pouviez pas m'aimer.

— Du moins, comme vous l'entendiez, Boniface, dit Bathilde, mais je puis vous aimer autrement.

— Bien vrai, mademoiselle Bathilde, bien vrai ? Eh bien ! aimez-moi comme vous voudrez, pourvu que vous m'aimiez un peu.

— Je puis vous aimer comme un frère.

— Comme un frère ! vous aimeriez ce pauvre Boniface comme un frère ! et il pourrait vous aimer comme une sœur. lui ! il pourrait vous prendre de temps en temps la main comme il vous la tient dans ce moment-ci ! il pourrait vous embrasser quelquefois comme il embrasse Mélie et Naïs ? Oh! parlez, mademoiselle Bathilde, que faut-il faire pour cela ?

— Mon ami, dit Bathilde...

— Oh! elle m'a appelé son ami, dit Boniface ; elle m'a appelé son ami, moi qui ai dit des horreurs d'elle. Tenez, mademoiselle Bathilde, ne m'appelez pas votre ami ; je ne suis pas digne de ce nom-là. Vous ne savez pas ce que j'ai dit : j'ai dit que vous viviez avec un vieux ; mais je n'en croyais rien, mademoiselle Bathilde, parole d'honneur ! voyez-vous, c'était la colère, c'était la rage. Mademoiselle Bathilde, appelez-moi gueux, appelez-moi scélérat. Tenez, ça me fera moins de peine que de vous entendre m'appeler votre ami. Ah! scélérat de Boniface! ah! gueux de Boniface !

— Mon ami, dit Bathilde, si vous avez dit tout cela, je vous pardonne; car, aujourd'hui, non-seulement vous pouvez réparer ce tort, mais encore acquérir des droits éternels à ma reconnaissance.

— Et que faut-il faire pour cela ? Voyons, dites. Faut-il passer dans le feu? faut-il sauter par la fenêtre du deuxième? faut-il?... je ne sais pas quoi; je le ferai; dites ! n'importe, ça m'est égal. Dites, je vous supplie...

— Non, mon ami, dit Bathilde ; ce que j'ai à vous demander est plus facile à faire que tout cela.

— Dites alors, dites, mademoiselle Bathilde.

— Et cependant, il faut me jurer d'abord que vous le ferez.

— En vérité Dieu ! mademoiselle Bathilde.

— Quelque chose qu'on vous dise pour vous en empêcher ?

— Moi, m'empêcher de faire quelque chose que vous me demanderez? Jamais, au grand jamais !

— Quelle que soit la douleur que j'en doive éprouver ?

— Ah! ça, c'est autre chose, mademoiselle Bathilde. Non ; si cela doit vous faire de la peine, j'aime mieux qu'on me coupe en quatre.

— Mais si je vous en prie, mon ami, mon frère, dit Bathilde de sa voix la plus persuasive.

— Oh! si vous me parlez comme cela, oh ! vous allez me faire pleurer comme la fontaine des Innocens. Oh! tenez, voilà que ça coule.

Et Boniface se mit à sangloter.

— Vous me direz donc tout, mon cher Boniface ?

— Oh! tout ! tout!

— Eh bien ! dites-moi d'abord... Bathilde s'arrêta.

— Quoi?

— Vous ne devinez pas, Boniface?

— Oh! si fait. Je m'en doute bien, allez! Vous voulez savoir ce qu'est devenu monsieur Raoul, n'est-ce pas ?

— Oui, oui ! s'écria Bathilde, oui ; au nom du ciel ! qu'est-il devenu?

— Pauvre garçon ! murmura Boniface.

— Mon Dieu ! serait-il mort? demanda Bathilde en se dressant sur son lit.

— Non, heureusement non; mais il est prisonnier.
— Où cela?
— A la Bastille.
— Je m'en doutais! répondit Bathilde en retombant sur son lit. A la Bastille! mon Dieu! mon Dieu!
— Allons, voilà que vous pleurez à présent, mademoiselle Bathilde, mademoiselle Bathilde!
— Et je suis là! s'écria Bathilde; là, dans ce lit, mourante, enchaînée!
— Oh! ne pleurez donc pas comme ça, mademoiselle Bathilde; c'est votre pauvre Boniface qui vous en prie.
— Non, non; je serai forte, j'aurai du courage. Vois, Boniface, je ne pleure plus.
— Elle m'a tutoyé! s'écria Boniface.
— Mais tu comprends, continua Bathilde avec une exaltation toujours croissante, car la fièvre la reprenait; tu comprends, mon bon ami, il faut que je sache tout, heure par heure, afin que le jour où il mourra je puisse mourir!
— Vous, mourir! mademoiselle Bathilde, jamais, jamais!
— Je lui ai promis, dit Bathilde, je lui ai juré. Boniface, tu me tiendras au courant de tout, n'est-ce pas?
— Oh! mon Dieu! mon Dieu! que je suis malheureux de vous avoir promis cela!
— Et puis, s'il le faut, au moment... au moment terrible... tu m'aideras... tu me conduiras, n'est-ce pas, Boniface?... Il faut que je le revoie... une fois... une fois encore .. fût-ce sur l'échafaud.
— Tout ce que vous voudrez, tout! tout! s'écria Boniface en tombant à genoux et en cherchant vainement à contenir ses sanglots.
— Tu me le promets?
— Je vous le jure.
— Silence, on vient. Pas un mot: c'est un secret entre nous deux.
— C'est bien, relevez-vous, essuyez vos yeux, faites comme moi, souriez.
Et Bathilde se mit à rire avec une agitation fébrile effrayante à voir. Heureusement c'était Buvat qui entrait. Boniface profita de cette entrée pour sortir.
— Eh bien! comment cela va-t-il? demanda le bonhomme.
— Mieux, petit père, mieux, dit Bathilde. Je sens que la force me revient, et que dans quelques jours je pourrai me lever. Mais vous, petit père, pourquoi n'allez-vous pas à votre bureau? — Buvat poussa un gémissement. — C'était bon quand j'étais malade, de ne pas me quitter... mais maintenant que je vais mieux, il faut retourner à la Bibliothèque, entendez-vous, petit père!
— Oui, mon enfant, oui, dit Buvat en dévorant ses larmes... Oui, j'y vais.
— Eh bien! vous ne venez pas m'embrasser?
— Si, si... au contraire.
— Allons, voilà que vous pleurez... Mais vous voyez bien que je vais mieux. Voulez-vous donc me faire mourir de chagrin?
— Moi, je pleure, dit Buvat, en se tamponnant les yeux avec son mouchoir; moi, je pleure? alors si je pleure, c'est de joie. Oui, j'y vais, mon enfant, à mon bureau, j'y vais.
Et Buvat, après avoir embrassé Bathilde, remonta chez lui, car il ne voulait pas dire à la pauvre enfant qu'il avait perdu sa place, et la jeune fille se retrouva seule.
Alors elle respira plus librement: maintenant elle était tranquille; Boniface, en sa qualité de clerc d'un procureur au Châtelet, était à même de savoir tout ce qui se passait, et Bathilde était sûre que Boniface lui dirait tout. En effet, à partir du lendemain, elle sut que Raoul avait été interrogé et qu'il avait tout pris sur son compte; puis le jour suivant elle apprit qu'il avait été confronté avec Valef, Laval et Pompadour, mais que cette confrontation n'avait rien amené. Enfin, fidèle à sa promesse, Boniface chaque soir lui apportait les nouvelles de la journée, et chaque soir Bathilde, à ce récit, quelque alarmant qu'il fût, se sentait reprendre de nouvelles forces. Quinze jours se passè-

rent ainsi. Au bout de quinze jours, Bathilde commençait à se lever et à marcher dans la chambre, à la grande joie de Buvat, de Nanette, et de toute la famille Denis.
Un jour, Boniface, contre son habitude, revint à trois heures de chez Me Joulu, et entra dans la chambre de la malade: le pauvre garçon était si pâle et si défait, que Bathilde comprit qu'il apportait quelque terrible nouvelle, et, jetant un cri, se leva tout debout et les yeux fixés sur lui.
— Tout est donc fini, dit-elle?
— Hélas! répondit Boniface, c'est sa faute aussi à cet entêté-là. On lui offrait sa grâce, comprenez-vous, mademoiselle Bathilde, sa grâce s'il voulait, et il n'a rien voulu dire.
— Ainsi, s'écria Bathilde, ainsi, plus d'espoir, il est condamné.
— De ce matin, mademoiselle Bathilde, de ce matin.
— A mort?
Boniface fit un signe de tête.
— Et quand l'exécute-t-on?
— Demain, à huit heures du matin.
— Bien, dit Bathilde.
— Mais il y a peut-être encore de l'espoir, dit Boniface.
— Lequel? demanda Bathilde.
— Si d'ici là il se décidait à dénoncer ses complices.
La jeune fille se mit à rire, mais d'un rire si étrange, que Boniface en frissonna de la tête aux pieds.
— Enfin, dit Boniface, qui sait? Moi, à sa place par exemple, je n'y manquerais pas. Je dirais: C'est pas moi, parole d'honneur! c'est pas moi; c'est un tel, un tel, et puis encore un tel.
— Boniface, dit Bathilde, il faut que je sorte.
— Vous, mademoiselle Bathilde! s'écria Boniface effrayé; vous sortir! mais c'est vous tuer que de sortir.
— Il faut que je sorte, vous dis-je.
— Mais vous ne pouvez pas vous tenir sur vos jambes.
— Vous vous trompez, Boniface, je suis forte, voyez.
Et Bathilde se mit à marcher par la chambre d'un pas ferme et assuré.
— D'ailleurs, reprit Bathilde, vous allez aller me chercher un carrosse de place.
— Mais, mademoiselle Bathilde...
— Boniface, vous avez promis de m'obéir, dit la jeune fille. Jusqu'à cette heure, vous m'avez tenu parole: êtes-vous las de votre dévoûment?
— Moi, mademoiselle Bathilde, moi, las de mon dévoûment pour vous! Que le bon Dieu me punisse s'il y a un mot de vrai dans ce que vous me dites là. Vous me demandez un carrosse, je vais en chercher deux.
— Allez, mon ami, dit la jeune fille; allez, mon frère.
— Oh! tenez, mademoiselle Bathilde, avec ces paroles-là, voyez-vous, vous me feriez faire tout ce que vous voudriez. Dans cinq minutes, le carrosse sera ici.
Et Boniface sortit en courant.
Bathilde prit une grande robe blanche flottante; elle la serra avec une ceinture, jeta un mantelet sur ses épaules, et s'apprêta à sortir. Comme elle s'avançait vers la porte, madame Denis entra.
— Oh! mon Dieu, ma chère enfant, s'écria la bonne femme, qu'allez-vous faire?
— Madame, dit Bathilde, il faut que je sorte.
— Sortir... mais vous êtes folle?
— Vous vous trompez, madame; j'ai toute ma raison, dit Bathilde en souriant avec tristesse; seulement peut-être me rendriez-vous insensée en essayant de me retenir.
— Mais enfin, où allez-vous, ma chère enfant?
— Ne savez-vous pas qu'il est condamné, madame?
— Oh! mon Dieu! mon Dieu! qui vous a dit cela? J'avais tant recommandé à tout le monde de vous cacher cette horrible nouvelle!
— Oui, et demain, n'est-ce pas, vous m'auriez dit qu'il était mort? Et je vous aurais répondu: C'est vous qui l'avez tué, car, moi, j'ai un moyen de le sauver peut-être.
— Vous, vous, mon enfant, vous avez un moyen de le sauver?

— J'ai dit peut-être, madame. Laissez-moi donc tenter
ce moyen, car c'est le seul qui me reste.

— Allez, mon enfant, dit madame Denis, dominée par le
ton inspiré de Bathilde, allez, et que Dieu vous conduise !

Et madame Denis se rangea pour laisser passer Bathilde.

Bathilde sortit, descendit l'escalier d'un pas lent mais
ferme, traversa la rue, monta ses quatre étages sans se
reposer, et ouvrit la porte de sa chambre, où elle n'était pas
entrée depuis le jour de la catastrophe. Au bruit qu'elle
fit en entrant, Nanette sortit du cabinet et poussa un cri :
elle croyait voir le fantôme de sa jeune maîtresse.

— Eh bien ! demanda Bathilde d'un ton grave, qu'as-tu
donc, ma bonne Nanette?

— Oh ! mon Dieu ! s'écria la pauvre femme toute tremblante, est-ce bien vous, notre demoiselle, ou bien n'est-ce
que votre ombre ?

— C'est moi, Nanette, moi-même ; touche-moi plutôt en
m'embrassant. Dieu merci ! je ne suis pas morte encore.

— Et pourquoi avez-vous quitté la maison des Denis?
Est-ce qu'ils vous auraient dit quelque chose qui n'était
point à dire ?

— Non, ma bonne Nanette, non ; mais il faut que je fasse
une course nécessaire, indispensable.

— Vous, sortir dans l'état où vous êtes! jamais ; ce serait vous tuer que de le souffrir. Monsieur Buvat, monsieur
Buvat, voilà notre demoiselle qui veut sortir! Venez donc
lui dire que cela ne se peut pas.

Bathilde se retourna vers Buvat, avec l'intention d'employer son ascendant sur lui s'il tentait de l'arrêter; mais
elle lui vit une figure si bouleversée, qu'elle ne se douta
point qu'il ne sût la fatale nouvelle. De son côté, Buvat,
en l'apercevant, fondit en larmes.

— Mon père, dit Bathilde, ce qui a été fait jusqu'aujour-
d'hui est l'ouvrage des hommes, mais l'œuvre des hommes
est finie, et ce qui reste à faire appartient à Dieu. Mon père,
Dieu aura pitié de nous.

— Oh ! s'écria Buvat en tombant sur un fauteuil, c'est
moi qui l'ai tué! c'est moi qui l'ai tué! c'est moi qui l'ai
tué !

Bathilde alla gravement à lui et l'embrassa au front.

— Mais que vas-tu faire, mon enfant? demanda Buvat.

— Mon devoir, répondit Bathilde.

Et elle ouvrit une petite armoire qui était dans le prie-
Dieu, y prit un portefeuille noir, le déplia et en tira une
lettre.

— Oh ! tu as raison, tu as raison, mon enfant, s'écria
Buvat; j'avais oublié cette lettre.

— Je m'en souvenais, moi, dit Bathilde en baisant la
lettre et en la mettant sur son cœur, car c'est le seul héritage que m'a laissé ma mère.

En ce moment, on entendit le bruit du carrosse qui s'arrêtait à la porte.

— Adieu, mon père; adieu, Nanette, dit Bathilde. Priez
tous deux que je réussisse.

Et Bathilde s'éloigna avec cette gravité solennelle qui faisait d'elle, pour ceux qui la voyaient en ce moment, quelque chose de pareil à une sainte.

A la porte, elle trouva Boniface qui l'attendait avec le
carrosse.

— Irai-je avec vous, mademoiselle Bathilde? demanda
Boniface.

— Non, mon ami, dit Bathilde en lui tendant la main,
non, pas ce soir; demain peut-être.

Et elle monta dans le carrosse.

— Où faut-il vous mener, notre belle demoiselle? demanda le cocher.

— A l'Arsenal, répondit Bathilde.

XLVI.

LES TROIS VISITES.

Arrivée à l'Arsenal, Bathilde fit demander mademoiselle
Delaunay, qui, sur sa prière, la conduisit aussitôt à madame du Maine.

— Ah ! c'est vous, mon enfant, dit la duchesse d'une
voix distraite et d'un air agité. C'est bien de se rappeler
ses amis lorsqu'ils sont dans le malheur.

— Hélas! madame, répondit Bathilde, je viens près de
Votre Altesse Royale pour lui parler d'un plus malheureux
qu'elle encore. Sans doute, Votre Altesse Royale a perdu
quelques-uns de ses titres, quelques-unes de ses dignités ;
mais là s'arrêtera la vengeance, car nul n'osera attenter
à la vie ou même à la liberté du fils de Louis XIV ou de
la petite-fille du grand Condé.

— A la vie, non , dit la duchesse du Maine, non ; mais
à la liberté, je n'en répondrais pas. Comprenez-vous cet
imbécile d'abbé Brigaud qui se fait arrêter en colporteur, il
y a trois jours, à Orléans, et qui, sur de fausses révélations
qu'on lui présente comme venant de moi , avoue tout et
nous compromet affreusement ; de sorte que je ne serais
pas étonnée que cette nuit on nous arrêtât.

— Celui pour lequel je viens implorer votre pitié , madame, dit Bathilde, n'a rien révélé, lui, et est condamné à
mort pour au contraire avoir gardé le silence.

— Ah! ma chère enfant, s'écria la duchesse, vous voulez parler de ce pauvre d'Harmental : oui, je le connais :
c'est un gentilhomme, celui-là. Vous le connaissez donc?

— Hélas! dit mademoiselle Delaunay, non-seulement
Bathilde le connaît, mais elle l'aime.

— Pauvre enfant ! mon Dieu ! mais que faire ? Moi, vous
comprenez bien, je ne puis rien , je n'ai aucun crédit.
Tenter une démarche en sa faveur, c'est lui ôter son dernier espoir, s'il lui en reste un.

— Je le sais bien , madame, dit Bathilde; aussi je ne
viens demander à Votre Altesse qu'une chose : c'est par
quelqu'un de ses amis, par quelqu'une de ses connaissances, au moyen de ses anciennes relations, c'est de m'introduire auprès de monseigneur le régent. Le reste me regarde.

— Mais, mon enfant, savez-vous ce que vous me demandez là ! dit la duchesse; savez-vous que le régent ne
respecte rien ! Savez-vous que vous êtes belle comme un
ange, et que votre pâleur même vous va à ravir ! Savez-
vous...

— Madame, dit Bathilde avec une dignité suprême, je
sais que mon père lui a sauvé la vie et est mort à son service.

— Ah ! ceci , c'est autre chose, dit la duchesse. Attendez ; voyons , comment faire? Oui, c'est cela. Delaunay,
appelle Malezieux.

Mademoiselle Delaunay obéit, et un instant après le fidèle
chancelier entra.

— Malezieux, dit la duchesse, voilà une enfant que vous
allez conduire à la duchesse de Berry, à qui vous la re-
commanderez de ma part. Il faut qu'elle voie le régent, et
cela sur l'heure, vous entendez? il s'agit de la vie d'un
homme. Et, tenez, de celle de ce cher d'Harmental, que
je donnerais moi-même tant de choses pour sauver.

— J'y vais, madame, dit Malezieux.

— Vous le voyez, mon enfant, dit la duchesse, je fais
tout ce que je puis faire; si je puis vous être utile à autre
chose, si pour séduire un geôlier, si pour préparer sa fuite
vous avez besoin d'argent, je n'en ai pas beaucoup, mais
il me reste quelques diamans, et ils ne pourraient jamais
être mieux employés qu'à sauver la vie d'un si brave gen-

tilhomme. Allons, ne perdez pas de temps, embrassez-moi et allez trouver ma nièce; vous savez que c'est la favorite de son père.

— Oh! madame, dit Bathilde, je sais que vous êtes un ange, et, si je réussis, je vous devrai plus que ma vie.

— Pauvre petite! dit la duchesse en regardant Bathilde s'éloigner; puis, lorsqu'elle eut disparu :

— Allons, Delaunay, continua madame du Maine, qui effectivement s'attendait à être arrêtée d'un moment à l'autre, reprenons nos malles.

Pendant ce temps, Bathilde, accompagnée de Malezieux, était remontée dans sa voiture, et avait pris le chemin du Luxembourg, où vingt minutes après elle était arrivée.

Grâce au patronage de Malezieux, Bathilde entra sans difficulté; on la fit passer dans un petit boudoir où on la pria d'attendre, tandis que le chancelier, introduit auprès de Son Altesse Royale, la préviendrait de la grâce qu'on avait à lui demander. Malezieux s'acquitta de la commission avec tout le zèle qu'il portait aux choses recommandées par madame du Maine, et Bathilde n'avait pas attendu dix minutes qu'elle le vit rentrer avec la duchesse de Berry.

La duchesse avait un cœur excellent; aussi avait-elle été vivement touchée du récit que lui avait fait Malezieux; si bien que lorsqu'elle parut, il n'y avait pas à se tromper sur l'intérêt que lui inspirait d'avance la jeune fille qui venait solliciter sa protection. Bathilde s'aperçut de ses dispositions bienveillantes, et vint à elle les mains jointes. La duchesse lui prit les mains. Bathilde voulut tomber à ses pieds, mais la duchesse la retint, et, l'embrassant au front :

— Ma pauvre enfant! lui dit-elle, que n'êtes-vous venue il y a huit jours?

— Et pourquoi il y a huit jours plutôt que maintenant, madame? demanda Bathilde avec anxiété.

— Parce qu'il y a huit jours je n'eusse cédé à personne le plaisir de vous conduire près de mon père, tandis qu'aujourd'hui c'est impossible.

— Impossible! Oh! mon Dieu! et pourquoi cela? s'écria Bathilde.

— Mais vous ignorez donc que je suis en disgrâce complète depuis avant-hier, ma pauvre enfant! Hélas! toute princesse que je suis, j'ai été femme comme vous, comme vous j'ai eu le malheur d'aimer. Or, nous autres filles de race royale, vous le savez, notre cœur n'est point à nous, c'est une espèce de pierre qui fait partie du trésor de la couronne, et c'est un crime d'en disposer sans l'autorisation du roi ou de son premier ministre. J'ai disposé de mon cœur, et je n'ai rien à dire, car on me l'a pardonné; mais j'ai disposé de ma main, et on m'a punie. Depuis trois jours mon amant est mon époux; voyez l'étrange chose! on m'a fait un crime d'une action dont en toute autre condition on m'eût louée. Mon père lui-même s'est laissé gagner à la colère générale, et depuis trois jours, c'est-à-dire depuis le moment où je devais pouvoir me présenter devant lui sans rougir, sa présence m'est interdite. Hier on m'a ôté ma garde : ce matin, je me suis présentée au Palais-Royal, on m'a refusé la porte.

— Hélas! hélas! dit Bathilde, je suis bien malheureuse, car je n'avais d'espoir qu'en vous, madame; et je ne connais personne qui puisse m'introduire près de monseigneur le régent! Et c'est demain, madame, demain à huit heures, qu'on tue celui que j'aime comme vous aimez monsieur de Riom! Oh! mon Dieu! mon Dieu! ayez compassion de moi, madame, car si vous ne me prenez en pitié, je suis perdue, je suis condamnée!

— Mon Dieu! Riom, venez donc à notre aide, dit la duchesse en se retournant vers son mari qui entrait en ce moment, et en lui tendant la main; voilà une pauvre enfant qui a besoin de voir mon père à l'instant, sans retard; sa vie dépend de cette entrevue : que dis-je? plus que sa vie! la vie de l'homme qu'elle aime! Comment faire? voyons. Le neveu de Lauzun ne doit jamais être embarrassé, ce me semble. Riom, trouvons-nous un moyen, et s'il

est possible, eh bien! je vous aimerai encore davantage.

— J'en ai bien un... dit Riom en souriant.

— Oh! monsieur, s'écria Bathilde, oh! dites-le-moi, et je vous serai éternellement reconnaissante.

— Voyons, dites, ajouta la duchesse de Berry d'une voix presque aussi pressante que l'était celle de Bathilde.

— Mais c'est qu'il compromet singulièrement votre sœur.

— Laquelle?

— Mademoiselle de Valois.

— Aglaé? comment cela?

— Oui, ne savez-vous pas qu'il y a de par le monde une espèce de sorcier qui a le privilège de s'introduire auprès d'elle le jour comme la nuit, sans qu'on sache par où ni comment!

— Richelieu! C'est vrai, s'écria la duchesse de Berry; Richelieu peut nous tirer d'affaire. Mais...

— Mais... achevez, madame, je vous supplie! Mais il ne voudra pas, peut-être.

— J'en ai peur, répondit la duchesse.

— Oh! je le prierai tant, qu'il aura pitié de moi, s'écria Bathilde. D'ailleurs, vous me donnerez un mot pour lui, n'est-ce pas? Votre Altesse aura cette bonté, et il n'osera refuser ce que lui demandera Votre Altesse.

— Faisons mieux que cela, dit la duchesse. Riom, faites appeler madame de Mouchy; priez-la de conduire elle-même mademoiselle chez le duc. Madame de Mouchy est ma première dame d'honneur, mon enfant, continua la duchesse tandis que Riom accomplissait l'ordre qu'il venait de recevoir, et on assure que monsieur de Richelieu lui doit quelque reconnaissance. Vous voyez donc que je ne puis vous choisir une meilleure introductrice.

— Oh! merci, madame, s'écria Bathilde en baisant les mains de la duchesse, merci! Oui, vous avez raison, et tout espoir n'est pas encore perdu. Et vous dites que monsieur le duc de Richelieu a un moyen de s'introduire au Palais Royal?

— Un instant, entendons-nous : je ne le dis pas, on le dit.

— Oh! mon Dieu! dit Bathilde, pourvu que nous le trouvions chez lui!

— Ceci, par exemple, ce sera une chance. Mais oui. Quelle heure est-il? Huit heures à peine? Oui, il soupe probablement en ville et rentrera pour faire sa toilette. Je dirai à madame de Mouchy de l'attendre avec vous. N'est-ce pas, charmante? continua la duchesse en apercevant sa dame d'honneur, et en la saluant du nom d'amitié qu'elle avait l'habitude de lui donner, n'est-ce pas que tu attendras le duc jusqu'à ce qu'il rentre?

— Je ferai tout ce qu'ordonnera Votre Altesse, dit madame de Mouchy.

— Eh bien! je t'ordonne, entends-tu? je t'ordonne d'obtenir du duc de Richelieu qu'il introduise mademoiselle près du régent, et je t'autorise à user, pour la décider, de toute l'autorité que tu peux avoir sur son esprit.

— Madame la duchesse va bien loin, dit en souriant madame de Mouchy.

— Va, va, dit la duchesse, fais ce que je te dis; je prends tout sur mon compte. Et vous, mon enfant, bon courage! suivez madame, et si vous entendez dire sur votre chemin par trop de mal de cette pauvre duchesse de Berry, à qui on en veut tant, parce qu'elle a reçu un jour les ambassadeurs sur un trône élevé de trois marches, et qu'elle a traversé un autre jour tout Paris escortée de quatre trompettes, dites à ceux qui crieront anathème sur moi, que je suis une bonne femme au fond; que malgré toutes les excommunications, j'espère qu'il me sera remis beaucoup, parce que j'ai beaucoup aimé, n'est-ce pas, Riom?

— Oh! madame, s'écria Bathilde, je ne sais si l'on dit du bien ou du mal de vous, mais je sais que je voudrais baiser la trace de vos pas, tant vous me semblez bonne et grande!

— Allez, mon enfant, allez. Si vous manquiez monsieur de Richelieu, il est probable que vous ne sauriez où le trouver, et que vous attendriez inutilement qu'il rentrât.

— Puisque Son Altesse le permet, venez donc vite, madame, dit Bathilde en entraînant madame de Mouchy, car en ce moment, chaque minute a pour moi la valeur d'une année.

Un quart-d'heure après, Bathilde et madame de Mouchy étaient à l'hôtel de Richelieu. Contre toute attente, le duc était chez lui. Madame de Mouchy se fit annoncer. Elle fut introduite aussitôt, et elle entra suivie de Bathilde. Les deux femmes trouvèrent monsieur de Richelieu occupé avec Raffé, son secrétaire, à brûler une foule de lettres inutiles, et à en mettre quelques autres à part.

— Eh! bon Dieu! madame, dit le duc en apercevant madame de Mouchy, et en venant à elle le sourire sur les lèvres, quel bon vent vous amène, et à quel événement dois-je cette bonne fortune de vous recevoir chez moi à huit heures et demie du soir?

— Au désir de vous faire faire une belle action, duc.

— Ah! vraiment! en ce cas pressez-vous, madame.

— Est-ce que vous quittez Paris ce soir, par hasard?

— Non, mais je pars demain matin pour la Bastille.

— Quelle est cette plaisanterie?

— Je vous prie de croire, madame, que je ne plaisante jamais quand il s'agit de quitter mon hôtel, où je suis très bien, pour celui du roi, où je suis très mal. Je le connais, c'est la troisième fois que j'y retourne.

— Mais, qui peut faire croire que vous serez arrêté demain?

— J'ai été prévenu.

— Par une personne sûre?

— Jugez-en.

Et le duc présenta une lettre à madame de Mouchy, qui la prit et qui lut:

« Innocent ou coupable, il ne vous reste que le temps de prendre la fuite. Demain, vous serez arrêté; le régent vient de dire tout haut devant moi qu'il tenait enfin le duc de Richelieu »

— Croyez-vous que la personne soit en position d'être bien informée?

— Oui, car je crois reconnaître l'écriture.

— Vous voyez donc bien que j'avais raison de vous dire de vous presser. Maintenant, si c'est une chose qui puisse se faire dans l'espace d'une nuit, parlez; je suis à vos ordres.

— Une heure suffira.

— Dites donc alors. Vous savez, madame, que je n'ai rien à vous refuser.

— Eh bien! dit madame de Mouchy, voici la chose en deux mots. Comptez-vous hier remercier ce soir la personne qui vous a donné cet avis?

— Peut-être, dit en riant le duc.

— Eh bien! il faut que vous lui présentiez mademoiselle.

— Mademoiselle! dit le duc étonné en se retournant vers Bathilde, qui jusque-là s'était tenue en arrière et cachée à demi dans l'obscurité. Et quelle est mademoiselle?

— Une pauvre jeune fille qui aime le chevalier d'Harmental, qu'on doit exécuter demain, comme vous savez, et qui veut demander sa grâce au régent.

— Vous aimez le chevalier d'Harmental, mademoiselle? dit le duc de Richelieu s'adressant à Bathilde.

— Oh! monsieur le duc! balbutia Bathilde en rougissant.

— Ne vous cachez pas, mademoiselle; c'est un noble jeune homme, et je donnerais dix ans de ma vie pour le sauver moi-même. Et croyez-vous au moins avoir quelque moyen d'intéresser le régent en sa faveur?

— Je le crois, monsieur le duc.

— Eh bien! soit. Cela me portera bonheur. Madame, continua le duc en s'adressant à madame de Mouchy, retournez vers Son Altesse Royale, mettez mes humbles hommages à ses pieds, et dites-lui de ma part que mademoiselle verra le régent dans une heure.

— Oh! monsieur le duc! s'écria Bathilde.

— Décidément, mon cher Richelieu, dit madame de Mouchy, je commence à croire, comme on le dit, que vous

avez fait un pacte avec le diable pour passer par le trou des serrures, et je suis moins inquiète maintenant, je l'avoue, de vous voir partir pour la Bastille.

— En tout cas, dit le duc, vous savez, madame, que la charité ordonne de visiter les prisonniers. Si par hasard, il vous restait quelque souvenir du pauvre Armand...

— Silence, duc; soyez discret, et l'on verra ce que l'on peut faire pour vous. En attendant, vous me promettez que mademoiselle verra le régent?

— C'est chose convenue.

— En ce cas, adieu, duc, et que la Bastille vous soit légère!

— Est-ce bien adieu que vous me dites?

— Au revoir.

— A la bonne heure!

Et le duc, ayant baisé la main de madame de Mouchy, la conduisit vers la porte; puis revenant vers Bathilde:

— Mademoiselle, lui dit-il, ce que je vais faire pour vous je ne le ferais pour personne. Le secret que je vais confier à vos yeux, c'est la réputation, c'est l'honneur d'une princesse du sang; mais l'occasion est grave et mérite qu'on lui sacrifie quelques convenances. Jurez-moi donc que vous ne direz jamais, excepté à une seule personne, car je sais qu'il est des personnes pour lesquelles on n'a point de secrets, jurez-moi donc que vous ne direz jamais ce que vous allez voir, et que nul ne saura, excepté lui, de quelle façon vous êtes entrée chez le régent.

— Oh! monsieur le duc, je vous le jure, par tout ce que j'ai de plus sacré au monde, par le souvenir de ma mère!

— Cela suffit, mademoiselle, dit le duc en tirant le cordon d'une sonnette.

Un valet de chambre entra.

— Lafosse, dit le duc, fais mettre les chevaux bais à la voiture sans armoiries.

— Monsieur le duc, dit Bathilde, si vous ne voulez pas perdre de temps, j'ai un carrosse de louage en bas.

— Eh bien! cela vaut encore mieux. Mademoiselle, je suis à vos ordres.

— Irai-je avec monsieur le duc? demanda le valet de chambre.

— Non, c'est inutile, reste avec Raffé, et aide-le à mettre de l'ordre dans tous ces papiers. Il y en a plusieurs qu'il est parfaitement inutile que Dubois voie.

Et le duc, ayant offert son bras à Bathilde, descendit avec elle, la fit monter dans la voiture, et après avoir ordonné au cocher de s'arrêter au coin de la rue Saint-Honoré et de la rue de Richelieu, se plaça à son côté, aussi insoucieux que s'il n'eût pas su que ce sort auquel il allait essayer de soustraire le chevalier, l'attendait lui-même peut-être dans quinze jours.

XLVII.

L'ARMOIRE AUX CONFITURES.

La voiture s'arrêta à l'endroit indiqué; le cocher vint ouvrir la portière, et le duc descendit et aida Bathilde à descendre, puis, tirant une clef de sa poche, il ouvrit la porte de l'allée de la maison qui faisait l'angle de la rue de Richelieu et de la rue Saint-Honoré, et qui porte aujourd'hui le n° 218.

— Je vous demande pardon, mademoiselle, dit le duc en offrant le bras à la jeune fille, de vous conduire par des escaliers si mal éclairés; mais je tiens beaucoup à ne pas être reconnu si par hasard on me rencontrait dans ce quartier-ci. Au reste, nous n'avons pas haut à monter: il ne s'agit que d'atteindre le premier étage.

En effet, après avoir monté une vingtaine de marches, le duc s'arrêta, tira une seconde clef de sa poche, ouvrit la porte du palier avec le même mystère qu'il avait ouvert celle de la rue, et étant entré dans l'antichambre et y ayant pris une bougie, il revint l'allumer à la lanterne qui brûlait dans l'escalier.

— Encore une fois, pardon, mademoiselle, dit le duc; mais ici, j'ai l'habitude de me servir moi-même, et vous allez comprendre tout à l'heure pourquoi, dans cet appartement, j'ai pris le parti de me passer de laquais.

Peu importait à Bathilde que le duc de Richelieu eût ou n'eût pas de domestique : elle suivit donc dans l'antichambre sans lui répondre, et le duc referma la porte à double tour derrière elle.

— Maintenant, suivez-moi, dit le duc; et il marcha devant la jeune fille, l'éclairant avec la bougie qu'il tenait à la main.

Ils traversèrent ainsi une salle à manger et un salon; enfin, ils entrèrent dans une chambre à coucher, et le duc s'arrêta.

— Mademoiselle, dit Richelieu en posant la bougie sur la cheminée, j'ai votre parole que rien de ce que vous allez voir ne sera jamais révélé.

— Je vous l'ai déjà donnée, monsieur le duc, et je vous la renouvelle. Oh! je serais trop ingrate si j'y manquais.

— Eh bien! donc, soyez en tiers dans notre secret; c'est celui de l'amour, nous le mettons sous la sauvegarde de l'amour.

Et le duc de Richelieu, faisant glisser un panneau de la boiserie, découvrit une ouverture pratiquée dans la muraille, au-delà de l'épaisseur de laquelle se trouvait le fond d'une armoire, et il y frappa doucement trois coups. Au bout d'un instant, on entendit tourner la clef dans la serrure; puis on vit briller une lumière entre les planches, puis une douce voix demanda : « Est-ce vous? » puis enfin, sur la réponse affirmative du duc, trois de ces planches se détachèrent doucement, ouvrirent une communication facile d'une chambre à l'autre, et le duc de Richelieu et Bathilde se trouvèrent en face de mademoiselle de Valois, qui jeta un cri en voyant son amant accompagné d'une femme.

— Ne craignez rien, chère Aglaé, dit le duc en passant de la chambre où il était dans la chambre voisine, et en saisissant la main de mademoiselle de Valois, tandis que Bathilde demeurait immobile à sa place, n'osant faire un pas de plus avant que sa présence fût expliquée. Vous me remercierez vous-même tout à l'heure d'avoir trahi le secret de notre bienheureuse armoire.

— Mais, monsieur le duc, m'expliquerez-vous...? demanda mademoiselle de Valois, en faisant une pause après ces paroles interrogatives et en regardant toujours Bathilde avec inquiétude.

— A l'instant même, ma belle princesse. Vous m'avez quelquefois entendu parler du chevalier d'Harmental, n'est-ce pas?

— Avant-hier encore, duc, vous me disiez qu'il n'aurait qu'un mot à prononcer pour sauver sa vie en vous compromettant tous : mais que ce mot, il ne le dirait pas.

— Eh bien! il ne l'a pas dit, et il est condamné à mort : on l'exécute demain. Cette jeune fille l'aime; et sa grâce dépend du régent. Comprenez-vous, maintenant?

— Oh! oui, oui, dit mademoiselle de Valois.

— Venez, mademoiselle, dit le duc de Richelieu à Bathilde, en l'attirant par la main; puis se retournant vers la princesse : — Elle ne savait comment arriver jusqu'à votre père, ma chère Aglaé; elle s'est adressée à moi, juste au moment où je venais de recevoir votre lettre. J'avais à vous remercier du bon avis que vous me donniez, et, comme je connais votre cœur, j'ai pensé que le remerciement auquel vous seriez le plus sensible serait de vous offrir l'occasion de sauver la vie à un homme au silence duquel vous devez probablement la mienne.

— Et vous avez eu raison, mon cher duc. Soyez la bien-

venue, mademoiselle. Maintenant, que désirez-vous? que puis-je faire pour vous?

— Je désire voir monseigneur le régent, dit Bathilde, et Votre Altesse peut me conduire près de lui.

— M'attendrez-vous, duc, demanda mademoiselle de Valois avec inquiétude?

— Pouvez-vous en douter?

— Alors, rentrez dans l'armoire aux confitures, de peur que quelqu'un, en entrant ici, ne vous surprenne. Je conduis mademoiselle près de mon père, et je reviens.

— Je vous attends, dit le duc, en suivant les instructions que lui donnait la princesse et en rentrant dans l'armoire.

Mademoiselle de Valois échangea quelques paroles à voix basse avec son amant, referma l'armoire, mit la clef dans sa poche, et tendant la main à Bathilde :

— Mademoiselle, dit-elle, toutes les femmes qui aiment sont sœurs. Armand et vous avez bien fait de compter sur moi. Venez.

Bathilde baisa la main que lui tendait mademoiselle de Valois, et la suivit.

Les deux femmes traversèrent tous les appartemens qui font face à la place du Palais-Royal, et, tournant à gauche, s'engagèrent dans ceux qui longent la rue de Valois. C'était dans cette partie que se trouvait la chambre à coucher du régent.

— Nous sommes arrivées, dit mademoiselle de Valois en s'arrêtant devant une porte, et en regardant Bathilde, qui, à cette nouvelle, chancela et pâlit; car toute cette force morale qui l'avait soutenue depuis deux ou trois ou quatre heures, était prête à disparaître, juste au moment où elle allait en avoir le plus de besoin.

— Oh! mon Dieu! mon Dieu! je n'oserai jamais! s'écria Bathilde.

— Voyons, mademoiselle, du courage, mon père est bon; entrez, tombez à ses pieds : Dieu et son cœur feront le reste.

A ces mots, voyant que la jeune fille hésitait encore, elle ouvrit la porte, poussa Bathilde dans la chambre, et referma la porte derrière elle. Elle courut ensuite de son pas le plus léger rejoindre le duc de Richelieu, laissant la jeune fille plaider sa cause, tête à tête avec le régent.

A cette action imprévue, Bathilde poussa un léger cri, et le régent, qui se promenait de long en large, la tête inclinée, la releva et se retourna.

Bathilde, incapable de faire un pas de plus, tomba sur ses deux genoux, tira sa lettre de sa poitrine et l'étendit vers le régent.

Le régent avait la vue mauvaise; il ne comprit pas bien ce qui se passait, et s'avança vers cette femme qui lui apparaissait dans l'ombre comme une forme blanche et indécise. Bientôt, dans cette forme inconnue d'abord, il reconnut une femme, et bientôt, dans cette femme une jeune fille belle et suppliante. Quant à la pauvre enfant, elle voulait en vain articuler une prière; la voix lui manquait complétement, et bientôt, la force lui manquant comme la voix, elle se renversa en arrière, et serait tombée sur le tapis si le régent ne l'eût retenu dans ses bras.

— Mon Dieu, mademoiselle, dit le régent, chez lequel les signes d'une douleur profonde produisaient leur effet ordinaire; mon Dieu! qu'avez-vous donc, et que puis-je faire pour vous? Venez, venez sur ce fauteuil, je vous en prie!

— Non, monseigneur, non, murmura Bathilde, non, c'est à vos pieds que je dois être, car je viens vous demander une grâce.

— Une grâce? Et laquelle?

— Voyez d'abord qui je suis, monseigneur, dit Bathilde, et ensuite peut-être oserai-je parler. Et elle tendit la lettre, sur laquelle reposait son seul espoir, au duc d'Orléans.

Le régent prit la lettre, regardant tour à tour le papier et la jeune fille, et, s'approchant d'une bougie qui brûlait sur la cheminée, reconnut sa propre écriture, reporta de nouveau ses yeux sur la jeune fille, et lut ce qui suit :

28

« Madame, votre mari est mort pour la France et pour
» moi ; ni la France ni moi ne pouvons vous rendre votre
» mari ; mais souvenez-vous que si jamais vous aviez be-
» soin de quelque chose, nous sommes tous les deux vos
» débiteurs.
                    » Votre affectionné.
                              » PHILIPPE D'ORLÉANS. »

— Je reconnais parfaitement cette lettre pour être de
moi, mademoiselle, dit le régent ; mais, à la honte de ma
mémoire, je vous en demande pardon, je ne me rappelle
plus à qui elle a été écrite.
— Voyez l'adresse, monseigneur, dit Bathilde un peu
rassurée par l'expression de parfaite bienveillance peinte
sur le visage du duc.
— Clarice du Rocher ! s'écria le régent... Oui, en effet,
je me rappelle maintenant. J'ai écrit cette lettre d'Espagne,
après la mort d'Albert, qui a été tué à la bataille d'Almanza ;
j'ai écrit cette lettre à sa veuve. Comment cette lettre se
trouve-t-elle entre vos mains, mademoiselle ?
— Hélas ! monseigneur, je suis la fille d'Albert et de
Clarice.
— Vous, mademoiselle ! s'écria le régent, vous ! Et qu'est
devenue votre mère ?
— Elle est morte, monseigneur.
— Depuis longtemps ?
— Depuis près de quatorze ans.
— Mais heureuse, sans doute, et sans avoir besoin de
rien ?
— Au désespoir, monseigneur, et manquant de tout.
— Mais comment ne s'est-elle pas adressée à moi ?
— Votre Altesse était encore en Espagne.
— Oh ! mon Dieu ! que me dites-vous là ! Continuez, ma-
demoiselle, car vous ne pouvez vous imaginer combien ce
que vous me dites m'intéresse. Pauvre Clarice, pauvre Al-
bert ! Ils s'aimaient tant, je me le rappelle ! Elle n'aura pu
lui survivre. Savez-vous que votre père m'avait sauvé la
vie à Nerwinde, mademoiselle, savez-vous cela ?
— Oui, monseigneur, je le savais, et voilà ce qui m'a
donné le courage de me présenter devant vous.
— Mais vous, pauvre enfant, vous, pauvre orpheline,
qu'êtes-vous devenue alors ?
— Moi, monseigneur, j'ai été recueilli par un ami de
notre famille, par un pauvre écrivain nommé Jean Buvat.
— Jean Buvat ! s'écria le régent ; mais attendez donc ! je
connais ce nom-là, moi. Jean Buvat ! mais c'est ce pauvre
diable de copiste qui a découvert toute la conspiration et
qui m'a fait il y a quelques jours ses réclamations en personne... Une place à la Bibliothèque, n'est-ce pas ? un arriéré dû ?
— C'est cela même, monseigneur.
— Mademoiselle, reprit le régent, il paraît que tout ce
qui vous entoure est destiné à me sauver. Me voilà deux
fois votre débiteur. Vous m'avez dit que vous aviez une
grâce à me demander ; parlez donc hardiment, je vous
écoute.
— O mon Dieu ! dit Bathilde, donnez-moi la force !
— C'est donc une chose bien importante et bien difficile
que celle que vous souhaitez !
— Monseigneur, dit Bathilde, c'est la vie d'un homme
qui a mérité la mort.
— S'agirait-il du chevalier d'Harmental ? demanda le
régent.
— Hélas ! monseigneur, c'est Votre Altesse qui l'a dit.
Le front du régent devint pensif, tandis que Bathilde, en
voyant l'impression produite par cette demande, sentait
son cœur se serrer et ses genoux fléchir.
— Est-il votre parent ? votre allié ? votre ami ?
— Il est ma vie ! il est mon âme ! monseigneur ; je
l'aime !
— Mais savez-vous, si je fais grâce à lui, qu'il faut que
je fasse grâce à tout le monde, et qu'il y a dans tout cela
de plus grands coupables encore que lui ?

— Grâce de la vie seulement, monseigneur ! Qu'il ne
meure pas, c'est tout ce que je vous demande.
— Mais si je commue sa peine en une prison perpétuelle,
vous ne le verrez plus.
Bathilde se sentit prête à mourir, et, étendant la main,
se soutint au dossier d'un fauteuil.
— Que deviendrez-vous alors ? continua le régent.
— Moi, dit Bathilde, j'entrerai dans un couvent, où je
prierai pendant le reste de ma vie pour vous, monseigneur,
et pour lui.
— Cela ne se peut pas, dit le régent.
— Pourquoi donc, monseigneur ?
— Parce qu'aujourd'hui même, il y a une heure, on m'a
demandé votre main, et que je l'ai promise.
— Ma main, monseigneur ? vous avez promis ma main ?
et à qui donc, mon Dieu !
— Lisez, dit le régent en prenant une lettre sur son bu-
reau et en la présentant tout ouverte à la jeune fille.
— Raoul ! s'écria Bathilde ; l'écriture de Raoul ! Oh !
mon Dieu ! qu'est-ce que cela veut dire ?
— Lisez, reprit le régent.
Et Bathilde, d'une voix altérée, lut la lettre suivante :

« Monseigneur,

» J'ai mérité la mort, je le sais, et ne viens point vous
» demander la vie. Je suis prêt à mourir au jour fixé, à
» l'heure dite ; mais il dépend de Votre Altesse de me ren-
» dre cette mort plus douce, et je viens la supplier à ge-
» noux de m'accorder cette faveur.
» J'aime une jeune fille que j'eusse épousée si j'eusse
» vécu. Permettez qu'elle soit ma femme quand je vais
» mourir. Au moment où je la quitte pour toujours, où je
» la laisse seule et isolée au milieu du monde, que j'aie au
» moins la consolation de lui laisser pour sauvegarde mon
» nom et ma fortune. En sortant de l'église, monseigneur,
» je marcherai à l'échafaud.
» C'est mon dernier vœu, c'est mon seul désir ; ne refu-
» sez pas la prière d'un mourant.
                    » RAOUL D'HARMENTAL. »

— Oh ! monseigneur, monseigneur, dit Bathilde en éclatant en sanglots, vous voyez, tandis que je pensais à lui,
il pensait à moi ! N'ai-je pas raison de l'aimer, quand il
m'aime tant !
— Oui, dit le régent, et je lui accorde sa demande : elle
est juste. Puisse cette grâce, comme il le dit, adoucir ses
derniers moments !
— Monseigneur, monseigneur, s'écria la jeune fille, est-
ce tout ce que vous lui accordez ?
— Vous voyez, dit le régent, que lui-même se rend justice et ne demande pas autre chose.
— Oh ! c'est bien cruel ! c'est bien affreux ! Le revoir
pour le perdre à l'instant même. Monseigneur, monseigneur, sa vie ! je vous en supplie, et que je ne le revoie
jamais ! J'aime mieux cela.
— Mademoiselle, dit le régent d'un ton qui ne permettait
pas de réplique, et en écrivant quelques lignes sur un papier qu'il cacheta de son sceau, voici une lettre pour monsieur de Launay, le gouverneur de la Bastille, elle contient
mes instructions à l'égard du condamné. Mon capitaine des
gardes va monter en voiture avec vous et veillera de ma
part à ce que ces instructions soient suivies.
— Oh ! sa vie, monseigneur, sa vie ! au nom du ciel, je
vous en supplie à genoux !
Le régent sonna ; un valet de chambre ouvrit la porte.
— Appelez monsieur le marquis de Lafare, dit le régent.
— Oh ! monseigneur, vous êtes bien cruel ! dit Bathilde
en se relevant. Alors, permettez-moi donc de mourir avec
lui. Du moins nous ne serons pas séparés, même sur l'é-
chafaud. Du moins nous ne nous quitterons pas, même
dans la tombe !
— Monsieur de Lafare, dit le régent, accompagnez mademoiselle à la Bastille. Voici une lettre pour monsieur de

Launay; vous en prendrez connaissance avec lui, et vous veillerez à ce que les ordres qu'elle renferme soient exécutés de point en point.

Puis, sans écouter le dernier cri de désespoir de Bathilde, le duc d'Orléans ouvrit la porte d'un cabinet et disparut.

XLVIII.

LE MARIAGE IN EXTREMIS.

Lafare entraîna la jeune fille presque mourante et la fit monter dans une des voitures tout attelées qui attendaient toujours dans la cour du Palais-Royal. Cette voiture partit aussitôt au galop, prenant par la rue de Cléry et par les boulevards le chemin de la Bastille.

Pendant toute la route, Bathilde ne dit pas un mot : elle était muette, froide et inanimée comme une statue. Ses yeux étaient fixes et sans larmes : seulement, en arrivant en face de la forteresse, elle tressaillit; il lui semblait avoir vu s'élever dans l'ombre, à la place même où avait été exécuté le chevalier de Rohan, quelque chose comme un échafaud. Un peu plus loin la sentinelle cria : Qui vive ! Puis on entendit la voiture rouler sur le pont-levis. Les herses se levèrent, la porte s'ouvrit, et le carrosse s'arrêta à la porte de l'escalier qui conduisait chez le gouverneur.

Un valet de pied sans livrée vint ouvrir la portière, et Lafare aida Bathilde à descendre. A peine si elle pouvait se soutenir; toute sa force morale s'était évanouie du moment où l'espoir l'avait quittée. Lafare et le valet de pied furent presque obligés de la porter au premier étage. Monsieur de Launay soupait. On fit entrer Bathilde dans un salon, tandis qu'on introduisait immédiatement Lafare près du gouverneur.

Dix minutes à peu près s'écoulèrent pendant lesquelles Bathilde demeura anéantie sur le fauteuil où elle s'était laissée tomber en entrant. La pauvre enfant n'avait qu'une idée, c'était celle de cette séparation éternelle qui l'attendait ; la pauvre enfant ne voyait qu'une chose, c'était son amant montant sur l'échafaud.

Au bout de dix minutes, Lafare rentra avec le gouverneur. Bathilde leva machinalement la tête et les regarda d'un œil égaré. Lafare alors s'approcha d'elle, et lui offrant le bras :

— Mademoiselle, dit-il, l'église est préparée, et le prêtre vous y attend.

Bathilde, sans répondre, se leva pâle et glacée; puis comme elle sentit que les jambes lui manquaient, elle s'appuya sur le bras qui lui était offert. Monsieur de Launay marchait le premier, éclairé par deux hommes qui portaient des torches.

Au moment où Bathilde entrait par une des portes latérales, elle aperçut, entrant par l'autre porte, le chevalier d'Harmental, accompagné de son côté par Valef et par Pompadour. C'étaient les témoins de l'époux, comme monsieur de Launay et Lafare étaient les témoins de l'épouse. Chaque porte était gardée par deux gardes françaises, l'arme au bras et immobiles comme des statues.

Les deux amans s'avancèrent au-devant l'un de l'autre, Bathilde pâle et mourante, Raoul calme et souriant. Arrivés en face de l'autel, le chevalier prit la main de la jeune fille et la conduisit aux deux sièges qui étaient préparés; et là tous deux tombèrent à genoux sans s'être dit une seule parole.

L'autel était éclairé par quatre cierges seulement, qui jetaient dans cette chapelle, déjà naturellement sombre et si peuplée encore de sombres souvenirs, une lueur funèbre qui donnait à la cérémonie quelque chose d'un office mortuaire. Le prêtre commença la messe. C'était un beau vieillard à cheveux blancs, dont la figure mélancolique indi-

quait que ses fonctions journalières laissaient de profondes traces dans son âme. En effet, il était chapelain de la Bastille depuis vingt-cinq ans, et depuis vingt-cinq ans il avait entendu de bien tristes confessions et vu de bien lamentables spectacles.

Au moment de bénir les époux, il leur adressa quelques paroles selon l'habitude consacrée; mais, au lieu de parler à l'époux de ses devoirs de mari, à l'épouse de ses devoirs de mère; au lieu d'ouvrir devant eux l'avenir de la vie, il leur parla de la paix du ciel, de la miséricorde divine et de la résurrection éternelle. Bathilde se sentait suffoquer Raoul vit qu'elle allait éclater en sanglots, il lui prit la main et la regarda avec une si triste et si profonde résignation, que la pauvre enfant fit un dernier effort, étouffant ses larmes, qu'elle sentait retomber une à une sur son cœur. Au moment de la bénédiction, elle pencha sa tête sur l'épaule de Raoul. Le prêtre crut qu'elle s'évanouissait, et s'arrêta.

— Achevez, achevez, mon père, murmura Bathilde.

Et le prêtre prononça les paroles sacramentelles, auxquelles tous deux répondirent par un oui dans lequel semblaient s'être réunies toutes les forces de leur âme.

La cérémonie terminée, d'Harmental demanda à M. de Launay s'il lui était permis de demeurer avec sa femme pendant le peu d'heures qu'il lui restait à vivre ; M. de Launay répondit qu'il n'y voyait pas d'inconvénient, et qu'on allait le reconduire à sa chambre. Alors Raoul embrassa Valef et Pompadour, les remercia d'avoir bien voulu servir de témoins à son funèbre mariage, serra la main à Lafare, rendit grâces à monsieur de Launay des bontés qu'il avait eues pour lui pendant son séjour à la Bastille, et jetant son bras autour de la taille de Bathilde, qui, à chaque instant, menaçait de tomber de toute sa hauteur sur les dalles de l'église, l'entraîna vers la porte par laquelle il était entré. Là ils retrouvèrent les deux hommes armés de torches, qui les précédèrent et les conduisirent jusqu'à la porte de la chambre de d'Harmental. Un guichetier attendait, qui ouvrit cette porte. Raoul et Bathilde entrèrent, puis la porte se referma, et les deux époux se trouvèrent seuls.

Alors Bathilde, qui jusque-là avait contenu ses larmes, ne put résister plus longtemps à sa douleur ; un cri déchirant s'échappa de sa poitrine, et elle tomba, en se tordant les bras et en éclatant en sanglots, sur un fauteuil où sans doute, pendant ses trois semaines de captivité, d'Harmental avait bien souvent pensé à elle. Raoul se jeta à ses genoux et voulut la consoler ; mais lui-même était trop ému de cette douleur si profonde pour trouver autre chose que des larmes à mêler aux larmes de Bathilde. Ce cœur de fer se fondit à son tour, et Bathilde sentit à la fois sur ses lèvres les pleurs et les baisers de son amant.

Ils étaient depuis une demi-heure à peine ensemble, qu'ils entendirent des pas qui s'approchaient de la porte, et qu'une clef tourna dans la serrure. Bathilde tressaillit et serra convulsivement d'Harmental contre son cœur. Raoul comprit quelle crainte affreuse venait de lui traverser l'esprit et la rassura. Ce ne pouvait être encore celui qu'elle craignait de voir, puisque l'exécution était fixée pour huit heures du matin, et que onze heures venaient de sonner. En effet, ce fut monsieur de Launay qui parut.

— Monsieur le chevalier, dit le gouverneur, ayez la bonté de me suivre.

— Seul ? demanda d'Harmental en serrant à son tour Bathilde entre ses bras.

— Non, avec madame, reprit le gouverneur.

— Oh ! ensemble, ensemble ! entends-tu, Raoul ? s'écria Bathilde. Oh ! où l'on voudra, pourvu que ce soit ensemble ! Nous voici, monsieur, nous voici !

Raoul serra une dernière fois Bathilde dans ses bras, lui donna un dernier baiser au front, et, rappelant tout son orgueil, il suivit monsieur de Launay, avec un visage sur lequel il ne restait plus la moindre trace de l'émotion terrible qu'il venait d'éprouver.

Tous trois suivirent pendant quelque temps des corridors éclairés seulement par quelques lanternes rares, puis ils descendirent un escalier en spirale et se trouvèrent à la

porte d'une tour. Cette porte donnait sur un préau entouré
de hautes murailles et qui servait de promenade aux prisonniers qui n'étaient point au secret. Dans cette cour était
une voiture attelée de deux chevaux, sur l'un desquels était
un postillon, et l'on voyait reluire dans l'ombre les cuirasses
d'une douzaine de mousquetaires.

Une même lueur d'espoir traversa en même temps le
cœur des deux amans. Bathilde avait demandé au régent
de commuer la mort de Raoul en une prison perpétuelle.
Peut-être le régent lui avait-il accordé cette grâce. Cette
voiture, toute attelée pour conduire sans doute le condamné dans quelque prison d'Etat, ce peloton de mousquetaires destinés sans doute à les escorter, tout cela donnait
à cette supposition un caractère de réalité. Tous deux se
regardèrent en même temps, et en même temps levèrent
les yeux au ciel pour remercier Dieu du bonheur inespéré
qu'il leur accordait. Pendant ce temps, monsieur de Launay
avait fait signe à la voiture de s'approcher; le postillon
avait obéi, la portière s'était ouverte, et le gouverneur, la
tête découverte, tendait la main à Bathilde pour l'aider à
monter; Bathilde hésita un instant, se retournant avec inquiétude pour voir si l'on n'entraînait pas Raoul d'un autre
côté; mais elle vit que Raoul s'apprêtait à la suivre, et elle
monta sans résistance. Un instant après, Raoul était près
d'elle. Aussitôt la portière se referma sur eux; la voiture
s'ébranla, l'escorte piétina aux portières. On passa sous le
guichet, puis sur le pont-levis, et enfin on se retrouva hors
de la Bastille.

Les deux époux se jetèrent dans les bras l'un de l'autre;
il n'y avait plus de doute, le régent faisait à d'Harmental
grâce de la vie, et de plus, c'était évident, il consentait à
ne point le séparer de Bathilde. Or, c'était ce que Bathilde
et d'Harmental n'eussent jamais osé rêver. Cette vie de réclusion, supplice pour tout autre, était pour eux une existence de délices, un paradis d'amour : ils se verraient sans
cesse, et ne se quitteraient jamais! Qu'auraient-ils pu désirer de plus, même lorsque, maîtres de leur sort, ils rê-
vaient un même avenir? Une seule idée triste traversa en
même temps leur esprit, et tous deux, avec cette sponta-
néité du cœur qui ne se rencontre que dans les gens qui
s'aiment, prononcèrent le nom de Buvat.

En ce moment, la voiture s'arrêta. Dans une semblable
circonstance tout était pour les pauvres amans un sujet de
crainte. Tous deux tremblèrent d'avoir trop espéré et tressaillirent de terreur. Presque aussitôt la portière s'ouvrit :
c'était le postillon.

— Que veux-tu? lui demanda d'Harmental.

— Dame! notre maître, dit le postillon, je voudrais savoir où il faudrait vous conduire, moi.

— Comment! où il faut me conduire! s'écria d'Harmental. N'as-tu pas d'ordres?

— J'ai l'ordre de vous mener dans le bois de Vincennes,
entre le château et Nogent-sur-Marne, et nous y voilà!

— Et notre escorte? demanda le chevalier, qu'est-elle
devenue?

— Votre escorte? elle nous a laissés à la barrière.

— Oh! mon Dieu, mon Dieu! s'écria d'Harmental, tandis que Bathilde, haletante d'espoir, joignait les mains en
silence; oh! mon Dieu! est-ce possible!

Et le chevalier sauta hors de la voiture, regarda avidement autour de lui, tendit les bras à Bathilde qui s'élança
à son tour; puis tous deux jetèrent ensemble un cri de joie
et de reconnaissance.

Ils étaient libres comme l'air qu'ils respiraient!

Seulement le régent avait donné l'ordre de conduire le
chevalier juste à l'endroit où ce dernier avait enlevé Bourguignon, croyant l'enlever lui-même.

C'était la seule vengeance que se fût réservée Philippe le
Débonnaire.

Quatre ans après cet événement, Buvat, réintégré dans
sa place et payé de son arriéré, avait la satisfaction de
mettre la plume à la main d'un beau garçon de trois ans :
C'était le fils de Raoul et de Bathilde.

Les deux premiers noms qu'écrivit l'enfant furent ceux
d'Albert du Rocher et de Clarice Gray.

Le troisième fut celui de *Philippe d'Orléans,* régent de
France.

POST-SCRIPTUM.

Peut-être quelques personnes ont-elles pris assez d'intérêt aux personnages qui jouent un rôle secondaire dans
l'histoire que nous venons de leur raconter, pour désirer
savoir ce qu'ils devinrent après la catastrophe qui perdit les
conjurés et sauva le régent. Nous allons les satisfaire en
deux mots.

Le duc et la duchesse du Maine, dont on voulait briser à
tout jamais les complots à venir, furent arrêtés, le duc à
Sceaux, et la duchesse dans une petite maison qu'elle avait
rue Saint-Honoré. Le duc fut conduit au château de Doul-
lens, et la duchesse à celui de Dijon, d'où elle fut transférée
à la citadelle de Châlons. Tous deux en sortirent au bout
de quelques mois, désarmant le régent, l'un par une dénégation absolue, l'autre par un aveu complet.

Mademoiselle Delaunay fut conduite à la Bastille, où sa
captivité, comme on peut le voir dans les Mémoires qu'elle
a laissés, fut fort adoucie par ses amours avec le chevalier
de Mesnil, et plus d'une fois, après sa sortie, il lui arriva,
en pleurant l'infidélité de son cher prisonnier, de dire,
comme Ninon ou Sophie Arnould, je ne sais plus laquelle :
« Oh! le bon temps où nous étions si malheureuses! »

Richelieu fut arrêté, comme l'en avait prévenu mademoiselle de Valois, le lendemain même du jour où il avait
introduit Bathilde chez le régent, conduite qui valut un
nouveau triomphe pour lui. Le bruit s'étant répandu que
le beau prisonnier avait obtenu la permission de se promener sur la terrasse de la Bastille, la rue Saint-Antoine
s'encombra des voitures les plus élégantes de Paris, et devint en moins de vingt-quatre heures la promenade à la
mode. Aussi le régent, qui avait, disait-il, entre les mains
assez de preuves contre monsieur de Richelieu pour lui
faire couper quatre têtes, s'il en avait eues, ne voulut-il
pas risquer de se dépopulariser à tout jamais dans l'esprit
du beau sexe, en le retenant plus longtemps en prison.
Après une captivité de trois mois, Richelieu sortit plus
brillant et plus à la mode que jamais. Seulement il trouva
l'armoire aux confitures murée, et la pauvre mademoiselle
de Valois devenue duchesse de Modène.

L'abbé Brigaud, arrêté, comme nous l'avons dit, à Orléans, fut retenu quelque temps dans les prisons de cette
ville, au grand désespoir de la bonne madame Denis, de
mesdemoiselles Émilie et Athénaïs, et de monsieur Boniface. Mais, un beau matin, au moment où la famille allait
se mettre à table pour le déjeuner, on vit entrer l'abbé
Brigaud, aussi calme et aussi régulier que d'habitude. On
lui fit grande fête et on lui demanda une foule de détails;
mais, avec sa prudence habituelle, il renvoya les curieux à
ses déclarations juridiques, disant que cette affaire lui avait
déjà donné tant de contrariétés, qu'on l'obligerait fort en
ne lui en parlant jamais. Or, comme l'abbé Brigaud avait,
ainsi qu'on l'a vu, des droits tout à fait autocratiques dans

la maison de madame Denis, son désir fut religieusement respecté, et à partir de ce jour il ne fut pas plus question de cette affaire, rue du Temps-Perdu n° 5, que si elle n'avait jamais existé.

Quelques jours après lui, Pompadour, Valef, Laval et Malezieux, sortirent de prison à leur tour, et recommencèrent à faire leur cour à madame du Maine, comme si de rien n'était. Quant au cardinal de Polignac, il n'avait pas même été arrêté : il avait été exilé simplement à son abbaye d'Anchin.

Lagrange-Chancel, l'auteur des *Philippiques*, fut appelé au Palais-Royal, il y trouva le régent qui l'attendait.

— Monsieur, lui demanda le prince, est-ce que vous pensez de moi tout ce que vous avez dit?

— Oui, monseigneur, lui répondit Lagrange-Chancel.

— Eh bien! c'est fort heureux pour vous, monsieur, reprit le régent ; car si vous aviez écrit de pareilles infamies contre votre conscience, je vous aurais fait pendre.

Et le régent se contenta de l'envoyer aux îles Sainte-Marguerite, où il ne resta que trois ou quatre mois. Les ennemis du régent, ayant répandu le bruit que le prince l'y avait fait empoisonner, le prince ne trouva pas de meilleur moyen de démentir cette nouvelle calomnie que celui d'ouvrir les portes de sa prison au prétendu mort, qui en sortit plus gonflé de haine et de fiel que jamais.

Cette dernière preuve de clémence parut à Dubois si hors de saison, qu'il courut chez le régent pour lui faire une scène; mais, pour toute réponse à ses récriminations, le prince se contenta de lui chanter le refrain de la chanson que Saint-Simon avait faite sur lui :

Je suis débonnaire, moi,
Je suis débonnaire.

Ce qui mit Dubois dans une si grande colère, que le régent, pour se réconcilier avec lui, fut obligé de le faire nommer cardinal.

Cette nomination inspira à la Fillon une telle fierté, qu'elle déclara ne vouloir plus, dorénavant, recevoir chez elle que des gens qui auraient fait leurs preuves de 1399.

Au reste, sa maison avait, dans cette catastrophe, perdu une de ses pensionnaires les plus illustres. Trois jours après la mort du capitaine Roquefinette, la Normande était entrée aux Filles-Repenties.

FIN DU CHEVALIER D'HARMENTAL.

TABLE DES CHAPITRES DU CHEVALIER D'HARMENTAL.

FIN DE LA TABLE DU CHEVALIER D'HARMENTAL.

www.ingramcontent.com/pod-product-compliance
Lightning Source LLC
Chambersburg PA
CBHW060154100426
42744CB00007B/1025